高等院校市场营销系列教材

国家级一流本科专业建设点教材

Sales Management

销售管理
第2版

孙伟 ◎ 主编

机械工业出版社
CHINA MACHINE PRESS

本书定位为一本有理念、有方法、有技巧的销售理论与销售实践相结合的教材。本书系统论述了销售管理基础，销售组织、计划及评价，销售流程管理和销售人员管理四大方面的内容，在精练介绍销售管理基本理论体系的基础上，辅以丰富的实践案例及模拟实训项目，理论与实践兼具，深入浅出、通俗易懂、可读性强。

　　本书涵盖大量实战案例、模拟实训及延伸阅读材料，增强了理论的实用性与可操作性，并为授课教师提供及时更新的教学辅助材料。通过本课程的学习，学习者能够在掌握销售管理基本理论的基础上，对销售活动进行计划、执行和控制，独立开展销售拜访，组建销售团队并进行销售人员管理。

　　本书既可以作为高等院校工商管理、市场营销、电子商务等专业本科生、MBA学员的专业基础课程、专业核心课程、专业选修课程的教材，也可以作为销售业务人员及销售管理人员的实战指导参考书。

图书在版编目（CIP）数据

销售管理 / 孙伟主编 . —2 版 . —北京：机械工业出版社，2023.11（2025.7 重印）

高等院校市场营销系列教材

ISBN 978-7-111-74529-7

Ⅰ. ①销⋯　Ⅱ. ①孙⋯　Ⅲ. ①销售管理 - 高等学校 - 教材　Ⅳ. ① F713.3

中国国家版本馆 CIP 数据核字（2024）第 000170 号

机械工业出版社（北京市百万庄大街 22 号　邮政编码 100037）
策划编辑：张有利　　　　　　责任编辑：张有利　马新娟
责任校对：贾海霞　张　征　　责任印制：常天培
河北虎彩印刷有限公司印刷
2025 年 7 月第 2 版第 4 次印刷
185mm×260mm・21.75 印张・486 千字
标准书号：ISBN 978-7-111-74529-7
定价：59.00 元

电话服务　　　　　　　　　　网络服务
客服电话：010-88361066　　　机 工 官 网：www.cmpbook.com
　　　　　010-88379833　　　机 工 官 博：weibo.com/cmp1952
　　　　　010-68326294　　　金 书 网：www.golden-book.com
封底无防伪标均为盗版　　　机工教育服务网：www.cmpedu.com

前言

党的二十大对全面建成社会主义现代化强国两步走战略安排进行了宏观展望，重点部署未来5年的战略任务和重大举措。教育是国之大计、党之大计。高校义不容辞地承担着培养堪当民族复兴重任的时代新人的重任。教材是教学内容的主要载体，教材建设是育人育才的重要依托。习近平总书记指出，要"紧紧围绕立德树人根本任务，坚持正确政治方向，弘扬优良传统，推进改革创新，用心打造培根铸魂、启智增慧的精品教材"。党的二十大报告指出，一切从实际出发，着眼解决新时代改革开放和社会主义现代化建设的实际问题，不断回答中国之问、世界之问、人民之问、时代之问，做出符合中国实际和时代要求的正确回答，得出符合客观规律的科学认识，形成与时俱进的理论成果，更好指导中国实践；实践没有止境，理论创新也没有止境；讲好中国故事、传播好中国声音。习近平总书记在文化传承发展座谈会上再次强调，"立足中华民族伟大历史实践和当代实践，用中国道理总结好中国经验，把中国经验提升为中国理论，既不盲从各种教条，也不照搬外国理论，实现精神上的独立自主"。正是基于党的二十大精神，本教材力争将销售管理的基础理论与中国企业销售管理实践进行有机结合，将中华优秀传统文化中的营销思想传播给学生，弘扬以改革创新为核心的时代精神，增强学生的历史自信、文化自信，为普通高校培养具有坚定理想信念、全球视野和民族精神，富有创造力、坚韧力、决断力、组织力的高素质市场营销专业人才助力。

在我国，销售是一种古老的社会经济活动。在农业已有一定的发展而城乡尚未分离的氏族社会时期，各氏族部落之间就有物物交换的习俗。《管子·揆度》中有"至于尧舜之王，所以化海内者，北用禺氏之玉，南贵江汉之珠"的记载。《易传·系辞传下》记载："日中为市，致天下之民，聚天下之货，交易而退，各得其所。"《诗经·国风·卫风·氓》也提到"抱布贸丝"，记载了早在奴隶社会，我国就有了以物易物的原始销售形式。战国时有楚人销售"矛与盾"的故事。张骞出使西域开辟"丝绸之路"，郑和七下西洋开拓"海上丝绸之路"，都是向世界展示我国优良产品和悠久文明的伟大创举。晋商、徽商等商帮纵横商业舞台数百年，取得了令人叹服不已的商业成就。

不可否认，无论从整体社会经济活动还是从企业营销的角度讲，销售都是一种具有重要价值的职业。销售人员既是企业经营活动的助推器、创新产品的传播者，也是企业收益的创造者、市场研究与信息反馈者，还是高层管理者的候选人。

从企业需求角度来看，销售日益成为企业实现其利润目标的重要环节，企业对优秀销售人才和销售经理的需求更加迫切，而且对其必须具备的销售知识和技能的要求也越来越高。

从高校人才供给角度来看，高校工商管理类专业高素质应用型人才培养目标的达成，需要不断适应社会对销售人员能力和素质的需求，根据销售人员的销售职业生涯发展规律提供其必需的销售管理基础知识及能力训练。

销售管理课程是高校工商管理类专业（如工商管理、市场营销、电子商务等专业）一门必修的专业核心课程，也是衔接本科阶段教育和企业实践需求最为紧密的一门实践性很强的课程，其在工商管理类专业人才培养中的重要性不言而喻。

教材编写背景

自 2005 年起，本人已从事销售管理课程教学与研究工作 18 年。在课程教学中，先后采用和参考了国内外多个版本的同类教材，但发现或多或少存在以下问题：①教材内容缺乏本土化材料。原版引进教材难度较大、内容较多，语言表达差异导致表述较为晦涩，缺乏符合中国国情的教学内容，尤其缺乏中国本土企业案例供师生研讨，学习者理解和应用起来不够方便；而传统模式的教材普遍情况是理论的时效性不强，理论体系庞杂，讲述不够生动，实战案例及课外实训项目较少。②教材体系固化。部分教材编写多为理论知识论述，编写体例过于固化，缺乏多样化的教学素材（如实战案例、模拟实训等），不利于学习者阅读兴趣和学习参与积极性的提升，也不利于学习者应用理论知识解决实际问题能力的提升。与此同时，市面上大量的销售管理畅销书往往片面强调实战性而忽略了销售工作及销售管理工作的规律性，学习者难以从中系统地学习、掌握基本的销售技巧及销售理论。

不可否认，销售管理是一项实践性很强的工作，所以该课程教学离不开实践教学。目前高校相关专业任课教师都已意识到销售管理课程实践教学环节的重要性，然而却因缺乏相应的实践类教学素材及自身实践经验等，仍多以课堂理论教学为主，教学手段单一，学习者主动参与学习的积极性不足。

近年来，本人在为国内多家企业提供销售管理、新客户开发以及营销渠道管理等相关课程的培训实践中，积累了大量企业实践案例及实用工具，都被引入销售管理课程教学讲义。正是基于以上背景，在多年的教学中，本人始终力求编写一本有理念、有方法、有技巧的销售理论与销售实践"齐飞"的教材。在广泛借鉴和吸收国内外有关销售管理的书籍及期刊文献等研究成果的基础上，本人所在教学团队最早于 2008 年出版了销售管理教材，还曾荣获"中国大学出版社中南地区优秀教材奖"。

2016 年，机械工业出版社出版了《销售管理》第 1 版，现已被全国 20 多所高校师生作为课程教材采用。一些高校同行通过电话、电子邮件等方式就该教材内容和课程讲授经验与本人进行了多次交流，也收到同行的许多非常有价值的意见和建议，这进一步督促本人尽最大努力完善《销售管理》第 2 版的修订，他们的建议也在第 2 版教材中得到了很好的体现。

本教材力争在精练介绍销售管理基本理论体系的基础上，结合丰富的实战案例及模拟实训项目，使学习者能对销售管理理论有清晰透彻的理解，对销售管理实践问题能有效应对与解决。

教材特色

与现有国内外同类教材相比，本教材的特色主要有以下 4 个方面。这既体现了销售管理理论的持续发展性，也突出了销售管理实践的可操作性。

1. 理论体系严谨，逻辑性强

经过教材编写小组成员反复论证，第 2 版教材确定按照"销售管理基础—销售组织、计划及评价—销售流程管理—销售人员管理"的逻辑思路来构建理论教学体系。其中，第 1 篇"销售管理基础"涵盖第 1 章和第 2 章，主要是对销售、销售工作、销售人员、销售管理等进行简要概述，对销售伦理问题、销售人员非伦理行为及行为规范、销售合同管理及相关法律法规进行介绍。第 2 篇"销售组织、计划及评价"涵盖第 3～5 章，系统阐述销售组织与销售区域设计、销售计划管理和销售效率评价等销售管理基本职能。第 3 篇"销售流程管理"涵盖第 6～8 章，系统阐述了一个完整的销售流程的 6 个环节——销售准备、销售接近、销售展示、异议处理、促成交易及销售跟进。第 4 篇"销售人员管理"涵盖第 9～11 章，系统阐述了一个完整的销售人员管理体系，即销售人员的招聘与选拔，销售人员培训、激励与薪酬，以及销售人员绩效评价等。

该理论体系涵盖了销售管理实践工作所涉及的主要内容，体系严谨，符合学习者的认知逻辑，也有利于企业销售人员及销售管理者依据该理论体系指导其销售实践。此外，本教材还将课程思政元素植入"销售工作概述""销售人员的职业素质和职业能力""销售伦理与法律""销售人员职业生涯规划"等章节。

2. 教材体例更新，延展性强

相较于第 1 版，第 2 版教材体例全面更新，更体现出教材的延展性。本教材编写小组设计的各章节教材体例包括学习目标、引导案例、章节内容、复习测试、实战案例、模拟实训、延伸阅读等。

各章开篇部分设有学习目标及引导案例，让学习者对各章概貌有所了解，明确学习目标，通过引导案例启发其思考，增强学习者的学习兴趣；各章节内容中还适当插入销售管理前沿专题及案例，增加了教材的可读性；各章结尾部分设有复习测试、实战案例、模拟实训及延伸阅读等，便于学习者总结复习，并将学习者课堂内的学习和课堂外的训练结合起来，强化学习者将理论应用于实践的能力，拓宽学习者的视野。

3. 本土企业案例丰富，实战性强

管理案例教学历来是营销类课程的鲜明特色之一。管理案例教学是通过设计一系列教学运行机制，让学习者参与基于真实事件的管理案例所描述的特定情景中，让学习者以管理决策者的身份做出合适的管理决策，以此提高学习者辨析和解决具体管理问题能力的教学方法。

针对销售管理工作实践性强的特点，本教材力求将管理案例教学全方位引入本教材的编写过程，教材编写团队收集、整理了大量以企业销售工作中的问题或困境为导向的符合中国国情的本土企业销售管理实践案例，这些案例比仅总结企业成功经验的描述性案例更具有情节性和冲突性，也更能激发学习者在课前准备、课中讨论及课后总结的全过程参与管理案例教学各个环节，有利于学习者运用相关理论知识、方法和工具对实战案例进行分析和讨论，实现理论到实践的知识转移，提高学习者运用理论解决实际销售问题的能力。

4. 实训项目精准，操作性强

"纸上得来终觉浅，绝知此事要躬行。"PBL（Problem-based Learning）教学法，即以问题为导向的教学方法，强调以学习者为中心，将学习与设计真实性任务或问题挂钩，使学习者投入问题，通过学习者的自主学习和小组合作学习来解决问题，在问题完成后进行自我评价和小组评价，从而形成解决问题的技能和自主学习的能力。

针对销售管理工作实践性强的特点，本教材力求将 PBL 教学法引入编写过程，教材编写团队针对各章理论知识设计了模拟实训项目，力求使学习者通过课外实训项目训练做到"知行合一"。具体而言，模拟实训项目向学习者提供一定的销售模拟情景，由学习者扮演其中的角色，设身处地地分析与解决所面临的问题，激发学习者的思考，让学习者亲身感受销售技巧和方法的运用，并在模拟情景中锻炼学习者的组织协调、口头表达、辩论说服、团队合作、自信心、进取心、情绪稳定性等，在加深其对相关理论知识理解的同时，强化其销售实践能力的培养。

教材更新内容

本教材根据多方收集的意见，在保留第 1 版教材特点的基础上，对教材的理论体系、教材体例进行了较大幅度的修订；更新或新增了教材中偏陈旧的引导案例和实战案例，以使教材更加鲜活和更具时代感；新增了各章的延伸阅读，更新了各章节的复习测试题，特别是新增了模拟实训项目。以下主要就教材理论体系修订情况进行说明。

1）重新编写了第 1 章 "销售及销售管理概述"，从销售、销售工作、销售人员和销售管理等 4 个方面阐述了销售管理的相关基础知识。

2）修订了第 2 章"销售伦理及法律",增加了"销售伦理的含义""销售工作的伦理原则"等内容,对各节内容进行了更新。

3）大幅修订了第 3 章"销售组织与销售区域设计",增加了"销售部门及其内部岗位职责""销售部和市场部的关系""销售人员的时间管理",对其他各节内容进行了更新。

4）大幅修订了第 4 章"销售计划管理",增加了"销售定额""销售预算",对其他各节内容进行了更新。

5）新增了第 5 章"销售效率评价",包括"销售效率分析"和"销售控制"。

6）将第 1 版教材第 5 章拆分为第 6 章、第 7 章和第 8 章,形成本教材的第 3 篇"销售流程管理",为学习者提供"从 0 到 1"完成一次销售活动所需的各环节的销售方法与技巧,突出销售方法和技巧的可操作性。全面更新了第 6 章、第 7 章和第 8 章的内容,在第 7 章增加了"FABE 销售法",在第 8 章增加了"促成交易的障碍及排除方法""回收货款"等。

7）大幅修订了第 9 章"销售人员招聘与选拔",删除了"销售人员招聘的重要性",将"优秀销售人员必备的素质"整合到第 2 版的"销售人员概述"中,全面更新了"销售人员选拔"。

8）大幅修订了第 10 章"销售人员培训、激励与薪酬"。更新了"销售人员培训",增加了"销售人员培训的作用""销售人员培训的方法";更新了"销售人员激励",增加了"销售人员激励的必要性""销售人员激励的原则""销售人员激励组合类型""不同个性销售人员激励模式";更新了"销售人员薪酬"。

9）大幅修订了第 11 章"销售人员绩效评价",更新了"销售人员绩效评价的程序""销售人员绩效评价的指标""销售人员绩效评价的方法"。

10）删除了第 1 版教材第 9 章"销售关系管理"和第 10 章"网络时代的销售管理",主要考虑让第 2 版教材结构更简洁,更聚焦于"销售流程管理"和"销售人员管理"等两大核心。将"网络时代的销售管理"部分内容整合到了第 1 章和第 3 章。

教材编写团队

本教材的编写团队由来自武汉科技大学(孙伟、吴世军、肖锴)、武汉理工大学(王海斌)及湖北中医药大学(李习平)3 所高校的 5 位教师组成,他们均在各自高校长期讲授销售管理课程,具有丰富的教学经验。本教材由孙伟任主编,负责策划与统稿,参编者为王海斌、李习平、吴世军和肖锴。本教材编写具体分工如下:第 1 章由孙伟编写,第 2 章由孙伟和王海斌编写,第 3 章由孙伟编写,第 4 章由孙伟和吴世军编写,第 5～9 章由孙伟编写,第 10 章和第 11 章由孙伟和李习平编写,各章模拟实训由孙伟和肖锴编写。

本教材的顺利编写和出版,要感谢武汉科技大学陈涛教授对修订工作的督促和支持;要感谢自 2005 年起所有参与本人讲授的销售管理课程的学生,他们反馈的意见对本版教材的完善做出了重要贡献;要感谢冯娇娇、方奇琦、李佳艺、芦明慧、赵彦洪、徐征正、李可馨、余娜、马家琳等同学在文献查询、案例收集等方面的支持。此外，还要对本教材借鉴参考的大量国内外销售管理相关书籍及期刊文献的作者（已在参考文献部分逐一标注）一并致以最诚挚的感谢。

  本教材是国家级一流本科专业建设点（武汉科技大学市场营销专业）立项建设教材项目及湖北省高等学校省级教学研究项目（2022230、2022215）的阶段性研究成果之一，在此表示衷心感谢。当然，受编写团队能力所限，本教材的瑕疵之处在所难免，欢迎广大读者和同行不吝赐教，以便本教材再版时更正。本人的电子邮箱地址：sunwei@wust.edu.cn。

孙　伟

2022 年 12 月

目 录

前 言

第 1 篇 销售管理基础

第 1 章 销售及销售管理概述 ········ 2

- 学习目标 ········ 2
- 引导案例：销售新人林兔兔的烦恼 ········ 2
- 1.1 销售概述 ········ 4
- 1.2 销售工作概述 ········ 6
- 1.3 销售人员概述 ········ 11
- 1.4 销售管理概述 ········ 24
- 复习测试 ········ 30
- 实战案例 1-1：销售经理的职位真适合我吗 ········ 31
- 实战案例 1-2：从销售明星到销售经理的转变 ········ 32
- 模拟实训 ········ 33
- 延伸阅读 1-1：顶尖销售人员的七大性格特质 ········ 34
- 延伸阅读 1-2：销售人员成长的五个时期 ········ 36

第 2 章 销售伦理及法律 ········ 40

- 学习目标 ········ 40
- 引导案例：谁出卖了我的个人信息 ········ 40
- 2.1 销售伦理的含义 ········ 41
- 2.2 销售工作的伦理原则 ········ 42

2.3　营销工作中的销售伦理问题 ··· 44
　2.4　销售人员非伦理行为及其成因 ·· 47
　2.5　销售人员行为的伦理规范 ·· 51
　2.6　销售合同管理 ·· 53
　2.7　销售活动相关法律法规 ·· 56
　复习测试 ··· 57
　实战案例 2-1：某平台因涉嫌价格欺诈再次被罚 ·························· 57
　实战案例 2-2：王希的销售方法 ·· 58
　模拟实训 ··· 60
　延伸阅读：我国电子商务直播营销人员管理规范 ·························· 61

第 2 篇　销售组织、计划及评价

第 3 章　销售组织与销售区域设计 ·· 66
　学习目标 ··· 66
　引导案例：销售办事处自建渠道的"苦果" ································· 66
　3.1　销售组织的概念及形式 ·· 68
　3.2　销售部门及其内部岗位职责 ·· 74
　3.3　销售部和市场部的关系 ·· 78
　3.4　销售区域的设计 ··· 81
　3.5　销售人员的时间管理 ··· 88
　复习测试 ··· 90
　实战案例 3-1：销售部的管理漏洞 ··· 90
　实战案例 3-2：各司其职的区域经理为何纷争不断 ······················· 92
　模拟实训 ··· 97
　延伸阅读：康味美公司销售组织架构调整后的困境 ······················ 97

第 4 章　销售计划管理 ··· 102
　学习目标 ··· 102
　引导案例：经销商如何制订年度销售计划 ··································· 102
　4.1　销售预测 ··· 104
　4.2　销售定额 ··· 120
　4.3　销售预算 ··· 126

4.4 销售计划	129
复习测试	131
实战案例 4-1:"灾年"如何用激将法增加销售任务	131
实战案例 4-2:H 公司啤酒销售预测	135
模拟实训	136
延伸阅读 4-1:ML 公司年度销售计划	137
延伸阅读 4-2:AB 公司年度销售计划书	139

第 5 章 销售效率评价 143

学习目标	143
引导案例:如何提高一线人员的销售效率	143
5.1 销售效率分析	144
5.2 销售控制	149
复习测试	156
实战案例:许继电气的销售费用控制实践	156
模拟实训	160
延伸阅读 5-1:如何控制销售回款的天灾人祸	161
延伸阅读 5-2:你的销售力有效率吗	163

第 3 篇 销售流程管理

第 6 章 销售准备与销售接近 166

学习目标	166
引导案例:销售不仅仅是交谈	166
6.1 销售流程概述	167
6.2 销售准备	167
6.3 销售接近	186
复习测试	191
实战案例 6-1:工业品成功销售第一步	191
实战案例 6-2:跟踪拜访客户四个月后为何"一场空"	193
模拟实训	194
延伸阅读 6-1:销售漏斗	195
延伸阅读 6-2:"倒漏斗"销售	196

第 7 章　销售展示与顾客异议处理 · 198

- 学习目标 · 198
- 引导案例：一次成功的销售演示 · 198
- 7.1　销售展示 · 199
- 7.2　顾客异议处理 · 206
- 复习测试 · 214
- 实战案例 7-1：钢化玻璃酒杯销售展示 · 214
- 实战案例 7-2：列车上十分钟成功销售术 · 215
- 模拟实训 · 216
- 延伸阅读 7-1：常见的顾客异议及其解读 · 217
- 延伸阅读 7-2：常见的顾客拒绝及其应对话术 · 218

第 8 章　促成交易与销售跟进 · 220

- 学习目标 · 220
- 引导案例：煮得八成熟的鸭子居然飞了 · 220
- 8.1　促成交易 · 221
- 8.2　销售跟进 · 233
- 复习测试 · 238
- 实战案例 8-1：销售经理的"慧眼" · 238
- 实战案例 8-2：杨过的销售成交技巧 · 239
- 模拟实训 · 240
- 延伸阅读：如何把客户的抱怨转化为盈利 · 242

第 4 篇　销售人员管理

第 9 章　销售人员招聘与选拔 · 246

- 学习目标 · 246
- 引导案例：A 公司的人才招聘 · 246
- 9.1　销售人员招聘 · 247
- 9.2　销售人员选拔 · 252
- 复习测试 · 260
- 实战案例 9-1：B 公司的医药销售代表招聘 · 261
- 实战案例 9-2：联想集团如何选拔和使用人才 · 262

模拟实训 ·· 264
延伸阅读：销售人员如何挖掘客户的需求 ·· 266

第 10 章　销售人员培训、激励与薪酬 ·· 269

学习目标 ·· 269
引导案例：这个销售队伍怎么管 ·· 269
10.1　销售人员培训 ·· 270
10.2　销售人员激励 ·· 279
10.3　销售人员薪酬 ·· 284
复习测试 ·· 297
实战案例 10-1：他做错了吗 ·· 297
实战案例 10-2：销售明星为何"跳槽" ··· 299
模拟实训 ·· 300
延伸阅读 10-1：七步法搭建杜邦高效销售培训体系 ···························· 301
延伸阅读 10-2：三种销售人员薪酬激励政策 ·· 304

第 11 章　销售人员绩效评价 ·· 309

学习目标 ·· 309
引导案例：黑熊与棕熊对蜜蜂的绩效评价 ·· 309
11.1　销售人员绩效评价的作用 ··· 310
11.2　销售人员绩效评价的原则 ··· 311
11.3　销售人员绩效评价的程序 ··· 312
11.4　销售人员绩效评价的指标 ··· 314
11.5　销售人员绩效评价的方法 ··· 317
复习测试 ·· 321
实战案例 11-1：没有绩效考核指标的销售部 ·· 321
实战案例 11-2：销售人员绩效考核有哪些误区 ···································· 323
模拟实训 ·· 325
延伸阅读 11-1：不同企业发展阶段的销售人员考核 ···························· 325
延伸阅读 11-2：某企业销售人员绩效评价流程 ···································· 329

参考文献 ·· 332

PART 1
第1篇

销售管理基础

第1章
销售及销售管理概述

学习目标

- 掌握销售的定义、销售与营销的关系
- 了解销售工作的类型、特征及其在企业组织结构中的位置
- 掌握销售人员的类型、职责
- 掌握销售人员的职业素质和职业能力
- 了解销售人员的职业发展
- 了解销售经理的层次及成为一名合格的销售经理的方法
- 掌握销售管理的职能
- 了解销售管理在营销战略中的作用
- 了解销售管理的新趋势

引导案例

销售新人林兔兔的烦恼

林兔兔今天沮丧极了,她从雨中跑回停在食品世界超级市场停车场中的货车上,全身又湿又冷。刚才她给好时刻食品公司的销售主管办公室秘书海伦打了电话。她问海伦:"超市刚刚回复我,他们最近不会考虑增加新的供应商。这个星期一直在下雨,我冒着雨已经去了六七家超市了,回答是一样的,而且现在雨越来越大了,我该怎么办?"林兔兔通过电话能够听得见海伦正在把这个问题重复给此时恰好在场的销售经理布朗先生。林兔兔听见经理对海伦说:"告诉她,自己去买把雨伞,她负责的销售区域还有其他超市没有去。"当海伦向林兔兔重复了经理的这个回答之后,林兔兔用略带窘迫的语调对海伦说:"好吧,我再试试吧!"她挂断了电话,坐在车上心里想:"谋生实在太不容易了!"

作为销售行业的一个新手,林兔兔明白她有很多东西需要学习。虽然她在这个工作岗位上仅工作了一个月,但她已经可以为这份工作下个结论:它绝对不是一件非常容易的事。在为期两周的上岗培训时间内,林兔兔看到布朗先生给顾客打电话的情形,当时情形显得就是那么简单。但现在轮到自己打电话,却是截然不同的情况,竟然会是如此的困难。去年林兔兔在大学里上市场营销课时，老师讲了许多从事销售工作的道理，但从来没有提及这项工作的难点，现在算是了解了这方面的第一手资料。

林兔兔在高中时，学校成绩一般，那时她实际上是体育特长生，而且是学校的啦啦队队长。在高中毕业时，她收到大学所提供的体育半额奖学金。她在大学的成绩大致上也是一般，但她的数学成绩却总是很低。她选择商业作为自己主修课程的一个主要原因就是，它不需要太多的算术知识。之后继续攻读市场营销学士学位，毕业时她得到了三个工作机会，都是销售方面的。但她最终还是决定到好时刻食品公司工作，这是因为好时刻食品公司是一家效益较好的大公司，而且她很尊敬当时公司的招聘人——销售经理布朗先生。

林兔兔从9月1日开始工作，工作的第一周主要是学习培训材料，并完成工作方面的一些文本工作，同时，她也将自己的新货车装满了产品、广告资料以及展示品等。在随后的两周内，她和布朗先生一起进行销售工作。在这段时间里，林兔兔需要进行周密观察，学习如何进行销售拜访。在这一阶段快要结束时，林兔兔开始在布朗先生的监督下进行销售陈述。从第四周开始，林兔兔开始独立工作，那一周她过得非常艰难，因为有许多东西她还不知道。这周又是天天下雨，真是没有办法，在两点的时候，她给公司的销售主管办公室打电话询问该怎么办，却被告知"自己买把雨伞"……

当林兔兔坐在货车里等待雨停的时候，她开始考虑自己现在的处境。她感觉极其郁闷，下雨并非造成她情绪低落的唯一原因。她想起了她的父母，想起了他们是如何告诉朋友们关于自己的情况的。他们告诉朋友们说，林兔兔是做办公室文员的，而不是在做销售工作。她自己也不喜欢"销售人员"这个称呼。在林兔兔的记忆深处总有这样的一个念头：销售人员的社会地位极低。可能这种想法来自她的父亲吧，具体原因她也说不出来。这份工作令人厌烦的另外一个方面，就是一些顾客对待所有销售人员的那种不礼貌的态度，另一些人则是尽量躲避你，并极力避免和你走在一起，林兔兔暗暗地想：这份工作确实不能让人建立起自尊心。

销售也还有许多其他的消极方面，其中的一个就是它需要你有非常好的体力。你需要背着办公包进行所有的销售拜访。林兔兔的办公包很沉，其中装有广告资料、样品以及销售用的纸夹等。除此之外，在许多销售拜访中，销售人员必须将货箱从仓库转移到货架上，经常性地弯腰然后直立只不过是日常工作中的一部分。在每天工作结束后，林兔兔的衣服总是被汗弄得又湿又皱，昨天她的新裤子还被刮破了一个洞。

每天结束工作时，林兔兔必须起草当天的工作报告，并把它们发送给公司的销售办公室。还有很多必做的工作，比如为了明天的工作重新整理货车和备货等，有时还必须打一些电话。等所有这些零碎的工作完成之后，基本上也就到该睡觉的时间了，这样也就没有时间来陪她的家人，父母已经有几次提出这个问题，他们不明白她每天都在忙些什么，天天这么晚回家。

最令人讨厌的事情就是，很多事情根本不在自己的掌控之中。比如，本周就有几次销售拜访出了问题。好时刻食品公司的一个竞争对手劝说零售商减少为好时刻食品公司提供的货架空间，这个零售商对林兔兔说："你们的竞争对手正在进行一次特殊的促销活动，并且这笔交易非常划算，我不能拒绝它。"在这些销售访谈中，林兔兔无法要回那些她所失去的货架空间。在销售人员每天的销售报告当中出现这些内容，确实难以令人满意。

雨仍然在不停地下着，林兔兔感到十分孤独，布朗先生也没有提供任何帮助和答复。对林兔兔来说，体力上的和情感上的障碍似乎达到了难以克服的地步。现在唯一能够解脱的办法似乎只能是辞去这份工作，去尝试另一份并不会产生这些郁闷情绪的工作。林兔兔心里想着：可能我可以在银行找到一份工作，那里对顾客的态度和蔼，而且工作简单。林兔兔想着想着就发动了货车朝公司方向开去，她有一种无比轻松的感觉，很快就能从那种无法推却的责任中解放出来了。

讨论问题：

（1）林兔兔目前主要的困惑有哪些？她有哪些不足之处？她应该辞职吗？为什么？

（2）如果你是布朗先生，你会怎样处理这种情况？会对林兔兔说些什么？

（3）公司如何采取措施，在新进销售人员中减少这种很高的人员流动率？

1.1 销售概述

1.1.1 销售的定义

销售是指企业将生产与经营的产品和服务出售给顾客的活动过程。对生产企业来讲，销售活动大多发生在与中间商的交易过程中；对经销商或零售商来讲，销售是向最终消费者出售产品和服务的一种活动过程。

在企业内部，不同岗位的人对销售有着不同的理解。对于基层销售人员而言，销售是战术问题，销售的目的是如何尽可能多地出售产品以提高销售量和销售额，并尽量提高一次性回款率；对于中层经理人员，销售既是战略问题，又是战术问题，销售的目的是如何提高产品的市场占有率，守住既有市场，开拓新市场；对于高层决策人员，销售是战略问题，目的在于通过销售实现企业的价值，并创造利润和信誉，树立企业品牌形象。

此外，还可以从广义和狭义两个角度来定义销售。广义角度的销售是指由信息发出者运用一定的方法与技巧，通过沟通、说服、诱导与帮助等手段，使信息接收者接受发出者的建议、观点、愿望、形象等的活动的总称。换句话说，广义的销售泛指一切说服活动，即人们在社会生活中，通过一定的形式传递信息，让他人接受自己的意愿和观念，或购买商品和服务的行为过程。从这个角度看，生活中处处存在销售现象，每个人时时刻刻都在进行着销售。比如，婴儿以啼笑引起人们的注意和怜爱，演员在舞台上的表演就是向观众销售艺术，大学生的求职面试就是向企业销售自己的才能，教师在讲台上的授课则是向学生销售自己的知识等。而狭义角度的销售是指销售人员通过传递信息、说服等技术与手段，确认、激活顾客需求，并用适宜的产品或服务满足顾客需求，以实现双方利益交换的过程。

1.1.2 销售与营销的关系

很多人将销售与营销混为一谈，错误地把营销等同于销售。这主要是因为早期的市场营销与销售几乎是同义词。例如，第二次世界大战前的英文词典曾将"marketing"释义为"销售",以致迄今国内外仍存在营销即销售的误解。销售与营销的区别如表 1-1 所示。

表 1-1 销售与营销的区别

区别方面	销售	营销
思考方式	战术思考	战略思考
围绕中心	销售人员	市场分析、顾客创造
研究对象	销售的技能和方法	打开市场的策略
关心重点	现有产品的销售、销售目标的达成	顾客需求的满足、企业的持续发展
关注成效	着眼于创造短期业绩	立足企业未来

具体而言,销售与营销的主要关系特征体现在以下三个方面。

1. 销售只是市场营销的基本职能

现代企业的营销活动包括营销调研、市场需求预测、目标市场选择、市场定位、产品定位、新产品开发、品牌建设、定价、分销、物流、广告、公共关系、人员销售、销售促进、营销策划、顾客关系管理等一系列丰富的活动内容。市场营销部门所从事的工作是整个从产品生命周期管理、研发到导入市场所经历的一系列价值传递的过程。

从销售导向和营销导向的企业组织结构(见图 1-1 和图 1-2)可以看出,销售仅仅是营销过程中的一个步骤或者一项活动,在整个营销活动中并不是最主要的部分。所以,市场营销比销售含义更广泛、更丰富,层次更高,要求也更高。

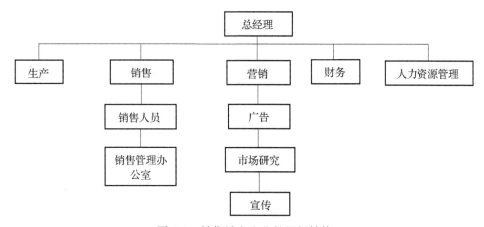

图 1-1 销售导向企业的组织结构

2. 销售是市场营销冰山的顶端

销售的目的就是要尽可能多地实现商品的销售,营销的目的大抵也是如此,只是营销追求的是比竞争对手更有效地满足市场需求,实现产品销售,所以两者的落脚点是一样的。如果把营销比作一座冰山,销售就是冰山的顶端。营销这座冰山的高点是尽可能地实现产品的销售,可是这座冰山容易融化,如果做不好,山尖就没那么高,销售的目标就实现不了。因此,必须踏踏实实地做好营销的每一项工作,才能实现销售目标;否则销售不可能实现目标,或者仅仅成为纸上谈兵。

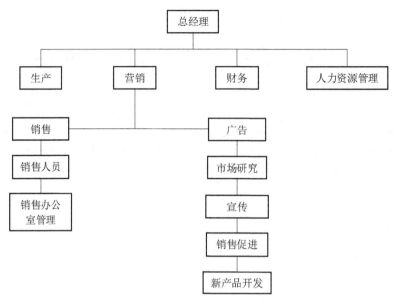

图 1-2 营销导向企业的组织结构

3. 市场营销的目标是使销售成为多余

彼得·德鲁克曾指出,"营销的目的就是使销售成为多余"。理想的营销会产生一个已经准备来购买的顾客,因为产品或服务完全适合顾客的需要,从而实现了自我销售。也就是说,如果能够重视营销工作,科学地做好营销管理工作,就可以使销售压力变得越来越小。

然而,市场营销实际是以当前环境为基础对未来市场环境的一种推测,在对未来环境推测的基础上设定营销目标、构筑营销方案,营销方案的实施是在未来环境下进行的。因此,处于营销过程末端的销售不可能没有压力。当然,前面的工作做得越有成效,后面的压力就越小。因此,要重视营销工作的整体性和协调性,要在战略上藐视销售,在战术上重视销售。也就是说,从战略的角度看,销售不是最重要的,必须从全过程的角度通盘考虑,只有这样才能走出只重视销售造成的困境。

1.2 销售工作概述

专题 1-1　　　　　　　　销售职业的产生与发展

"销售"一词来源于古希腊,"销售人员"一词最早出现在柏拉图的著作中。但是,通过销售来维持生计的真正销售人员直到 18 世纪中叶英国工业革命时期才出现,而且主要是以小贩的形式出现的。小贩将当地农产品收购上来,然后再卖到城市,同时将在城市收购的工业品运送到农村地区销售,这在当时社会经济的发展中起到了重要的作用。

> 19世纪初,人员销售在英国已经成熟,但在美国才刚刚开始。到了19世纪末20世纪初,随着美国工业革命的开展,销售人员的销售逐渐成为美国企业销售活动的重要组成部分。这时,富有冒险精神、有强烈进取心的销售人员成为一个有价值的群体,独立的、四处叫卖的小商小贩逐渐消失。
>
> 19世纪40年代中期,人员销售开始变成一种职业。不仅购买者开始对销售人员要求多,而且他们也不再容忍高压强卖型的、滔滔不绝的销售人员,他们更喜欢精通专业知识和了解顾客需求的销售人员。销售职业化是指销售人员利用诚实的、非操纵性的战术来满足顾客和企业双方的长期需求。销售人员的工作不是告诉顾客为什么你的产品或服务比其他人的产品或服务好,而是要去理解顾客的思想;否则,就不会成为一个成功的销售人员。

1.2.1 销售工作的类型

1. 交易型销售

交易型销售(transactional selling)是指有效地针对价格敏感型顾客的需要进行销售的一种销售过程。买卖双方只对交易的产品及其功能和价格感兴趣,交易结束销售活动即结束,没有售后服务和顾客关系管理的内容。

这种类型的顾客主要对产品价格和便利性感兴趣,他们对自己的需要有充分的认识,并且可能已经了解他们想要购买的产品或服务的大量信息。基于交易的顾客倾向于关注低廉的价格,所以交易型销售大多采用低成本的销售策略。这种销售方法通常为那些认为不需要花费太多时间来评估顾客需要、解决问题、构建关系或售后跟踪的营销人员所采用。

2. 顾问型销售

顾问型销售(consultative selling)强调销售人员要了解顾客的实际需求,充当顾客的购买顾问,为顾客提供产品购买的解决方案。这种销售方式强调通过销售人员和顾客之间的有效沟通来识别需要,帮助顾客解决合理购买问题,因此非常符合现代顾客的购买心理需求。销售人员通过适当地询问和仔细地倾听顾客的意见,建立起双向沟通渠道。销售人员扮演顾问的角色并提供深思熟虑的推荐意见,以帮助顾客形成解决方案。销售人员为长期伙伴关系奠定基础,要站在顾客的角度考虑,商谈代替了操纵,赢得了顾客信任。因此,采用顾问型销售方式的销售人员要掌握倾听、识别顾客需求和提供一个或多个解决方案的关键能力。

顾问型销售方式的主要特点包括以下几方面:

1)顾客被视为服务的对象,而不仅仅是销售产品的对象。顾问型销售人员认为他们的职责就是给顾客以充分的咨询与指引,帮助顾客做出明智的决定。所以,顾问型销售人员不仅是信息专家或产品行家，还是热心者。顾问型销售一般采用四步骤销售流程，包括发现需要、选择解决方案、需要满足和销售服务。

2）顾问型销售人员不像早期的小贩那样采用高压的销售陈述对顾客进行强行销售，相反，他们在拜访之前先进行调研，在销售拜访过程中进行询问，尽可能多地了解顾客的需要和感知，通过双向沟通确认顾客的需要，尊重顾客并帮助顾客做出正确决策。

3）顾问型销售强调提供专业信息、技术咨询和双向沟通，而不是操纵。这种方法使销售人员和购买者建立起更加信任的关系。销售人员通过帮助购买者在掌握充分信息的情况下做出更明智的购买决策，为产品销售过程增加价值。

4）顾问型销售强调售后服务。在越来越多的现代交易活动中，顾客在接受销售之后产生了更高的服务期望，销售后的服务增加了销售的价值，这种个性化的售后服务包括信用安排、产品的配送和安装、服务保证以及对顾客投诉的妥善处理等，销售人员与顾客之间平等、互利、沟通的关系得到加强，更有利于业务开展。所以，顾问型销售是适应现代消费需求的高层次的销售方式。

1.2.2 销售工作的特征

销售对某些人而言是很有发展前途的职业，而对另外一些人而言却是个不明智的选择。这是由销售工作的特征决定的。

1. 销售领域竞争激烈，工作具有挑战性

对于一个寻求安逸、舒适的人来说，销售并不是理想的职业选择。销售工作在某种意义上说，充满机遇与挑战。一方面，销售人员工作的强度是常人难以忍受的；另一方面，销售人员的工作又是丰富多彩、富有价值与成就感的。他们每天面对多变的世界，顾客在变、产品在变、服务在变、竞争对手在变……多变的世界为销售人员提供了许多自由和展示创造力的机会，需要他们不断学习，不断迎接新的挑战。

2. 销售工作自由，独立性强

销售人员常常可以独立行动，独立行动与决策的自由通常被认为是销售职业的优势。选择销售职业的大学生往往首先看重的就是销售工作的决策自由，工资只是第二位的。当然，这种独立性也有一定的问题，如连续出差、远离亲人、没有办公室等。因此，销售人员的独立性日益受到销售经理的关注，销售经理开始更加强调出差计划、销售效率、情感沟通等。

3. 销售工作晋升机会多，但需要从基层做起

销售人员晋升机会多是销售职业特征的重要体现。在高度竞争的市场环境下，成功的决策与满足顾客需求，其效果是非常容易评估的。只要有科学的评价标准和规范的评估体系，销售人员的成绩比其他职业的人员更容易显现，由此可以使销售人员的成绩很容易得到企业的肯定，职位晋升就是一种肯定方式。

4. 销售工作收入高，薪酬公平

销售人员的薪酬制度最大的特点就是佣金、奖金与销售绩效直接挂钩，完全采用定量管理方式。只有销售定量合理、考核科学规范，销售人员的薪酬才能是公开、透明的。

5. 销售工作好找，择业面较宽

在市场经济条件下，社会各行各业需要大量的不同层次的销售管理者和销售人员，社会为销售人员提供了广阔的生存与发展空间。此外，某些行业的销售岗位进入门槛低，对销售人员的学历、工作经验等要求不高，经过短期培训即可上岗工作。

专题 1-2　　　　　　　销售工作在新中国的发展阶段

从销售工作的形式和技术的发展来分，新中国的销售工作大致经历了如下五个阶段。

（1）第一阶段——供销

供销为计划经济条件下的销售，是指企业在生产、经营过程中采购（供应）原材料，销售商品的行为。在计划经济体制下，销售人员被统称为"供销员"。企业的供销员负责采购和销售等两方面的工作。其特点是按国家规划进行销售，主要由国家调拨，只有少数计划外产品可以进行销售，这时候的销售人员基本没有自主权，也无技巧可言。所有的供销员都是企业的正式干部职工，那时个体经商人员被称为"个体商贩"。

（2）第二阶段——粗放型销售

粗放型销售发生在20世纪80年代到90年代，我国正处在商品经济的转型阶段，经济改革的重点由农村转向城市，国有企业改革进一步深入，非国有经济蓬勃发展，形成了竞争主体多元化的市场竞争格局。与此同时，我国的市场由卖方市场向买方市场转变，企业间的竞争日益激烈，消费者需求向多样化发展。随着外资品牌的大举进入，将其先进的管理理念和管理方式带到了中国，这促使一部分企业开始"走出去"，主动开展一些市场拓展工作，但在销售问题上主要表现为粗放型，使得企业的销售效率、产品质量和服务都无法提高。

（3）第三阶段——深度分销

深度分销发生在20世纪90年代，这一时期的销售特点是销售网络开发和管理的精耕细作。生产厂商不再是将产品卖给代理商或经销商了事，而是帮助其进一步分销，生产厂商与代理商融为一体，尤其是他们的利益紧紧地结合在一起。全部销售环节的每个成员被共同的利益链连在一起，厂商不仅对代理商或经销商进行管理、培训，而且派出大量的人员帮助其开拓市场，以夯实区域市场内的主导地位。

（4）第四阶段——精益化销售

精益化销售发生于21世纪初，由于第三阶段深度分销需要大量人力物力支撑，使很多企业不堪渠道成本快速上升的重负。于是，销售开始向追求"精细"与"效益"平衡的方向发展，表现为对代理商、经销商和销售人员的管理越来越严格，考核指标越来越细、越来越科学；现代管理技术、方法和手段被大量采用，市场管理趋向精细，销售效益和效率成为主要的管理指标。

（5）第五阶段——互联网销售

随着互联网的迅猛发展，网络销售已经成为传统销售模式的有益补充或者说是最大的竞争对手。狭义来说，互联网销售即网店销售，主要是通过新媒体营销工具（如电商平台、即时通信工具、直播平台等）与顾客在线交流，促成顾客消费的一种工作，与传统商店售货员的工作类似。广义来说，互联网销售包括一切以互联网为工具进行的销售活动，比如网络品牌推广、网址推广、信息发布、销售促进、销售渠道、顾客服务、顾客信息管理、顾客关系维护、网上调研等。

1.2.3 重新审视销售工作

实际的销售工作中有一些消极因素容易对销售工作产生不利影响。比如：①因为销售人员普遍被认为地位不高，所以他们经常会遭到拒绝。②销售人员经常面临在陌生地区工作，或者面对陌生顾客，这种不可控的陌生环境将增加销售人员的紧张压力感。③销售人员的工作独立性较强，经常出差在外，也可能因"独来独往"而缺少组织归属感。因此，提到销售工作，常常会引发许多不同的反应，其中大部分是负面的，甚至是敌对的。其实销售并不是一项简单的工作，既有来自自身压力的"内忧"，又有来自外部环境不理解的"外患"。因此，需要重新审视销售工作。

1. 销售并没有任何不道德或不择手段的地方

一些不道德的企业或个人试图利用某些顾客的无知和轻信而获取不正当的盈利，这并非销售的本质，他们也只是唯利是图的奸商。销售人员的工作是创造一个值得信任的环境，通过充分挖掘顾客的需求，向顾客提供有帮助的产品而实现获利。

2. 销售是值得从事的职业

许多长期做销售的人发现销售很考验人，是很需要责任感而报酬又丰厚的职业。以销售为职业意味着要不断与人交往，这样也就面临更多的机会。另外，销售工作的挑战性很强，但也有较大的自由度，相对企业其他职位存在更多的晋升机会。

3. 没有销售人员的努力，产品不会自动畅销

尽管德鲁克提出"营销的目的就是使销售成为多余"，但这个论断基于一种最为理想的情况，在企业尚未完全充分了解每位顾客的具体需求时，企业必须通过销售人员与顾客的沟通，挖掘顾客的具体需求。销售人员会根据这些需求以及自己对产品的了解，将产品与顾客的需求匹配起来，最后向顾客提供购买建议。如果不将产品的功能和特性向

顾客解释清楚，再优秀的产品也会无人问津。那些看似一流的产品，可能根本不符合特定顾客的需要。

1.3 销售人员概述

1.3.1 销售人员的类型

销售活动大多发生在产品分销过程中。在产品分销渠道的各环节，都会有销售行为存在。销售人员可代表分销渠道中的任何非终端消费者向下游渠道成员销售产品。销售人员所处位置不同，销售的方式也随之不同。这样就会出现不同的销售人员职位类型。根据销售的产品种类和销售人员所在的企业类型，可将大多数销售人员分为零售业销售人员、批发业销售人员和制造商销售人员。

1. 零售业销售人员

零售业销售人员将产品或服务销售给顾客用于个人消费等非商业用途。常见的零售业销售人员有以下三种：①店内售货员。例如，面包店、银行、餐饮店、酒店、旅行社、服装店、家具店等零售组织中，接待每一位来店顾客并提供给顾客相应的产品或服务的人是店内售货员，他们也被称为顾客接待员。②直销人员。直销人员所属的企业一般没有位置固定的商店。直销人员需要外出销售，通常在顾客家中对那些将产品用于个人消费的顾客进行面对面销售。③电话及网络销售人员。他们主要在自己家中或办公室通过电话、互联网向顾客兜售产品或服务。

2. 批发业销售人员

通常情况下，批发商从制造商和其他批发商手中购买产品，然后销售给其他企业或组织。从事批发业务的企业或组织被称为批发中间商。批发业销售人员往往要销售多家企业生产的产品，要了解所销售的每一件产品，他们不仅要向顾客介绍所销售的产品，还必须为顾客提供诸如库存、运输和销售管理等服务。可以说，批发业销售人员是生产企业销售人员的接力者和延伸者。

3. 制造商销售人员

为制造商工作的销售人员可以向其他制造商、批发商、零售商或直接向消费者销售产品，制造商销售人员主要有以下几种：①销售代表。销售代表拜访大量已经建立起关系的顾客，负责接受订单。②销售工程师。销售工程师销售产品，需要具有专门技术知识及讨论产品技术问题的能力，以及确定、分析和解决顾客问题的专业知识。销售工程师在IT、石油、化工、机械和重工业设备制造等行业比较常见，这是由产品的技术特点决定的。③服务销售人员。服务销售人员需要将无形的或非物质产品的利益销售给顾客，如金融、广告或计算机维修服务等。一般而言，销售无形产品比销售有形产品要难。

1.3.2 销售人员的职责

虽然由于销售对象的差别，对销售工作和销售人员的要求不同，销售人员的具体活动也不尽一致，但一些基本的销售工作是绝大多数销售人员都应该完成的，属于销售人员的职责范围。一般而言，销售人员的工作流程及主要职责如图 1-3 所示。

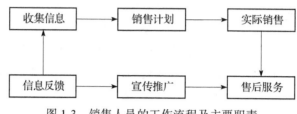

图 1-3　销售人员的工作流程及主要职责

1. 收集信息

在销售人员编制计划和向潜在的顾客进行实际销售之前，必须先收集有关的信息资料，其中包括有关本企业、产品、竞争对手和市场现状及发展趋势等方面的信息资料。

销售人员必须了解本企业的基本销售目标、销售哲学、经营方式和各项策略，特别要掌握与销售工作密切相关的资料，如信贷条件和交货期限等。

产品知识是取得销售成功的关键，因此，销售人员必须掌握有关产品的全部知识，包括本企业产品与竞争对手的产品有什么不同和为什么不同，以及使用本企业产品所能得到的效益、产品的售后服务情况等。

任何一位训练有素的销售人员都知道，了解竞争对手的情况对自己所在的企业来说具有非常重要的意义。一般来讲，销售人员可通过年度报表、报纸杂志、顾客、交易市场和对方广告等渠道去获取竞争对手的情报。应该了解的情况主要包括产品资料、价格资料、与本企业产品的主要区别、对方销售人员的战略和战术、对方产品销售收益、对方市场营销战略和战术的变化趋势。

进入市场的前提是对以上信息有了足量的收集与准确的分析，销售人员对产品市场方面的情况掌握得越多，就越能把销售工作做好。

2. 销售计划

销售人员掌握了必需的信息资料之后，就应着手制订销售计划。这包括预计可能购买、安排销售访问、拟订访问计划及确定合理有效的访问路线等。

1）预计可能购买。根据购买者的潜在购买量和购买的可能性程度，把购买者划分成若干等级。顾客购买产品的可能性取决于多种因素，其中主要包括产品的特征和效益能满足购买者需求的程度、购买者对现有产品的满意程度等。

2）安排销售访问。凡是优秀的销售人员都能在销售之前妥善地安排销售访问。销售人员应确定重点访问对象，尽量排除那些不可能达成交易的洽谈，尽量减少无谓的时间浪费，有重点地确定潜在顾客的需求。

3）拟订访问计划。有了确定的销售对象和做好了顾客的预计工作，便可编制访问计划以保证销售工作的顺利进行。要做好向顾客充分介绍特征的准备；制定访问的程序、步骤和方式等，甚至要逐字逐句地准备好访问洽谈的内容和发言提纲。

4）确定合理有效的访问路线。销售人员在制定销售洽谈的旅行路线时，要尽量减少旅途时间，这样既可节省差旅费，又能增加销售活动时间。

3. 实际销售

在实际销售过程中，销售人员要争取引起顾客的注意和兴趣；促进顾客的购买欲望，利用提供产品鉴定证明、示范使用产品、请顾客亲自试用产品等方法，以取得顾客信任；善于正确处理顾客的反对意见（或顾客异议）；运用一些策略和技巧促成交易。

1）引起顾客的注意和兴趣。主要方法是说明本企业的产品如何能满足他们最主要的需求。

2）促进顾客的购买欲望并取得顾客信任。需求和信任可导致顾客做出购买决策。通常提供事实和具体指标是争取顾客信任的最好办法，提供产品鉴定书也是必要措施之一。

3）正确处理顾客的反对意见（或顾客异议）。只要销售人员能尽力地为顾客提供满意的产品，反对意见就可能减少到最低程度。处理反对意见的有效办法是先表明同意这种意见，然后再设法使之转变为有利条件。

4）运用一些策略和技巧促成交易。销售人员可以尝试用各种方法促成交易：①大胆向对方请求订货；②在洽谈中用试探成交的语言；③注意对方准备达成交易的信号，如询问价格、安装和维修等问题；④尽量促使对方赞同产品的特征和优点；⑤设法减少对方可能选择的方案；⑥运用产品的各种保证书和担保条件；⑦运用以往的经验来确定应该采取的最佳销售方式。

4. 售后服务

服务是赢得顾客、巩固和扩大客户的重要手段。在产品销售出去之后，销售人员还必须与顾客保持经常的联系并继续为其服务，用最大的努力去追求顾客满意。

首先，及时、勤奋地回访顾客，这是巩固、稳定和提升顾客关系的最佳途径，经常与顾客联络，才能及时发现顾客对产品的意见而及时采取有效的改进措施，获得顾客的大力支持。其次，愉快地接受顾客的退货，维持企业信誉。最后，销售人员应充分履行安装、维修等服务方面的保证。

5. 宣传推广

销售人员应该掌握一些常用的宣传推广手段，如促销活动、口碑宣传、卖场气氛等。促销活动主要是指各种促进销售的推广活动，要求考虑全面，组织缜密，执行到位，并有及时的跟踪和评估。口碑宣传则是销售人员应运用面对面的宣传，建立、扩大、强化良好的口碑宣传网络。卖场气氛往往也能极大地促进销售。卖场气氛主要组成要素有售点广告（Point of Purchase，POP）、色彩、音乐以及服务人员的行为等。通过POP、色彩、音乐、服务人员的行为组合形成良好的卖场氛围，也是销售人员的重要职责。在良好的

POP 设计和布置之外，选用良好的色彩、音乐组合，而且通过培训、激励服务人员，使服务人员的行为成为活的景观。

6. 信息反馈

时刻注意搜集各种信息，并不断丰富完善顾客档案。顾客档案包含顾客的经济性质、规模、顾客经营网络范围、主营绩效、资信、经营管理者的个人背景等。在顾客档案中尤其值得一提的是必须建立顾客拜访记录簿、顾客进销记录簿、顾客通讯录等。如此才能有效掌控顾客资料，并为后续的工作做好充分准备。

案例 1-1　　　　　　　　**是不是销售部门的责任**

佳华化工公司是生产销售卫生间防水涂料面材的，销售经理谢兵在与顾客的接触中发现顾客经常抱怨几件事：①该材料在生产线上加工时，对员工的技术要求较高，拉力太大或太小都会影响最终产品的质量，同时在调试的过程中也增加了材料的浪费；②售出的材料质量不稳定；③时有交货不准时的现象。面对这种现象，谢兵组织了一次部门会议，征求各销售人员的意见。

销售人员王强认为这几个问题都不是本部门所能解决的，最多只能把情况反映上去。销售人员张辉认为应该直接与生产部、技术部和运输部联系，以取得相关部门的支持。其他几个销售人员也认为这不是销售部的责任。作为销售经理，谢兵应该如何去做呢？

谢兵在仔细考虑之后，决定以书面报告的形式直接向公司总经理汇报。总经理李先生在看到报告后，立即把营销副总经理郑先生找来，要他负责解决这些问题。郑总看了报告后把销售经理谢兵找来，首先责备为什么不向他报告，后又指示谢兵与相关部门直接联系以解决这些问题。谢兵根据郑总的指示先后与储运部、生产部、供应部、财务部等进行联系，得到如下答复。

储运部："因为没有成品，生产跟不上，找生产部去。"

生产部："原材料供应不及时，影响生产进度，找供应部去。"

供应部："没有足够的资金，找财务部。"

财务部："因为销售部回款不力，应收款占用大量资金。"

技术部："可以为顾客提供技术支持。"

质管部："质量控制太严，更无法交货。"

问题绕了一圈，又回到谢兵这里，可是谢兵也有话说："不就是这些问题，顾客才不按期付款的呀！"

思考问题：问题的关键在什么地方？谢兵现在该怎么做呢？作为销售经理，如何恪守职责？

1.3.3 销售人员的职业素质和职业能力

不是所有人都适合做销售，也不是所有做销售的人都能够成功。普通销售人员和高效率销售人员之间的水平有很大差异。一项对 500 多家企业的调查结果表明：27% 的销售人员创造了 52% 的销售额，同时大多数企业只有 68% 的销售人员能坚持工作到当年年底，而留下的人中，仅有 50% 是企业希望在下一年中继续聘用的。因此，选拔和留住优秀的销售人员，其重要性不言而喻。

那么，一个优秀的销售人员应该具备哪些素质和能力呢？

1. 销售人员的职业素质

所谓素质，是指一个人应当拥有的修养和品质。职业素质则是指人们从事某一职业应当具备的基本的修养和品行。作为一名合格的销售人员，必须具有相当的思想素质、专业素质、心理素质和身体素质。

（1）思想素质

良好的思想素质是一名合格的销售人员必须具备的职业素质。销售人员必须树立正确的销售思想、良好的职业道德、强烈的事业心和责任感。

1）正确的销售思想。销售思想是销售人员进行销售活动的指南。正确的销售思想要求销售人员在销售工作中竭尽全力地为国家、企业着想，全心全意为顾客服务，以满足顾客需求的程度作为衡量自己工作的标准。

2）良好的职业道德。销售人员单独的业务活动比较多，在工作中，应有较强的自制力，不利用职业之便坑蒙拐骗顾客，不侵吞企业的利益。销售人员必须自觉遵守国家的政策、法律，自觉抵制不正之风，正确处理个人、集体和国家三者之间的利益关系，依照有关法律规范销售产品。

3）强烈的事业心和责任感。销售人员的事业心和责任感主要表现为：充分认识自己工作的价值，热爱销售工作，对自己的工作充满信心，积极主动，任劳任怨，把销售工作生活化，使其融入自己的日常生活中；对自己所服务的企业负责，在树立企业良好形象、建立企业良好信誉方面做出自己的努力；对顾客的利益负责，拥有正确的销售理念，认识到销售活动的中心是满足顾客需求、帮助顾客解决困难和问题。

（2）专业素质

销售人员是否具有良好的专业素质，直接影响其工作业绩。销售人员应具备的专业素质是指其应该具备的业务知识。销售人员要靠专业知识而不是只靠经验做销售。一般来说，销售人员的业务知识主要包括以下几个方面。

1）市场营销知识。销售人员要懂得市场营销学的基本理论，掌握市场调查和预测的基本方法，善于发现现实和潜在的顾客需求，还要掌握销售技巧、消费者行为、经销商管理、渠道管理、商务谈判、促销策略等方面的知识和实务能力。

2）企业知识。销售人员要熟悉本企业的创建时期、发展历程、企业规模、经营指导思想、规章制度和惯例、企业文化、生产能力、研发能力、人才和技术优势、发展潜力、战略目标，企业在同行业中的地位，企业营销策略、定价策略、交货方式与期限、付款条件及方式等情况。

3）产品知识。销售人员要了解产品的生产过程、生产工艺、生产方法，以及产品的结构、性能、用途，产品的正确使用方法、维修保养常识与一般故障的排除；产品的不同规格、型号、样式在性能上的差异；本企业的产品技术在行业中的地位、优势、技术特点；用户对产品的评价、意见和建议；用户常见的问题及其处理；产品自身的优点、缺点及竞争对手产品的相关问题等。

4）顾客知识。销售人员应善于分析和了解顾客的特点，要知晓有关心理学、社会学、行为科学的知识。不同顾客的购买动机、购买方式、交易条件和要求、信贷条件是不同的，家庭购买与组织购买是有区别的。销售人员需要针对不同顾客的心理状况，采取不同的销售对策。

5）法律知识。销售人员要了解国家规范经济活动的各种法律，特别是与销售活动有关的经济法规，如民法典、反不正当竞争法、产品质量法、商标法及专利法。

6）礼仪知识。中国地域辽阔，又是礼仪之邦，不同区域的礼仪习俗差别较大，销售人员要注意了解和学习不同地区的风俗礼仪。销售人员只有做到对任何顾客都能以适当的礼仪相待，以真诚、谦逊、亲切的态度接近顾客，才能与他们友好相处，顺利地开展销售工作。

7）社会知识。社会知识泛指为人处世应具备的诸如风土人情、经济地理、人文掌故、民俗习惯等常识。严格地说，社会知识源于社会阅历和个人对生活的感悟。从销售工作的角度看，社会知识是指销售人员要了解市场所在区域的"人情世故"，以便能够"入乡随俗"，迅速融入当地的文化氛围。

（3）心理素质

销售是最容易遭遇挫折的职业。销售人员经常受到顾客的冷漠与拒绝，而且肩上扛着巨大的销售指标，身后有主管经理一次次的催促。所以，良好的心理素质是一名合格销售人员必备的素质之一。良好的心理素质是指抵抗挫折的能力较强，遇到困难与失败时，能保持情绪稳定，以高昂的精神状态去面对环境的压力。良好的心理素质主要包括以下两个方面。

1）坚定的自信心。销售人员经常受到顾客的冷漠与拒绝，每一次挫折都可能导致情绪的低落、自我形象的萎缩或意志的消沉，大多数销售人员都会在开始时怀疑自己，怀疑自己是否具备做销售的素质和能力，所以销售人员的自信心极易受到冲击。自信具有传染性，销售人员如果对自己具有足够的信心，就可以感染顾客，使之对自己产生信任感，相信自己。这种自信心是在不断获取经验、做事胸有成竹的过程中逐步建立起来的。

初涉销售工作时，由于根基太浅，尚未累积足够的经验，不会有多少自信心。但在树立起自信心、才干也得到不断增长的过程中，销售人员也必须培养忍耐性和宽容心。如果忍耐性有限，容不得顾客挑剔的眼光，自己的销售经验与自信心可能永远也不会达到极点，自信心将荡然无存。

2）顽强的意志品质。在销售工作中，销售人员会遇到来自许多方面的问题和障碍，瞬息万变的市场、激烈的竞争、严厉的拒绝、冷嘲热讽、怀疑奚落等，无一不是对销售人员意志的考验。面对销售中的种种困难和考验，销售人员一定要具备顽强的意志，要有远大的理想、勤奋进取，要有不达目的不罢休的恒心和意志，要始终坚定信念、坚持到底。

（4）身体素质

销售工作既是一项复杂的脑力劳动，也是一项艰苦的体力劳动。销售人员的工作性质决定了销售人员必须经常出差，日夜兼程，劳动时间长，劳动强度大；工业品的销售工作还需要销售人员进行安装、操作、维修等较大强度的体力与脑力劳动。因此，强健的身体是成功销售的基础与前提，以确保销售人员精力充沛、头脑清醒、行动灵活。销售人员应注意以下几点以确保身心健康：经常保持良好的心态，学会放松自己，尽量每天坚持运动，注意饮食卫生和预防疾病，保证必要的休息。

2. 销售人员的职业能力

销售人员需要的职业能力是由其工作性质及任务决定的。作为一名合格的销售人员，必须具有洞察能力、语言表达能力、社交能力、应变能力和抗压能力。

（1）洞察能力

洞察能力是指洞察他人心理活动的能力，或善于站在对方的立场上考虑问题的能力。销售人员应该具有的洞察能力包括两方面：一是对市场的洞察能力，用专业的眼光和知识去细心地观察，从中发现重要的信息（如市场需求信息）；二是对顾客的洞察能力，即通过顾客的外部表现去了解顾客的购买心理的能力。销售人员通过与顾客的沟通和交流，依据顾客的谈话用词、语气、动作、神态等表现，较准确地透视顾客的一言一行，并能针对顾客心理活动采取必要的刺激手段，转变顾客看法，变其潜在需求为现实需求，并扩大其需求。

提高洞察能力必须从提高洞察的质量入手。知识、方式和目的是影响洞察质量的三个基本因素。知识是洞察顾客、理解顾客的基础，销售人员具有的知识（如消费心理学、社会心理学知识）越精深，对顾客的观察也就越深入、越周全。科学的洞察方式要求洞察路线正确，即先上后下、先表后里、先局部后全部、先个别后整体等；注意力的分布要合理，视觉和听觉要密切配合，观察与判断也要有机地结合起来。洞察的目的性是指善于组织知觉活动以达到预期洞察目的的品质。在洞察事物之前，就应该明白自己要洞察的对象和要得到的结果，并做好周密的计划，把洞察的目的和任务具体化。这样才会分清主次，把更多的注意力集中在有关的事物上，从而获得清晰、深刻的印象。也就是说，目的性使洞察活动具有明确的方向性和选择性。

（2）语言表达能力

表达能力是建立在语言知识的基础之上的，但有了语言知识不等于有了表达能力。通俗地讲，表达能力是指人们熟练地运用语言艺术，通过与他人进行交流、传递思想并被对方理解和接受的过程。需要说明的是，语言艺术不单独指口头语言，还包括肢体语言，但在这里主要说明口头语言表达能力。

对语言表达能力的一个错误理解是把话多与语言表达能力好画等号,其实能够滔滔不绝地说话并不等于具有良好的语言表达能力。良好的语言表达能力的标准是:口齿清晰、措辞准确、说明简洁,语意层次清楚、重点突出;富于情感,使顾客听了感到温暖、亲切,必要时要赋予语言以激情,有适当的抑扬起伏,起到感染顾客的作用;诚恳、逻辑性强,可以辅之以适当的手势予以配合(但注意幅度不要太大),起到说服顾客、增强信任感的作用;善于运用谐音、歇后语和幽默语言(但要注意场合和对象),生动形象、风趣幽默,能起到吸引顾客的作用;文明礼貌、热情友善,能引起顾客由衷的好感,起到增进友谊的作用。

(3)社交能力

销售人员向顾客销售产品的过程,实际上也是一种信息沟通的过程。从某种意义上说,销售人员是企业的外交家,需要同各种顾客打交道。在销售工作中,销售人员会接触到形形色色的顾客,他们拥有不同的知识背景,不同的社会阅历、生活习惯和风俗礼仪,这就要求销售人员具备良好的社交能力。

培养销售人员良好的社交能力,要求销售人员努力做到待人随和,举止大方,态度热情诚恳而不轻浮,言语自信而不自负,富有逻辑而不强词夺理,有主见而不盛气凌人;遇事沉着冷静,处理问题坚决果断;能设身处地地从顾客的观点出发,为顾客解决实际问题,取得顾客的信任、理解与支持;善于与他人建立联系,相互沟通,取得信任,化解和处理各种矛盾,同时也能维持和发展与顾客之间长期稳定的关系。

社交能力不是天生的,往往需要一定的社会经验和社会阅历的积累,需要在销售实践中逐步培养。要培养高超的交往能力,销售人员除具备丰富的销售及营销专业知识之外,还应有广泛的兴趣爱好、宽阔的视野和知识面,以便能够得心应手、运用自如地应付不同性格、年龄、爱好的顾客。合格的销售人员的头脑应该是一本"大百科全书"。

(4)应变能力

销售人员虽然在与顾客接触之前就对销售对象做过一定程度的分析与研究,并进行了销售拜访前的准备,制订了销售方案,但由于实际销售时面对的顾客太多,无法把所有顾客的可能反应全部列举出来,一些意想不到的情况必然会出现。销售工作有可能遇到难以逾越的障碍并陷入困境。

应变能力,实际上是要求销售人员在不违背国家的法律法规、企业基本利益和行业基本规范的前提下,巧妙灵活地实施应变行为,以适应现场突发情况,达到销售的目的。

应变的关键是"辨变",要求销售人员有丰富的经验,逻辑缜密、思路清晰,悟性好,有快速分析判断的能力和果断的性格,能及时察觉细微的现场变化对销售效果的影响,有时要通过顾客的一个眼神、一个动作、一点点语言或语气上的变化,准确推断顾客的心理反应,在不失原则的前提下随机应变地采取应对措施,抓住销售机会,变被动为主动。这就是销售人员的应变能力。一般来说,销售人员在特定的现场做出的应变办法,只要对销售工作有利,多半会得到企业的授权或谅解,销售人员不必有过多的忧虑。世间不可能有一劳永逸的应变方法,任何再好的方法也只是在一定条件、时间和地点下适用。

（5）抗压能力

销售工作是一个压力很大的职业，这主要是因为销售工作的挑战性，以及来自销售任务目标和竞争对手的压力，尤其是来自顾客异议和拒绝的压力。例如，拜访陌生顾客，有些销售人员可能会感受到压力；遇到竞争对手或担心任务完不成可能会感受到压力；工作时间太长、工作环境艰苦、休息不够，以及和家人在一起的时间太少也可能导致压力。这就要求销售人员具备较强的抗压能力。

优秀的销售人员在遇到困难和挫折时，总能够化解紧张的压力，保持积极乐观的心态。实际上，积极乐观的心态可以后天习得。当销售人员遭遇顾客拒绝时，他们可以尝试让自己乐观起来，遇事想开一点，逐渐形成习惯。例如，销售人员可以暗示自己：既然选择了销售职业，被拒绝就是正常的，没有拒绝反而不正常。积极乐观的思维可引发积极的态度，帮助销售人员化解压力。

除此之外，销售人员还要具备其他一些职业能力，如文字综合能力、公关能力、综合分析能力、控制自己情绪的能力、必要的妥协与变通能力、信任与洞察他人感觉的能力、善于表达自己想法和协调人际关系的能力等。

专题 1-3 自我测试题：我适合做销售吗

无论是从薪酬角度还是从职业发展角度考虑，销售都是一个吸引人的职业。它能给从业者提供广阔的发展空间，但有的从业者经常对自己缺乏信心。

下面我们就做一个测试，以下15个问题，请做出自己的选择：A.经常如此；B.有时如此；C.几乎从未如此。

（1）你真心喜欢你周围的人吗？
（2）必要时，你会主动与人握手吗？
（3）与人谈话时，你会投以亲切的眼神吗？
（4）表达意见时，你会采用简单、清晰的方式吗？
（5）你能适时地表现幽默感吗？
（6）你能向对方说出3种以上理由，来说服对方接受你的观点吗？
（7）你的穿着是否整洁得体，适合你所处的环境？
（8）你给人一种生活充实、成功的印象吗？
（9）遇到不如意的事时，你不容易沮丧吗？
（10）你能准确地解答关于你所主张的某一个观点吗？
（11）与人有约，你能准时赴约吗？
（12）若有人请你为其服务，你相信这也是接近对方的一次机会吗？
（13）你擅长制作各种报告、数据图表及统计资料吗？
（14）你希望从人际的接触中获得即刻的回报吗？

（15）你认为销售工作应该有固定的工作时间吗？

得分计算：从1到14题，回答"经常如此"得6分，回答"有时如此"得4分，回答"几乎从未如此"得2分；第15题，回答"经常如此"得2分，回答"有时如此"得4分，回答"几乎从未如此"得6分。

得分在74~90分之间：恭喜你，你是一个天生的销售人员。你喜欢与人接近，知道如何与人相处，销售东西时也非常诚恳、踏实；你所销售的任何产品或服务几乎都很有价值，因为你的强劲销售能力，甚至可以把梳子卖给和尚；对于销售这份工作，你会觉得很刺激，很少有疲倦感。

得分在51~73分之间：这个分数算是中等，表示你拥有这方面的潜力，只要经过努力及训练，你就可能成为一个杰出的销售人员。不过最重要的是，你是否具有销售的热忱，因为其他方面的弱点都是可以克服的。

得分在30~50分之间：劝你最好不要从事销售工作，因为你会很不快乐。你可以考虑其他无须如此积极进取、与人接触频繁、非常繁忙的工作，这并不是你本身具有不足或什么问题，而是销售工作不适合你。

1.3.4　销售人员的职业发展

销售人员有着广阔的发展前景，可以从普通的销售人员晋升为销售经理、营销副总经理直至总裁等。

销售人员的职业生涯一般从销售培训生开始。在经过一段时间的培训之后，销售人员可以负责某一地区的销售工作，也就走上了通往销售经理的道路。经过若干年的磨炼之后，销售人员开始进入更高层次的职位——大客户销售人员，获得比较高的社会地位和经济收入。这时销售人员有两种选择：有的销售人员可以选择满足现状，把销售作为自己的职业生涯；有的销售人员选择进入管理层，从片区销售经理到地区销售经理，到大区销售经理，再到全国销售经理，以至营销副总经理、企业总经理等（见图1-4）。

片区销售经理一般负责管理某一地区3~10个销售人员；地区销售经理一般负责5个片区销售的管理；大区销售经理一般负责3~5个地区销售的管理。尽管没有销售经验的人也有可能担任销售管理职务，但这种情况一般很少见。对于高层管理人员来说，他们一般会认为有销售经验的人员担任更高层次的销售管理职位会更具有说服力。

与大企业的销售人员相比，小企业的销售人员晋升的速度可能会更快，因为小企业发展的速度比大

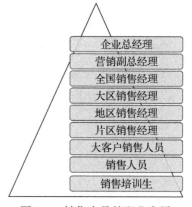

图1-4　销售人员的职业发展

企业快；与处于成熟期的企业相比，处于成长期的企业销售人员晋升的机会可能会更多，因为随着企业的发展和市场的扩张，销售人员随之会有更多的晋升机会。

1.3.5 如何成为一名合格的销售经理

1. 销售经理的不同层次

销售组织通常可以划为若干个层次，每一个层次必须承担相应的销售管理职能。决定销售经理工作内容的一个重要因素是销售组织的层次结构，主要分为三个不同的层次。

（1）战略管理者

战略管理者即最高管理者，处于组织结构的顶层，需要对整个组织的行为负责。通常，他们被称为总裁、执行董事、执行总裁、销售副总裁、全国销售经理等。最高管理者的任务是制定组织的总体目标，为实现这些目标制定相应的战略，对外部环境进行监测和解释，并对影响组织整体结构的事项进行决策。他们需要关注组织的长期发展状况、市场的一般发展趋势以及组织的整体发展前景。

（2）策略管理者

策略管理者即中层管理者，是组织结构的中间层次，负责管理组织的各主要职能部门。例如，大区销售经理和省级销售经理就属于中层管理者。他们负责实施由最高管理者制定的总体战略和政策。中层管理者需要关注企业的近期未来，因此他们应该与组织内部的各部门建立良好的合作关系，鼓励团队精神，解决组织内部产生的冲突。

（3）运营管理者

运营管理者即一线管理者，直接负责产品和服务的销售。他们是对组织进行管理的第一个层次，一般被称为地区销售经理（主管）或地区销售经理（主管）助理。他们的主要任务是实施组织的规定和程序，为组织实现销售和利润，为顾客提供服务，以及对下属提供激励。在这个层次上，不同管理人员之间的差异很小，他们的工作核心在于实现组织的日常运营目标。

每个层次的管理者都需要执行计划、人员配备、培训、领导和控制这五项职能，但不同层次管理者的侧重点有所不同。表 1-2 说明了这五项职能在这三个管理层次中的差异。制订组织计划是最高管理者的主要任务，而对于中层管理者和一线管理者来说，他们在这项职能上所耗费的时间逐渐递减。相比之下，培训是一线管理者的主要职责，而对于中层管理者和最高管理者来说，他们基本不承担这项职能。领导和控制对三个管理层次的重要性基本类似，但中层管理者和最高管理者对这项职能投入的时间相对较多。

表 1-2 不同层次销售经理的职能耗时百分比

管理层次	执行计划	人员配备	培训	领导	控制
战略管理者（最高管理者）	35%	10%	5%	30%	20%
策略管理者（中层管理者）	28%	10%	10%	30%	22%
运营管理者（一线管理者）	15%	20%	25%	25%	15%

2. 从销售人员到销售经理的转变

成功的销售经理大多是从成功的销售人员开始的。从一个普通的销售人员起步进入销售管理领域,要求其必须具备经理人的思维,勇敢地接受挑战,学会适应新的环境和新的岗位,并在实践中不断学习,这样才能成为一个合格的销售经理。

销售经理所需要的品质和能力与普通销售人员有很大的不同。一个合格的销售经理不仅需要具备一定的销售管理技能,还需要在观念、目标等上有一定的改变。

(1) 观念的变化

普通销售人员只需要把主要精力集中在自己的本职工作上,他们的目标是如何做好现有的工作,如制订访问计划、访问顾客、销售洽谈、送货服务、催款等。对一个销售经理来说,必须在自己的头脑中建立一个总体性的概念,认识到计划和决策对组织目标、组织利益的影响,更多地关注组织利益而不是自身利益。

(2) 目标的变化

销售经理主要应该考虑的问题是如何实现组织的目标,如组织的销售目标、利润目标、成本费用目标、市场目标等。一个普通的销售人员只需考虑自己的销售定额和销售任务的完成,拿到自己的薪酬和奖励。

(3) 责任的变化

销售经理除了需要完成一般性的行政管理工作之外,还需要对自己的下属加以管理,并为他们的工作创造条件,提供必要的资源。销售经理更多的工作是引导和协调他人的销售活动以实现本部门的销售目标。普通销售人员的责任主要是完成组织分配的销售定额,加强与顾客的联系。

(4) 技能要求的变化

对于销售经理来说,掌握销售技能和拥有销售经验非常重要,但更需要其拥有良好的计划、沟通、培训、指导和激励他人的能力。对销售人员的技能要求则主要是较强的销售能力与沟通能力。销售经理的工作是非常复杂的,其技能也应是多样的。其中,三种基本的技能是决策技能、人际关系技能和销售技术技能。

因此,对于新的销售经理而言,要成功地接受一个新的管理岗位,最关键的是具有一种学习态度:逐步学习,调整自己,适应新的环境,并在必要的情况下寻求他人的帮助。

3. 销售经理的职责

销售经理为完成本部门的销售目标,需要依据企业的整体营销规划,全面负责本部门的业务管理和人员管理。因此,无论是高层销售经理还是基层一线销售经理,都要履行如下职责。

(1) 制定销售战略

销售战略涉及销售策略、销售目标、销售计划和销售政策等,具体包括进行市场分析与销售预测、确定销售目标、制订销售计划、制定销售定额与销售预算、确定销售策略。

（2）管理销售人员

管理销售人员是销售经理的重要职责，其具体内容包括设计销售组织模式、招募与选拔销售人员、培训与使用销售人员、设计销售人员薪金方案和激励方案、指导销售工作等。

（3）控制销售活动

销售经理有必要对销售活动进行控制，否则就不能达到预期目标。控制销售活动的具体内容包括：制定各种规章制度；划分销售区域；销售人员业绩的考查评估；销售渠道及顾客的管理；回收货款，防止呆账；销售效益的分析与评估。

4. 销售经理需具备的工作能力

作为销售经理，由于处于不同层级，对其工作能力的要求亦有所不同，但某些共同的能力则是必需的。

（1）行政管理能力

行政管理能力主要包括顾客档案资料的管理，订单、合同等销售文件的处理，销售人员的出差、工作报告的批阅，顾客查询及售前咨询、售后服务，仓储、运输的安排等。

（2）人事管理能力

人事管理能力主要包括销售人员的招聘和甄选、工作培训、区域划分及人员安排等。

（3）领导协调能力

领导协调能力主要包括指导销售人员做好工作的能力、协调销售人员之间的工作关系、协调部门之间的关系、与上级的沟通以及与下属的联络等。此外，销售经理还要具备与顾客沟通的能力与技巧、有效开展市场营销工作的能力，以及与财务有关的规划能力等。

案例 1-2　　　　如何成功地完成从销售人员到销售主管的角色转换

夏主管是一个刚刚被提升的销售主管，手下有 3 个销售代表。刚到任时，他总结了自己的一些成功经验，如区域管理、销售技巧、及时跟单等。他利用自己的成功经验，不断地为同事解决工作中的难题，终于赢得同事的叹服，成为地区中的"攻坚能手"。

夏主管认为，客户对做市场的人来说是最重要的，特别是主要客户，更是公司的资产，也更需要主管来把握。因此，他大部分时间都在抓主要客户，发展良好的客户关系。随着时间的流逝，这位夏主管也知道了主管的工作就是管理，要建立管理系统。管理是什么呢？管理就是通过各种管理办法，让销售代表完成计划。当然，夏主管还留了一手，万一手下的 3 个销售代表完不成计划，他自信依靠自己良好的客户关系，依然能保证完成区域的总计划。

夏主管要求销售代表严格完成公司规定的日报表、客户资料表、每周工作计划表、费用明细表等，要笔迹工整、内容翔实，以便于公司查看。这些表他亲自每周收一次，仔细查看每个销售代表填写的是否符合要求，不符合要求的，退回重写。有一次，他按照销售代表甲的每日拜访计划，早上 8：20 就在 A 医院门口等甲，一直等到 10：00 还未遇见。一打电话，甲才匆匆赶过来，说明因临时有事，已安排在下午拜访 A 医院。夏主管严格要求甲今后一定要按照计划执行，否则计划就是空的，如果计划临时有变更，一定要告诉他。

夏主管认为管理者要有鉴别他人的能力，比如与销售代表一起去拜访，一次就能搞清楚销售代表的工作能力，找出销售代表的问题，要其改正。夏主管也认为现在的销售代表更精明了，要很快发现其问题越来越难，但他认为这更有助于提高自己的能力。工作一段时间后，夏主管发现，他尽了很多力，可他的区域成绩一般，人员虽然更多了，5 个销售代表，但 4 个是新的。经咨询上级，他才认识到发展与保留人员也是他的工作。于是夏主管开始选人才，分析谁具有潜力。经过长时间的严格考查，夏主管公正地认为销售代表乙很好，能严格要求自己并按时完成上级要求的所有任务，业绩也行，肯定能成为一个以身作则的管理人。于是夏主管亲自找到乙，告诉他公司对人才的重视，期望能保留并发展他。其目的是让乙更努力地工作，更出色地完成计划。乙也的确更勤奋。同时，夏主管发现销售代表丙水平有限，比其他销售代表低一档水平，但完成指标尚可，决定让市场和时间来淘汰他。

夏主管身为主管满一年了。这一年，他尽力去完成上级交给的任务，年终，业绩尚可，但是又有两个新销售代表提出辞职，虽然他们满口感谢与钦佩夏主管。后来，夏主管的上级换了一个新人，来到他的区域指导工作，给他的评价为 C 级。这意味着他得重新上岗，夏主管非常茫然。

思考问题：
（1）夏主管为什么没有顺利完成角色的转换？
（2）夏主管的前任领导有没有责任？为什么？

1.4 销售管理概述

1.4.1 销售管理的定义

销售管理是指通过计划、人员配备、培训、领导以及对组织资源的控制，以一种高效的方式完成组织的销售目标的管理。

销售管理的定义包含两个重要思想：①计划、人员配备、培训、领导和控制等五项基本职能；②以高效的方式完成组织的销售目标。此外，我们还可以从狭义和广义两个角度来理解销售管理。狭义的销售管理是指以销售人员为中心的管理，而广义的销售管理是指对企业所有销售活动的综合管理。

1.4.2 销售管理的职能

在销售变得越来越职业化的同时,销售管理的性质和作用也日益专业化。众所周知,经理的主要职责是进行计划、组织和控制。现在企业越来越多地要求销售经理在行使其职责时做到职业化。以往,企业更多强调销售经理的职责主要是保证手下的销售人员创造足够好的销售业绩。尽管创造更好的销售业绩对企业而言非常重要,但现代企业中销售经理的职责范围显然已经扩大了很多,而且其职责重点也有了大的变化。

得克萨斯A&M大学查尔斯·M.富特雷尔(Charles M. Futrel)认为,销售管理包括计划、人员配备、培训、领导和控制五项职能。图1-5阐述了通过组织资源的利用实现组织目标的销售管理过程。

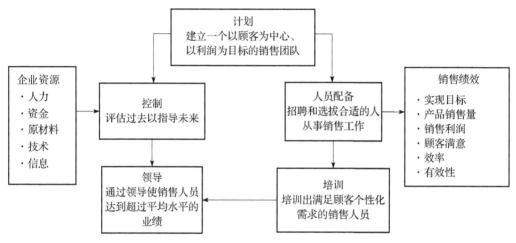

图 1-5 销售管理过程

从销售活动的程序来看,销售经理的销售管理职能包括制订销售计划、设计销售组织、指导和协调销售活动、控制销售活动。

(1)制订销售计划

销售管理者的首要任务就是对企业的销售业务通盘考虑,并进行科学的计划。销售业务计划主要包括设计销售定额和编制销售预算在内的销售计划、销售区域的设计与管理、销售渠道建设、促销策划等。

(2)设计销售组织

任何销售计划的实现都离不开人,只有合理地设计销售组织结构,在合适的岗位上配备合适的销售人员才能实现企业的销售目标。销售组织形式的选择受本企业销售人员现状、企业发展规划、企业实力、产品特性、所面对的市场及竞争对手等各种因素的影响。在设计销售组织的过程中,销售经理应当根据预测的销售目标、销售预算、销售区域的大小等因素决定销售组织的规模。

(3)指导和协调销售活动

销售人员从事具体的销售活动,销售经理负责指导和协调销售人员的活动。销售经理应当把期望目标和营销策略传达给每一个销售人员，使每一个销售人员都有不断改善自身业绩的计划，促使他们为了实现目标不断努力。销售经理对销售人员的指导与协调主要体现在销售对象管理、销售货品管理、销售人员管理、销售过程管理等方面。

（4）控制销售活动

这里的控制包括两个方面：评价和改进。销售经理应当时刻关注销售人员的情况，对其销售活动进行评估，通过评估与考核对整体的销售情况进行控制，在发现问题时及时进行调整。通过控制，可以不断改进组织的目标和计划，调整销售人员的活动，提高销售人员的绩效，实现企业的销售目标。

需要注意的是，不应该把销售管理简单地视为彼此孤立的职能和活动（如人员配备、培训和激励）；相反，销售管理所包含的各种职能之间存在着一种系统化的关联。例如，通过培训可以为销售人员提供激励。所有的职能和活动都应该视为一种动态的过程，每一项职能和活动都包含着为数众多的、相互关联的组成部分，而每一个部分的最终目标都是帮助这个组织实现自己的销售目标。

1.4.3　销售管理在营销战略中的作用

人员销售与营销战略的关系如图1-6所示，指明了营销战略和人员销售所处的位置。营销战略的主要组成部分是目标市场的选择和营销组合的确定。目标市场的选择要求对所服务的特定细分市场进行定义，营销组合由为满足所定义的目标市场的需求而设计的营销提供物组成。在营销组合中，人员销售是营销传播的重要组成部分，促销策略包括人员销售、广告、促销和公共关系。大多数战略都把人员销售或广告作为主要工具，促销和公共关系通常被视为补充工具。营销战略的主要任务是确定营销组合，提供比竞争对手更好的目标市场所需求的提供物。

企业的销售活动是营销活动的一部分，因此销售战略应服从营销战略。图1-7描述了营销战略与销售管理功能。

营销战略是企业及经营单位期望在目标市场实现其目标时所遵循的主要原则，包括营销组合和营销预算与控制等两个方面的基本内容。营销组合是企业为了进入目标市场、满足顾客需求，加以整合、协调使用的可控因素；营销预算与控制是指将营销资源在各种营销手段、各个市场营销环节之间进行分配与控制。销售战略是指企业为谋求竞争优势，在市场分析的基础上，对企业的销售观念、销售计划、销售目标和销售策略等做出的长远的、系统的和全面的谋划。

企业销售战略针对销售活动而制定，有一定的独立性，但是企业销售战略毕竟是企业营销战略的一个有机组成部分，因而企业销售战略的制定以及实施，必须在企业营销战略的指导下进行。一方面，销售战略要能体现营销战略的核心价值、战略目标以及基本使命，必须使之成为销售管理工作所遵循的基本准则；另一方面，企业销售部门只有将企业总体营销战略规划中的基本要点具体化，从而制定出销售的具体战略目标与步骤，才能有助于企业营销战略目标的实现。

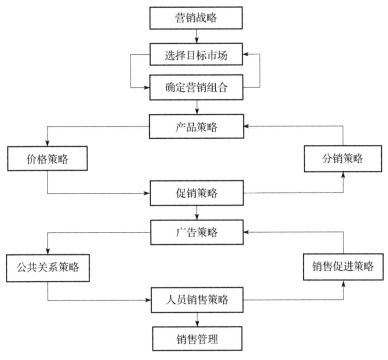

图 1-6 人员销售与营销战略的关系

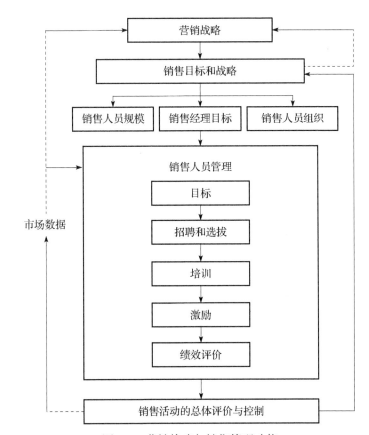

图 1-7 营销战略与销售管理功能

1.4.4 销售管理的新趋势

21世纪是以数字化、虚拟化、网络化为主导的互联网经济进一步发展的时代，互联网思维正浸染着社会生活的各个领域，更对传统的销售观念与模式带来了前所未有的冲击。优秀的企业正在积极拥抱互联网经济，积极寻找新的商业契机，主动融入"互联网+"的商业模式。

面对复杂多变的市场环境，一些企业的销售组织通过对销售管理的调整来应对种种挑战，使得企业的销售管理呈现出这样的变化趋势：第一，从单渠道、多渠道到全渠道销售，增加新的分销渠道以扩大市场覆盖率和降低成本；第二，从简单的交易转向建立良好的关系，更加重视购买整套产品体系，而不仅仅是解决出问题的单个产品；第三，从个人销售向团队销售转变；第四，从重视销售量向注重销售效率转变；第五，从本地性的销售管理向全球化销售管理转变。因此，许多销售组织正在它们的销售行动中做出变化以应对所面临的这些新趋势。

1. 从单渠道、多渠道到全渠道销售

过去在实体店铺时代，企业采用单渠道销售（single-channel distribution），通过分销、代销、直销等，将产品和服务从某一销售者手中转移到顾客或者消费者手中，单渠道销售的优势是低成本，企业可以方便快捷地进行部署，易于评估效果；而劣势也是显而易见的，它严重限制了潜在顾客的规模和多样性。

企业逐渐开始尝试通过不同类型的可触及消费者的渠道，在每一个单一平台中和消费者进行互动。多渠道销售（multi-channel distribution）重构了销售运作方式，通过官方网上商城、平台商城专卖店、社区商城等多渠道覆盖，帮助品牌开发市场，使其在营销活动中能够触及更广泛、更多样化的受众，并可以在不同渠道利用不同的营销活动策略抓取潜在的消费者需求。但是这些多样的渠道并不能流通以及实现连接，必然会导致运营效果低下，效果分析不清晰。新销售渠道的增加需要改变销售组织的政策。通常，这些改变会遇到现有销售人员一定程度的抵制，销售经理必须处理好这些冲突并协调好销售渠道内外的关系，制定明确的划分多重销售系统中销售人员责任和任务的指导方针。毫无疑问，使用多销售渠道使销售经理的工作更加复杂。

全渠道销售（omni-channel distribution）是多渠道销售的一种提升和完善，企业为了满足消费者任何时候、任何地点、任何方式购买的需求，采取实体渠道、电子商务渠道和移动电子商务渠道整合的方式销售商品或服务，提供给顾客无差别的购买体验。比如一家水果连锁超市，在单渠道销售情景中，顾客只能在实体店铺购买；在多渠道销售下，顾客既可以到这家实体店超市购买，也可以在其网上超市购买，但是二者是相互独立的，而在全渠道销售情景中，顾客可以在超市的网站上查看离自己最近的几家实体超市的库存量和价格，然后可以选择在网上下订单，到实体店或者最近的取货点去取货，或者直接到实体店购买。如果是在实体店内，顾客可以订购已经没有库存的商品，然后选择让有库存的商店或者直接从配送中心快递到家中。

2. 从交易销售到关系销售

销售人员不再强调短期内一次性的产品销售,而是强调能通过深入了解顾客的企业和业务,帮助顾客识别问题,与顾客合作寻找对双方都有利的解决方法,他们正在从关注现有的顾客转向关注为企业的明天创造价值的顾客,传统的交易销售(transaction selling)正在逐渐被关系销售(relationship selling)所取代。

关系销售的目的不仅仅是单纯地实现销售或交易,它还需要在考虑现有顾客的同时把将来可能与之达成交易的顾客作为目标,希望能够向目标顾客表明其有能力通过优质的服务更好地满足其需要,在双方能够相互负责的情况下,建立一种长期的合作关系,互利互惠,达到双赢。交易销售与关系销售的比较如表 1-3 所示。

表 1-3 交易销售与关系销售的比较

比较方面	交易销售	关系销售
关注点	关注单次销售	关注顾客本身
销售导向	产品特征	产品利益
顾客关系持久性	短期	长期
服务的重要性	不太强调为顾客服务	高度强调为顾客服务
顾客参与度	有限的顾客参与	高度的顾客参与
顾客联系度	适度的顾客联系	高度的顾客联系
质量的重要性	质量是产品的首要问题	质量是所有方面都要考虑的问题

关系销售的形成有两种情况:①一些销售组织积极主动地与顾客建立关系销售,保持与顾客的长期关系。因为它们认识到,企业的成功主要取决于长期顾客,帮助顾客解决问题是发展长期顾客关系的最好方法,长期的顾客关系必将带来企业长期市场的成功。②在产品售出后,销售人员主动与顾客联系,询问其对产品和服务是否满意,是否还有其他的需求和要求。如果顾客不满意,企业会千方百计地采取措施,保证让顾客满意。

在数字化技术及移动互联网兴起的今天,数字化营销、数字化销售成为一种新的趋势,企业销售管理者要利用微博、微信等社交软件、在线社群等社会化媒体工具与顾客建立数字化关系,以维护与顾客的全方位关系。

3. 从个人销售到团队销售

"单枪匹马""超级明星"式的销售人员的重要性在许多企业的销售组织中的地位正在下降,特别是当企业销售工作的重点从仅仅销售产品转向解决顾客问题时。

在很多情况下,一个人不会拥有判断和解决顾客问题所需要的全部知识与技能,此时就需要某种类型的团队开展工作。一个销售团队由一个销售经理领导,团队的成员可能来自企业的销售部门、市场营销部门和企业内其他职能部门。根据团队成员不同的协作方式,可将销售团队分为两种类型:以顾客为中心的销售团队和以交易为中心的销售团队(见表 1-4)。

表 1-4　销售团队的协作类型

以顾客为中心的销售团队	以交易为中心的销售团队
重视顾客	重视交易
顾客的工作需要决定团队成员的数量	交易的规模决定团队成员的数量
一个顾客一个团队，成员相对稳定	一次交易一个团队，成员流动性大
顾客的特点决定团队的特点	销售机会决定团队的特点
团队的使命是服从顾客的需要	团队的使命是抓住销售机会

以顾客为中心的销售团队是一种为特定的顾客组成的正规的销售团队，团队成员可能来自企业的所有职能部门，销售团队接受决策层的任务，全权负责某一特定项目，直到任务完成。以交易为中心的销售团队是一种非正规的销售团队，团队成员可能来自企业的任一职能部门，并且可能参与销售过程的任一阶段，销售人员的责任是合理安排销售组织的资源，使其满足顾客的需要。

4. 从销售量到销售效率

销售组织的基本任务就是销售，销售人员和销售经理的评估与奖励通常要依据一定时间内完成的销售量。尽管销售量很重要，但许多企业发现所有"销售"的效果并不一样，有些销售比其他销售获得更多的利润。因此，许多销售组织不再只关注"为销售而销售"，而是关注销售利润，这就使关注点从单纯的销售量转向了销售效率。

销售效率包括与一定的销售量和服务的顾客密切相关的成本。销售效率导向强调更有效地或效率更高地做事，即在成本水平一定的条件下能够完成更多的销售量。销售经理应该不断努力，做到"少投入多产出"。

5. 从本地到全球

现在的市场是全球性市场，产品和服务都需要在世界范围内生产，再以某种方式进入国际市场，实现国际化销售。这种朝着全球化发展的趋势是指在国际市场中的经营而不是仅超越某个地理范围。即使那些只在一个国家或地区进行商务活动的企业，也可能要与来自其他国家的企业竞争。企业需要利用国际供应商，与国际伙伴合作，为来自不同国家的顾客服务，同时还需要雇用来自不同国家和文化背景的职员，所有这些情况都要求一个销售组织实现从本地化到全球化的扩展。

在国际市场中，销售的全球化导向的许多方面都要求效率。销售经理要考虑到与国际竞争者之间的竞争，必须服务于来自不同国家和文化背景的顾客，同时管理各种各样的销售团队。没有几个市场或销售组织是完全相同的，相反，它们中的绝大多数有着越来越明显的差异性和多样化特点。

复习测试

（1）简述你对销售概念的理解。
（2）简述你对销售与营销关系的理解。

（3）简述顾问型销售的概念及其特点。
（4）销售工作有哪些方面的特征？
（5）销售人员有哪些类型？
（6）销售人员的主要职责有哪些？
（7）销售人员应该具备哪些方面的职业素养和职业能力？
（8）谈谈你对销售人员职业发展的理解。
（9）从普通销售人员成为一名销售经理的过程中会经历哪些变化？
（10）销售经理需要履行哪些岗位职责？
（11）谈谈你对销售管理概念的理解。
（12）从销售活动的程序来看，销售经理的销售管理职能包括哪些方面？
（13）谈谈你对销售管理的新趋势的理解。

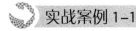

实战案例 1-1

销售经理的职位真适合我吗

晚上六点，李菲阳仍在办公室中忙着处理工作。李菲阳是某体育用品有限公司在上海地区的销售主管（中层管理者）。该公司拥有品牌营销、研发、设计、制造、经销及零售能力，产品主要包括自有品牌生产的运动及休闲鞋类、服装、器材和配件产品。该公司主要采用外包生产和特许分销商模式，在中国建立了庞大的供应链管理体系以及分销和零售网络。李菲阳不知道这个职位是否适合自己，并为此而烦恼。和现在的这份工作相比，她更喜欢销售产品、旅行及同顾客见面。今天就很典型，李菲阳早早就来到办公室，为的是打电话给上海周边区域的销售主管王博，讨论一下他们正在准备的一个联合销售预测。和王博一起干活可不轻松，他不会同任何人妥协。

她还要给公司在华东地区工厂的生产经理打电话，弄清楚为什么新的产品系列迟迟未到。那些负责生产的人好像不懂得要有大量的库存才能保持住销售额。在上午已过去一半的时候，李菲阳终于能够着手来办她计划好今天要做的重要事情了。

经过几天仔细翻阅前几年的销售报告，她得出这样的结论：如果重新划分区域，并调整每个销售人员的辖区，那么每个销售人员的工作效率和总销售额都能得到提高。她必须在明天下午的每月例会上，把调整计划交给她的分区销售经理。吃过午餐，回来时她看到六个电话留言，其中有一个是公司人力资源部副总经理李天伟打来的紧急电话，通知明天的销售会议上将讨论公司新产品推广计划，她马上开始处理相关事宜。

她在下午三点刚处理完这些事，就到了接待一名分区销售经理应聘者的时间。她和这名应聘者面谈了一个多小时，然后又马上回了几个电话。她看了看手表，意识到没有时间打完所有计划好的电话，一天好像就要过去了。她必须想出一个办法，来激励那些销售经理干出更好的业绩。重新设计辖区只是解决办法的一部分，李菲阳不知道自己还能做什么。

李菲阳不得不取消了晚上的约会，她已经有三周除了工作就没有业余时间了！

讨论问题：

（1）把李菲阳目前的工作和从前做销售人员的工作做比较，你认为它们有何不同之处？

（2）李菲阳作为一名销售经理，在案例中，她具体执行了销售管理过程中的哪些职能？请描述这些职能。

实战案例 1-2

从销售明星到销售经理的转变

许林是一家民营企业的总经理，公司的产品质量在同行业里是最好的，但是销售一直不如竞争对手，3个月前，他把原来的经理换掉了，把销售业绩第一的员工单某提拔为销售经理，希望他能把销售部业务抓上去。可是，3个月下来，情况却让他大失所望。尽管单某个人的销售业绩不断提升，但公司的总销售额整体下滑。几位销售骨干向他反映，单某只顾自己多拿奖金，不想办法帮大家提升业绩。他找单某谈过话，单某也感到很委屈。他说自己很努力地在拼业绩，大家都在冷眼旁观，他也不知问题出在哪里？

有关建议如下：

1. 换人（销售主管，男，36岁）

能者上，庸者下，已经3个月了，再给机会，企业就没机会了。应当提拔更好的人选，或者也可以考虑竞争上岗。

2. 培训辅导（管理顾问，女，32岁）

这位销售经理个人业绩不错，这只表现了一个精英的素质和能力，不能得到大家的信任和支持，问题出在他不会做领导。建议你在提拔业务骨干到领导岗位后，还要加以辅导，必要时让他参加一些培训，提升领导水平比提升业绩更关键。

3. 改变考核机制（总经理，男，41岁）

对于销售经理，不能以他的个人业绩为考核标准，要将团队的指标与他的奖金挂钩。把他的能量引导到带领团队和帮助他人方面，这样不仅业绩可以提上去，销售人员和经理的利益也没有冲突了，关系自然就正常了。

4. 提拔骨干进入管理层（咨询顾问，男，44岁）

提拔内部的业务骨干进入管理层是一件好事。这样能够激励员工士气，给员工奋斗的目标和动力。同时，他们在对企业文化的认同、企业制度的了解、企业人员的熟识上，均比外聘的"空降兵"有很大的优势。

但好事也会带来新的问题，比如力不胜任。提到的那位新任销售经理的现象，可归结为"角色迷失"。每一个人在社会上都在扮演着各种各样的角色，担任一个新职务，自己的行为也必须随之调整，如果角色认知不完整或能力不足，新角色转化不到位，就会迷失方向。

优秀的职业精英走上领导的位置，很容易迷失自己的角色，在这种情形下，即使他的业务能力再强、工作再努力，他也不是一个好的领导者。

讨论问题：你认为问题的实质是什么？有什么更好的解决办法？

模拟实训

实训名称

"销售重要性认识"的写作训练

实训目标

（1）引导学生关注、正确理解"销售的重要性"，更好地理解学习销售管理课程的重要性。

（2）掌握"认识体会"文章写作的基本技能，增强学生的文字交流能力。

背景描述

1. 只有理解了销售的真正含义，企业才能开发市场、占领市场

销售的实质是满足消费者需要，运用有效的销售策略来开发市场、占领市场。总结企业销售成败的经验教训都集中在能否真正理解"销售"两字上。销售不是推销，更不是坑蒙拐骗。销售就是企业以满足消费者需求为销售出发点和归宿，准确确定自己的目标市场；生产出适销对路的产品，建立合理的分销渠道，方便顾客购买；制定适当的价格，运用有效的促销手段吸引消费者。

2. 只有树立了现代销售观念，企业才能赢得市场、引导市场

现代销售观念的核心是以消费者为中心，把实现"顾客让渡价值最大化"作为销售追求目标。现代销售观念要求与时俱进，体现时代特征。企业销售成败的事例都证明了正确的、积极的销售观念作为销售指导是至关重要的。只有树立了现代销售观念，企业才能在市场上立于不败之地。反之亦然。

3. 只有实施了科学销售管理，企业才能真正实现销售目标

科学销售管理是制定正确销售策略、实现企业销售目标的保障。科学销售管理要求在对企业销售机会分析的基础上，正确选择目标市场，制定战略性市场销售规划，对销售规划实行有效管理，即制订销售计划、为实施计划进行有效组织与控制。企业销售成败的事例都证明了科学销售管理对制定正确的销售策略、实现企业销售目标是至关重要的。只有实施了科学销售管理，企业才能真正实现销售目标。

实训任务

要求学生全面、正确理解"市场营销""销售观念""销售管理"的概念和基本内容，联系企业销售成败事例，提高"销售重要性"认识，完成一篇1 500字的"认识体会"。其基本写作要求如下。

1. 开头

文章的开头应该提出问题，说明体会文章要解决的是什么问题，论述的观点是什么，即判断。例如，"树立以消费者为中心的现代销售观念是实现企业销售目标的重要保障"就是一个论点。论点提出的要求：①概念要准确；②判断要符合客观事物的发展规律；③符合人们对客观事物的认识习惯。

2. 正文

文章的正文应该是分析提出的问题，说明为什么要确立文章这样一个论点，即推理。以"树立以消费者为中心的现代销售观念是实现企业销售目标的重要保障"论点为例。可以从理论与实践的结合上，以理论观点和实例资料为论据，来论述现代销售观念为什么能保障企业销售目标的实现。正文论述的要求：①紧扣主题（以论点为中心）；②言之有序（分析条理分明）；③言之有理（分析要正确，符合逻辑）；④言之有据（理论依据和实例资料）。

3. 结尾

文章的结尾应该是提出解决问题的结论。可以从正文论述中进行归纳和综合，得出总结或联系现实存在的客观问题，提出自己的观点、见解与建议。结论表达了作者自己对论点的见解，是文章的精髓。结论要求：①上升为自我认识；②观点、见解与建议要鲜明；③结论要概括、简短。

实训评估标准

评估项目	评估标准		评估考评成绩（总分100分）
	课业是否准时完成 考评总分40分 每项考评10分	课业是否符合要求 考评总分60分 每项考评15分	
1. "实践教学"认识和建议（总分25分）	准时完成得10分，没有准时完成酌情扣分	1. 对实践教学的自我认识（8分） 2. 对实践教学的坦诚建议（7分）	
2. "销售内涵"重要性认识（总分25分）	准时完成得10分，没有准时完成酌情扣分	1. 联系企业实践（5分） 2. 能上升为自我认识（5分） 3. 认识观点的正确性（3分） 4. 观点表达的条理性（2分）	
3. "销售观念"重要性认识（总分25分）	准时完成得10分，没有准时完成酌情扣分	1. 联系企业实践（5分） 2. 能上升为自我认识（5分） 3. 认识观点的正确性（3分） 4. 观点表达的条理性（2分）	
4. "销售管理"重要性认识（总分25分）	准时完成得10分，没有准时完成酌情扣分	1. 联系企业实践（5分） 2. 能上升为自我认识（5分） 3. 认识观点的正确性（3分） 4. 观点表达的条理性（2分）	
评估考核总成绩（总分100分）			

延伸阅读 1-1

顶尖销售人员的七大性格特质

美国南加州大学马歇尔商学院的史蒂夫·马丁（Steve Martin）教授基于他在十多年中对

数千位顶尖 B2B 销售人员的跟踪采访，撰写了《顶尖销售人员七大性格特质》一文，并发表在《哈佛商业评论》上。这些销售人员都来自全球领先企业，他还对其中的 1 000 人进行了五大方面的性格测试，包括开放性、责任心、外向性、随和性以及消极情绪，以更好地了解他们出类拔萃的性格特征。结果表明，某些关键性格特质直接影响了优秀人员的销售风格以及最终的成功。

下面是顶尖销售人员的七大性格特质，以及每项特质对个人销售风格的影响。

1. 谦逊

人们往往认为成功的销售人员爱出风头、自高自大，但测试结果恰恰相反，91% 的顶尖销售人员在谦逊方面的得分处于中高水平。实际上，虚张声势、好卖弄的销售人员错失的顾客远远多于所赢得的顾客。谦逊对销售风格的影响：团队导向，即顶尖销售人员不会让自己成为交易决策中的焦点，而会让团队（售前技术工程师、咨询顾问以及高管人员）成为核心，帮助自己赢得顾客。

2. 责任心强

85% 的顶尖销售人员都拥有强烈的责任感，为人可靠。这些销售人员对待自己的工作极为认真，而且对工作结果高度负责。责任心强对销售风格的影响：掌控顾客。在销售过程中，销售人员面临的最糟情况就是放弃对顾客的掌控，对顾客言听计从；或者更糟糕的是，沿着竞争对手引导的方向走。为了掌控自己的命运，顶尖销售人员都会控制销售周期的流程。

3. 成就导向

84% 的顶尖销售人员在成就导向上得分很高。他们专注于实现目标，而且会不断将自己的表现与目标进行比较。成就导向对销售风格的影响：关注销售决策的政治因素导向。在销售周期中，顶尖销售人员会努力弄清顾客决策中的企业政治格局；他们会努力与关键决策者会面；他们会针对关键决策者，从所售产品如何适合顾客组织的角度出发，制定销售策略。

4. 好奇心

好奇心是指一个人对知识和信息的渴求。82% 的顶尖销售人员在好奇心上得分极高；强烈的好奇心让他们在销售拜访时积极主动。好奇心对销售风格的影响：好问。积极主动性会推动销售人员向顾客提出一些让他们感到不自在的问题，以获得重要的缺失信息。

5. 不合群

与我们通常认为的观点相反，顶尖销售人员在合群性上（即友善、喜欢和人在一起）的表现并不好。总体而言，与较差的销售人员相比，顶尖销售人员的合群性平均低 30%。不合群对销售风格的影响：支配力。这是指让顾客愿意听从销售人员的推荐和建议的能力。测试结果表明，过于友善的销售人员因为与顾客过于密切，所以很难确立支配地位。

6. 不气馁

只有不到 10% 的顶尖销售人员容易气馁，经常被消极情绪打倒。相反，90% 的顶尖销售人员较少或只是偶尔出现消极情绪。不气馁对销售风格的影响：竞争能力。马丁教授在多年的调查中发现,在顶尖销售人员中,很多人在中学时期参加过有组织的体育运动。在体育运动和销售成功之间似乎存在着某种联系,因为顶尖销售人员能够应对失望的情绪,能够从失败中恢复信心,并能从心理上为下一个竞争机会做好准备。

7. 缺少自我意识

自我意识衡量的是一个人容易觉得尴尬的程度,高度的自我意识会让人容易感到害羞和自我压抑。只有不到5%的顶尖销售人员具有高度的自我意识。缺少自我意识会导致销售人员缺乏积极进取性。顶尖销售人员能收放自如地为销售而战,在销售过程中不担心惹恼顾客。他们以行动为导向,不惧怕拜访高管顾客,敢于积极拜访新顾客。

延伸阅读 1-2

销售人员成长的五个时期

对企业来说,销售人员的成长存在周期性,这个周期性的成长过程适合所有从事销售职业的人员,从进入销售岗位到最后退出,经历了极为相似的发展历程。总体来讲,销售人员的成长主要分为五个时期:激情期、挫折期、成长期、成熟期、衰落期。下面对不同时期的销售人员的表现进行阐述。

1. 激情期

激情期是销售人员的黄金时期。这时的销售人员由于刚刚接触公司的文化、产品,有较强的好奇心。这期间,企业会把最为优秀的一面展现给新来的员工,有意激发销售人员的激情,比如介绍企业光荣事迹、与模范人员交流、参观企业生产车间等,这些方式对应届毕业生建立良好的印象有巨大影响。即便是有相当经验的老销售人员,其信心也会逐渐初步建立。之后,他们会在兴高采烈的状态下被派上"战场",这种激情足以支撑他们挺过第一轮的销售挫折。

激情期是销售人员的最佳教育期。很多问题只有在激情期才能得到根本解决,比如基础价值观的问题、应当学什么的问题、发展方向的问题等。很多企业并不是非常重视员工激情期的教育,往往采用任其自然成长的状态,或者是仅仅进行简单的产品培训就上岗,这就给销售人员的未来发展埋下了祸根。

激情期的持续时间一般不会很长,不同行业、不同的销售类型是有较大区别的。比如,导购人员的激情期只有一周左右,而做大客户销售的人员,其激情期可能会持续三个月甚至更长的时间。加强销售人员的甄选、培训工作,对于延长销售人员的激情期,从而提高销售人员的留存率是非常有帮助的。这主要是由于激情期一过就是挫折期,而挫折期是销售人员最严峻的时期,所以明智的选择是拉长激情期,这样就可以有效地压缩挫折期,使销售人员尽快地步入成长期。

2. 挫折期

销售人员在经历激情期之后会快速地进入挫折期。通常情况下,销售人员在经历企业的初步教育之后会满怀激情地走上工作岗位，但是，现实的状况比他想象的要复杂得多，随着碰壁的增加，失败的阴影会越来越浓。通常情况下，他的主管会鼓励他，甚至帮助他做一些工作，但是如果短期不能见效，就不能使其真正地建立起信心。多数人员会用质疑的眼光审视公司的产品或者服务，他们会提出非常多的尖刻问题以摆脱尴尬及心理压力，变得懒散、缺乏斗志，并且怀疑所有可能成功的人，甚至与公司产生直接对立情绪，出现说谎、虚报等不诚实的行为。

不同的销售类型，挫折期的时间是不一样的。技术含量越高，需要较强行业经验的销售，挫折期会越长；非常简单的操作如导购，挫折期会短很多，有的甚至只有一周的时间。挫折期的周期长短直接决定了销售人员的流失率。从销售人员在公司的发展周期来看，挫折期是销售人员流失最为严重的时期。所以，降低挫折期销售人员的流失率，对于促进销售队伍的建设与成长具有特别重要的意义。

挫折期的教育有两种倾向：一种是恢复，另一种是快速淘汰。处在挫折期的有些销售人员，其销售意志已经基本上垮掉了，越没有业绩越没有信心，越没有信心越消沉，最后彻底崩溃。为此，比较明智的选择是，在确认他们已经进入恶性循环的时候，淘汰是一个非常经济的选择。一家企业明白挫折期的状况后，可以设计一套针对挫折期的训练办法，以帮助销售人员快速跨越。

3. 成长期

成长期是销售人员的黄金时期。能够通过挫折期的销售人员会迅速地步入成长期，在这一阶段，销售人员初步适应了企业的销售环境及特点，掌握了销售公司产品的基本套路，并且能够克服销售过程中的各种艰难险阻，具有较强的心理素质。同时，随着业绩的不断提高，销售人员体现出极高的战斗热情及必胜的信心。

成长期是最难教育的时期。凡是步入成长期的销售人员都比较有自信，但是过了头就是自负。事实上，每一个经历成长期的销售人员都会自负，只是严重的程度不同而已。随着胜利的不断到来，原来挫折期的阴云已经一扫而空，他们总有一种熬出头的感觉，长期的压抑得到了释放。他开始认为他自己是最聪明、最成功的人，当然也是公司最有能力的人，其他的人都是不值一提的。这时的领导巴结自己的下属，公司制度仅仅是一种摆设，破坏制度成了炫耀自己特殊身份的手段。通常情况下，这些销售新星会有一个非常糟糕的人际环境，他们可能在业绩上成功了，但是他们在关系管理上却非常失败，很多销售新星就是在这样的条件下流失的。

成长期的淘汰是非常可惜的。经过统计，新销售人员在成长期的淘汰率是很低的，概率不会超过10%（这里是指新入职的员工）。但是尽管数额很小，损失却是巨大的，因为他们已经具备了销售公司产品的基本能力，重新培养的成本是巨大的。理论上讲，能够渡过挫折期的销售人员都应当能够成为合格的销售人员，对他们在这一时期的有效辅导和教育是最艰巨的任务。从所有的发展阶段来看，成长期的销售人员多数还是可以管好的，他们创造的价值是最高的，也是效益最好的一个群体。

成长期的时间短则半年,长则三四年,不同行业成长期的时间是不一样的,甚至同一行业不同的公司销售人员成长期的长短也有很大差别。大体上来说,大客户销售要比导购这样的效率型销售的成长期长很多,医药行业的成长期可以有1~2年,设备行业的成长期可以有2~3年。从销售队伍的培养来看,较长的成长期对于企业的队伍发展是非常有利的,因此如何加长成长期是一个需要仔细研究的问题。

4. 成熟期

成熟期是销售人员的职业历程中最漫长的时期。随着成长过程中经验的积累,销售人员处理销售问题的能力增强,处理问题的激情却在逐渐减弱,发展到一定程度,销售人员会出现疲惫、厌倦、麻木的状态。

但能够进入成熟期的销售人员,多半对企业都是有感情的,而且曾经为企业做过不小的贡献,即便是进入成熟期,他们仍然不是最差的,很多人会稳定地维持在某一个销售水平上,不会太高,也不会太低。这种状态是管理的盲区,既不会遭到批评,也不会得到表扬,平淡而且显得天经地义。淘汰一般是在变革中开始的,如果公司遇到强有力的竞争,或者需要调整战略,这时候最先触及或者最先反对的就是这些人员,当然他们也是在这种状况下流失最多的人员。很少有主动流失的,这种状况占总流失人数的比率不会超过5%。主动流失的多半是接近一定的年龄,或者遇到了更加有吸引力的机会,他们才会考虑离职。对于成熟期的销售人员,公司的矛盾不是集中在流失方面,而是集中在工作的效率与效能方面,这些与他们的前途、发展、价值等问题有关。

成熟期的教育应当注重内涵。能够活下来的人都是"明白人",心里清楚公司的事情,而且很难通过一两件事情改变自己的认识。对于他们的教育不是一两次就能够解决问题的,也不是其他人可以改变他们的。他们的业绩可能不是最差的,但是他们的影响可能是最大的,很多的"妖魔鬼怪"都是出自这样的群体,他们破坏的是整个销售队伍。一家公司如果长期都是这样的老人队伍,就很难再培养一个新兴的队伍。对老销售人员的教育应当从激情期就开始,要坚持长期不懈的原则,这样才能从根本上解决以上问题,否则一旦形成"老油条"的不良风气,改变起来就非常困难了。

5. 衰落期

衰落期是销售人员的终结前兆。没有具体的统计显示销售人员会在多长时间以后会步入衰落期,他可能永远地停留在成熟期,也有可能突然地步入衰落期。步入衰落期的销售人员普遍对销售工作感到厌倦,或者对现有的岗位感到厌倦。这种状况与挫折期的状况不同,挫折期的各种反应具有积极的内因,销售人员在努力无望的情况下会表现出丧失信心;而衰落期的销售人员多半不具有积极的内因,他们从内心并不愿意改变现有的局面,即便是局面好转了,对他们也并不会有更大的激励。这时的销售人员消极的因素很多,并且经常在各种场合抱怨公司的政策,他们同样体现出懒惰、推诿、不负责任的现象。

产生衰落期有两类典型的诱因。一类是长时间成熟期的麻木造成业绩下滑,而这将成为衰落期的诱因,一旦业绩下滑,他们就失去了混下去的资本,沮丧、恐惧会迅速地摧毁他们的战斗意志。另一类就是遭遇变革。公司的变革会将很多人推向衰落期,销售人员的成长周期大大缩短,对变革的不适应与恐惧使很多老员工对未来丧失信心,从而步入衰落期。销售人员一旦步入衰落期,很难再恢复到原来的状态,即使到一个新的单位,他们都很可能因为找不到感觉而离开。

衰落期的教育很难。很多公司愿意教育衰落期的员工,却不太愿意教育挫折期的员工,认为这些已经进入衰落期的销售人员只要足够努力就会回到从前的样子,于是将他们看成财富不愿舍弃;但是从教育的角度来看,没有走过的路永远是神秘的,甚至是让人向往的,一旦所有的事情已经不是秘密,你让他沿着原来的路返回,他一定不会有激情,也绝对不会再回到从前,衰落期的销售就是这样一种状况。经过统计,步入衰落期的销售人员能够恢复的极少,不足1%,这一概率已经丧失了继续投资的必要。也就是说,如果有这样的人员,应当尽快淘汰。

了解销售人员的成长周期对于设计销售人员的训练系统非常有帮助。由于不同时期的销售人员的反应是不一样的,因此,他们所需要的教育与帮助也是不一样的。企业的任务就是确认销售人员到底处在什么样的时期,再针对不同的时期进行训练。

第 2 章
销售伦理及法律

学习目标

- 掌握销售伦理的含义
- 了解销售工作的伦理原则
- 掌握营销工作中的销售伦理问题
- 掌握销售人员非伦理行为及其成因
- 了解销售人员行为的伦理规范
- 掌握销售合同管理
- 了解销售活动相关法律法规

引导案例

谁出卖了我的个人信息

朱女士在今年生下宝宝后就不断有生产婴幼儿产品的公司打来电话"嘘寒问暖",最多一天可接到三四个销售电话。朱女士说,这些人不仅打扰了她的休息,电话铃声还把宝宝吵醒,实在是烦透了。

不过,朱女士的反感并不能阻挡这些销售人员卖力地打来电话,他们被拒绝后照样孜孜不倦地继续打来。一次,对方细致地询问朱女士和孩子的身体状况,如她有没有回奶,喂的是母乳还是奶粉,十分周到体贴。她起先还以为是医院打来的电话,没想到最后对方开始推销起了奶粉,朱女士这才恍然大悟。更奇怪的是,这些公司似乎都知道宝宝长到多大了——宝宝刚出生,就有人来销售用作庆贺喜事馈赠礼物的喜蛋,做手印脚印或者做胎毛笔,但宝宝满月后这些人就不来电话了,而是换成拍满月照的公司,现在宝宝两个月大,就有人销售百天照。"不知道这些人有什么能耐,不仅知道我家电话,连我宝宝长多大、需要什么样的服务都知道得一清二楚。"

显然,朱女士屡被骚扰的原因是个人资料被这些公司获得。但朱女士表示,除了在医院建卡登记过资料外,她没有向任何人泄露过资料。她记得某保险公司的销售人员曾无意中透露,这些资料都是从朱女士生产所在的医院买来的,而且医生会把资料重复卖给不同的保险公司和妇幼保健品公司。

朱女士试图与这位保险公司的销售人员取得联系，但始终未能打通电话。记者又以朱女士丈夫的身份，询问一家销售满月照的公司其资料究竟从何而来，对方表示资料都是老板给他们的，并不知道具体从哪里来的。最后，记者以经营婴儿照相业务公司的名义给朱女士生产所在的医院打去电话，要求"建立长期业务关系，购买孕妇资料"，但遭到拒绝，对方表示孕妇资料是绝对保密的。

朱女士生产所在的医院办公室相关负责人表示医院有严格规定，不允许泄露产妇资料，因此绝对不会是医院工作人员所为。她表示，孕妇的资料管理有多个环节，社区的卫生服务中心、负责建卡的妇幼保健院都有孕妇产检的有关资料，所以不清楚究竟是哪个环节"出卖"了朱女士的信息，但是人们"往往把事情推给医院"。

该负责人表示，行业里的确也有这样的通病存在，医院之前对相关的情况曾进行过调查，也查到过一些类似的孕妇名单，但可以肯定的是，"我们医院拿不出这么全的资料"，该负责人强调医院一直有严格规定，同时不允许婴幼儿产品公司的销售人员进入医院半步。对此，市卫生局相关负责人同样表示，市卫生局有明确规定，禁止医院将患者资料向外泄露传播。

讨论问题：
（1）你认为案例中描述的企业是通过什么方式找到顾客的？
（2）销售人员下一步该如何开展销售工作才能不引起顾客的反感？

在营销（销售）实践中，道德判断问题无处不在、无时不在。商业营销活动本质上不可能回避人与人之间的伦理关系问题。营销活动只有符合道德伦理要求，才能够为顾客、合作伙伴等接受，才会真正地扩大企业品牌影响和销售收入。从营销实践过程来看，一切营销本质上是商家与客户、消费者、竞争对手等市场主体在一定社会结构下如何交换与分配利益的问题。这也从根本上决定了伦理道德之于营销（销售）活动的重要性。同样，企业的任何营销（销售）活动都必须具有伦理道德意义上的合法性，否则相关决策和行动就很难被顾客等从根本上接受。伦理道德在营销（销售）活动中不仅意味着"善"，还意味着"真"与"美"。

本章聚焦于销售伦理问题，首先介绍销售伦理的含义、销售工作的伦理原则；其次，介绍营销工作中的销售伦理问题；再次，介绍销售人员非伦理行为及其成因、销售人员行为的伦理规范；最后，介绍销售合同管理和销售活动相关法律法规。

2.1 销售伦理的含义

对销售人员来说，由某些违反销售伦理的行为带来的短期利益最大化的诱惑总是存在的。例如，你已拜访过潜在顾客两次，每次这个顾客都表现出对产品的极大兴趣。在最后一次拜访中，这位顾客暗示如果赠送一些小礼品的话，他就可以签订单。然而，企业的销售政策是在任何情况下都不能赠送礼品。你应该怎么办？

在销售过程中，销售人员经常陷入自认为正确的行为和自己被迫采取的行为之间的冲突中。很多销售人员在内心已经认定，自己是在为顾客提供需求满足方法（产品或服务）。然而，许多顾客却认为销售人员是不道德的——这就是销售中经常存在的伦理问题。

销售伦理是营销伦理的有机组成部分。"伦"即人伦，是指人与人之间的关系；"理"即道德和规则。任何销售活动都应遵从伦理道德。销售伦理是指企业销售活动中应该遵守的伦理规范，是判断和评价企业销售行为是否符合顾客及社会的利益，是否能给顾客带来最大幸福的标准。判断企业销售行为是否符合伦理主要是看企业的销售决策是否获得顾客的拥护、是否合法、是否符合行业的习惯、是否对社会有积极意义。销售伦理涉及企业经营活动的价值取向并贯穿于企业销售活动始终。

销售伦理涉及企业高层管理者、销售经理和销售人员的伦理问题。其中，销售人员伦理是指销售人员在销售活动应该遵循的道德准则、道德情操与道德品质的总和。销售人员伦理与个人价值观念相联系，销售人员伦理帮助销售人员把价值观转变成日常工作中适宜的和有效的行为。

2.2 销售工作的伦理原则

根据社会商业发展的要求，销售工作需要遵循如下伦理原则。

1. 尊重顾客意愿，反对强制销售

销售工作要遵循顾客导向和市场导向原则，以顾客需求为中心生产和销售产品，目的是满足顾客多样化、个性化的需求。销售要充分尊重顾客的意愿，要努力将企业目标与顾客意愿结合起来，实现供求双方的双赢，反对违背顾客意愿的强制销售行为。所谓强制销售，就是企业在向顾客推广自己的产品或服务的过程中带有直接或间接的不平等性质，使顾客感觉到某种压力而不得不接受的销售行为。强制销售的结果是使顾客感到不悦或反感，影响顾客满意和顾客忠诚，属于销售的"短期行为"。销售人员必须学会理解人的本性，学会尊重顾客，设身处地为别人着想，照顾和体谅别人的感受，搞好人际关系。

2. 坚持互利互惠，反对损人利己

销售活动是企业和顾客之间通过交换分别实现产品价值和使用价值的过程，成功的销售应该能够照顾到双方的利益，任何有损于其中一方利益的销售行为都是不会长久的。销售人员在销售活动中要设法满足自己和顾客双方所追逐的目标，实现"双赢"。

互惠互利原则是指在销售过程中，销售人员要以交易能为双方都带来较大的利益或者能够为双方都减少损失为出发点，不能从事损害一方或给一方带来损失的销售活动。销售人员在贯彻互利互惠原则时，必须善于认识顾客的核心利益，并与顾客加强沟通，在销售之前分析交易活动的结果能够给顾客带来的各种利益。因为不同产品带给顾客的利益会有差异，要在准确判断销售产品给顾客带来的利益的基础上找到双方利益的均衡点，开展双赢销售活动。同时，一个优秀的销售人员，不仅要看到当前的销售利益，而

且要看到长远的销售利益；不仅要看到直接的销售利益，还要看到间接的销售利益，要多因素综合评价利益均衡点。

3. 坚持诚实守信，反对商业欺诈

诚实的意义在于不欺诈，中国商业文化倡导的"生意不成仁义在"，正是诚信经营的写照。诚信是中华民族所遵从的一种传统美德。孟子说"诚者，天之道也；思诚者，人之道也"，可见诚是天和人之最高准则，中国从古代就把诚信经营作为成功经营的信条。

诚信属于道德范畴，包括诚实和守信。诚信销售既是销售人员的素质与道德要求，也是职业规范的要求。诚信销售的主要内涵体现在两个方面：一是实事求是销售货真价实的产品，不夸大，不欺骗；二是遵守承诺，提供顾客急需的服务，不反悔，不敷衍。

在销售活动中，诚信是决定销售成功与否的基础，而销售货真价实的产品是诚信销售的根本。销售工作的实质在于通过买卖双方信息交流来达到销售产品和服务的目的。销售活动获得成功的基本前提是所传播的信息必须真实、准确。严重的信息失真不但会导致企业在顾客心中名誉扫地，而且会给企业带来形象上和经营上的损失。

销售必须以企业的真实表现为客观依据，通过销售人员在公众心中树立产品形象和企业形象。可以说，在顾客面前，销售人员的形象就代表了企业的形象。企业只有诚信经营才能赢得顾客的信任，有效降低交易成本，才能有效留住老顾客和吸引新顾客，培养顾客忠诚。建立在诚信经营基础之上的企业声誉是一种稀缺资源，是企业重要的无形资产。因此，要持续发展就必须诚信经营，任何自作聪明、搞商业欺诈的行为都属于短期行为。

4. 保护顾客权益，反对不正当竞争

顾客的权益受到社会的广泛重视和制度法律的保障。现代顾客导向的销售活动要以满足顾客的需求为己任，以充分尊重顾客的权益为特征。正所谓"君子爱财，取之有道"。《中华人民共和国消费者权益保护法》规定了顾客的8项基本权益，包括自愿选择权、公平交易权、安全权、知情权、索赔权、受尊重权、结社权和监督权。其中，重点突出以下6项基本权益：①自愿选择权。选择权是确保顾客在消费生活中行为自由、生活自主的法律保障。②公平交易权。一是顾客有权获得质量保障、价格合理、计量正确等公平交易条件；二是顾客有权拒绝经营者的强制交易行为。③安全权。顾客有权要求经营者提供符合保障人身安全、财产安全要求的产品和服务。④知情权。知情权是顾客了解产品和服务，避免因盲目购买、使用产品和接受服务而遭受损害的法律保障。⑤索赔权。索赔权是法律赋予顾客在其权益受到损害时的一种救济权，使顾客所受损害得到经营者的赔偿，同时对经营者的欺诈行为进行惩罚。⑥受尊重权。顾客在购买、使用产品和接受服务时享有其人格尊严、民族风俗习惯受到尊重的权利，坚决制止侵犯顾客人身权利的行为。

此外，我国还制定了《中华人民共和国反不正当竞争法》《中华人民共和国产品质量法》《中华人民共和国食品卫生法》《中华人民共和国商标法》等法律法规，形成了顾客权

益保护的法律体系，使顾客权益在法律上有了切实可行的保障。虽然顾客权益、企业权益可以通过国家法律法规来保护，但要从根本上解决这个问题，伦理层面的规范工作更加重要。只有销售人员的职业伦理意识和职业操守加强了，销售主体才可能自觉地关心顾客权益和减少不正当竞争，商业环境才可能净化。

2.3 营销工作中的销售伦理问题

销售伦理影响企业营销工作中各个方面的活动，在企业营销活动全过程中始终贯穿着销售伦理问题，主要包括以下五方面。

2.3.1 市场调研中的伦理问题

企业销售活动始于市场销售调研。市场调研中的伦理问题涉及以下三方面的关系。

1. 调研人员与委托人的伦理问题

调研人员与委托人之间存在一定程度的信息不对称，通常委托者处于信息相对劣势方。调研人员应当诚实、公平地对待委托人和保守调研秘密问题，不得有意隐瞒信息、篡改数据、滥用统计结果、略去重要和相关部分信息、随意改变调研流程等；不得对某些委托人进行隐性加价、私自减少某些调研内容以减少调研成本；不得泄露调研信息等。

2. 调研人员与受访者相关的伦理问题

调研人员应当替信息提供者保密，不泄漏受访者信息，不得强制调研，受访者有权退出调研过程或者拒绝问答某些问题等；不得利用调研作为产品促销的手段；尊重受访者，不得为难受访者等。

3. 调研人员与竞争者相关的伦理问题

销售决策制定要求企业适应市场需求，因此竞争者所提供的产品或服务信息非常重要。调研人员与竞争者之间的伦理问题主要有贿赂、窃听等。调研人员不得通过行贿手段影响信息提供者以达到获取竞争者信息的目的，不得有意雇用来自竞争对手企业的员工以获得竞争者的秘密信息。使用电子监控、窃听器等获取竞争者信息都是明显的不道德行为。

2.3.2 产品策略中的伦理问题

为顾客提供货真价实的优质产品和优质服务，是企业最基本的社会责任。如果违背了这一原则，便会产生道德问题。然而，在现实中某些企业的产品策略往往违背销售伦理，主要体现在以下三方面。

1. 产品安全

在开发产品战略中，关键的道德决策是应考虑产品安全问题。所谓产品安全，是指产品在使用过程中，各利益相关者的生命和利益不受威胁，产品没有危险、危害或损失。然而，在现实中，任何消费品的使用都包含某种程度的风险，或顾客受到产品伤害的可能性。对于工业品而言，各种各样的危险不仅表现在设计方面，还产生于信息不够充分，因而顾客不会注意到与使用这种产品相关的危险。

当然，要求所有产品在任何情况下都是绝对安全的也是不现实的，或者技术上做不到，或者经济上不可行。绝大部分国家制定了保证产品的安全性达到一个合理的期望值的技术标准。生产企业应按照标准生产产品，并提供令人满意的说明书，明确说明产品风险。

2. 有计划地淘汰

有计划地淘汰通常是指生产企业在生产产品时预先设定一个寿命，这个寿命比正常的寿命要短。有计划地淘汰是企业常常采用的一种产品策略，企业有时在设计时故意缩短产品寿命。这样就迫使顾客在较短的时间内再购买产品，而实际上合理的使用时间要比这个寿命长。一些环境保护主义者认为，企业过早淘汰产品浪费了自然资源，很多产品的设计寿命很短，顾客不断淘汰这些旧产品换成新产品，这种行为毫无疑问增加了顾客的经济负担，损害了顾客的利益，是不道德的。

3. 虚假包装

虚假包装通常表现为某些产品使用过大的包装，这样做让顾客觉得购买的比里面实际上装的要多，这就是所谓的"松弛"包装，并且如果包装不透明，有可能欺骗顾客。虚假包装的另一种情况是贴有误导作用的标签，有的采用省略的方式。例如，一些食品包装上并未说明该产品包含转基因大豆，这关系到顾客的"知情权"，要在标签上注明配料、营养成分以及原产地。

2.3.3 价格策略中的伦理问题

为顾客提供真实及合理的价格信息，是企业履行社会责任的重要组成部分。然而，在现实中某些企业的价格策略往往违背销售伦理，主要体现在以下三方面。

1. 欺骗性定价

企业提供的价格常会误导顾客，这就是欺骗性定价。令人迷惑的价格对比以及"诱饵和调包"就属于欺骗性定价。企业在短期内人为地制定高价，这样过一段时间就可以推出"降价销售"的措施，这样做是为了欺骗顾客，使他们相信自己买的是廉价产品。"诱饵"和"调包"就是通过广告宣传产品价格低廉（诱饵），吸引顾客购买，而销售人员则劝顾客买价格较高的产品（调包），告诉顾客低价的产品已售完或质量不好。

2. 掠夺性定价

掠夺性定价是指企业为将竞争对手挤出市场或者吓退意欲进入该市场的潜在竞争对

手,将价格降至其成本以下,待竞争对手退出市场后再提价。由于这种定价是以获得或增强"市场控制力"为目的的,因此企业并不在乎一时的损失。一旦消除了竞争,企业就可以重新制定高价,从中获得高额利润。因此,采取掠夺性定价的企业目标是将竞争对手挤出市场获得垄断地位,以获得长期的超额利润,这种利润在存在竞争对手的情况下是无法获得的。所以,掠夺性定价的不道德性还是在于其妨碍竞争的特性。

3. 操纵价格

竞争是降价的推动力之一。因此,从自身利益出发,生产企业之间达成协议,不实行价格竞争。生产企业串通起来操纵价格的行为限制了顾客进行自由选择的权力,妨碍了每家企业以最佳价格提供优质产品的利益,人为地垄断价格,从而造成价格信号扭曲,破坏价值规律的正常作用,阻碍了社会经济发展,因此是不道德的。

2.3.4 分销策略中的伦理问题

分销策略涉及生产者、中间商、顾客等渠道成员之间的购销关系,各渠道成员根据各自的利益和条件相互选择,并以合约形式规定双方的权利和义务。如果违背合约有关规定,损害任一方的利益,就会产生伦理问题。分销策略中的销售伦理问题主要体现在以下两个方面。

1. 进场费

在有包装的消费品领域,如果渠道权力从生产商转移到零售商手中,零售商就会向生产商索要进场费用来摆放产品。该费用是生产商给予零售商的,以便让零售商同意把他的产品放到零售商的货架上。批评者认为,这是滥用渠道权力的表现,这种行为对那些难以支付该费用的小型生产商造成了很多不利影响。零售商则认为,他们只是就非常稀缺的货位索要租金。

2. 灰色市场

灰色市场是指未经商标所有者授权,而在已获得授权的销售区域内销售正宗产品的行为。灰色市场的存在引起正规经销商的强烈不满,因为这样使得他们的价格失去了竞争优势。同时,在这种情况下,产品也会在黑市上出售,使它以昂贵的广告代价在顾客心目中建立的良好形象和信用受损。要减少灰色行为,关键在于改进分销渠道中各方利益关系,并主动采取措施减轻灰色市场行为的冲击,来保证合法渠道的完整性。

此外,分销策略中的销售伦理准则还包括不为牟取暴利而操纵产品的供应、不在销售渠道中使用强迫手段、不对经销商在选择所经营的产品方面施加不适当的影响。

2.3.5 促销策略中的伦理问题

企业促销活动从本质上讲是传播沟通活动。企业的责任在于将产品及企业自身的真实信息传递给顾客,但在信息沟通过程中经常产生伦理问题。这里主要阐述三种常见的销售伦理问题，它们主要发生在销售人员与顾客的关系中。

1. 欺骗

多数销售人员常要面对这样一个窘境：选择告诉顾客真相，这可能会失去销售机会；还是选择去误导顾客从而完成销售。欺骗的方法可能是夸张、撒谎或隐瞒那些会降低产品吸引力的重要信息。

2. 硬性销售

硬性销售是销售人员使用高压的销售战术来完成销售。例如，销售人员制造"限量销售"的假象，即宣称产品即将出现短缺，或宣称价格即将提升，以暗示顾客只有有限的机会可以购买。如果事实的确如此，销售人员传递给顾客的信息就没有问题。但是，如果这种方法仅仅是为了给顾客施加压力而达成硬性销售，那么这种做法就是不道德的。

3. 贿赂

当某人或某组织为了获取一笔销售额或其他原因而采用付酬金、送礼或提供其他好处时，便产生贿赂问题，从而违背了伦理道德标准。从表面看，贿赂似乎给个人或企业带来了好处，但它会损害个人或组织的长远利益及根本利益。

2.4 销售人员非伦理行为及其成因

众所周知，中国传统文化一个非常重要的特点在于其重视管理者的道德或者精神境界。道德水平和精神境界的高低决定了管理者对事情善恶以及是非曲直的判断，进而影响了具体环境下应该做什么、不应该做什么的行动选择。所以，儒家才一直强调"为政以德，譬如北辰，居其所而众星共之""子帅以正，孰敢不正"等。朱熹认为："德者，得也，行道而有得于心者也。"王弼也认为："德者，得也。常得而无丧，利而无害，故以德为名焉。何以得德？由乎道也。"可见在传统文化的语境中，形而上的"道"是"德"的前提和基础。"己所不欲勿施于人""以义制利""为政以德"等则凸显了传统文化所具有的道德主义色彩。在传统文化看来，所谓"培养管理者"不外乎就是帮其确立高远的人生理想与高尚的道德。

同样，在企业的销售活动中，销售人员同样也需要具备基本的道德水平，这直接关系到其在不同的销售情景中的具体行为选择。然而，企业真实的销售活动中，仍存在诸多销售人员的非伦理行为。因此，需要正确理解这些销售人员非伦理行为，并明确其产生的原因。

2.4.1 销售人员与顾客之间的非伦理行为

1. 款待

款待是一种销售活动中广泛存在的行为，销售人员经常面临如何处理款待问题。一些企业把款待纳入获得新顾客的策略中，尤其是当竞争产品的质量和价格几乎完全相同时，为了赢得新顾客，就要知道款待谁及如何款待。

款待是一个高度个性化的过程。某个潜在顾客也许喜爱职业足球赛，而另一个顾客却对在高档餐馆静静地吃一顿饭情有独钟。关键是你要知道顾客的偏好是什么，他如何打发闲暇时间，这位顾客能抽出多少时间花在款待上。

在销售管理中，很多企业往往会限制允许的款待程度。这是因为：①款待会使销售费用加大；②销售人员会觉得款待顾客可以替代有效的销售技巧，尽管款待绝不能取代优秀的产品和良好的销售服务；③款待有时会起反作用，顾客可能认为销售人员企图用款待来诱使他们购买，因而会存有戒心。

2. 赠送礼品

赠送礼品很容易与贿赂混淆，在贿赂和礼品之间的确存在一些灰色地带。在销售过程中赠送礼品，并不表明所有的礼品都是不符合伦理的。如果赠送礼品的用意是表达销售人员和其所在企业对一个朋友的问候，而这个朋友恰好又是购买者，人们则很难认为这种礼品是不符合道德的。但是，如果赠送礼品是试图影响接受礼品的人，当礼品成为获得生意的工具时，就是贿赂。

销售人员处理赠送礼品有正确或错误的方法吗？如果企业的政策是禁止馈赠礼品，那么毫无疑问，就不要送礼。如果企业本身也赠送礼品，那也毫无疑问，可以赠送礼品。但是，如果赠送礼品与否完全由销售人员自己定夺，那就需要一些指导方针，包括馈赠礼品的金额要合情合理（否则就像是贿赂）。下面的一些指导原则能帮助考虑给顾客赠送礼品的销售人员：①在和顾客做生意之前不要给礼品，不要把礼品作为有效销售方法的替代物。②决不要给人留下你是在用礼品"收买"顾客的印象。当出现这种情况时，礼品就成了贿赂。③当赠送礼品行为适当的时候，顾客明显地把它看成你表达谢意的符号——一个"不附带条件"的善意的表达。④确信礼品没有违背销售人员所在企业的政策或顾客所在企业的政策。某些企业根本不允许员工接受礼品，还有一些企业对礼品做出价值上的限定。

3. 回扣

在激烈的市场竞争压力下，某些企业会采用给"回扣"的方式来提高销售量。"回扣"一般是直接以现金、实物或购货券等方式付给购买方的经办人员，以提高购买方经办人员的购买积极性。支付或收受回扣可能会导致销售中的不公平竞争，而且也极易使收受了回扣的一方出现"肥了个人，亏了企业"的现象。

面对回扣问题，企业一般有三种办法进行处理：①规定一律不准收，哪怕是销售单位主动给的也一律不准收，否则相关人员将受到处分。卖方企业不直接向具体销售（采购）人员支付回扣，而在价格上给予优惠，向买方单位让利。但这样可能不利于发挥具体销售（采购）人员的购买积极性。②规定可以收，但明确规定采购人员在收受回扣之后必须上缴，否则视为贪污处理。③规定可以拿回扣，拿了以后要上缴给企业，企业在收到员工上缴的回扣之后，可考虑提取一部分，以适当的方式再奖励销售（采购）人员。

4. 透露机密信息

从本质上来讲，个人销售能够提供销售人员与顾客的亲密工作关系。顾客时常要向销售人员进行咨询，他们可能会坦诚地向他们信任的顾客透露机密信息，而且顾客透露竞争对手极为重要的信息也是较为常见的。这些信息也许包括新产品开发、扩大新市场的计划或未来的人事变动。销售人员可能受到诱惑而与竞争对手的销售人员共同分享机密信息，这种泄密被看作获得支持的手段。在多数情况下，这种行为的作用适得其反。实际上，接受机密信息的人会很快对销售人员失去尊重，爱讲闲话的销售人员很难与顾客建立信任关系。

2.4.2 销售人员与所在企业之间的非伦理行为

销售人员作为企业的一员，按照劳动合同和企业内部的各种制度，使用企业的各种资源，承担着各种道德责任和义务；他们在进行销售活动时，要接触和使用企业的各种销售资源，包括有形资产（如人力、资金等）和无形资产（如信息、顾客资源、商业秘密、商誉等），这些资源的所有权属于企业，但使用权属于销售人员，因而容易成为不道德行为侵犯的对象。

1. 谎报费用账目

销售人员可能将不同的处理费用的方式当成偷偷赚取"外快"的机会。直接谎报费用支出当然不是良策，因为一旦被发现，会造成被解雇的后果。同样，由于在这些方面存在着灰色区域，销售人员可以发挥其"聪明才智"进行欺诈，尤其是当他们觉得企业的政策不公平时。有的企业甚至出现销售经理怂恿销售人员在填报费用单时进行欺诈，以获得"外快"的情况。有时在销售竞赛中，为了赢得旅游和产品形式的奖励，有些销售人员会与顾客进行回扣交易。在申报费用时存在欺诈行为，也会导致企业经营的高成本和产品的高价格，可能使企业在市场竞争中处于竞争劣势地位。

2. 滥用企业时间和资源

由于销售人员的工作环境是在企业以外，其主要工作内容是针对顾客的，因此难以对他们进行有效的监管，滥用企业时间和资源也就不难了。比如，在宾馆里休息，而不去拜访顾客。当然，这会降低工作效率，对于被支付了工资的企业而言，销售人员并没有尽职尽责。

滥用企业时间的现象还包括兼职做一份以上的其他工作，这通常意味着销售人员不能全心全意地努力进行销售。销售人员还有一些滥用企业资源的机会，例如私用企业提供的用于公事的汽车。

至于销售竞赛，销售人员也有一定的机会，牺牲企业和顾客的利益以谋取私人的利益。比如，将顾客的订单搁置一段时间，直到销售竞赛开始才拿出来，而将推迟发货的原因归结于企业、道路或物流。为赢得奖品，向顾客销售他们不需要的产品，或将这些产品与顾客需要的产品一起捆绑销售，这些都是不道德的销售行为。

2.4.3 企业与竞争者之间的非伦理行为

在销售陈述时，销售人员常常会将本企业的产品与竞争对手的产品进行比较。销售人员可能会贬低竞争对手，甚至把他们的产品描述成低劣产品，以抑制竞争产品的销售。这就是在处理企业与竞争对手关系中的非伦理行为——商业诽谤。

哪些行为构成了商业诽谤？①商业诋毁。当有关竞争对手的不公平和不真实的口头陈述出现时，就引起了商业诋毁。当这种陈述传递给第三方并损坏竞争者的商业声誉或生意中的个人声誉时是可控诉的。②商业诽谤。当有关竞争对手的不公平和不真实的文字陈述出现时，就引起了商业诽谤。当这种陈述传递给第三方并损害企业声誉时是可控诉的。③产品诽谤。当对竞争对手的产品、服务或财产进行虚假的和欺骗的比较或歪曲宣传时，就是产品诽谤。

对竞争者商业诽谤行为会误导或诋毁其他企业的声誉，往往不利于建立与顾客的长期关系，对竞争对手产品的不当表述，可能使顾客形成销售人员不值得信赖的印象。销售人员要想维护在顾客中的信誉，就必须坦诚地对待顾客。正确的做法是，销售人员应该客观地描述自己企业的产品与竞争对手的产品的关系。在某种情形下，销售人员甚至可以向顾客推荐竞争对手的产品，这样做会增加顾客对销售人员的满意度，从而促进自己企业的产品的销售。

2.4.4 销售人员非伦理行为的成因

1. 企业管理方面的成因

企业管理不善是销售人员不道德行为产生的主要原因。

1）管理制度不健全、运作流程不明确、监控稽查体系缺乏，都会让销售人员感到有机可乘，尤其是对于一个成立时间短、业务发展快、短期内发展迅速的企业，管理水平的提高跟不上企业发展的步伐，最易产生销售人员道德失范现象。利益分配不合理，会严重抑制销售人员工作积极性，促使他们做出不当行为。比如，工资补贴偏低、销售提成拖延不发、销售指标脱离实际难以完成、晋升制度混乱等，都会导致销售人员人心涣散，人浮于事。

2）奖励体系不完善，企业领导不重视与销售人员的沟通。销售人员对企业缺乏忠诚感，有些销售人员最初确实心无杂念，一心只想凭借努力工作换取合理回报。但是当他看到其他同事不断获取灰色收益却仍能"逍遥在外"，甚至发现太坚持原则反被嘲笑遭到孤立时，心中的天平便发生倾斜，久而久之，就见怪不怪并参与其中了。

2. 销售人员自身素质方面的成因

销售人员非伦理行为在很大程度上是企业营销非伦理行为造成的，但是不少企业的销售人员大多没经过系统培训，存在一些问题。

1）思想道德品质不高，不能坚持以顾客为中心。在销售过程中，为了自身利益而损害他人利益，通过各种不合理、不正当的手段牟取私利。

2）营销观念陈旧，缺乏现代营销理念。他们认为销售就是把已有的产品"推销"出去，因此不惜采取违背法律及道德规范的手段开展销售活动。

3）销售能力不强。销售工作要求销售人员既要有一定的专业知识，又要有丰富的社会、历史、经济及法律等方面的知识。然而，现阶段不少销售人员的业务水平与此差距较大。

4）趋利性。销售人员长期驻外，对企业的归属感不强，在遭遇利益诱惑时，轻易就被利益打破心理防线，从业态度不端正，过分追求短期利益，自我"估价"过高，总觉得自己"屈才"。

3. 顾客方面的成因

顾客自我保护意识不强和市场信息不对称导致企业不良销售行为有机可乘，主要表现在以下方面：①顾客受自身知识及文化素质的影响，缺乏必要的产品知识、技术知识及营销方面的知识，对企业不良销售行为缺乏鉴别力。②顾客的主人翁意识与责任感不强，对企业的违法犯罪活动持"事不关己、高高挂起"的态度。③顾客缺乏权益保护方面的知识，法律观念淡薄，对损害自身利益的营销行为，既不投诉，又不诉诸舆论，更不会用法律武器来保护自身利益。

2.5 销售人员行为的伦理规范

伦理规范的标准通常会超越法律界定的范畴，一方面是很难执行的法律，另一方面是销售人员经常发现法律规范不能直接解决眼前的问题。因此，销售人员必须确定自身行为的伦理规范。

那么，销售人员行为的伦理规范有哪些呢？一般而言，即使在最理想的情况下，伦理规范也是一个很难有明确结论的问题。因此，在销售人员行为的伦理规范中，很难形成一个放之四海而皆准的标准。当出现伦理问题时，销售人员就应当问自己："如果我处在顾客的位置，会有什么感觉？"在处理竞争问题时，你同样也可以这样自问："如果你在竞争者的位置上，你认为你的行为公平、有道义吗？"即使有普遍认同的行为伦理规范，在特定的情况下，销售人员也很难确定如何做出恰当的行为。

大量的商业组织、专业协会和认证机构已经建立了一个成文的行为伦理规范标准。例如，美国销售专业人员协会（National Association of Sales Professionals，NASP）规定其成员必须遵守的职业行为伦理规范如表 2-1 所示。

表 2-1 美国销售专业人员协会职业行为伦理规范

职业行为伦理规范	具体内容
职业道德和敬业精神	我将以高度的敬业精神、职业道德和诚信付诸行动
事实的陈述	我将实事求是地陈述产品和服务的优势

(续)

职业行为伦理规范	具体内容
保密	我将保守顾客的信息
利益冲突	我将公开所有相关各方潜在的利益冲突,只要可能,在冲突成为问题之前随时加以解决
对顾客的责任	我将最大限度地服务于顾客的利益,尽力为顾客提供产品和服务,满足其需要
对雇主的责任	我将以职业精神代表我的雇主,并尊重我的雇主的私人信息
对NASP的责任	我将与NASP成员分享我的经验教训并促进NASP的利益
对社会的责任	我将成为好市民的模范,并时刻关注产品和服务对社会的影响
持续教育	我将保持职业发展的持久性计划
法律	我将遵守和服从涉及我的产品、服务和职业的所有法律

美国市场营销协会（American Marketing Association，AMA）要求其会员企业的销售人员均须遵守以下伦理规范。任何美国市场营销协会成员若被发现有违反任何以下伦理规范中条款的行为，将暂时取消或永久取消其会员资格。

1. 销售人员的责任

销售人员必须为自身行为的后果负责，并尽一切努力确保自己的决策、建议和行为能够从顾客的角度出发，支持、服务和满足所有相关公众的需要，包括顾客、组织和社会。销售人员的职业行为必须受到以下条款的规范：

1）职业道德基本原则是绝不故意损害顾客利益。
2）严格遵守一切实行的法律法规。
3）准确表述自己所受的教育、训练和经历。
4）积极支持、履行和推广该道德规范。

2. 诚实与公正

销售人员应该支持并倡导营销职业的诚实、信誉和尊严，并做到以下几点：

1）在为顾客、代理人、雇员、供应商、经销商和公众服务时要诚实守信。
2）在事先未告知有关各方的情况下，不得故意参与他们的利益冲突之中。
3）在销售活动中建立公平的收费制度，包括支付或收取因营销交易而产生的普遍惯用和合法的销售交易的收支。

3. 销售交易过程中各方的权利和义务

销售交易过程中参与的各方必须做到：

1）所销售的产品和服务安全可靠，并且适合其预期用途。
2）所销售的产品和服务的信息介绍中不得出现欺诈。
3）所有当事人应本着诚信原则履行其在财务和其他方面的义务。
4）要制定合适的内部措施，以处理顾客对购买提出的申诉，并给予公正的调整和赔偿。

4. 产品开发和管理

1）披露所有与产品或服务用途有关的实质危险。

2）说明任何可能引起产品实质性改变或影响购买者购买决策的产品的任何部分的替代物。
3）说明因增加特征而导致的额外成本。

5. 产品促销

1）避免欺骗和误导性的广告。
2）拒绝使用高压操纵或误导销售的策略。
3）避免使用欺诈或操纵手段进行产品促销。

6. 分销

1）不能因牟取暴利而操纵产品的可获得性。
2）在销售渠道中不能使用高压手段。
3）不能对销售中间商选择经销的产品进行不当的影响和干预。

7. 定价

1）不能设定固定价格。
2）不能采用掠夺性价格体系。
3）公开任何交易中达成的价格。

8. 市场调研

1）禁止以市场调研的名义出售货物或者筹措资金。
2）保持市场调研的诚实性，避免错误表述和遗漏相关调研数据。
3）公平对待外来顾客和供应商。

9. 处理组织内的各种关系

销售人员应清楚意识到，自己的行为对组织内其他成员行为的影响或冲击。在与雇员、供应商和顾客打交道时，他们不应该要求、鼓励和威逼其他人进行不道德的活动。

1）在职业交往中，对特殊信息采取保密并隐去信息提供者的名字的措施。
2）按时履行合同和互利协议中规定的责任和义务。
3）避免部分或完全占有他人的工作成果，防止在没有补偿或未获他人同意的情况下，将他人的工作成果视为自己的成果或直接从该成果中获利。
4）避免通过剥削或损害企业或他人利益的强制方式使个人利益最大化。

2.6 销售合同管理

市场经济就是契约关系，合同是维持这种关系的表现形式之一，是维持正常产品交换关系的一个重要手段。因此，合同管理，尤其是销售合同管理也成了企业经营管理中的一项重要内容。销售合同是预防销售过程中非伦理行为、规范销售伦理行为的重要手段。

根据 GB/T 19001—2016 和 ISO 9001：2015 标准的有关要求，销售合同管理主要抓住三个环节，即销售合同签约前、销售合同签约时和销售合同签约后。

2.6.1 签约前销售合同管理

企业与顾客之间签订合同前的准备工作主要包括以下内容。

1. 识别并确定与产品有关的要求

企业只有充分了解与产品有关的全部要求后，才能通过满足顾客要求使其满意，最终达到获取利润的目的。需要确定的与产品有关的要求包括以下几方面。

1）顾客明确提出的要求，包括对产品固有特性的要求（如使用性能、可靠性等），对产品交付的要求（如包装、交货期、运输方式等），对产品支持方面的要求（如售后服务等）。

2）顾客虽然没有明确规定，但规定的产品用途或已知预期的产品用途必然包含的要求。此类要求一般由产品性能体现。

3）与产品有关的法律法规要求。一般有产品的技术标准和通用的国家标准，包括环境、安全、健康等方面的要求，以及与产品及产品的实现过程有关的法律法规要求规定。

4）企业自身确定的任何附加要求，如企业的承诺等。

2. 了解、审查顾客的资信情况，掌握对方的基本情况

这样做的主要目的是查看顾客的诚信度，即是否具有履行合同的能力，是否具备签订合同的资格。它一般包括以下两方面内容。

1）看顾客是不是在国家工商管理部门注册的合法的经济实体。

2）要了解其经营情况、履约能力及诚信，即是否按合同规定正常履约。有些企业虽然还在经营，但经营状况不好，没有偿还债务的能力或濒临破产，或因故不按合同约定付款，若与这样的顾客签订合同，势必存在一定的风险，给企业带来不必要的损失。

3. 进行合同评审

合同评审的目的是通过评审保证企业已经正确理解了与产品有关的要求，即理解了顾客欲购买产品的规格、型号及性能等，并确保企业有能力提供这样的产品，实现这些要求。合同评审主要关注以下五个方面：①企业是否准确理解了前述与产品有关的各项要求，并以适当的形式，如招投标书、合同、订单、技术协议、设计任务书等方式予以规定。②质量标准（验收准则）是否有明确规定。③企业是否有能力满足包括对质量、数量、交付期等方面的相关要求。④成本预算及毛利润估算。⑤任何不一致的要求是否都得到了解决。

2.6.2 签约时销售合同管理

1. 选择适当的合同形式

根据《中华人民共和国民法典》规定，合同有书面形式、口头形式及其他形式。一般能采用书面形式的尽量采用书面合同，书面合同最好采用国家推荐的示范合同文本。

口头形式或其他形式的订货，最好留有记录，尽可能详细问清楚合同的主要内容，防止双方在理解上产生误差，对合同执行造成影响。同时，当承诺顾客可执行合同时最好打电话确认，或让顾客发传真留作证据。

2. 审查合同的书写格式

国家推荐的示范合同文本应逐项规范填全，否则应仔细斟酌合同条款，减少缺项。合同的主要条款包括双方当事人的名称和住所、标的、规格型号、计量单位、数量、执行的质量标准（验收准则）、价款或报酬、履行期限、地点和方式、违约责任、解决争议或纠纷的方法等，还应注明联系人及联系电话、传真等。

3. 注意合同用词

合同一旦签订，对双方均具有法律约束力，因此，其用词一定要准确、恰当，防止含糊、模棱两可的用词引起双方理解上的歧义，给合同履行带来不必要的麻烦，或产生不必要的纠纷。

4. 查验顾客签约代理人的资格

查验内容包括是否有授权、授权的范围与所拟签合同内容是否一致、是否在授权期限内。其目的在于确保所签合同的法律效力，同时也是为了预防合同诈骗，防止不必要的损失。

2.6.3 签约后销售合同管理

合同一旦签约就形成了法律上的契约关系，双方均应严格遵照执行。为确保合同全面、恰当和如期履行，应注意以下问题：

1. 合同传递

将合同信息完整、准确、及时地传递到企业内部的设计、采购、生产等相关部门，以便企业组织生产。

2. 合同管理

现代企业的合同管理应当进行全方位、全过程的管理，并进行电子化管理。一般建议设置专门机构或专/兼职人员管理合同，建立相应的合同管理制度，使合同管理规范化、科学化、法律化，并使之成为企业管理制度的一部分。加强合同专用章、公章、法人委托书的管理与使用，防止使用不当给企业造成损失。同时，建立合同台账，建立顾客档案，对顾客的资料信息和档案、每一笔合同的执行情况、顾客履约（付款）情况、互访情况等进行详细记录。

3. 保持经常与顾客联络

一方面，可加强与顾客的交流、沟通，增进了解和友谊；另一方面，可及时了解顾客需求的变化，以便及时对合同或订单进行修订。修订后的合同也应经过评审，与顾客沟通确认，并及时传递。

4. 合同履行监督及违约纠纷的处理

合同关系是一种法律关系，违约是违法行为，要承担相应的违约责任，一般要支付违约金、赔偿损失，严重者要付诸法律。对合同履行的监督显得尤为重要。所以，企业一定要关注合同的有效履行，尽可能预防或阻止违约行为的发生。一旦发生合同纠纷，要积极及时地采用协商、仲裁或诉讼等方式，维护企业合法权益，减少经济损失。

综上所述，合同管理，尤其是销售合同管理，是一项长期、系统的工作，建立并实施全过程、全方位和科学的合同管理流程体系，尽可能做到事前预防、事中协调、事后补救，既可避免和减少因合同签订或履行带来的纠纷和损失，又可提高企业管理水平。

2.7 销售活动相关法律法规

销售人员在工作中面临着许多伦理和法律上的选择。虽然伦理规范可以用法律来约束，违反规范就要受到法律的惩罚，但是伦理规范并不一定全部都是法律行为规范。销售人员在销售过程中，如果有语言上的不文明，则属于伦理规范的问题，并非法律规范问题。销售人员违反了伦理规范并不会受到法律的惩罚，但如果违反了法律规范（特别是有关商业的法律规范），就会受到法律的惩罚。例如，低价销售是一种竞争策略，如果企业或销售人员将其作为进行正当价格竞争或让利促销的手段，法律将对其予以认可或保护。但如果企业或销售人员为排挤竞争对手，进行不正当的低价销售，破坏竞争，《中华人民共和国反不正当竞争法》则将其作为一种不正当竞争行为予以禁止。

销售人员必须认真研读并有效运用我国现有的法律法规，同时也要运用法律争取与保护自己和企业的利益，做到用好法律，助力销售。在我国，销售工作相关的法律法规框架是广泛的，销售人员必须知晓法律环境的变化。在销售活动中，销售人员需要掌握基本的相关法律法规知识。表2-2列出了我国与销售活动相关的法律法规。

表2-2 我国与销售活动相关的法律法规

名称	目的
中华人民共和国反不正当竞争法	促进社会主义市场经济健康发展，鼓励和保护公平竞争，制止不正当竞争行为，保护经营者和消费者的合法权益
中华人民共和国消费者权益保护法	保护消费者的合法权益，维护社会经济秩序，促进社会主义市场经济健康发展
中华人民共和国产品质量法	加强对产品质量的监督管理，提高产品质量水平，明确产品质量责任，保护消费者的合法权益，维护社会经济秩序
中华人民共和国广告法	规范广告活动，保护消费者的合法权益，促进广告业的健康发展，维护社会经济秩序
中华人民共和国价格法	规范价格行为，发挥价格合理配置资源的作用，稳定市场价格总水平，保护消费者和经营者的合法权益，促进社会主义市场经济健康发展
直销管理条例	规范直销行为，加强对直销活动的监管，防止欺诈，保护消费者的合法权益和社会公共利益

(续)

名称	目的
零售商促销行为管理办法	规范零售商的促销行为，保障消费者的合法权益，维护公平竞争秩序和社会公共利益，促进零售行业健康有序发展
零售商供应商公平交易管理办法	规范零售商与供应商的交易行为，维护公平交易秩序，保障消费者的合法权益
中华人民共和国反垄断法	预防和制止垄断行为，保护市场公平竞争，提高经济运行效率，维护消费者利益和社会公共利益，促进社会主义市场经济健康发展
商业特许经营管理条例	规范商业特许经营活动，促进商业特许经营健康、有序发展，维护市场秩序
中华人民共和国民法典	保护民事主体的合法权益，调整民事关系，维护社会和经济秩序，适应中国特色社会主义发展要求，弘扬社会主义核心价值观
网络直播营销管理办法（试行）	加强网络直播营销管理，维护国家安全和公共利益，保护公民、法人和其他组织的合法权益，促进网络直播营销健康有序发展

复习测试

（1）简述销售伦理及销售人员伦理的含义。

（2）企业营销活动中涉及的常见销售伦理问题有哪些？

（3）销售工作的伦理原则有哪些？

（4）销售人员非伦理行为的表现有哪些？成因是什么？

（5）美国市场营销协会（AMA）要求其会员企业的销售人员遵守的伦理规范包括哪些？

（6）在销售合同签约前、签约时和签约后等环节，销售合同管理分别包括哪些具体内容？

（7）我国销售人员需要掌握哪些与销售活动相关的法律法规？

实战案例 2-1

某平台因涉嫌价格欺诈再次被罚

2016年6月1日，北京发改委发布价格监管公告称，2015年7月28日至2016年4月8日期间，某平台发生89次利用虚假的或者使人误解的价格手段，诱骗消费者或者其他经营者与其进行交易的价格违法行为。鉴于该平台上述行为违反了《中华人民共和国价格法》，北京发改委对该平台做出警告和罚款500 000.00元的行政处罚。

此次受罚已经不是该平台第一次因涉嫌价格欺诈受到的处罚。实际上，2012—2015年该平台已经数百次被北京发改委和北京工商局处罚，而处罚的原因亦多与价格有关。据2015年6月1日北京发改委的公告，2015年5月5日，该平台销售"飞利浦（PHILIPS）49PFL3445/T3 49英寸⊖ 全高清LED液晶电视（黑色）"，商品编号1247×××，页面标示"秒抢价￥2 799 快抢价￥2 899 原价￥2 999"。经查，该商品本次促销活动的原价为2 799.00元。

⊖ 1英寸≈0.025 4米。

中国电商行业竞争激烈，几乎每周都有被电商企业营造出来的"购物节"出现。为了刺激销售，电商企业纷纷打出"促销""疯抢"的广告，并为同一产品标出各种价格，而实际上，在这些价格中不少都是莫须有的。由于消费者通常对参考价、原价等并不理解，即容易被电商企业的宣传蒙骗，加之不少电商企业在促销时进行提价促销，甚至经常出现促销价实际高出非促销季价格的情况。除该平台外，其竞争对手亦是被处罚大户。

为规范电商企业定价，国家发改委于2015年6月正式发布《国家发展改革委关于〈禁止价格欺诈行为的规定〉有关条款解释的通知》（发改价监〔2015〕1382号）。该通知详细解释了"价格欺诈"，重点提及商家利用"原价""原售价""成交价"等概念进行价格欺诈销售，而其中一项明示"第三方网络交易平台将在三类情形中价格欺诈行为的主体"的细则被业界认为"该通知主要针对电商平台企业日益猖狂的价格欺诈行为"。

讨论问题：
（1）你认为该平台价格欺诈为何屡禁不止？
（2）请提出一个你认为可行的根本性解决方案。

实战案例2-2

王希的销售方法

某公司是一家生产体育运动服装的公司。该公司华中区域销售经理陈杰对一名正进入他的办公室、名叫王希的销售人员说："王希，很高兴你能来，我很想和你谈谈。"

王希问道："什么事？"

陈杰说："你知道，自从你进入我们公司以来，我就一直认为你是一名非常优秀的销售人员。你一直都能完成销售定额，并能不断开发新的客户。但是有一个问题需要我们共同讨论一下。我收到你的顾客的一封信，他声称即使他全年都努力，也不能够卖掉你给他的那些产品，他还声称我们的运动服一文不值。在顾客购买产品不久后，运动服就会破裂。他还提供了一些销售数据来说明在每季度结束时，他总会积压下我们大量的产品而卖不出去。出现这种情况时，他通常会降低销售价格进行销售，只有这样才能勉强销售出去。但收到这样的信件已经不是第一次了，最近我收到许多封类似的信，你知道这个问题应该怎么解决吗？"

"我不认为是我们真的有问题，我也收到过关于产品质量的抱怨，但这不是我的问题。除此之外，我只是关心零售商的潜在盈利数字。在那种情况下，质量只是要考虑的次要问题。你给了我销售定额，我完成了，你认为我能做什么？难道拒绝卖给他们想要的尽可能多的产品吗？顾客买得过多也不是我的责任！我想我只是一个负责销售产品的销售人员而已。"王希回答道。

事实确实表明，王希是一个优秀的销售人员。她的一些同事称她甚至可以"把雪卖给生活在北极地区的因纽特人"。她在公司三年内一直努力工作，直到成为公司的高级销售人员。2018—2020年她的销售数据见表2-3。

表 2-3　销售数据

年份	销售定额（美元）	实际销售额（美元）	新客户数量
2018	400 000	450 000	20
2019	440 000	460 000	23
2020	480 000	800 000	30

王希销售的运动服是由几种不同耐用性的材料和做工组合制作的。成本与耐用性数据见表 2-4。公司选用的是表 2-4 所列的三种组合中的第二种。有许多抱怨是针对公司经销的运动服的质量问题。例如，顾客说："只洗过几次的衣服，接缝处就裂开了。"公司的管理层却回应说："我们卖的是优质的运动服，但你不能期望它们永远保持完好。"

表 2-4　成本与耐用性数据

组合方式	成本		生存概率（耐用性）系数
	材料成本系数	劳务成本系数	
第一种	1.28	2.00	5
第二种	1.45	3.00	10
第三种	1.95	4.00	20

注：生存概率（耐用性）衡量服装在正常使用条件下的耐久程度。它反映了服装工艺和材料的质量。

王希的销售工作如此优秀，并且为公司增加了如此多的销售额，所以经理不怎么与她有冲突。实际上，今年整个地区的销售已经增加了 17%，这是由于其他销售人员受到王希的影响，他们应用了王希所使用的许多销售技术。然而，对于王希，经理还有其他需要担心的事情。有传言她正在建立一家合伙公司，专门为高级服装制造商做代理。如果王希离开了公司，将会影响公司的销售额，实际上，陈杰担心王希会挖走公司那些优秀的销售人员。

陈杰还记得最初雇用王希时的情景。王希一直想做服装销售工作，因此她大学毕业后便为一家大型连锁店工作。在两年时间内，她由一个最小商店的女装部经理变成了整个连锁商店的采购主管。王希说她要的东西，并不仅仅是每年 25 000 美元的工资所能给予的。因此，陈杰在录用她的时候直接提出，在她达到销售定额时，她将会额外获得 10% 销售额的回扣。超过限额后，将获得 15% 的总销售额的回扣，今年王希会赚到 98 000 美元，她的销售额超过了 40%。

从一开始，王希一天的工作时间都不会少于 12 小时，她一直精力充沛，迸发出工作的热情。她将许多收入用来回报那些对她的销售有所帮助的顾客，向他们赠送礼品。她用在娱乐项目上的花费对她来说是一笔很大的开销，公司支付给她的唯一费用只占销售人员实际销售额的 1%。因此，她必须自己支付娱乐费用的开销。王希说，她花在顾客身上的钱除了公司支付的 4 600 美元之外，还有她自己支付的 15 000 美元。

在年底工作表彰大会上，当王希接受她明年 100 万美元销售定额的时候，她显得十分平静，并且说没问题，这令陈杰非常惊讶。实际上，王希估计她明年的销售额将会增加到 150 万美元到 200 万美元之间。当被问及为什么时，王希说她现在的一个客户是她以前曾经工作过的零售连锁商店的朋友，这个顾客以前一直是为王希工作的，直到王希辞职，并去了该公司工作之后。王希回忆说，她的朋友当时以现金、产品或度假旅行的形式收到了超过 5 000 美元的回扣，但这件事情她们没有告诉任何人。因此，她确信可以将她的所有运动装卖给这个客户。从去年开始，王希就强迫她的许多客户，他们要想购到最热销的式样，就必须购买她销售的所有式样和尺寸的产品。

不过，王希再三要求额外增加 1% 的娱乐花费。去年夏天，她为客户举办了一场晚会。王希感觉这种活动极大地增加了她的销售客户，并且希望能够继续进行，然而花费却极高。

公司的管理层已经开始欣赏王希的管理才能，他们认为如果王希能够培训销售人员像她那样进行销售，她一定可以成为一位伟大的销售经理。

讨论问题：
（1）王希是一位好的销售人员吗？她的销售业绩能证明她所使用的销售方法合理吗？
（2）销售经理陈杰针对此情况应该怎么做？

模拟实训

实训名称
销售情景中伦理问题应对方案设计及模拟

实训目标
（1）通过具体销售情景的应对方案设计，强化学生运用销售伦理相关知识的能力。
（2）通过具体销售情景剧情模拟，强化学生的应变能力，提升学生的职业道德感。

背景描述
情景 1：假设你从事医疗设备的销售工作。你的销售经理要求你开发某一医院客户。他告诉你可在你的费用账户上花费任何代价来使这家医院成为你的客户。当你请他说得更具体一点时，他告诉你由你自己去判断。到目前为止，你决不会怀疑这位销售经理的伦理规范。列举出你认为在自己的费用账户上能合法地记入企业开支项目的费用。

情景 2：销售管理人员必须批准销售队伍成员提交的费用报告。假定你是由 12 名销售人员组成的销售队伍的销售经理，这支销售队伍要经常出差，平均每个星期大约有两天的旅程。最近，你注意到两位销售人员提交的费用报告数目似乎非常大。你怀疑这些销售人员虚报了销售费用。你将采取什么措施确定是否存在欺骗行为？一位销售经理该怎样阻止虚报费用的发生？

情景 3：这天早晨，你到了一位三年来一直从你那里采购办公用品的客户的办公室。她对你说："我准备订购 15 000 元的订单，但你必须提供一个与竞争对手同等的回扣给我。"你听后感到很惊奇，她接着解释说，如果订购超过 10 000 元的话，竞争对手企业将为新客户提供价值 500 元的华润万家的购物卡。你会怎么做呢？请你准备与另一位同学进行角色扮演，并做出你的反应。

实训组织与实施

（1）将班级同学每5个人分成一个小组，每个小组随机抽取以上3种情景中的一种，并就该情景设计一个方案。

（2）请各小组选派两位同学代表本小组完成各自方案的剧情模拟表演，接受其他小组及授课教师的提问并回复。

（3）在此基础上，完成一份实训报告。

实训评估标准

评估对象	实训报告	知识运用	团队合作
评估要点	实训报告的条理性、清晰性、逻辑性程度，同时必须完成规定的全部任务，不得缺项	结合相关知识点的紧密程度	小组成员的团队合作意识以及参与程度
能力考查	书面表达能力	学习并运用知识的能力	团队协作能力
占比	30%	40%	30%

延伸阅读

我国电子商务直播营销人员管理规范

2020年7月20日，浙江省电子商务促进会制定并正式发布了全国第一个直播营销人员的管理标准——《电子商务直播营销人员管理规范》（标准号 T/ZEA 007—2020）。该规范从直播电商、电子商务直播营销人员的术语和定义，以及电子商务直播营销人员的资质要求、能力要求、行为规则、信息管理和服务评价等方面进行了规定。该规范全文如下。

1 范围

本标准规定了电子商务直播营销人员的资质要求、能力要求、行为规则、信息管理和服务评价。

本标准适用于电子商务直播营销人员的管理。

2 术语和定义

下列术语和定义适用于本文件。

2.1 直播电商

利用即时视频、音频通信技术同步对商品或者服务进行介绍、展示、说明、销售，并与消费者沟通互动，以达成交易为目的的商业活动。

2.2 电子商务直播营销人员

在直播电商营销活动中，推广商品或服务的人员。

3 资质要求

3.1 职责要求

电子商务直播营销人员具有以下基本职责：

——研究目标用户定位和运营方式；

——对主体资质和商品质量等信息进行核验；

——参与商品的选品和方案策划；

——提升自身传播影响力，加强用户群体活跃度；

——协助服务承诺的履行。

3.2 实名认证

实名认证应满足下列要求：

——具有完全民事行为能力，未满16周岁的未成年人应征得监护人的同意并向平台报备；

——进行实人认证，提供真实有效的身份证明，并与公安系统的信息匹配；

——直播营销账号宜与实名手机号关联。

4 能力要求

4.1 法律政策

遵守《中华人民共和国电子商务法》《中华人民共和国消费者权益保护法》《中华人民共和国广告法》《中华人民共和国产品质量法》《中华人民共和国反不正当竞争法》等法律、行政法规、部门规章制度。

4.2 业务知识

宜具备以下业务知识：

——直播策划；

——直播间场景搭建；

——商品选择；

——商品分享讲解；

——引流短视频制作；

——粉丝营销。

4.3 商品品控

4.3.1 宜对主体资质和商品等信息进行核验，信息包括产地、生产者、性能、用途、规格、成分、价格、有效期限及服务承诺等内容。

4.3.2 应当保证提供给消费者的商品和服务与宣传或展示的信息相符。

4.3.3 宜在直播前进行个人购买体验，掌握商品的基本品控要求。

4.3.4 宜在直播过程中对于产品的不利信息做必要、清晰的说明。

4.4 培训要求

宜经过相应的培训后开展直播营销活动。

5 行为规则

5.1 语言表达

直播时应口齿清楚、表达准确、肢体语言适当，以避免歧义。不得发表以下内容：

——违反法律法规的；

——危害国家安全，泄露国家秘密，颠覆国家政权，破坏国家统一的；

——损害国家荣誉和利益的；

——破坏民族团结的；

——破坏国家宗教政策的；

——散布谣言，扰乱社会秩序，破坏社会稳定的；

——散布暴力、恐怖或者教唆犯罪的；

——煽动非法集会、结社、游行、示威、聚众扰乱社会秩序的；

——其他法律法规严令禁止的。

5.2 仪容仪表

直播时应保持五官端正、形象良好、适度包装，不得出现以下内容：

——穿着低俗、不雅的；

——过度包装、低俗趣味的；

——大面积裸露文身的；

——其他法律法规严令禁止的。

5.3 动作行为

直播时应举止得当，不得存在以下行为：

——带有低俗趣味的；

——荒诞惊悚、影响社会和谐的；

——进行侵害或涉嫌侵害他人合法权益的；

——其他法律法规严令禁止的。

6 信息管理

6.1 禁止和限制发布的产品信息

发布的商品信息应符合国家法律法规相关规定，不得发布国家明令禁止和限制发布的商品信息。

6.2 信息保护

营销过程中获取的信息应保密，并符合国家法律法规的相关规定。

7 服务评价

7.1 交易过程监督

在直播过程中的合规性应接受相应的直播电子商务经营者的监督。

7.2 投诉处理与纠纷调解

应与直播电子商务经营者相互配合，并在承诺的时间内协调解决平台消费者的投诉或建议。

7.3 顾客满意度测评

应接受直播电子商务经营者对销售人员和商品的顾客满意度测评。

PART 2
第 2 篇
销售组织、计划及评价

第 3 章
销售组织与销售区域设计

学习目标

- 掌握销售组织的概念及常见形式
- 了解不同渠道模式的销售组织形式
- 了解销售部门及其内部岗位职责
- 掌握销售部与市场部的关系
- 了解销售区域设计的作用及原则
- 掌握销售区域设计的方法及流程
- 掌握确定销售队伍规模及销售路线的方法
- 掌握销售人员的时间管理技巧

引导案例

销售办事处自建渠道的"苦果"

K公司在N市的分销渠道由2个经销商组成，各自拥有各自的销售区域。由于市场空白区域较多，还没有出现窜货、价格冲突等问题。其中，一家经销商小李实力较强，但经营多种品牌，什么赚钱就销售什么，对K公司的忠诚度低。K公司多次找小李谈，希望他能够专心于K公司的品牌。但小李不愿放弃其经营竞争品牌带来的利润，希望通过"脚踏几只船"，在各个品牌之间捞取好处，使自己的利益最大化。另一家经销商老张经营K品牌的热情度很高，在他的销售区域内，K品牌的销量表现良好，但他是刚踏入这个行业的新手，经验和实力与经销商小李相比，有一定差距，在短期内难以有质的飞跃。

分析了市场和分销渠道的现状之后，K公司办事处认为，依靠原有的经销商难以建立一个高效的分销渠道，想全力扶植小李壮大，但小李对K品牌的忠诚度低，极易造成渠道的动荡；老张虽然忠诚度高，但是实力弱小，依靠他反而会丧失市场良机。于是办事处决定，在保持原有分销渠道现状的基础上，自建直销渠道，利用公司投入的人员和运输工具开拓N市的空白市场。这样直销与经销相结合，利用渠道组合进行优势互补，就避免了分销渠道单一形成的"渠道依赖症"，加强了企业对渠道的掌控能力。

K公司在N市确定了这样的渠道格局：将小李和老张的空白市场划分出来，由办事处、老张、小李三方进行共同开发。办事处负责的区域由企业自建渠道，采用直销的方式经营。虽然办事处的直销区域大部分是空白市场，但是凭着办事处销售人员丰富的直销经验，对终端良好的服务，迅速填补了市场真空，市场覆盖率和占有率得到明显提升，整体市场逐渐火热起来。但是，K公司自营渠道与经销渠道之间的矛盾也逐渐暴露出来。

1. 分销冲突

办事处的直销模式把渠道最大限度地扁平化，直接面向终端，提高了渠道效率，节约了渠道成本，但是由此带来了另外一个问题：现有经销商主要是依靠二级批发商网络来拓展渠道的深度和广度，而直销的价格和操作模式留出的利润空间难以维持渠道的多级层次。二级批发商知道市场上存在直销渠道后，为了避免一级批发商的盘剥，愿意和办事处打交道。因此，办事处的直销渠道实际上动摇了经销渠道赖以生存的分销基础。

2. 经营冲突

经销商老张和小李刚刚脱离"坐商"（即在固定地点营业、等待顾客到店的商人）的经营模式，但他们只是满足了渠道对终端的基础服务要求。随着K公司对零售终端掌控要求的变化，直接面向终端势必需要一定的人员和车辆，要求经销商必须加大对市场的投入。考虑到投入和产出的关系，老张和小李犹豫不决。K公司对办事处人员有一定的补助，车辆也免费使用，直销的成本相对来说要低得多，而且经销商的销售人员也不能与办事处训练有素的销售人员相提并论。于是，办事处负责的市场一片火热，而经销商老张和小李的市场却起色不大。办事处对经销商的市场开拓能力开始不满。

3. 利益冲突

K公司办事处既是管理者又是执行者，这种角色很难协调办事处与经销商的利益关系。随着K公司产品市场覆盖率的提高，市场空白点减少，办事处与经销商的销售人员要提高销量，开始为了边界终端的归属权争吵不休。无论怎么调解，老张和小李总是认为办事处在偏袒自己的销售人员。

办事处销售人员的收入是底薪加提成，也有提高销量的压力，对老张和小李区域内依然留有一些空白点产生抱怨。小李和老张也开始利用区域划分中的盲点，侵占对方的市场终端，先是偷偷摸摸，后来就明目张胆。由于难以分清谁是谁非，办事处也缺乏让经销商心服口服的有效方法，只能出了问题再进行协调处理，像是一个救火队，但是结果总是怨声载道，费力不讨好。

4. 执行冲突

办事处是K公司营销系统的分支机构，也是营销资源的分配机构，具有争取优惠政策的便利条件。因此，办事处很难从实际情况出发兼顾每个渠道成员的市场促销，造成了在不同的终端促销行为不一致的现象。另外，办事处对两个经销商的经营理念和能力也不满意，自然而然地将对市场的投入向自己倾斜，包括广告、终端展示、促销品、促销活动在内的促销政策。

以上种种现象不断地加深经销商和办事处的矛盾，导致办事处无法与经销商沟通，统一的价格和促销难以执行。有些经销商的销售人员为了提高竞争力，直接把促销折算成钱从货款中扣除，在终端之间开始流传一些有关 K 品牌降价的消息。渠道的利润非但没有增长，反而有所下降。老张和小李也失去了积极性，开始联合起来抵制办事处。

讨论问题：
（1）你认为该办事处的销售区域管理存在哪些问题？
（2）如果你是该办事处主任，你会如何应对现在的局面？

建立高效率的销售组织是确保销售业务高效运转的前提。因此，销售部门的组织模式是企业销售战略的重要内容。销售人员是企业和顾客之间的纽带。对许多顾客来说，销售人员就是企业。反过来，销售人员又从顾客那里带回许多企业需要的信息。所以，对销售组织及销售区域的设计问题，即销售组织的形式与职责、销售区域的设计等问题，企业应该进行深入考虑。在我国企业的销售实战中，有不少企业在销售组织的建立和销售区域的设计上，缺乏明确的思路，尤其是不能从战略高度来进行组织设计，从而制约了销售组织功能的正常发挥。

本章重点讨论销售组织的概念及形式、销售部门及其内部岗位职责、销售部和市场部的关系、销售区域的设计以及销售人员的时间管理等。

3.1 销售组织的概念及形式

3.1.1 销售组织的概念

组织是关于一群人活动的安排或运行机制，目的是使相关者一起活动的效果优于单个人单独的活动效果。对销售管理来说，销售组织就是企业销售部的组织，是企业内部从事销售工作的人、事、物、信息、资金的有机结合，通过统一协调行动完成企业既定的销售目标。企业销售组织有四个重要概念：分工、协调、授权、团队。

1. 分工

企业为追求既定的利润目标，必须靠各部门分工合作才能完成。由于销售工作涉及促销、销售、售后服务等，并且顾客分布在不同的区域，因此销售人员需要分工，才能完成企业分配的销售任务。分工使企业销售组织部门化。所谓部门化，是指企业如何划分必须做的销售工作，经过划分的销售工作分配给哪个单位去做。换句话说，销售组织的部门化，就是对分配给各销售组织单位的工作的种类、性质、范围分别加以限定。

2. 协调

销售工作是一项自由度较高的工作，销售人员分布在不同的地方，因此需要协调，以便按照企业的销售计划统一行动。销售经理需要实施销售战略上的协调与业务上的联络、洽商及信息交换，以及与各部门意见的沟通，以免发生误会或不协调。总公司的销售部要与分公司联络与协调。总公司销售部的经理应尽量找机会访问分公司或办事处,并给予必要的指示、引导、激励与慰问。

3. 授权

所谓授权,是指上级授予下级发布命令与执行的权力。随着企业销售工作的开展,企业内部的销售活动分工越来越细,销售组织层次不断增加,各阶层各负其责。当销售各部门间产生分歧,无法取得一致意见,或上下层销售部门在执行的细节上无法协调,企业的最大效益无法获得时,企业必须建立授权制度。另外,销售人员一般远离企业独立作战,他们必须面对顾客做出适当的反应,因而需要一定的决策权限。所以,销售经理在分配任务时,应当授予销售人员一定的权限。

4. 团队

团队可定义为在特定的可操作范围内,为实现特定目标而共同合作的人的共同体。换言之,团队就是一些人一起做某件事情。团队涉及销售队伍组织的策略问题,即销售人员以何种方式与目标顾客接触,是单打独斗,还是采用小组销售、销售会议或销售研讨会的方式。从目前的发展趋势看,销售工作越来越需要集体活动,需要其他人员的支持配合。因此,团队销售越来越受到企业的重视和顾客的欢迎。

3.1.2 常见的销售组织形式

1. 区域型销售组织

区域型销售组织是指按地区划分销售区域(见图3-1),这是最常见的销售组织模式之一。相邻销售区域的销售人员由同一名销售经理来领导,销售经理向更高一级的销售主管负责。

图 3-1　区域型销售组织

区域型销售组织的优点有:①地区经理的权力相对集中,决策速度快。②地域集中,费用低;人员集中,容易管理。③有利于迎接销售竞争者的挑战。其缺点则主要体现在:销售人员从事所有的销售活动,技术上不够专业,不适应种类多、技术含量高的产品。

区域型销售组织之间需要统一管理,并明确下放权限。分布在各地区销售网点的名称,通常与地区的各级划分相对应,如销售部、销售分公司、销售点、经销处、办事处等。要明确这种上下级组织关系,并进行统一管理,也就是要使指示命令明确化,销售产品的责任、功能、范围和任务及指导性建议内容等也要明确化。

2. 职能型销售组织

职能型销售组织是按照不同职能组建的销售组织，如销售业务部、销售计划部、宣传推广部等（见图3-2）。

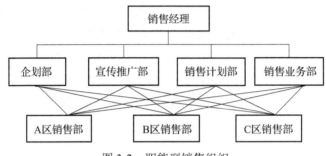

图3-2 职能型销售组织

职能型销售组织模式的优点有：销售职能可以得到较好的发挥，并可进行专门而合理的销售活动，因而销售活动分工明确，有利于培养销售专家。其缺点则主要体现在：指示命令系统复杂，如果各职能间失调，就会发生混乱；责任不明确；销售活动缺乏灵活性等。

建立职能型销售组织的条件有以下几个：①企业规模比较大，需要将销售所需的各种职能专业化，并需辅助经营者和管理者；②销售分公司、经销处、办事处广泛分散在各地区，并且由于销售渠道的关系，销售点较多；③生产的产品或经营的产品品种繁多，需要突出个性、体现差别；④销售人员的素质水平高，可以根据各种销售职能指示完成指标；⑤根据各种销售职能所建立的销售制度已成为其他竞争企业的竞争焦点。

3. 产品型销售组织

产品型销售组织是在职能型销售组织的基础上发展而来的（见图3-3）。产品型销售组织是指按照不同产品或不同产品群组建的销售组织，比如A产品销售部、B产品销售部、C产品销售部等。但是在一些情况下，其基层组织会按地区来划分。产品型销售组织适用于拥有多种品牌或生产多种产品的企业，尤其对产品品种太多或差异太大的企业更为有效。

产品型销售组织的优点有：①由于各个产品项目有专人负责，因此那些较小的产品一般也不会被忽视。②专人负责某项产品，可以使该产品营销组合的各个要素更加协调。因此，产品经理更加贴近市场，对市场的反应更为迅速。③容易实现销售计划，不仅便于进行产品管理，还易于生产与销售之间的调整。④产品型销售组织是经理人大展宏图、一试身手的场所。其缺点则主要体现在：①成本支出费用较高；②产品经理对其他销售职能部门的依赖性较强；③许多销售人员要应付同一位顾客，浪费人力且会使顾客感到麻烦；④销售人员的视野会逐渐狭窄，在销售活动中缺乏灵活应用的能力；⑤由于产品经理频繁更换，造成营销活动缺乏连续性。

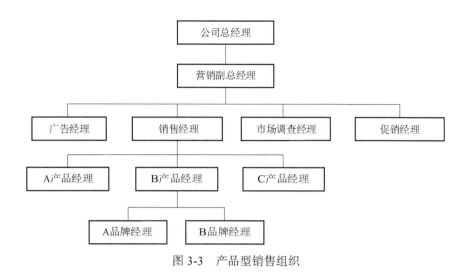

图 3-3 产品型销售组织

建立产品型销售组织的条件有以下四个方面：①企业产品的种类性质明显不同，如家电和食品；②各产品的销售方法和销售渠道不同，如化妆品和计算机的销售方法和销售渠道就不相同；③各产品的销售技巧不同，或必须具备特殊的销售主体条件（销售工程师）；④产品打入市场较晚或在市场中的处境不佳。

4. 顾客型销售组织

顾客型销售组织是根据不同顾客对象（顾客、销售活动对象或销售途径不同）组建的销售组织（见图 3-4）。对不同的顾客销售相同的产品，但由于顾客的需求不同，销售人员需要掌握的知识也不同，企业需要按顾客类型规划销售组织模式，便于销售人员集中精力服务各种类型的顾客，从而成为服务于某类顾客的专家。

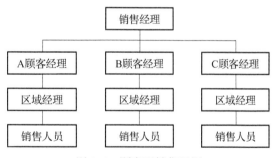

图 3-4 顾客型销售组织

顾客型销售组织的优点有：①更好地满足顾客需要，有利于改善交易关系；②可以减少销售渠道的摩擦；③易于展开信息活动，为新产品开发提供思路；④易于加强销售的深度和广度。然而，顾客型销售组织也有缺点：①企业的产品政策和市场政策由于受销售对象的牵制而缺乏连贯性；②由于负责众多的产品，销售人员的负担加重；③销售人员要熟悉所有产品，因而培训费用高；④主要顾客减少带来的威胁较大，且不同销售对象之间无法进行商业活动；⑤销售区域重叠，造成工作重复，销售费用高。

在下列三种情况下，可以组建顾客型销售组织：①针对各销售活动的对象，要求的销售技巧不同；②产品的关联性强，或在产品的处理和采用方面有较强的关联性，能够进行关联性销售；③本企业的产品在市场上处于强有力的地位。

总而言之，上述四种形式的销售组织各有利弊，企业可根据实际情况选择一种适合自己的销售组织形式，也可以是四种形式的综合。无论企业采用哪种类型的销售组织形式，都必须视企业的特性、对顾客的服务、企业的产品与市场的组合而定，在具体选择时可以参考表 3-1 进行。

表 3-1 销售组织选择

市场		产品差异	
		小	大
渠道差异	小	区域型销售组织	区域型·产品型销售组织
		职能型销售组织	
	大	区域型·顾客型销售组织	区域型·顾客型销售组织

注：黑点表示两种类型组织的"叠加"，即先按区域型销售组织进行设计，在此基础上再按顾客型（或者产品型）销售组织进行设计。

3.1.3 不同渠道模式的销售组织形式

不同产品在市场上的销售方式是不一样的，销售产品的渠道模式也存在差异。销售组织形式需要根据其对应的渠道模式进行设计。

1. 普通消费品销售渠道的销售组织基本结构

普通消费品由于其产品的消费人群比较密集，要求购买便利，因此需要有相对密集的销售网点可供选择。图 3-5 所示为普通消费品销售渠道选择基本方式。企业的产品可以通过三种典型的销售渠道将普通消费品送达顾客。企业既可以采用其中一种途径，也可以进行组合使用，还可以三种并用。

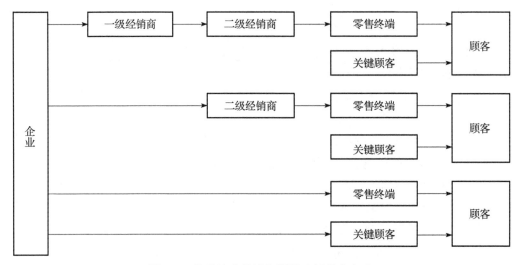

图 3-5 普通消费品销售渠道选择基本方式

企业的销售组织形式要根据企业针对目标顾客所选择的渠道模式和该产品所处的市场阶段进行构建，如图 3-6、图 3-7 和图 3-8 所示。

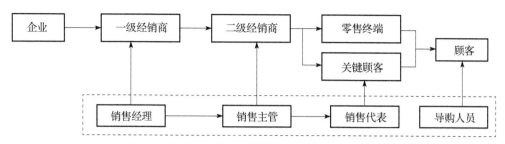

图 3-6　普通消费品第一种渠道应配备的销售组织

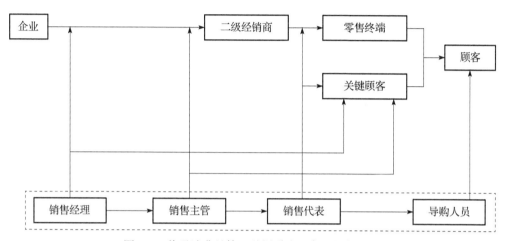

图 3-7　普通消费品第二种渠道应配备的销售组织

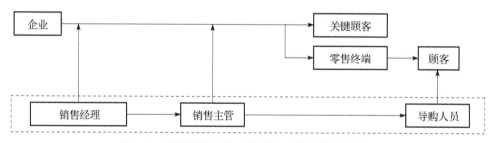

图 3-8　普通消费品第三种渠道应配备的销售组织

2. 工业产品销售渠道的销售组织基本结构

图 3-9 所示为工业产品销售渠道选择基本方式。不同类别的工业产品面对顾客的距离是有区别的，关键是看该产品在市场上的顾客密集度，顾客越密集越需要经销商的协助，顾客密集度低的可采用直接面对顾客进行销售的方式。

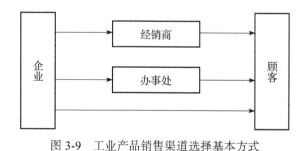

图 3-9　工业产品销售渠道选择基本方式

针对图 3-9 中的三种渠道，销售组织既可以选择其中一种也可以选择其中两种或者三种来进行设计，以完成企业的销售任务，如图 3-10、图 3-11 和图 3-12 所示。

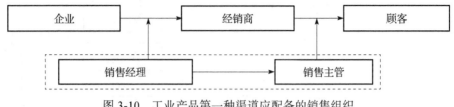

图 3-10　工业产品第一种渠道应配备的销售组织

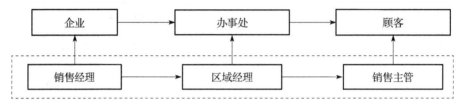

图 3-11　工业产品第二种渠道应配备的销售组织

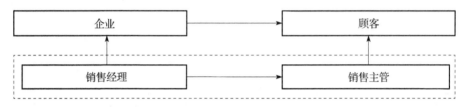

图 3-12　工业产品第三种渠道应配备的销售组织

需要说明的是，销售组织结构的形式是为了达成工作方便的需要，并非一个固化模式。不同渠道的策略对应不同的销售管理控制方式，因此需要适时调整销售组织结构。

3.2　销售部门及其内部岗位职责

3.2.1　销售部门的岗位职责

销售部门的岗位职责是保证产品顺利到达终端并完成销售任务。具体而言，销售部门的岗位职责包括以下几方面：

①进行市场一线信息收集、市场调研工作。
②向营销副总经理提交年度销售预测。
③制订年度销售计划，进行目标分解并实施。
④管理、督导销售的正常工作运作。
⑤设立、管理、监督区域分支机构正常运作。
⑥营销网络的开拓与合理布局。
⑦建立各级顾客资料档案，保持与顾客之间的双向沟通。
⑧合理进行销售部预算控制。
⑨研究把握销售人员的需求，充分调动其积极性。
⑩制订销售人员行动计划，并予以检查控制。
⑪配合本系统内相关部门做好推广促销活动。

⑫预测渠道危机,呈报并处理。
⑬检查渠道阻碍,呈报并处理。
⑭按照推广计划的要求进行货物陈列、宣传品的张贴及发放。
⑮按企业回款制度,催收或结算货款。

3.2.2 销售部门内部岗位职责

销售部门每一名成员的职责与其所在组织中的位置密切相关。销售部门内部岗位职责体现于销售部门的岗位说明书。岗位说明书要详细描述企业某个具体岗位的职责、权限、任职资格及沟通隶属关系等。标准的岗位说明书主要有两个部分:①岗位概要,包括工作部门、工作头衔、工作地点、岗位目标、任职条件以及沟通隶属关系等;②工作说明,比较详细地描述工作的主要职责、工作任务、受监督程度、行为规范和工作条件等。

以 H 公司为例,通过岗位说明书了解销售部门内部岗位职责。H 公司销售部组织结构如图 3-13 所示。

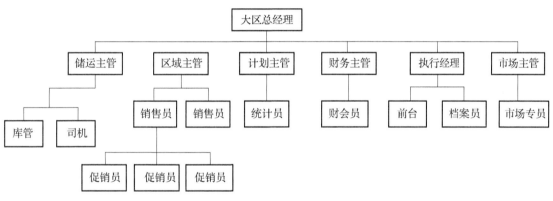

图 3-13 H 公司销售部组织结构

1. 大区总经理的岗位职责

大区总经理的岗位职责如表 3-2 所示。

表 3-2 大区总经理的岗位职责

职位名称	大区总经理	所属部门	销售部
直属上级	营销总经理	直属下级	执行经理、区域主管、计划主管、财务主管、市场主管、储运主管
主要职责	执行公司各项政策,完成公司下达的区域销售任务,对区域实施计划、组织、领导和控制管理		
主要工作	①领导工作(30%)。制定系统的战略方针,明确各部门的目标与努力方向;纠正各部门的偏差,激励要职、要员,努力实现目标 ②管理工作(30%)。选拔优秀人才充实一线,不断提高分销力;促进并协调各部门、各流程(信息、计划、物流、财务、人事与行政等)工作,为提高分销效率做贡献;按抢占市场份额的要求调整各项政策(价格与渠道) ③顾客工作(40%)。巡访主要顾客,总结成功的营销模式与方法;及时解决顾客投诉,规范工作行为		

2. 执行经理的岗位职责

执行经理的岗位职责如表 3-3 所示。

表 3-3　执行经理的岗位职责

职位名称	执行经理	所属部门	销售部
直属上级	大区总经理	直属下级	前台、档案员
主要职责	协助大区总经理制定并执行各项决议，协助大区总经理做出经营计划并完成该计划		
主要工作	①落实责任区域（20%）。研究竞争格局（SWOT），对销售数据进行分析；对渠道进行规划与整理，落实责任区域与目标任务 ②全面监督检查（40%）。检查区域目标任务完成情况，监督区域主管的工作状态与结果；寻求提高运行效率的对策方案 ③总体考核评价（40%）。对区域主管及销售人员、促销员等进行综合考核，并制定奖惩（薪酬与晋级）方案		

3. 区域主管的岗位职责

区域主管的岗位职责如表 3-4 所示。

表 3-4　区域主管的岗位职责

职位名称	区域主管	所属部门	销售部
直属上级	大区总经理	直属下级	销售代表
主要职责	提高区域销售效率和销售队伍的战斗力，深化与顾客的联系		
主要工作	①分解目标任务（10%）。根据市场具体状况和实际销售数据，把本区域的销售任务分解到每一个销售人员及促销员 ②制订工作计划（10%）。明确经营方针与策略，指导销售人员逐周制订滚动工作计划，落实任务；指导销售人员管好促销员 ③监督检查落实（30%）。健全信息反馈（日常报表）体系，把握全局；亲临现场，及时检查与纠正下属的履职行为；加强绩效考评，不断提高下属的责任心，提高销售业绩，降低费用 ④持续访问顾客（50%）。持续拜访顾客，研究竞争情况，总结经验，提出系统的对策建议，定期做出书面报告		

4. 计划主管的岗位职责

计划主管的岗位职责如表 3-5 所示。

表 3-5　计划主管的岗位职责

职位名称	计划主管	所属部门	销售部
直属上级	大区总经理	直属下级	统计员
主要职责	管理市场信息，控制物流及产销期量标准，减少环节存货，防止断货		
主要工作	①经营统计（40%）。全面掌握与系统分析营销系统内"进销存"数据，实时把握销售趋势、环节的存货以及生产进度；确定销售修正指数 ②资源配置（40%）。制订年度、季度、月度产销衔接计划，制订月度滚动销售计划与要货计划；根据市场需求趋势与实际销售状态，修正计划或调度销售资源，及时响应市场；避免供货上的多或不足现象 ③分析偏差（20%）。对各区域计划进行审定，监督执行，分析与研究出现偏差的原因，调整产销期量标准；提供价格政策的建议方案		

5. 财务主管的岗位职责

财务主管的岗位职责如表 3-6 所示。

表 3-6　财务主管的岗位职责

职位名称	财务主管	所属部门	销售部
直属上级	大区总经理	直属下级	财会员
主要职责	及时、准确、完整地反映财务状况，对应收款及费用进行实时监控		
主要工作	①维护账目体系（50%）。接受公司财务部的管辖，建立完整的账目体系，及时、准确、完整地反映财务状况，建立有序的财会队伍，确保财产的安全性，以及财务状态的稳健性与合法性 ②健全预算体系（40%）。根据销售计划，制订应收款计划与费用计划；制定预期的资产负债表、利润表与现金流量表；实时监督检查各部门费用开支情况，以及应收款与现金流量状态；预防并预警偏差出现 ③定期财务分析（10%）。依据财务数据，对经营状态进行分析；定期向上级主管提供分析报告，辅助领导决策，保证资金流的合理性		

6. 市场主管的岗位职责

市场主管的岗位职责如表 3-7 所示。

表 3-7　市场主管的岗位职责

职位名称	市场主管	所属部门	销售部
直属上级	大区总经理	直属下级	市场专员
主要职责	提高促销效率，维护与提升品牌价值		
主要工作	①调查研究（30%）。在营销系统的数据资料基础上，对竞争状况进行调查研究；不断总结内部营销和外部营销的成功经验，制订宣传促销方案 ②渠道促销（50%）。在严格控制费用的基础上，积极组织公司内外的资源与力量，展开渠道促销活动，提高分销效率 ③投诉处理（10%）。定期对主要顾客进行巡回访问，开展顾客满意度调查，并及时处理顾客的投诉 ④提升品牌（10%）。维护企业形象，推广新产品；制定对策，防止假冒伪劣产品以及恶性事件的出现，减免由此造成的损失		

7. 储运主管的岗位职责

储运主管的岗位职责如表 3-8 所示。

表 3-8　储运主管的岗位职责

职位名称	储运主管	所属部门	销售部
直属上级	大区总经理	直属下级	库管员、司机
主要职责	确保储运环节物流的安全、准确、及时与经济		
主要工作	①仓储运转（30%）。依靠规范的作业管理流程，确保货物的储运安全准确、顺畅高效；加强预警举措，减免偷盗与灾害损失 ②出入库管理（40%）。严格货物出入库手续与台账登记工作；账物相符、责任到人；定期盘库，及时堵塞漏洞，防止货物误置、破损、批号老化与丢失 ③改善物流（30%）。把握"进销存"数据，研究物流规律，强化物流规划，改进物流作业，减少环节存货，扩大配送功能；为提高营销系统的运行效率做贡献		

8. 销售代表的岗位职责

销售代表的岗位职责如表 3-9 所示。

表 3-9　销售代表的岗位职责

职位名称	销售代表	所属部门	销售部
直属上级	区域主管	直属下级	促销人员
主要职责	深化与顾客的关系，激励与约束下属实现销售目标		
主要工作	①渠道管理（60%）。按工作计划，不断提高访问顾客的数量与质量；在深化客情关系的基础上，提高平均销售收入、市场占有率与销售效率 ②信息反馈（20%）。以规定的报表形式，采集、整理与传递一手市场信息；以书面形式，定期报告市场竞争状况，包括需求趋势、价格走势、品种结构、竞争者动向以及可能的对策等 ③队伍管理（20%）。组建强有力的分销团队，不断总结经验、纠正偏差，提高分销力与促销力		

9. 促销人员的岗位职责

促销人员的岗位职责如表 3-10 所示。

表 3-10　促销人员的岗位职责

职位名称	促销人员	所属部门	销售部
直属上级	销售代表	直属下级	零售终端
主要职责	维护终端渠道，提高销售业绩，反馈市场信息		
主要工作	①理货（60%）。按指定路线到指定销售现场整理商品陈列，包括环境布置、POP 张贴、清洁服务、检查终端库存，订货、补货与现场促销等 ②沟通（20%）。与经销商（分销商）沟通联络，催讨回款，分发广告宣传品（礼品），介绍产品，改善客情关系；解决或处理交易问题；提供经营指导与管理咨询 ③反馈（20%）。填写统一的表格（日报表、周报表与月报表），向上级及时反馈现场的一手信息，并提供对策建议		

3.3　销售部和市场部的关系

3.3.1　传统意义上的销售部和市场部的区别

企业的销售部与市场部是企业营销组织体系的两大基本职能部门。然而，市场部和销售部之间经常会存在一些冲突，其原因是销售部和市场部有着明显的区别，主要表现在以下几个方面。

1）任务。市场部的任务是解决市场对企业产品的需求问题，即顾客愿不愿意"买"的问题，工作侧重于利用信息载体启发和影响顾客需求；销售部的任务是解决市场能不能买到产品的问题，工作侧重于利用渠道载体把产品从企业顺畅且方便地送到顾客面前。

2）工作目标。市场部的目标是树立品牌，扩大品牌知名度，提升美誉度，给消费者提供产品购买的理由和刺激，而销售部的工作目标就是如何把产品送到消费者的面前，并成功地收回资金，实现商品的价值。

3）层次。市场与销售是"战略"和"战术"的关系。市场部涉及销售的方方面面，包括售前、售中和售后的市场调查；营销方案的制定；产品定位和品牌推广方案；价格制定；渠道开发和促销的政策制定；售后服务政策等。市场部要统筹全局的工作，属于战略层面的工作。销售部的工作主要是按照市场部设计好的渠道、价格和促销宣传方式销售产品，管好渠道，保证物流和资金的安全，从事的是战术实施方面的工作。

4）全局和局部。市场部考虑的是全局性的工作，追求的是企业的整体利益。除了提高销量外，市场部还要对品牌知名度、美誉度负责。因此，市场部工作的考核标准是难以确定和量化的。销售部的工作成果体现在产品的销量和资金回收两个方面。

5）长远利益和短期利益。市场部的市场策略研究、品牌规划建设一般都是以年度、5年甚至10年为一个检验周期，所以，它关系着企业长远的利益。销售部工作的考核往往是以月度、季度、年度为单位的，所以，它关系到的是企业的现金流。

以上这些区别常常会导致销售部和市场部之间产生冲突，企业应该尽早发现销售部和市场部之间即将出现的裂痕，提前采取措施将问题消灭在萌芽状态。一般而言，销售部与市场部之间出现冲突主要有以下征兆。

1）营销战略无法指导销售的运营。
2）新推出的营销战略忽略了由销售人员开发的顾客和对于竞争者的洞察。
3）执行其他职能的管理者不理解销售部门应该实现的目标。
4）销售经理与营销经理之间冲突不断。
5）日趋严重的销售人员流失问题和日益上涨的替代成本。
6）销售人员履行的营销职责与企业的评价和报酬体系之间存在严重冲突。
7）销售人员所追求的是离开市场与顾客，进入行政或管理领域。
8）销售人员对自己扮演的角色模糊不清，勉强为之。
9）企业不太支持销售人员从交易型转变为关系销售型。
10）销售人员对其他进入市场的路径，如"互联网+"、电商、大数据营销等抱有敌意和抵触情绪。
11）顾客关系正在变弱。

3.3.2 数字化时代销售部和市场部的关系

随着数字化时代的到来，数字化深入经济和社会各个领域，企业寿命和产品生命周期大大缩短，行业和消费者习惯被重新定义，数字化渗入消费者购买决策的每个旅程。市场营销的职能以及市场和销售的关系在潜移默化地发生着怎样的转变？

1）市场部和销售部边界越发模糊，以服务好顾客、共同促进增长为目标。市场部的定义不再仅是花钱部门，也必须是赚钱部门。为什么营销界这几年从以"创意"为核心转变为以"效果"为核心，归根结底在于企业高层管理者对于市场部的期待，考核的方式发生变化，以前是品牌、市场渗透、顾客触达率的考核，现在是更为严苛的KPI考核，如有效线索的数量、获得新客的成本，以及单个顾客产生的生命周期价值。LinkedIn（领英）大数据显示，有超过一万家企业将自己的CMO（首席营销官）岗位升级为CGO（首席增长官）岗位。从全球角度来说，CGO目前的确正在成为企业营销的重要岗位。

2）市场部和销售部的关系是取长补短、相互补充、互相促进的关系。随着市场部门的数字化，越来越多的市场部将数字营销和电商营销作为其重点战略，这让许多以传统渠道和销售为主导的企业部门产生危机感，认为以线上为代表的电商部门和以线下为代表的销售部门是有一定冲突的，线下业务的稳定性会受到日益增长的线上部门的冲击，其实不然。首先，市场部的工作也是为了业务的增长，其与销售部的愿景及目标是相同的。其次，数字化时代确实重新定义了市场和销售的关系，但是这个关系不是互相排斥，而是整个企业面临的商业生态发生了重大变化，市场、销售、渠道、经销商、顾客组成一个全新的生态。市场部以研究整个市场环境趋势，提供市场情报，建立数字化战略，并为销售提供有效销售线索，提高顾客忠诚度为主要职责；而销售部则以直面顾客，转化大客户，与经销商共同服务好顾客为主要目标，产生最直接的销售结果。两者取长补短，密不可分。由此，市场部和销售部的关系也更加紧密。未来做得好的企业一定不是销售部占主导地位或者市场部占主导地位的企业，而是市场部和销售部各方发挥自身优势、通力协作的企业。

3）数字化时代，数据和技术是市场部的两大法宝，也就赋予了市场部更多责任和权力。数字化时代赋予市场部更多的责任和权力，由于大数据和数字化技术的高度发展，市场部可以利用海量数据作为有力武器制定以顾客为中心的数字化战略，比如 C2M（Customer to Manufacturer），这种平台与厂商合作组织产销的模式常被 B2B 顾客所采用。完美日记、Manner 咖啡等快消品牌都是应用大数据思路的一些成功营销案例。数据意味着更好地了解顾客，做出更客观的决策，拍脑袋做营销策略的时代已经过去了。云计算、人工智能（AI）、区块链等新兴技术的发展，意味着以前不能实现的现在可以实现了。

在未来，数字营销能力将是每一个市场部和销售部员工都必须掌握的技能。同样，市场部员工也需要接触一些顾客，了解其业务和销售痛点，有了这些技能和价值认知，市场部和销售部之间的工作才能互相理解。

3.3.3 销售部经理和市场部经理的思维差异

市场营销人员和销售人员是两种不同的群体，尽管许多市场营销人员来自销售部，但还是不应将两者混淆，并不是所有的销售人员都能成为市场营销人员。事实上，这两种职业之间有着根本的不同。菲利普·科特勒认为，销售部经理与市场部经理的思维方式存在很大区别，具体体现如表 3-11 所示。

表 3-11 销售部经理和市场部经理的思维方式对比

对比点	销售部经理	市场部经理
利润	重销售额而轻利润	重视利润规划
眼光	重眼前而轻长远	重视长远的趋势、威胁和机会
顾客	重单个顾客而轻细分市场的顾客群	重视顾客类型和细分市场的差异
技能	重现场工作而轻案头工作	重视良好的市场分析、规划和控制系统

销售部经理倾向于这样思考：①重销售额而轻利润。他们的目的在于增加当前的销

售量以完成定额任务，拿到丰厚的酬劳和奖金。他们通常不在意不同的产品或顾客群所产生的利润差别，除非这些差别能在薪酬中反映出来。②重眼前而轻长远。他们关注当前的产品、市场、顾客和战略，一般不会去考虑今后 5 年内的产品/市场扩张战略。③重单个顾客而轻细分市场的顾客群。他们对单个顾客和影响某一具体销售交易的因素了如指掌，但对制定细分市场战略不大感兴趣。④重现场工作而轻案头工作。他们更愿意尝试向顾客兜售商品，而不乐意制订计划和战略，以及设计实施方法。

与此相反，市场部经理想的是这些问题：①重视利润规划。他们围绕利润来规划销售额。他们的目标是对产品组合、顾客组合和营销组合进行规划，从而在可接受的风险范围内获得有利润可图的销售量和市场份额。②重视长远的趋势、威胁和机会。他们研究企业如何能将这些因素转换成新的产品、市场和营销战略，从而确保长期增长。③重视顾客类型和细分市场的差异。他们希望找到办法为最有利可图的细分市场提供更多价值。④重视良好的市场分析、规划和控制系统。他们擅长于处理数字和解决营销计划所涉及的财务问题。

从专业性而言，市场营销人员的任务是确定市场机会，制定市场营销策略并计划组织新产品的进入，使销售活动达到预期目标；而销售人员则是负责实施新产品进入和销售活动。在这一过程中常出现两种问题：如果市场营销人员没有征求销售人员对于市场机会和整个计划的看法与见解，那么在实施过程中可能会导致事与愿违；如果在实施后市场营销人员没有收集销售人员对于此次行动计划实施的反馈信息，那么也很难对整个计划进行有效控制。所以，销售部与市场部需要紧密配合，才能实现产品从企业到消费者的价值转化。

市场部提供的各项市场资源是销售部完成业绩的重要保障。销售部直接与市场和顾客相联系，可以为市场分析及定位提供依据；通过一系列的销售活动可以配合营销策略组合；通过销售成果检验营销规划；与其他营销管理部门拟定竞争性营销策略，制定新的营销规划。

在市场部的具体运作中，与销售部较密切的工作有以下几项：①市场调研与市场信息收集及分析；②新产品的开发、上市当中的渠道方；③营业企划；④渠道规划设计；⑤销售目标制定；⑥年度推广计划的拟订与执行；⑦促销活动的策划；⑧销售终端的市场工具的制作；⑨年度营销计划的制订。

3.4 销售区域的设计

销售区域也称区域市场或销售辖区，是指在一段给定的时间内，分配给一名销售人员、一个销售分支机构或者一个分销商的一群现实及潜在顾客的总和。

销售区域设计是企业销售组织战略得以实现的关键因素。不合理的区域设计不仅会导致销售成本的增加，还会浪费销售人员的时间，影响销售人员的销售效率。由于直接销售成本上涨、交通费用较高以及时间资源有限，销售经理必须关注如何设计销售区域。

3.4.1 销售区域设计的作用

依照合理的标准设计销售区域，按销售区域管理销售队伍，至少有以下几个方面的作用。

1. 有利于获得全面的市场覆盖

由于目标市场的每一个销售区域都由专人负责，因此不会有被忽略或被遗忘的销售"死角"。好的销售区域设计可以促使销售人员致力于开发自己的市场，而不必担心会出现"自己栽树，他人乘凉"的局面。这也意味着，区域设计应该具有长远眼光，销售人员的安排也应相对稳定，以防止销售人员的短期行为。

2. 有利于提升销售队伍士气

销售人员是其所管销售辖区的业务经理，负责保持和增加销售量。他们知道顾客位于何处，以及隔多长时间去访问顾客，还知道预期的业绩目标。这能提高销售人员的业绩和士气。若销售区域的好坏造成销售人员的收入差距很大，就会打击销售队伍的士气。同时，明确的区域划分体现了权责一致的原则。各区域销售人员感到目标明确，不会发生争夺顾客的恶性竞争局面。

3. 有利于改善访问质量，提升顾客关系

每位销售人员对特定的销售区域负责，可以更好地了解每个顾客的需要。销售人员对顾客的定期访问会得到顾客的信任。对顾客而言，销售人员就是企业。与某企业的销售人员打交道就是与该企业打交道，顾客购买该企业的产品往往不只是由于对该企业或该企业产品的偏爱，而往往是基于对这位销售人员的信任。销售人员与顾客之间建立起了长期合作与信任的关系，企业也就留住了该顾客。顾客受到定期访问时，企业的商誉和销售额也有望提高。

4. 有利于降低销售费用

因为每个销售区域由指定的销售人员负责，就可以避免不同销售人员对各顾客的重复访问。销售人员可以细心设计访问路线，尽量减少并合理利用旅行及等待的时间，从而降低销售成本。不仅如此，一对一的销售访问还可以在顾客心目中树立起统一的企业形象。

5. 有利于销售业绩评价与控制

按地理界限设计销售区域，使得按地区收集销售数据比较容易。企业将不同区域的数据进行统计汇总和对比分析，可以很清楚地看出本企业在竞争中的优势和劣势。然后，针对不同区域的问题，设计新的销售计划。此外，还可以将本企业不同地区的销售额与市场销售总额相对比，评价每个销售人员的个人业绩。同时，销售区域管理有利于成本分析和成本控制。企业通过对各销售人员在不同销售活动中花费的时间与成本的分析，

可以设计出更好的方案，提高工作效率，降低销售成本，并为科学地规划销售队伍规模提供数据支持。

3.4.2 销售区域设计的原则

1. 公平合理原则

公平合理原则主要体现在：①所有销售区域具有大致相同的市场潜力，所有销售区域的工作量大致相等。只有当市场潜力相等时，不同区域的销售人员业绩才有可比性。②所有销售区域的工作量大致相等，可避免"贫富不均"，减少区域优劣之争，提高销售队伍的士气。

2. 可行性原则

销售区域设计的可行性原则主要体现在：①销售区域市场有一定的潜力，销售人员通过努力可以使市场潜力变成销售需求，实现销售收入；②销售区域的市场涵盖率要高；③销售区域的目标具有可行性，要使销售人员经过努力可以在一定时间内实现。

3. 挑战性原则

销售区域目标的设置要体现出实现目标的过程具有挑战性，使销售人员有足够的工作量，同时使每位销售人员能够通过努力工作取得合理的收入。

4. 目标具体性原则

销售区域目标一定要明确，销售经理一定要使销售人员确切地知道自己要达到的目标，并且尽量把目标数字化。

3.4.3 销售区域设计的方法

1. 按地区划分

这种销售区域划分的方法是根据有形的（路或河流）或假设的（邮政编码或地区的界线）范围来划分不同销售区域的边界，也是最普遍的销售区域设计方法。对于零售销售人员来说，其销售地区性范围可能是门市部或交易厅。如果是从事汽车零售，地区性范围可能被称作展览厅或下一个未经预约而来的顾客。

2. 按行业划分

这种销售区域划分的方法是根据销售人员从事的行业类型对潜在的顾客进行划分。例如，一名销售人员可能向获得经销特许权的汽车商销售，也可能向汽车使用者销售。

3. 按产品划分

根据产品划分销售区域是将已经使用某种特定产品或服务的企业（如网络服务器）指

定给某个特定的销售人员。换句话说，根据使用特定产品（如某种会计软件、管理信息系统软件）作为潜在顾客，建立起销售区域。

4. 按顾客名单划分

销售人员既要维护好已有名单中的顾客关系，同时要开发新的顾客，将其加入该名单中，也就是说，销售人员同时扮演着"农夫"和"狩猎者"的角色。

总而言之，虽然销售区域有不同的划分方法，但许多企业的销售区域通常还是按地区来设计的。小企业在发展之初，无须设计销售区域来控制销售人员的活动。随着企业规模的发展壮大和市场的扩张，销售区域管理方式的优点就越来越突出。有的企业发展到相当规模，产品技术先进、结构复杂，可能会采用产品型（或市场型）的销售组织方式，但仍然有必要按地区来设计销售区域。

3.4.4 销售区域设计的流程

销售区域设计的流程一般包括四个环节，如图3-14所示。

图3-14 销售区域设计的流程

1. 选择控制单元

首先，将整个目标市场划分为若干个控制单元，划分原则是宜小不宜大。这是因为：①如果控制单元过大，可能会将市场潜力小的地区划分到市场潜力大的地区中，造成控制单元内市场潜力分布不均匀，反之亦然。②便于灵活调整初步分配方案。如果控制单元过大则不容易调整均衡，而如果控制单元过小则会无谓地增加工作量。

划分控制单元的目的是按照一定标准将它们组合成销售区域。一般可以选择省、市、区、州、县等行政区域或邮政编码区域作为控制单元。当然，也可以根据企业实际情况设计划分控制单元的标准。两个常用的标准是：现有顾客数量和潜在顾客数量。利用现有顾客数量可以很好地估计目前的工作量，潜在顾客数量则只能是预测值。此外，地理面积、工作量等也可以作为分配标准。

2. 选择起始点

起始点是销售人员设计顾客访问路线的出发点。合理的起始点应该是使访问总路线最短、访问成本最低的地点。一般有以下几种选择：①以销售人员的居住地为起始点。这样既可以节省销售人员重新安家的费用，也可以兼顾销售人员的工作与家庭。②以大城市为起始点。大城市可能是销售区域中市场潜力最大的部分，交通与信息交流比较方便。③以主要顾客所在地为起始点。销售人员以主要顾客所在地作为工作生活的基地，再加上周围其他次要控制单元构成一个销售区域。例如，工业品销售往往以某一大顾客所在地为起始点。④以销售区域的地理中心为起始点。在各个控制单元内的顾客分布比较均匀时，可以考虑这种办法。

3. 将相邻控制单元组合成销售区域

（1）顾客数量平衡

选定起始点之后，接下来的工作是将邻近的控制单元组合成销售区域。在这一过程中，设计者必须牢记划分标准。如果以顾客数量为标准，在将邻近起始点的控制单元组合到该区域中时，一定要考虑各区域之间顾客数量的平衡。那些位于几个起始点之间的控制单元就是调整平衡的砝码。依照划分标准将每一个控制单元组合到各个起始点之后，就完成了销售区域的初步设计。

（2）地理区域平衡

在初步设计完成后，各个销售区域依据某一划分标准已经达到平衡。但一般而言，仅仅满足一个标准的平衡还是不够理想的。需要在兼顾其他标准的基础上进一步调整，使之达到更高要求。比如，初步设计的销售区域具有大致相等的顾客数量，但是各销售区域的地理面积却相差悬殊，销售经理希望各区域在顾客数量相等的同时，地理面积也能大致相当，以平衡各区域的工作量。他可以将顾客规模最大的销售区域中一个地广人稀、顾客较少的控制单元重新划分给一个地理面积较小的区域，以达到新的平衡。如果面积大的区域正好与面积小的区域相邻，而且符合条件的顾客正好处于两区域的交界处，那么新的平衡就很容易实现。否则，就可能要同时调整好几个区域才能成功。

（3）工作量分析

要协调各个区域的销售量，就要进行工作量分析。首先要进行顾客分析。销售经理需要按照分析结果将顾客分类排队，并以此结果为依据来制定有区别的顾客政策。除了总销售潜力标准外，还可以采用其他标准进行顾客分类，只要这些标准能够准确反映工作量与销售成果之间的关系即可。表 3-12 所列为常用的顾客分析表。

表 3-12 常用的顾客分析表

顾客代号	顾客分类	总需求量（千件）①			本企业所占份额（万元）②			本企业销售额（万元）③ = ① × ②			本企业总销售额（万元）④ = ③X+③Y+③Z
		X	Y	Z	X	Y	Z	X	Y	Z	
001	C	200	100	300	0.10	0.30	0.20	20	30	60	110
002	B	400	300	100	0.20	0.30	0.40	80	90	40	210
003	A	700	200	500	0.30	0.20	0.40	210	40	200	450
…	…	…			…			…			…

将表 3-12 中各类顾客汇总可得顾客分类汇总表，见表 3-13。

表 3-13 顾客分类汇总表

顾客分类	顾客数量（人）
A	20
B	60
C	250

各类顾客数量统计出来之后，按照企业顾客政策规定的各类顾客的访问频率以及每次访问的时间，就可以计算出整个销售区域的工作量。

4. 调整初步设计方案

要保证市场潜力和工作量两个指标在所有销售区域的均衡，利用手工作业来寻找最佳销售区域设计方案是有一定难度的，但还是可以通过以下两种方法使修正后的方案优于初次设计方案：①改变不同区域的顾客访问频率，即通过修改工作量的办法来达到平衡，因为市场潜力已经达到平衡。②用试错法连续调整各个销售区域的控制单位，以求得两个变量同时平衡。

如果还要兼顾销售区域之间更多指标的均衡，则调整过程就更加复杂。这种情况下一般采用"渐近法"：①先将标准排出优先次序，比如先考虑工作量大致相等，再考虑顾客数量或地理面积的平衡。②遵循上述步骤设计出满足工作量平衡要求的初步方案。③用反复试错的方法满足第二、三环节的要求，逐步接近目标。

3.4.5 销售队伍及销售路线

1. 确定销售队伍的目标

除完成销售定额以外，销售人员还需要完成下述一个或几个特定的任务：①寻找顾客，负责寻找新顾客或主要顾客；②传播信息，熟练地将企业产品和服务的信息传递出去；③销售产品，与顾客接洽、向顾客报价、回答顾客的疑问并达成交易；④提供服务，为顾客提供各种服务并对顾客的问题提出咨询意见，给予技术帮助，安排资金融通，加速交货；⑤收集信息，进行市场调查和情报收集工作，并认真填写访问报告；⑥分配产品，对顾客的信誉做出评价，并在产品短缺时将稀缺产品分配给顾客。

2. 确定销售队伍的规模

确定销售队伍的规模，通常可以采用以下三种方法：

（1）销售目标分解法

该方法是根据企业年度销售目标和每位销售人员的年平均销售额，来确定销售人员数量。具体计算公式为

$$销售人员数量 = 企业年度销售目标 \div 每位销售人员的年平均销售额$$

式中，企业年度销售目标在企业的战略目标中都有确定，关键是确定每位销售人员的年平均销售额。每位销售人员的年平均销售额必须根据每家企业的具体情况和市场环境的状况来综合考虑，同时可以借鉴其他方面的信息，如可以根据本企业销售人员前几年或者同行业竞争对手现在的销售状况来考虑。

（2）工作总量分解法

该方法是根据销售人员要完成的销售目标，估算所必须付出的工作总量，再结合每位销售人员的年平均工作负荷来确定销售人员数量。具体计算公式为

$$\text{销售人员数量} = \text{企业年度工作总量} \div \text{每位销售人员的年平均工作负荷}$$

具体步骤：将顾客按年销售量分成大小类别；确定每类顾客每年所需的访问次数，这反映了与竞争对手相比，企业要达到的访问密度；每类顾客数量乘以各自所需要的访问次数，便是整个地区的访问工作量，即每年的销售访问次数；确定每位销售人员每年可进行的平均访问次数；将总的年访问次数除以每位销售人员的年平均访问次数，即得到所需销售人员的数量。

例如，某企业共有 800 个顾客，这些顾客按其重要性可分为 3 类：A 类顾客有 200 个，每年需要进行 36 次访问；B 类顾客有 400 个，每年需要进行 24 次访问；C 类顾客有 200 个，每年需要进行 12 次访问。如果每位销售人员每年的平均访问次数为 400 次，则可确定该企业需要的销售人员数量 $N = (200 \times 36 + 400 \times 24 + 200 \times 12) \div 400 = 48$（人）。

（3）边际销售额成本法

该方法是根据增加一名销售人员所创造的边际销售额和企业所付出的成本来确定销售人员数量的方法。当增加一名销售人员所创造的边际销售额大于企业为该名销售人员所付出的成本时，就应该招聘该名销售人员。这样可以推断出最佳销售人员数量应该满足下列公式：

$$\text{该名销售人员所创造的边际销售额} > \text{企业为该名销售人员所付出的成本}$$

其中，关键在于确定销售人员数量与边际销售额之间的变化关系，以及销售人员数量变化与该企业为销售人员所付出的成本之间的变化关系。

总而言之，以上三种销售人员数量的确定方法侧重点有所不同：①销售目标分解法是从完成销售目标所需人数来考虑的，注重结果；②工作总量分解法是从完成目标所需的工作量来确定人数的，注重过程；③边际销售额成本法注重从经济的角度来考虑。在实际的应用中，需要根据企业的实际情况选择合适的方法。

3. 设计销售路线

在实际销售工作中，一个销售人员往往要负责好几个城市，甚至好几个省的销售工作，出差时间会占销售人员可用工作时间相当大的比例。因此，设计销售人员责任辖区的销售路线就显得很有必要。销售路线是指销售人员每天或每月按照一定区域内的路线，对顾客加以巡回拜访，以便完成每天或每月销售目标。

采取"销售路线"做法，具有以下作用：①掌握每一个经销网点的销售态势与销货量的变化，作为设定未来销售目标的基础；②作为新产品上市与实施促销活动的路线及经销网点选择的基础；③对顾客提供定期、定点、定时的服务；④作为铺货调查的依据，能彻底了解经销网点的存货周转及其消化速度。

设计销售路线的步骤通常包括：①绘制"销售责任辖区地图"。销售人员可将所在辖区的商业地图备齐，然后用色笔绘制出销售人员本身的"销售责任辖区地图"，再按照实际街道地图对销售辖区内各个经销商加以标示。在图上同时标出"竞争对手的经销网点"和"本企业的经销网点"（用不同的颜色标出）。根据此地图就可以估算出本企业在此辖区内的市场活动战略与竞争强弱。②设计"销售责任辖区地图"内的销售活动顺序。销售人员在责任辖区内的销售活动包括拜访、销售、送货、收款、服务等，应设计具体活动路线，使销售工作有计划、有效率地加以执行。

销售路线有三种基本模式，即直线模式、苜蓿叶模式和主要城区模式，如图 3-15、图 3-16 和图 3-17 所示。

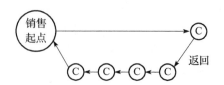

图 3-15　销售路线的直线模式

注：C 代表顾客，余同。

3.5　销售人员的时间管理

销售人员每天有很多事情要做，包括电话沟通、拜访顾客、处理合同和报告、为顾客提供售后服务工作，以及出差和接待顾客等，这些工作杂乱并且费时，一不小心就会陷入混乱。在这种情况下，时间管理对销售人员来说是十分必要的。销售经理也需要了解这些工作所花费的时间，帮助销售人员做好工作计划，合理安排下属的工作，使销售人员的工作时间能够有效地运用到销售工作中去。

具体来说，销售人员的时间管理主要包括确定销售拜访频率和销售人员时间管理技巧两个方面。

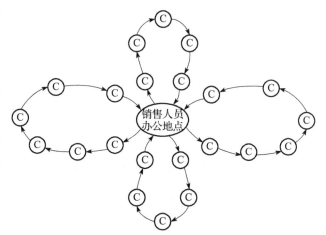

图 3-16　销售路线的苜蓿叶模式

注：每条叶形线路的顾客在一天内拜访。

3.5.1　确定销售拜访频率

拜访频率不是越高越好，因为顾客的工作一般都比较忙，过于频繁的拜访可能会浪费他们的时间，影响他们的工作，甚至引起他们的反感。拜访频率也

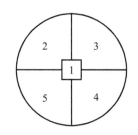

图 3-17　销售路线的主要城区模式

不是越低越好，过少的接触会让顾客觉得被忽略，给竞争对手制造乘虚而入的机会。所以，在确定拜访频率时需要考虑下列因素：

1）顾客的重要程度。对企业销售起着重要影响的顾客，企业应该随时保持与他们的联系，经常了解双方合作的情况和顾客反馈，尽量满足顾客要求；对其他的小顾客，频率不需要很高，尤其是对大量小顾客，企业可以采用集中拜访的方法，邀请他们参加顾客活动等，从而保持与顾客的联系。

2）与顾客的熟识程度。对于双方熟识、关系稳固的顾客，通过电话联系就能够解决工作上的需要，这样不仅可以节省双方的时间，也可以节约销售人员的交通费用。但是当面拜访也是一个必不可少的环节，销售人员可以与熟客协商约定定期进行当面拜访，以维护相互之间的感情。

3）顾客的订货周期。订货周期的不同影响企业的拜访频率，首先，销售人员要对顾客的情况有所了解，对其产品的周期性有比较全面的了解；其次，销售人员要与顾客建立良好关系，对顾客的生产经营活动有一定的了解，从而可以判断顾客什么时候会订货等。

3.5.2 销售人员时间管理技巧

无论销售经理还是销售人员，都要有效地管理好自己的时间。以下是一些常见的时间管理的技巧。

1）制订每日、每周、每月拜访计划和完成情况表。月计划是确定本月需要拜访的顾客；周计划较为具体，需要确定拜访各个顾客的具体时间和地点，并做好约顾客、安排食宿等活动；日计划是在前一天晚上做出的，销售人员已经确定好第二天即将拜访的顾客，以及见面的时间和地点，并准备销售演示用的相关材料。月拜访计划完成情况表（见表 3-14）一方面可以作为销售人员的工作记录；另一方面可以使销售人员掌握进度，及时调整销售计划。

表 3-14　月拜访计划完成情况表

项目	顾客				
	顾客 1	顾客 2	顾客 3	顾客 4	顾客 5
当月实际拜访次数	2	1	1	0	2
当月计划拜访次数	2	1	2	1	2
完成情况	完成	完成	未完成	未完成	完成
未完成原因			×××	×××	
调整方法			×××	×××	
累计拜访次数	8	4	4	4	9
最近拜访时间	9月20日	9月16日	9月17日	9月10日	9月2日

2）建立销售频度模型。上文中销售人员已经确定了拜访频率，由此可以得出拜访次数、销售时限和间隔时间等因素，根据这些因素可以建立起销售频度模型。销售频度模型是销售人员制订计划的重要参考，甚至可以作为销售人员工作的标准程序。

3）运用时间管理的一般理论。时间管理理论提倡把事情按照是否紧急和是否重要分成四种类型——紧急而又重要、紧急但不重要、重要但不紧急、不重要又不紧急，这也正是四种事件的处理顺序。另外，时间管理还提倡零散时间处理非重要事件，要尽量留出大块时间处理重要的事情。这些理论对销售过程中的时间管理都是十分有用的。

4）善于运用时间管理的技术和工具。比如：计算机和智能手机上的时间管理工具；

熟练使用 GPS，也会节省大量时间；销售人员还要熟练使用平板计算机，在平板计算机上存好要展示的产品文件和视频，这样就不用再给顾客邮寄资料，可以很方便地展示给顾客。此外，还可以使用一些诸如 LinkedIn 这样的社交网站，更快地建立人际关系；使用顾客管理软件去管理潜在顾客。

复习测试

（1）如何理解销售组织的概念？

（2）区域型销售组织、职能型销售组织、产品型销售组织、顾客型销售组织各有什么优点和缺点？

（3）销售部门的岗位职责有哪些？

（4）销售部门常见的内部岗位（如大区总经理、区域主管、销售代表、促销人员等）的职责有哪些？

（5）简述传统意义上的销售部和市场部的区别。

（6）如何理解数字化时代市场部和销售部的关系？

（7）销售部经理和市场部经理的思维方式有哪些差异？

（8）销售组织进行销售区域设计的作用有哪些？

（9）销售组织进行销售区域设计的方法有哪些？

（10）简述销售区域设计的流程。

（11）确定销售队伍规模的方法有哪些？

（12）销售人员在确定拜访频率时需要考虑哪些因素？

（13）销售人员有哪些时间管理的技巧？

实战案例 3-1

销售部的管理漏洞

我们公司对销售部的管理一直抓得比较紧，出台了各项制度并严格地遵照执行，但由于种种原因，还是不可避免地出现问题，暴露出管理上的一些漏洞。

就在前两天，发生了一起某一销售人员诈骗客户的恶劣事件，该销售人员让客户把购买产品的钱打到其私人账户后，不再与客户联系，自然也就没有交货。后来，气急败坏的客户把投诉电话打到了客户服务部。

总经理得知情况后当即下令严查，发现该销售人员一直使用假名与客户打交道。

"立刻报警！让警察把他揪出来。这种行为严重损害了公司的声誉与形象，必须严肃处理，同时要让有这份心思的人做事之前先掂量掂量。"总经理狠狠地说。

该事件很快就立案了，总经理知晓后沉吟片刻说："我们不能只等着警察的结果，必须做点什么。这样吧，把全体销售人员及相关部门的负责人召集到会议室开一个整风大会，让大家有所警醒。"

会议是总经理亲自主持的，意料中的狂风骤雨，大家自然都是提着耳朵受着，总经理的用心显而易见，让大家有则改之，无则加勉，看来这个目的已经达到了。

就在会议进入尾声的时候，总经理目光炯炯地看着一部的黄经理，话锋突然一转，缓缓地说："今天所说的，主要是针对销售一部，请该部门自觉反省。"

扭头再看黄经理，紧闭双唇，用眼神逼视着总经理，几秒钟后拿起桌上的笔记本摔门而去。

总经理脸上有点挂不住，讪讪地说："这是什么态度？！"说完夹起笔记本也离开了会议室，留下了面面相觑的大家。

发生了什么事呢？我跟大家一样，心里也充满了疑问，虽然我知道总经理和黄经理不只是简单的上级下属，黄经理其实是一位不直接参与管理的股东派驻过来的，由于这里面牵涉到种种关系，因此双方虽然暗斗不断，却还是保持着不当面交锋的默契，可今天似乎是个例外。

我本想避开这些纷扰的，无奈事情偏偏找上门来。午休时间，黄经理敲门来到我的办公室，长叹一声后徐徐说道："这样下去我真的不想干了，总经理是故意针对我的，目的是借题发挥要赶我走。今天会议上我已经很给他面子了，如果不是那么多员工在场……"虽然黄经理省略了后半截话，不过他的意思已经很明了了。

"那么，你知道是哪个销售做的吗？"我只能故意岔开话题，因为黄经理的话让我不知如何接茬。

"这个不难知道，总经理也很明白，他是故意给我添堵，等我受不了了只好离开。就说开会吧，如果真要针对我们部门，干脆就单独召集我们部门，怎么训话都行。但是不能当着二部的人这样说我们一部啊！还有上次网络招聘的事情，你不是很清楚吗？他这么做的原因不也是明摆着吗？"黄经理气愤地说道。

销售一部和二部是并列的两个部门，平时免不了进行业绩比拼，由于两个部门经理的背景不同（一部的黄经理是另一位股东委派的，二部的王经理则是总经理钦定的），这让三方关系变得微妙起来，所以也难怪黄经理对总经理的那句话火冒三丈了。

至于网络招聘的事情，我本没有多想，听黄经理说起再联系一些事情来看，似乎也有一定道理。由于春节前后我们公司销售部人员流动比较大，因此开通了三个月的网络招聘，销售类简历都是由部门负责人进行筛选、面试，合格者交由总经理复试。就在网络招聘服务期快到期，我通知各个部门进行简历备份时，才得知黄经理根本就没有招聘账号和密码，平时一般由二部的王经理转发一些简历给他。就这个事情我询问过总经理，总经理告诉我由于二部的王经理是个职业经理人，对于人才挑选比较内行。现在看来，要么总经理和黄经理在用人方面存在意见分歧，要么就真如黄经理所说的那样了。

"嗯，我觉得如果真是你们部门的人干的，那你确实有责任，另外公司可是严令禁止销售人员用假名与客户联络的。"我不想直接谈论他们之间的关系，只好阐明了自己的观点。

"要说这事，我有责任，可跟技术部的监控不力也脱不了关系。我在管理下属方面，比较注重引导他们，提高他们的销售能力，当然也会尽力去监管规范他们的一些言行。但是，我不能保证杜绝一切违规操作啊,那么这时候就需要一些制度条例,借助各种手段去监控、防范了,我们公司技术部对销售部计算机、电话的监控就属于这一范畴,所以说发生这样的事情除了在管理上找原因外,技术方面是不是也有要改善的地方呢?"黄经理说到这里用拳头捶了一下桌子,继续说道:"如果我离开问题就能迎刃而解,那么我走的也还有价值啊,可是现在算什么事啊?"黄经理说完长长地叹了一口气。

我也只能长长地叹了一口气,黄经理的话不无道理,发生这样的事情,公司管理层首先应该考虑如何防范类似的事件再次发生,而不应该盘算如何利用此事件进行自己的政治活动,这只是我的看法,可总经理处在他的立场一定有自己的考虑,所以我也只能保留意见了。

讨论问题: 假如你是一名销售经理,你将如何解决销售部存在的问题?

实战案例 3-2

各司其职的区域经理为何纷争不断

1. 问题描述

某公司营销会议现场,"各位同仁,这段时间我们的销量非常不理想,在素有'金九银十'之称的黄金销售季节9、10两个月,我们的销量同比下降了23.6%,本次会议的目的是让大家一起来分析一下原因,并寻求对策。"常务副总经理兼营销经理贾笛说完后扫视了一下众人,发现大家低着头,无人响应,于是继续说道:"这样吧,一个个片区来讲,张经理你先来谈一下。"

主管象山县、宁海县、奉化市⊖的区域经理张云说道:"从统计数据来看,我们区域的销量与去年同期相比下降了31%,可是其中的一类终端——两个三江超市连锁店的销量下降了60%,两个联华超市下降了40%;医药渠道与去年持平,其他的副食渠道销量上升了5%,在同等的市场状况下为什么会有这么大的差距呢?主要原因是我公司负责与三江超市沟通的人没有将我们的三江门店内场导购员批准上岗,负责与联华沟通的人没有将工作做好,致使在销售最好的10月黄金周我公司主力产品断货,导致我们的销量大幅下降。"

听到这儿,主管市老三区(海曙区、江东区、江北区)的区域经理何露怒气冲冲地说:"你们三江超市的导购员没有批准上岗,这不能怪我,我都将名单和要求上报了,三江总部不批我也没办法;可是联华的问题,你这么说就不对了,我在节日前就通知你们多备货,过节期间由于我们的经销商放假可能送货不像平时那么及时,你为什么不听?其他的区域为什么都没有出现这种情况?自己没本事,不要怨别人!"

张云听到这儿涨红了脸,"噌"地跳起来说道:"就是因为你的工作没做好才影响了我们……"

"怎么了……你以为你的其他副食渠道的销量是真上涨了,还不是将货窜到我这边来了,

⊖ 2016年,撤销县级奉化市,设立宁波市奉化区。

我专门让人去统计了一下，从你那边经销商窜到我这边终端的货物占到你整个区域销售量的10%⋯⋯"何露也站起来说道。

"⋯⋯你的渠道商窜到我这边的货更多，更可恨的是，窜到我这边市场的产品的价格竟然比公司规定的批发价低了3元，不但侵占了我的销量，而且还扰乱了市场的价格体系，不信你自己到你的渠道商那里查一下发货清单。"

⋯⋯⋯⋯⋯⋯

贾笛看不下去了，"都坐下，你们这是怎么了？今天是来讨论问题的，不是让你们来吵架的！"两人都坐下了，贾笛看着气氛有些缓和，继续说道："我们继续开会！"可是没有多久，会场又吵得一团糟，你说我的不是，我说是你的错。很快一个下午就过去了，贾笛在叹气中无可奈何地宣布散会。

2. 寻求"外脑"

在叙述了会议的情况和不解后，贾笛一脸困惑地向伍成全——一个有着多年咨询工作经验并且对企业管理有着深入研究的人求救地问道："难道是他们的素质太差了，可是公司现有的局面都是这些区域经理打下来的呀，况且公司规模并不大，在本区域内的业务近3年并没有扩大⋯⋯这些问题两年前甚至是一年前都没有现在这么尖锐。问题到底出在哪里呢？"

"曾有人分析说，是我们的工作流程不清楚，后来和团队一起专门就相互之间如何协调工作制定了详细的工作流程，可执行后的结果依然是现在这个样子。"贾笛苦笑着继续说道，"不怕您笑话，我也曾尝试着引进一些新的人才，最后是我觉得能力强的、比较看好的没有多久就都离去了，真正留下来的没有很合用的，我真的有些困惑了。"

"我需要先对贵公司内部情况和外部环境进行调研，才能解答您的问题。"伍成全回答道。

3. 问题诊断

经过艰苦的访谈、仔细的调研，伍成全终于找到了原因，于是召开了这次分析报告会。

伍成全首先向贾笛出示了现行公司营销组织结构（见图3-18）："在贵公司的营销组织结构中，将宁波地区分为四个区域——宁波市老三区（海曙区、江东区、江北区）、慈余片区（慈溪市、余姚市）、镇北鄞片区（镇海区、北仑区、鄞州区）、象宁奉片区（象山县、宁海县、奉化市），各片区设区域经理一名。总体来说，整个组织分为两个团队——决策层和执行层，两者相互关联。决策层由营销经理、企划经理以及各个片区的负责人构成，执行层由各个区域经理与下属的销售人员构成。

"决策层每个月在月中和月末开两次例会。月中的例会为总结本月计划到目前为止的完成情况以及完成计划遇到的问题，需要兄弟部门怎样的支持，也就是一次协调会；月末的例会总结本月的计划完成情况，讨论安排下月的计划，如果本月为季末或年末，那么同时要讨论下个季度或年度的计划。在此组织结构中，区域经理的职责与权力相对比较大，包括本区域的广告促销计划、本区域的渠道发展计划、本区域的终端展示计划、本区域的人员管理等。对区域经理的考核，主要以销量、投入产出比为考核指标。"

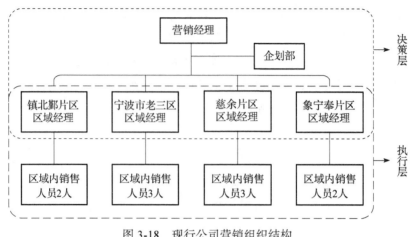

图 3-18 现行公司营销组织结构

伍成全稍加停顿后，继续说道："表面看起来，这种组织结构似乎完美无缺，但实际上问题就出在这个地方。"

"怎么会呢？前几年我们不是运作得非常好吗？现在出现的问题也就是这两年的事情，怎么会是组织结构的问题呢？"贾笛不解地反问。

"为什么当年这种组织结构是有效的？"伍成全微笑着说道："前几年，一方面由于渠道商的实力都比较小，基本都是以各自所在的行政区域为自己的网络版图，实际上，此时此刻很多的渠道商甚至还是坐商，典型的有慈溪食品城的批发商们。各渠道商之间的营销网络冲突极少。另一方面，此时的连锁超市还没有大范围兴起，没有跨区域的连锁超市，因此各个片区的市场相对独立，可以说此时的市场是以行政区域为单位相对独立的各个区域市场的总和，各区域市场之间的联系相对较小，所以，这样的营销组织使各区域的员工能够集中精力做自己的区域市场，这时的组织结构是高效的。

"但现在，渠道商们由于营销网络发展而相互渗透，使得在现行的组织结构下一个终端可以从多个渠道商处获取公司产品，增加了终端的议价能力，使得渠道商为了抢占市场份额相互压价，扰乱了产品的价格体系；与此同时，连锁业态的高速发展直接导致各个行政区域市场相互之间高度关联。总之，市场的变化使得各个区域市场再也不是相互独立的，而是紧密相关、相互依存的。因此，各区域人员要想将自己的区域市场做好，离不开其他相关区域人员的大力配合。在以行政区域为管辖基础的组织结构下，各区域人员要相互大力配合，必然产生大量的协调性工作。然而，由于各个区域在组织结构上是相互独立的，各个区域经理是平级的，彼此没有管辖权，他们的协调工作只可能用以下两种方式来完成，其一，自发地私下协商——非正式的协调渠道；其二，通过上级领导的协调——正式的协调渠道。

"第一种方式显然不可能是高效的，第二种方式则会导致领导的工作过于细化，并且由于各个领导人的精力是有限的，因此也不可能是高效的。尽管公司采用了一些方式，如对员工的责权利重新分割，扩大各级员工的相对授权，以及理顺一些工作流程来杜绝这类问题的发生、蔓延，但由于这种模式在现行的条件下存在先天不足，这样做也只不过是减少了这类事情的发生，并且还留下了其他后遗症，如对流程规定过于死板、过细，就会打击员工的积极性，抑制员工的创造力。

"更重要的是，在这种组织结构下，由于各个区域经理对自己的区域其实并没有掌控权，很多工作需要其他区域经理的支持，而这一部分支持工作的好坏对其业绩有着直接的影响，也就是说，区域经理实际上不可能对自己负责的市场真正负全责，因此，在这种组织结构下，在现时的市场状态下，其实根本就无法将各个区域经理的责权利真正明确，造成的结果是权力明确了，责任却明确不了，这就为他们相互指责、相互推诿埋下了伏笔。"

"您说得非常有道理。"贾笛点头称赞道："看来我们必须对渠道进行重新规划和统一管理，才能从根本上解决区域窜货问题。"忽然，贾笛双眉一皱说："可是，对渠道进行重新规划和实行统一管理后，我们的区域经理的职权又该如何划分呢？"说完陷入了沉思。

4. 解决方案

"当外部的市场环境发生重大的变化，而组织通过改良还是没有办法适应市场的变化时，我们必须考虑改革。"伍成全掷地有声地说道。

"如何改呢？"贾笛问道。

接着，伍成全向贾笛出示了新型的组织结构（见图3-19），说道："既然市场从以行政区域为基础的相互独立的市场发展变化为以渠道为基础的各个行政区域相互关联的市场，那么为适应这种改变，根据组织结构设置的原则——信息流通尽量短捷、高效等，应该改变原有的划分市场的思维，变行政导向为市场导向，也就是说，组织结构应当从以行政区域为基础的划分方式变革为以渠道为基础的方式。"

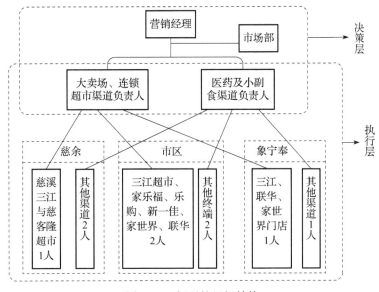

图3-19 新型的组织结构

"我来解读一下此组织结构。"伍成全继续说道。

"此方案是按渠道特性来划分市场，而不是按行政区域来划分市场，尽管仍然是将整个宁波市场一分为二，只不过，由于划分方法的不同导致结果与现在是不一样的。同时，鉴于市老三区与镇北鄞三区的渠道联系非常紧密，交通半径也很小，因此，将这两个区域合并管理。此外，撤销区域经理，增设渠道经理，然后将不同的区域销售人员按不同的渠道划分管辖权，销售人员直接由渠道经理管辖。这个方案的优点如下：

1）由于几乎没有了平级之间的协调工作，各人员之间不存在相互扯皮的理由，使得每一个人员的权责利都非常明确。具体的销售人员则对其区域的渠道终端负责，包括区域渠道终端的销量、铺货率、产品陈列等。总而言之，这种结构下各人员的责权利相当明确，因此也就便于考核和管理。

2）由于将各区域的渠道进行了统一管理，渠道经理能够根据各渠道商的营销网点的覆盖情况和市场的需要重新规划渠道，选择合适的渠道商，从而从根本上杜绝了渠道商之间的相互窜货问题。

3）撤销原企划部，成立市场部。原来企划部的主要职责是汇总统计各片区的市场信息和整合协调各区域经理提交促销方案并制作所需的促销材料。在新的组织结构下，市场部将站在更高的高度，为企业的产品策略、价格策略、渠道策略和促销策略出谋划策，为企业实现整合营销传播提供组织基础，使得企业资源的利用率和有效性大幅提高。

4）新型的组织结构与现行公司的营销组织结构相比，在执行层方面人员更加精练了，少用了3个人，节约了21.43%的人员。这使得公司能够用同样的薪酬总额支付给员工更富竞争力的薪酬，从而为公司在社会上获取更具有竞争力的员工奠定了薪酬基础。

5）在现行公司的营销组织结构下，区域经理要为所属区域制定和执行产品策略、价格策略、渠道策略和促销策略，因此需要具备全面的市场营销才能，然而在新的组织结构下，由于各个区域经理的管辖范畴实质并不大，这样的工作机会、工作挑战性及薪酬并不足以吸引和留住这些具备全面营销才能的人才，这也解释了为什么您觉得现行的区域经理的素质好像不够，然而又无法通过补充新鲜的血液来改善的原因；而在新型的营销组织结构下，渠道经理只需要有效执行公司的各种市场策略，参与制定公司的产品策略、价格策略、渠道策略和促销策略，因此所需的技能更为简单，所以人才的层次反而要求更低，这就从根本上解决了人才危机问题。"

5. 尾声

一年后，在该公司的年度庆功会上，贾笛特意邀请了伍成全出席。在觥筹交错间，贾笛谈笑风生："伍先生，非常感谢您为我们公司做的工作！按照您的建议，一年前我果断地推进了组织变革，现在我们公司员工之间的矛盾基本消失了，对市场的反应更加敏捷了，公司也在统一指挥下变得更加高效了。"

讨论问题：从该公司的案例来看，企业营销部门组织结构的设计应该考虑哪些因素？

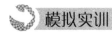

实训名称

销售铺货路线设计

实训目标

（1）掌握销售铺货路线的原则。
（2）了解终端零售网点分布。
（3）掌握规划销售铺货路线的方法。

背景描述

根据学校所在地的实际区域地图，要求学生以小组为单位，在给定区域中完成某快消品销售铺货路线的设计和店铺的统计，并绘制销售铺货路线图。

实训组织与实施

（1）每5人组成一个小组，以小组为单位进行讨论。

（2）各小组负责不同零售网点：第1组负责对连锁药店销售；第2组负责对大中型超市销售；第3组负责对饭店销售；第4组负责对便利店销售；第5组负责对运动服装专卖店销售；第6组负责对酒店销售。

（3）以小组为单位完成一份实训报告，报告要求图文并茂，图中要标明销售路线的箭头以及店面位置（用数字代表），文字部分是对数字的说明。

实训评估标准

评估对象	信息收集	实训报告	团队合作	知识运用
评估要点	调研企业各类信息收集的完备程度	实训报告的条理性、清晰性、逻辑性程度，同时必须完成规定的全部任务，不得缺项	小组成员的团队合作意识以及参与程度	结合相关知识点的紧密程度
能力考查	信息收集能力	书面表达能力	团队协作能力	学习并运用知识的能力
占比	20%	20%	20%	40%

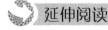

康味美公司销售组织架构调整后的困境

总部位于吉隆坡的康味美集团是中国食品行业的巨头，年销售额超过500亿元。康味美在全国各地拥有80多家生产工厂及贸易公司，产品涉及日化、饮料、调味品、休闲食品、有机食品、农副产品等六大品类，且在多个细分产品领域成为隐形冠军，是一家体量庞大且实力雄厚的多元化公司。康味美集团的营销公司总部设在上海，下设29个省级营销管理分公司，拥有员工1 600多名。

史俊进入康味美已经有十多个年头了。从一个骑着自行车穿街走巷的普通销售人员做起,目前成为康味美营销公司的副总经理。在史俊看来,每个阶段都有特定的困难,公司也在不断地变化。产品线增加、销售人员扩充、渠道多元化……所有这些都对组织协同和销售能力提出了考验。当公司完成了销售组织的矩阵化、将经销商的信息系统与公司全面对接后,接下来的问题就是:下一步还将怎么变?

1. 销售组织架构之演变

(1) 从草莽生长到矩阵架构

1998年以前,康味美的销售主要依靠省级办事处,那时的销售渠道也很单一,以社区、菜市场零售店、批发市场等传统渠道为主。随着销售规模的扩大,办事处已经不足以支撑业务发展,省级办事处逐步升级为29个地区分公司。这一时期,为了灵活、快速地抢占市场,各省级办事处无论是在销售、营销模式,还是在经销商管理等方面都更自主,可以说是"野蛮生长"、各显神通。总部只给分公司定业绩指标和总费用预算,业绩怎么完成、费用怎么花,都由分公司自己说了算。来自总部的垂直管控和指导很少,各个分公司自行计划和执行项目,也使得这一时期各地区之间的做法大相径庭,业绩参差不齐。

粗放的销售模式差不多延续到2009年。随着渠道越来越复杂,品类越来越多,公司开始着手调整销售组织架构。这一调整用了将近3年时间,到2012年才基本完成。在新的架构中(见图3-20),除了横向的29个分公司,还设置了纵向的6个以产品品类划分的项目部及4个以销售渠道划分的销售部。以菜场、社区零售店为主的传统渠道承担了59%的销售;以大型超市、卖场为主的现代渠道销售占比大于20%;大顾客团购等特殊渠道的占比为18%,电商渠道占比不到1%。

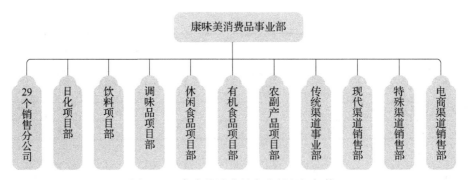

图 3-20 康味美消费品事业部组织架构

(2) 总部收权与因地制宜

与组织架构调整所匹配的是管理方式的变化。公司大了,越来越强调垂直项目部对于营销的指导和管控。六大品类项目部及四大销售部都有专门的营销规划人员,研究行业动态,制定竞争策略,对各地分公司营销活动进行策划和指导。各个地区分公司也都专门设置了6个项目组,来对应总部的六大品类项目部,研究不同品类的营销和销售活动在本省的落地,另有少部分人研究渠道模式。

通过项目部对子公司更加模式化的统一指导，公司将营销活动的研究和规划权收归总部，子公司自主开展的项目要经过总部审核，以提高组织中的知识复用能力。地区分公司则更注重执行，主要是与经销商打交道。康味美的销售有80%是通过经销商完成的，在全国有600多个一级经销商。康味美将经销商视为顾客，各地区分公司销售人员的主要工作就是和经销商打交道。

史俊认为目前这样的矩阵式销售架构是比较清晰的，横线和纵线的职能分工明确。但由于实施不久，效果还有待时间验证。矩阵式管理被谈论了很多年，其实做起来远没那么简单。为了提高横线和纵线人员的合作积极性，康味美允许销售的重复计算，比如上海地区大超市的大米销售，既计入上海分公司销售人员的业绩，也算作现代渠道销售部的业绩，同时也算作农副产品项目部的销售，大家合力才能把事情做好。

2. 介于DG和乐悠悠之间

史俊曾研究过国内和全球两家最大的快消品巨头的销售组织架构，尤其是它们对经销商的管理，比较了康味美与两者的异同。

（1）DG的高举高打

DG作为一家世界500强企业，其总部管控会更加严格，更强调整体作战。比如，DG的市场研究与营销策划等全部收归中国总部，各省级分公司不分设规划团队。在经销商管理上，DG只对接省级经销商，不与省级以下的经销商直接打交道。

康味美比DG更"放权"。一方面，各省级分公司都有营销规划部门，仍赋予它们自主变通的权力，这种因地制宜的效果可能会更明显；另一方面，康味美的销售人员与各个市级经销商打交道，比DG更为下沉。

这种差异的背后原因有二：一是人们对康味美主营的食品品类的需求差异很大。举例来说，浙江人更喜欢食用菜油，而山东人更中意花生油，这就要求农副产品在各省有不同的商业策略。相比之下，消费者对DG主营的洗发水等日化产品的地域需求差异不会太显著。二是从公司的各渠道销售占比可以看出，传统渠道的占比仍很高，这类销售渠道的特点是下沉且分散，因此公司无法像DG那样高举高打。

（2）乐悠悠的极度下沉

本土品牌乐悠悠的营销规划与DG一样，都是收归总部统一进行的，各地区分公司不具有规划职能，只管执行。这与乐悠悠的产品品类有关——主要是饮料，品类比较单一，全国统一进行规划比较方便。但在经销商管理上，乐悠悠又比康味美更缜密，渠道更为下沉。乐悠悠在全国拥有51个分公司，下沉到县城，直接面对8 000多个以县为单位的经销商，渠道深度耕耘。乐悠悠的经销商与公司关系之紧密，使它们在与跨国公司的激烈竞争中占据了有利位置。

不过，康味美也有自己的优势——康味美已将所有经销商的ERP系统与公司对接，所有信息全部共享，因此康味美对经销商的掌控力比较强。在史俊看来，虽然康味美的销售组织架构仍在进一步搭建和动态调整中,但如今正好介于DG和乐悠悠之间——这是一个比较适宜的、符合中国市场情况的组织架构,如果做好了,将给整个销售系统赋予很大活力。

3. 康味美的问题

不过,知易行难。一个理论上先进的销售系统,如果遇到还不到位的人才队伍对接,就会在现实中面临问题。

(1)执行力有待提高

以上海分公司为例,60多个销售人员要面对6种不同的产品线,以及4种不同渠道,即24种销售组合。很显然,这将直接导致销售人员战线长、精力分散等问题。相比较而言,乐悠悠、可口可乐、青啤、蒙牛、伊利等快消品公司的产品品类就单一得多,做起来也没那么复杂。史俊的下一步考虑是,将销售团队进一步按品类细分,以期达到更高的效率。

可是,康味美也很容易看出分公司的顾虑。一方面,这是一家年增速接近两位数、销售上仍在快速奔跑的企业,子公司承担销售及市场份额压力不小,哪个销售团队愿意放弃更容易做成的已有拳头产品(比如做得比较久的农副产品),去啃新产品(比如日化品)这块硬骨头?另一方面,新产品的销售成本增加是一笔不小的费用,以怎样的比例划拨给子公司,需要总部的率先表态,毕竟现在分公司几乎不截留利润,且对每笔项目的投入都由总部批准。

(2)激励机制问题

在康味美,一个做了几十亿生意的分公司经理年薪可能只有50万元,而他在乐悠悠却可能拿到200万元。在激励机制上,康味美不及乐悠悠的力度那么大、那么灵活,难以激发分公司负责人"老板"一般的责任心。

与DG相比,康味美的销售人员素质又似有不及。DG的普通销售人员都是从名校招聘来的管理培训生,公司给他们配备了较高的薪酬及相应的长期职业发展通道,以"职业经理人"为目标训练销售人员,也保证了各省级销售执行人员与总部规划团队的素质相匹配。康味美的销售人员绝大部分来自社会招聘,管理培训生计划是近年才着手开始做的事情,且局限在总部。无论是分公司还是总部,人才的积累都难以与DG相提并论。

(3)分公司间能力差异过大

中国市场的地区差异过大。不同地区的分公司,在能力和人员素质方面差距甚远,造成了公司管理和战略执行方面的参差不齐。部分子公司既能完成总部的规划,又有能力做针对性的本地化策略融入。但也有一些地方分公司连总部规划的最基本的任务都没法完成,令地区自主权形同虚设。组织架构为知识复用搭好了框架,但人才的复制能力却无法适应组织变革的要求。在史俊看来,分公司的困难就在于综合水平无法和总部保持一致,而这与之前提到的销售激励不力又互为因果。

(4)经销商亟待转型

康味美在全国有600多个经销商。史俊越来越觉得,需要培养兼具职业经理人专业素质和老板创业精神的经销商。史俊心目中理想的经销商,应该懂得商业的核心,能找到自己的核心价值，而绝不只是懂得赚取产品差价。这种高素质的经销商是现在中国最缺乏的。中国的物流和仓储成本高企，很大一部分原因就是经销商的水平不够。如果未来像农副产品这样的重物流产品要更广泛地做电商，遍及全国的实体经销商就是物流网的基础。以米、油为例，如果说要这类毛利在十个点左右的农副产品再分出四五个点来做独立的物流运输，那就太低效了。最可行的办法是利用已有的经销商进行配送，达到综合效率最快、成本最低。这一切都有赖于经销商的转型，使经销商的物流成为企业的一个配送环节。

康味美发展到如今的规模，销售不能再仰仗过去的个人英雄主义，而是要依靠组织的协同作战能力。史俊知道，从个人能力到组织能力，是康味美正在面临的考验。

第 4 章
销售计划管理

学习目标

- 掌握销售预测的流程、定性方法及定量方法
- 了解销售定额的意义和分类
- 掌握销售定额的分配步骤及分配方法
- 了解销售定额的实施方案
- 了解销售预算的含义、作用及内容
- 掌握销售预算的步骤及方法
- 了解销售计划的内容及分类
- 掌握销售计划的编制步骤

引导案例

经销商如何制订年度销售计划

李经理是山东某一地级市场的白酒经销商。到目前为止，李经理已经经营白酒 6 年时间，自从事白酒行业初期开始，李经理就把每年制订行之有效的年度销售计划作为公司发展的头等大事。在正确的目标指引下，李经理的公司每年制定的年度销售目标都能顺利完成，公司销售业绩发展迅速。从公司成立初期的销售人员 5 名、送货车辆 3 辆、库房 300 平方米、单一品牌销售、年销售额 300 万元左右，发展到今天，公司人员 50 人、送货车辆 15 辆、库房 1 500 多平方米，高中端、多价位、多品牌销售，年销售额 8 000 多万元。那么，李经理每年是怎么制订年度销售计划，并顺利完成每年的销售目标呢？

1. 进行充分的市场调研

没有调查就没有发言权。每年，公司在制订年度销售计划时都会组成一个由李经理亲自"挂帅"的小组，抽出公司的精兵强将对市场信息和公司数据库进行调查和筛选。调查内容主要分为两部分：内部主要清楚自己的家底，如现在的销售业绩、盈利水平、资金状况、人才结构、产品生命周期、市场网络（每个渠道有多少家终端在销售公司的产品、未开发的有多少）是否得到了最佳匹配，还有多少潜力可挖掘等；外部主要清楚国家的产业政策、当地的经济状况、消费习惯，以及对主要竞争对手的竞品分析、推广方式分析、传播方式分析、销售模式分析、渠道特征分析等。把这些问题都搞清楚了，然后做 SWOT 分析，制订切合实际的年度销售计划，公司的竞争力就会提高，年度销售目标就会顺利完成。

2. 整合公司所有资源

年度销售计划是关系到公司全局的行动蓝图，制定蓝图时，必须调动公司内部和外部的、过去和现在的，甚至包括潜在的所有资源，制订一套最高效的运转方案和计划，为实现销售目标服务，具体资源包括资金资源、产品资源、配送资源、人力资源、网络资源、社区资源、媒介资源、政府资源等。

3. 掌握公司发展的"度"

李经理公司的年度销售计划是建立在原有基础上的，在最大限度地调动公司所有资源的前提下，制订年度销售计划还应掌握一个"度"的问题，因为把销售计划制订得过低，无疑是在浪费公司资源，影响公司的发展速度；而把年度销售计划制订得过高，执行起来很困难，自上而下压力过大，会造成为了销量不择手段的"短期行为"，从而导致市场上出现砸价、窜货等影响公司发展的不良行为。

4. 对产品界定，突出产品的作用

李经理每年在制订年度销售计划时，结合自己所经销的产品和市场的实际情况，以及产品在市场上的表现，对产品进行界定，确定哪些是"有量无利"的渠道型产品，用来搭建销售网络稳定客户；哪些是"有量有利"的黄金型产品，来确保公司的利润目标；哪些是需要培养的"有利无量"的朝阳产品；哪些是为了阻止竞争对手的"炮灰型产品"；哪些是"季节型产品"等，突出每款产品的作用。这些产品分别能给公司带来的市场份额和利润如何？这些产品的生命周期如何？是否能维持现有的价位和销量？如果受市场竞争的影响，这些产品的销量和利润下降怎么办？这些因素，李经理在制订年度销售计划时都会考虑。

5. 分工明确、目标清晰

李经理每年在制订年度销售计划时，都会让公司全体员工清楚地知道今年的年度目标，考虑到市场的不确定因素，将年度销售目标细化到每季度、每月、每周、每日，再明确到每个部门、每个责任人，然后沉着应对，顺势而为，咬定每一日，一日扣一日，日日相扣，以日保周，以周保月，以月保年，抓细、抓实、抓精、抓到位来确保全年销售计划的完成。

6. 销售制度配套合理有效

销售管理制度如同军队纪律，是所有销售人员共同遵守的法则。在制订年度销售计划时要确保与销售制度协调一致。李经理在制订年度销售计划时，根据完成年度销售计划的需要建立健全了各种管理制度、考核制度和奖罚制度，明确岗位要求、工作内容和工作流程，加强"计划、执行、检查、反馈"四个环节的完整性，尤其是建立一个客观有效的检查系统，实时、实地地跟踪执行情况，确保执行到位，也就是做到事前建标准、事中掌控、事后总结，实现"以制度束人"的规范管理，确保销售计划的完成。

李经理针对每名销售人员每天按照年度销售计划分解的目标，要求做到事前建标准、事

中掌控、事后总结。

（1）事前建标准

销售人员每天要建立工作目标标准，把所有会出现的问题全部用制度形式确立下来。①工作时间标准——每天晨会时间，上下班时间，下午下班工作总结时间。②拜访标准——每个销售人员每天必须严格按照终端拜访步骤拜访×家终端店。③生动化标准——每家终端店外广宣标准、店内广宣标准、店内产品陈列标准等。④销售产品标准——具体细化到品项。⑤客情标准——终端店主与销售人员关系热络。⑥奖惩标准——迟到早退罚款×元，超额完成当天销量奖励×元。

（2）事中掌控

以上所有标准的实现都要建立在监控、追踪的基础上，要确保整个过程在公司掌控之中。

（3）事后总结

对于做得好的，按照奖励机制奖励，并分享经验。对于做得不好的，按照处罚标准处罚，并总结教训。

7. 制定合理可控的营销费用

营销费用是确保年度销售计划完成的必备条件，因此，在制订年度销售计划时要充分考虑纷繁的营销费用，如直接推销费用，包括销售人员的工资、奖金、差旅费等；推广费用，包括广告费、赠品费用、推广部门的工资等；仓储费用等。而且，经销商一定要确保营销费用的合理性、时效性、可控性等。

讨论问题：李经理能够每年顺利完成年度销售目标的关键因素是什么？

销售计划是企业各项计划的基础。制订一个富有挑战性而又切实可行的销售计划对于企业经营目标的实现具有至关重要的作用。销售计划有广义与狭义之分。广义的销售计划是指销售管理者制订计划、执行计划和检查计划执行情况的全过程（见图4-1）；狭义的销售计划是指销售管理者对将要开展的某项销售活动所做的谋划和具体安排。

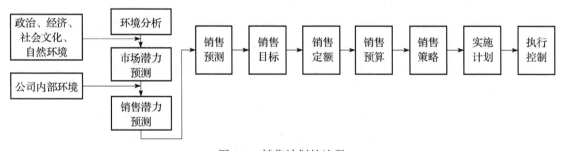

图 4-1 销售计划的流程

4.1 销售预测

销售预测是指在未来特定时间内，在充分考虑未来各种影响因素的基础上，结合企业的销售实绩，通过一定的分析方法对整个产品或特定产品的销售数量和销售金额的估计。根据销售预测，企业可以以销定产，根据销售预测安排生产，也避免产品积压。销售预测还可以调动销售人员的积极性，促使产品尽早实现销售，以完成使用价值向价值的转变。因此，企业越来越意识到销售预测的重要性。

4.1.1 销售预测的流程

销售预测的流程包括确定预测目标和预测计划、收集预测资料、选择预测方法进行预测、分析预测误差、完成预测报告等环节。

1. 确定预测目标和预测计划

预测目标和任务反映的是一定时期内市场预测工作要达到的水平和程度。预测目标的确定直接影响着预测对象、范围、内容以及预测方法的选择等一系列工作的安排。所以，预测目标应当尽量详细具体，操作时才能具体实施。

为了保证预测目标的实现，需要制订切实可行的预测计划。预测计划包括：承担预测任务的组织、人员以及预测对象、范围、内容；预测准备工作；资料来源及其收集方法；预测方法的选择；预测结果的要求；预测工作的时间进度和经费预算等。预测计划一经确定就应遵照执行，在执行过程中如发现问题，应及时对计划进行调整和完善。

2. 收集预测资料

在销售预测计划的指导下，调查和收集内容广泛的有关资料是销售预测的基础性工作。预测资料可分为历史性资料和现实性资料。

（1）历史性资料

历史性资料主要是各种有关社会的、经济的统计资料，比如：国内生产总值及内部构成资料；积累和消费的分配资料；生活费支出及其投向构成资料；居民人均收入资料；企业生产成本、经营费用、管理费用等资料；企业销售额、销售量、税收、利润资料；企业库存、损耗、流动资金周转速度资料等。

（2）现实性资料

销售预测中主要收集的现实性资料有三种：①预测期内有关人口构成及其变动情况，居民人均收入及社会购买力、集团购买力变化情况，企业所在地区的生产力布局、价格水平、科研能力以及新产品开发能力等有关资料。②消费者的意见反馈。它往往反映市场需求的变化趋势。③实际调查资料。比如，通过问卷形式收集到的有关产品品牌市场占有率、品牌形象、品牌美誉度等资料。

3. 选择预测方法进行预测

选择合适的预测方法是提高销售预测精确度的一个重要因素。根据所要预测的对象以及所掌握的现有资料，选择适当的定性预测方法或定量预测方法，对预测对象进行预测。销售预测的方法有多种，可通过统计方法，也可以凭直觉或经验预测。至于何者为佳，则无固定标准可循。有一点需要特别留意，就是不要拘泥于某一种销售预测方法，而应视实际情况来加以预测。

4. 分析预测误差

预测误差是预测值与实际值之间的差额。由于预测值是预测人依据历史和现状资料，凭经验判断或用定量计算等方法对未来的一种估计，因此很难使预测值同实际发生值完全吻合。预测误差是客观存在的，难以完全避免。

预测误差会影响预测结果的效用和价值。如果预测误差超过一定的限度将失去预测意义，用于决策则会产生某种危害。所以，预测人员不仅要分析不同的预测项目对精确度的要求，还要分析预测误差产生的原因，测定误差的程度，并找出把预测误差控制在允许值范围内的方法。

5. 完成预测报告

根据预测结果编写预测报告，并送交有关部门作为管理决策的参考依据。预测报告应简明扼要。预测结果需要通过实践来检验。要及时对销售预测进行检查和评价，建立反馈制度。要定期收集检验情况，总结经验，不断提高预测水平。

4.1.2 销售预测的定性方法

定性预测方法是人们依靠观察分析能力、经验判断能力和逻辑推理能力所进行的预测分析。它是预测者根据他所了解的情况和实践积累的经验，对客观情况所做的主观判断。该方法往往被使用在长期预测上，特别适合对预测对象的数据资料掌握不充分，或影响因素复杂，难以用数字描述，或对主要影响因素难以进行数量分析等情况。常用的销售预测的定性方法有以下几种。

1. 根据经营者意见的预测法

这种方法是依据区域销售主管的经验与直觉，通过一个人或所有参与者的平均意见求出销售预测值的方法。此方法不需要经过精确的设计即可简单迅速地预测。所以，当预测资料不足而预测者的经验相当丰富的时候，这是一种最适宜的方法。

这种方法是以个人的经验为基础，不如统计数字令人信服。当无法依循时间序列分析预测未来时，这种预测方法确实可以凭借个人丰富的经验和敏锐的直觉弥补统计资料不足的遗憾。

2. 根据销售人员意见的预测法

销售人员直接接触顾客，对商品是否畅销、滞销比较了解，对商品花色、品种、规格、式样的需求等都比较了解，所以可以通过听取销售人员的意见来推测市场需求。

这种方法是这样进行的：先让每个参与预测的销售人员对下一年度的销售额最高值、最可能的值、最低值分别进行预测，并给出可能发生的概率，然后根据不同人员的概率值求出平均预测值（见表 4-1）。

表 4-1 根据销售人员意见的销售预测举例

销售人员	预测项目	销售额（万元）	出现概率	销售额 × 出现概率（万元）
甲	最高销售额	1 000	0.3	300
	最可能的销售额	800	0.5	400
	最低销售额	500	0.2	100
	期望值			800
乙	最高销售额	1 000	0.2	200
	最可能的销售额	700	0.5	350
	最低销售额	400	0.3	120
	期望值			670
丙	最高销售额	900	0.2	180
	最可能的销售额	600	0.6	360
	最低销售额	400	0.2	80
	期望值			620

如果企业对 3 个销售人员意见的信赖程度是一样的，那么对销售额的平均预测值是（800 + 670 + 620）÷ 3 = 696.7（万元）。

这种预测方法的特点是：①简单明了，容易进行。②销售人员经常接触顾客，对顾客的购买意向有比较深刻的了解，对市场比其他人有更敏锐的洞察力，因此预测结果可靠性大，预测风险较小。③对商品销量、销售额、花色品种、规格等都可以进行预测，能比较切合实际地反映需求。④销售人员直接参与预测，从而对下达的销售定额会有较大的信心去完成。

这种方法虽然有一些不足之处，但还是被企业经常运用，因为销售人员过高或过低的预测偏差可能会相互抵消，预测总值仍可能会比较理想。

3. 根据顾客意见的预测法

这种方法是通过征询顾客的潜在需求或未来购买商品的情况，了解顾客购买商品的活动、变化及特征等，然后在收集顾客意见的基础上分析市场变化、预测未来的市场需求。采用根据顾客意见的预测法，首先要统计顾客名单，然后根据顾客的需求量、购买量、购买时间等来设计并印刷顾客意见调查表格，不仅要将调查表格发给老顾客，而且要发给潜在顾客。最后，对回收的调查表格信息进行认真分析，并对商品需求做统计汇总。

运用这种方法可以采用多种形式进行。比如，可以在销售现场直接询问顾客的商品需求情况，了解他们准备购买商品的数量、时间、某类商品需求占总需求的比重等问题；也可以利用电话询问进行分类、总结，再按照典型情况推算整个市场未来的需求趋势；还可以采取直接访问的方式，到居民区或用户单位询问他们对商品的需求、近期购买计划、购买商品的数量和规格等。这种方法常用于生产资料商品、中高档耐用消费品的销售预测。要使这种调查预测有效，必须具备两个条件：一是顾客的意向明确清晰；二是购买意向真实可靠。

4. 根据专家意见的预测法

企业可以求助于企业外部的专家预测未来需求，这些专家包括分销商、供应商、营销咨询顾问及贸易协会成员等。例如，汽车制造企业可定期要求分销商对汽车市场的短期需求做出预测，也有不少企业向一些著名的经济预测专业企业购买关于宏观经济趋势和行业发展的情报。专门从事市场调查预测的企业，较一般厂商掌握更多有价值的情报资料，雇用较多的预测专家，因此它们对市场需求的发展能提供更全面的信息。

4.1.3 销售预测的定量方法

定量预测方法是根据已掌握的比较完备的历史统计数据，运用一定的数学方法进行科学的加工整理，借以揭示有关变量之间的规律性联系，预测未来发展变化情况的一类预测方法。一般来说，定量预测方法主要用于短期预测。

以下主要介绍两种常见的销售预测的定量方法：回归预测法和时间序列预测法。

1. 回归预测法

回归预测法是从一个指标与其他指标的历史和现实变化的相互关系中，探索它们之间的规律性联系，作为预测未来的依据。

（1）回归预测法的定义

回归预测法是运用一定的数学模型，以一个或几个自变量作为依据，来预测因变量发展变动趋势和水平的一种方法。这种变动趋势和水平不单纯表现为时间序列上的自然变化规律性，更主要地表现为变量之间因果关系的规律性。

对变量间的相关关系进行分析和研究的方法称为相关分析。回归预测，即回归分析，是对具有相关关系的变量，在固定一个变量数值的基础上，利用回归方程测算另一个变量的取值的平均数。它是在相关分析的基础上，建立相当于函数关系式的回归方程，以反映或预测相关关系变量的数量关系及数值。所以，相关分析与回归分析都是研究变量之间相互关系的分析方法。从广义上讲，两者都可以统称为相关分析；从狭义上讲，两者的差异如上所述。

（2）回归预测法的一般步骤

1) 确定相关关系。确定相关关系，至少应做好以下工作。

①确定相关变量。相关关系必然体现在若干变量之间，确定相关变量要找出具有相关关系的具体变量。就销售预测而言，销售量（销售额）或需求量的目标必定是因变量，其确定并不困难。所以，确定相关变量的难点和重心是确定自变量，即确定影响和制约预测目标（因变量）的因素。确定自变量，既要对历史资料和现实调查资料进行分析，又要充分运用预测人员的经验和知识，进行科学的定性分析。要充分注意事物之间联系的复杂性，用系统思维的方式对复杂的关系进行系统分析，确定哪些是主要的影响因素。

②确定变量之间相关的类型。变量之间的相关关系有多种类型。确定变量之间相关的类型一般可通过绘制相关图直观地看出。相关图是将自变量和因变量的数值对应地绘制在直角坐标系中所形成的散点图。根据散点图的形状，大致可以看出变量之间是否相

关,是正相关还是负相关,是线性相关还是非线性相关。

③确定变量之间相关的密切程度。确定变量之间线性相关的密切程度通常可通过测算相关系数进行。相关系数 r 的计算公式为

$$r = \frac{\sum(x-\bar{x})(y-\bar{y})}{\sqrt{\sum(x-\bar{x})^2 \sum(y-\bar{y})^2}}$$

式中,x 为自变量的值;$\bar{x}$ 为自变量的平均数;y 为因变量的值;$\bar{y}$ 为因变量的平均数。

2)建立回归方程模型。建立回归方程,可根据变量之间的相关关系,用数学表达式来表示。由于变量之间的数量关系不同,回归方程分为线性回归和非线性回归两种。线性回归分析是用来确定两种或两种以上变量间相互依赖的定量关系的一种统计分析方法。非线性回归分析是线性回归分析的扩展,也是传统计量经济学的结构模型法分析。在社会现实经济生活中,很多现象之间的关系并不是线性关系,对这类现象的分析预测一般要应用非线性回归预测,通过变量代换,可以将很多非线性回归转化为线性回归。因此,可以用线性回归方法解决非线性回归预测问题。

线性回归方程的一般表达式为

$$y = a + b_1 x_1 + b_2 x_2 + \cdots + b_n x_n$$

当线性回归是一个因变量与一个自变量之间的方程时,称为简单线性回归或一元线性回归,即直线回归,其表达式为

$$y = a + bx$$

3)求解方程,确定模型。应用回归方程进行预测,首先要计算方程式中的各项参数,比如方程 $y = a + bx$ 中的参数 a 和 b。通常,回归方程中的参数可用最小二乘法求解,把求得的各项参数值代入回归方程。

最小二乘法的中心思想是通过数学模型,配合一条较为理想的趋势线,使得原数列的观测值与模型的估计值的偏差平方和 Q 最小,用公式表示为

$$Q = \sum_{i=1}^{n}(y_i - \hat{y}_i)^2 = 最小值$$

式中,y_i 代表原数列的观测值(因变量值);$\hat{y}_i$ 代表模型的估计值(因变量的预测值)。

$$Q = \sum_{i=1}^{n}(y_i - \hat{y}_i)^2 = \sum_{i=1}^{n}(y_i - a - bx_i)^2$$

根据极值定理,为使 Q 具有最小值,对 a 和 b 分别求偏导数,并令其等于 0,即

$$\begin{cases} \frac{\partial Q}{\partial a} = -2\sum_{i=1}^{n}(y_i - a - bx_i) = 0 \\ \frac{\partial Q}{\partial b} = -2\sum_{i=1}^{n}(y_i - a - bx_i)x_i = 0 \end{cases}$$

整理得

$$\begin{cases} na + b\sum_{i=1}^{n}x_i = \sum_{i=1}^{n}y_i \\ a\sum_{i=1}^{n}x_i + b\sum_{i=1}^{n}x_i^2 = \sum_{i=1}^{n}x_i y_i \end{cases}$$

对以上两个等式联立求解，得到回归系数的估计值为

$$\begin{cases} b = \dfrac{n\sum x_i y_i - \sum x_i \sum y_i}{n\sum x_i^2 - (\sum x_i)^2} \\ a = \dfrac{\sum y_i}{n} - b\dfrac{\sum x_i}{n} \end{cases}$$

为了方便计算，一般定义

$$S_{xx} = \sum(x_i - \bar{x})^2 = \sum x_i^2 - \dfrac{(\sum x_i)^2}{n}$$

$$S_{yy} = \sum(y_i - \bar{y})^2 = \sum y_i^2 - \dfrac{(\sum y_i)^2}{n}$$

$$S_{xy} = \sum(x_i - \bar{x})(y_i - \bar{y}) = \sum x_i y_i - \dfrac{\sum x_i \sum y_i}{n}$$

式中，$\bar{x} = \dfrac{\sum x_i}{n}$；$\bar{y} = \dfrac{\sum y_i}{n}$。

这样方程组的解也可以写成

$$\begin{cases} a = \bar{y} - b\bar{x} \\ b = \dfrac{S_{xy}}{S_{xx}} \end{cases}$$

4）模型拟合效果的评价。利用回归模型对因变量进行预测后，还要对预测结果的可信程度进行评价。常用的评价方法有相关分析、方差分析等。

①相关分析。自变量与因变量之间的线性关系程度，通常用统计学中说明两变量之间线性关系密切程度的相关系数来描述。相关系数用 r 表示，计算公式为

$$r = \dfrac{\sum(x_i - \bar{x})(y_i - \bar{y})}{\sqrt{\sum(x_i - \bar{x})^2 \sum(y_i - \bar{y})^2}} = \dfrac{S_{xy}}{\sqrt{S_{xx}S_{xy}}}$$

或者

$$r = \dfrac{n\sum x_i y_i - \sum x_i \sum y_i}{\sqrt{\left[n\sum x_i^2 - (\sum x_i)^2\right]\left[n\sum y_i^2 - (\sum y_i)^2\right]}}$$

相关系数 r 具有以下特性：a. 相关系数取值范围为 $-1 \leqslant r \leqslant 1$。b. 相关系数 r 的符号与 b 相同。当 $r>0$ 时，称为正线性相关，这时 y_i 有随着 x_i 增加而线性增加的趋势；当 $r<0$ 时，称为负相关，这时 y_i 有随着 x_i 增加而线性减少的趋势。c. 若相关系数 $|r|$ 越接近 1，两个变量之间的线性关系程度就越高；若相关系数 $|r|$ 越接近 0，两个变量之间线性相关程度越低。通常当 $r=0$ 时，回归方程 $b=0$，说明因变量 y 的取值与自变量 x 无关，称 x 与 y 无线性相关关系（但是可能存在其他的非线性关系）；当 $|r|=1$ 时，即 $\hat{y}=y$，观察样本所有点都落在回归直线上，称 x 与 y 存在完全确定的线性相关关系；当 $0<|r|<1$ 时，称 x 与 y 存在一定的线性相关关系，其线性相关的密切程度由 $|r|$ 的大小说明。一般

$|r|>0.7$ 为高度线性相关；$0.3<|r|\leqslant 0.7$ 为中度线性相关；$|r|\leqslant 0.3$ 为低度线性相关。

由于相关系数 r 是用观察样本资料计算所得，它所说明的线性关系密切程度对总体具有多高的可信度，需要进行相关系数检验。相关系数检验步骤如下：a. 选择显著性水平 a，通常取 0.05 或 0.1；b. 根据 a 值和 $n-k$，k 为变量数量，从相关系数临界值表中查临界值 r_c；c. 比较 $|r|$ 与 r_c，当 $|r|>r_c$ 时，表明两个变量间的线性相关具有显著性，有 $1-a$ 的可信度，适于预测；当 $|r|\leqslant r_c$ 时，只能说明计算 r 值纯属偶然，不适合用该模型进行预测。

②方差分析。方差分析是指对因变量 y 的变异进行偏差平方和分析（见表 4-2），目的是了解所拟合的回归线性方程与实际观察值之间的接近程度如何，判断回归效果的好坏。

表 4-2 方差分析表（一）

偏差来源	自由度	偏差平方和 S	均方和 MS	F
回归 S_R	m	$S_R=\sum(\hat{y}_i-\bar{y})^2=S_{xy}^2/S_{xx}$	$\text{MS}_R=S_R/m$	$F=\text{MS}_R/\text{MS}_E$
剩余 S_E	$n-m-1$	$S_E=\sum(y_i-\hat{y}_i)^2=S_{yy}-S_{xy}^2/S_{xx}$	$\text{MS}_E=S_E/(n-m-1)$	
总和 S_T	$n-1$	$S_T=S_{yy}$		

$$S_T=S_{yy}=\sum(y_i-\bar{y})^2=\sum[(y_i-\hat{y}_i)+(\hat{y}_i-\bar{y})]^2$$
$$=\sum(y_i-\hat{y}_i)^2+\sum(\hat{y}_i-\bar{y})^2$$

$\sum(\hat{y}_i-\bar{y})^2$ 称为回归偏差平方和，记为 S_R。它反映总偏差平方和中由于自变量 x 与因变量 y 的线性关系而引起的 y_i 的变化，能被自变量 x 变异的回归影响而解释的那部分偏差平方和。其计算可以简化为

$$\sum(\hat{y}_i-\bar{y})^2=\sum[a+bx_i-(a+b\bar{x})]^2=b^2\sum(x_i-\bar{x})^2=b^2S_{xx}$$
$$=\frac{S_{xy}^2}{S_{xx}^2}S_{xx}=\frac{S_{xy}^2}{S_{xx}}$$

$\sum(y_i-\hat{y}_i)^2$ 称为剩余偏差平方和，记为 S_E。它可以被认为是除回归方程式中自变量 x 以外的受随机因素产生的偏差平方和。它可以简化为

$$S_E=\sum(y_i-\hat{y}_i)^2=S_T-S_R=S_{yy}-\frac{S_{xy}^2}{S_{xx}}$$

可决系数也是衡量因变量与自变量关系密切程度的指标，它的取值介于 0 与 1 之间，并取决于回归模型所解释 y 方差的百分比。可决系数 R^2 的计算公式为

$$R^2=\frac{S_R}{S_T}=\frac{S_{xy}^2/S_{xx}}{S_{yy}}=\frac{S_{xy}^2}{S_{xx}S_{yy}}=r^2$$

可决系数 R^2 是通过 x 与 y 的相关关系解释的偏差占总偏差的比重，反映了由于使用回归方程预测 y_i 而使总偏差平方和减少的程度。但是，这种分析结果对总体是否显著，具有何种置信度，还需要借助统计学中的 F 检验来判断。

F 检验又叫方差齐性检验，通常用来分析超过一个参数的统计模型，以判断该模型中的全部或一部分参数是否适合用来估计母体。计算公式为

$$F = \frac{S_R/m}{S_E/(n-m-1)} = \frac{\mathrm{MS}_R}{\mathrm{MS}_E} \sim F(m, n-m-1)$$

式中，m 为自变量个数；MS_R 为平均回归偏差平方和；MS_E 为平均剩余偏差平方和。

F 检验的一般步骤为：a. 确定检验的显著性水平 a；b. 根据 a 以及自由度 m 和自由度 $n-m-1$，查 F 分布表的临界值 $F_a(m, n-m-1)$；c. 计算 F 统计量的统计值 F（通过编制方差分析表获得，见表 4-2）；d. 将 F 与 $F_a(m, n-m-1)$ 进行比较，做出判断。若 $F > F_a(m, n-m-1)$，则认为回归预测模型具有显著水平，回归预测模型所含自变量的变化足以解释因变量的变化，在选择显著性水平 a 上，从总体上看回归模型是有效的；若 $F \leqslant F_a(m, n-m-1)$，则回归预测模型达不到预定的显著性水平，回归预测模型所含有的自变量的变化不足以解释因变量的变化，在选择显著性水平 a 上，从总体上看回归模型是无效的。

5）进行预测。对于任一个给定的自变量 $x = x_0$，因变量 y 的点估计值 y_0 可由回归方程计算：$y_0 = a + bx_0$。预测可以分为点值预测和区间预测。如果所求的预测值是某个具体的数值，称为点值预测。如果所求的预测值有一个数值范围，则称为区间预测。一般而言，点值预测计算方便，而区间预测能更精确地告诉人们所求预测值大致的波动范围。区间预测可以通过下面的公式计算。

在小样本情况下（$n \leqslant 30$），y_0 的置信度为 $100(1-a)\%$ 的置信区间为

$$\left(\hat{y}_0 \pm t_{\frac{a}{2}}(n-2)\sqrt{\mathrm{MS}_E} \sqrt{1 + \frac{1}{n} + \frac{(x_0 - x)^2}{S_{xx}}} \right)$$

在大样本情况下（$n > 30$），y_0 的置信度为 $100(1-a)\%$ 的置信区间为

$$\left(\hat{y}_0 \pm z_{\frac{a}{2}} \sqrt{\mathrm{MS}_E} \right)$$

案例 4-1　　　　　　　　　一元线性回归预测实例

某企业统计了在 40 个地区广告投放次数与产品在这些地区的销售额，具体数据如表 4-3 所示。

表 4-3　广告投放次数与销售额的关系

地区编号	广告投放次数（次）x	销售额（万元）y	x^2	xy	y^2
1	4	2 205	16	8 820	4 862 025
2	5	2 603	25	13 015	6 775 609

（续）

地区编号	广告投放次数（次） x	销售额（万元） y	x^2	xy	y^2
3	5	2 655	25	13 275	7 049 025
4	5	2 701	25	13 505	7 295 401
5	6	2 794	36	16 764	7 806 436
6	6	2 602	36	15 612	6 770 404
7	7	2 861	49	20 027	8 185 321
8	7	3 150	49	22 050	9 922 500
9	7	2 456	49	17 192	6 031 936
10	7	3 680	49	25 760	13 542 400
11	8	3 153	64	25 224	9 941 409
12	8	3 432	64	27 456	11 778 624
13	8	3 185	64	25 480	10 144 225
14	8	2 835	64	22 680	8 037 225
15	9	4 108	81	36 972	16 875 664
16	9	3 436	81	30 924	11 806 096
17	9	3 295	81	29 655	10 857 025
18	9	3 757	81	33 813	14 115 049
19	10	4 036	100	40 360	16 289 296
20	10	3 322	100	33 220	11 035 684
21	10	3 762	100	37 620	14 152 644
22	11	5 651	121	62 161	31 933 801
23	11	4 260	121	46 860	18 147 600
24	12	4 382	144	52 584	19 201 924
25	12	5 561	144	66 732	30 924 721
26	12	3 932	144	47 184	15 460 624
27	12	4 818	144	57 816	23 213 124
28	13	4 261	169	55 393	18 156 121
29	13	4 504	169	58 552	20 286 016
30	13	5 700	169	74 100	32 490 000
31	14	4 218	196	59 052	17 791 524
32	16	5 700	256	91 200	32 490 000
33	16	5 033	256	80 528	25 331 089
34	16	6 670	256	106 720	44 488 900
35	17	6 446	289	109 582	41 550 916
36	17	5 253	289	89 301	27 594 009
37	18	6 206	324	111 708	38 514 436
38	18	4 505	324	81 090	20 295 025
39	19	5 204	361	98 876	27 081 616
40	19	6 183	361	117 477	38 229 489
合计	436	164 515	5 476	1 976 340	736 454 933

1. 绘制散点图，判断 x 与 y 的关系

设广告投放次数为 x，销售额为 y，绘制散点图（见图 4-2），由散点图形状可以看出两者为线性关系。

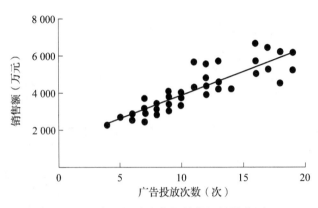

图 4-2　广告投放次数与销售额的散点图

2. 建立一元线性回归模型

$$\hat{y} = a + bx$$

3. 计算回归系数

$$\begin{cases} b = \dfrac{n\sum x_i y_i - \sum x_i \sum y_i}{n\sum x_i^2 - (\sum x_i)^2} \\ a = \dfrac{\sum y_i}{n} - b\dfrac{\sum x_i}{n} \end{cases}$$

$$b = \frac{n\sum x_i y_i - \sum x_i \sum y_i}{n\sum x_i^2 - (\sum x_i)^2} = \frac{40 \times 1\,976\,340 - 436 \times 164\,515}{40 \times 5\,476 - 436^2} = \frac{7\,325\,060}{28\,944} = 253.08$$

$$a = \frac{\sum y_i}{n} - b\frac{\sum x_i}{n} = \frac{164\,515}{40} - 253.08 \times \frac{436}{40} = 1\,354.30$$

因此，所求回归预测模型为 $y = 1\,354.30 + 253.08x$。

回归系数 $a = 1\,354.30$，是回归直线在 y 轴上的截距，根据回归模型，从理论上说就是没有进行广告宣传时，该产品的销售额也会达到 1 354.30 万元；回归系数 $b = 253.08$，说明广告次数每增加一次，该地区该产品的销售额就会增加 253.08 万元。

4. 检验线性关系的显著性

（1）相关分析

根据公式

$$r = \frac{n\sum x_i y_i - \sum x_i \sum y_i}{\sqrt{\left[n\sum x_i^2 - (\sum x_i)^2\right]\left[n\sum y_i^2 - (\sum y_i)^2\right]}} = \frac{40 \times 1\,976\,340 - 436 \times 164\,515}{\sqrt{(40 \times 5\,476 - 436^2)(40 \times 736\,454\,933 - 164\,515^2)}}$$

$$= \frac{7\,325\,060}{\sqrt{69\,263\,342\,077\,680}} = \frac{7\,325\,060}{8\,322\,460.1} = 0.880$$

取显著性水平 $a = 0.05$，因为 $k = 2$，$n = 40$，$n - k = 38$，查表得到 $r_c = 0.313$。因为 $|r| > r_c$，故相关系数 $r = 0.880$ 说明两个变量间的线性相关具有显著性，有 95% 的可信度，适于预测。

(2) 方差分析

根据表 4-3 计算相关数据：

$$S_{xx} = \sum(x_i - \bar{x})^2 = \sum x_i^2 - \frac{(\sum x_i)^2}{n} = 5\,476 - \frac{436^2}{40} = 723.60$$

$$S_{yy} = \sum(y_i - \bar{y})^2 = \sum y_i^2 - \frac{(\sum y_i)^2}{n} = 736\,454\,933 - \frac{164\,515^2}{40} = 59\,825\,302.38$$

$$S_{xy} = \sum(x_i - \bar{x})(y_i - \bar{y}) = \sum x_i y_i - \frac{\sum x_i \sum y_i}{n} = 1\,976\,340 - \frac{436 \times 164\,515}{40} = 183\,126.50$$

则：$S_R = \sum(\hat{y}_i - \bar{y})^2 = S_{xy}^2 / S_{xx} = \frac{183\,126.50^2}{723.60} = 46\,345\,100.89$

$S_T = S_{yy} = 59\,825\,302.38$

$S_E = S_T - S_R = 59\,825\,302.38 - 46\,345\,100.89 = 13\,480\,201.49$

再编制方差分析表，如表 4-4 所示。

表 4-4 方差分析表（二）

偏差来源	自由度	偏差平方和 S	均方和 MS	F
回归 S_R	1	46 345 100.89	46 345 100.89	130.644
剩余 S_E	38	13 480 201.49	354 742.14	
总和 S_T	39	59 825 302.38		

取显著性水平 $a = 0.05$，查 F 分布表得 $F_{0.05}(1,38) = 4.10$。因为 $F = 130.644 > 4.10$，所以可以认为从总体上讲，广告投放次数与销售额两变量间线性关系显著，总体而言，预测有效性达到 95%。

5. 预测

假定某地区下年度的广告投放次数为 $x_0 = 20$，代入方程 $y = 1\,354.30 + 253.08x$，得到 $y_0 = 1\,354.30 + 253.08 \times 20 = 6\,415.90$（万元）。置信度为 95% 的置信区间用大样本公式计算为 $(6\,415.90 \pm 1.96 \times \sqrt{354\,742.14})$，即 $(5\,248.52, 7\,583.28)$。

2. 时间序列预测法

时间序列预测法又称外推法或历史延伸法，是指将过去的历史资料及数据，按时间顺序加以排列构成一个数字系列，根据其动向预测未来趋势。

（1）影响时间序列数据变动的因素

1）长期趋势变动（T）。它是时间序列变量在较长的持续时间内的某种发展总动向。它可以在一个相当长的时间内表现为一种持续向上或持续向下或平稳的趋势。它描述了一定时期经济关系或市场活动中持续的潜在稳定性。时间序列数据的这种波动不是意外的冲击因素所引起的，而是随着时间的推移而逐渐发生的变动。例如，工农业生产的发

2）季节变动（S）。它是由于自然条件和社会条件的影响，时间序列在一年内随着季节的转变而引起的每年重复出现的周期性变动。例如，我国春节以及黄金周所在的月份，商品零售均有明显的提高；冷饮、服装的消费有明显的季节性；同样，水果、蔬菜等农作物的生产和销售也有明显的季节性。

3）周期波动（C）。周期波动又称循环变动，是指时间序列在为期较长的时间内（一年以上至数十年），呈现出涨落起伏。它与长期趋势变动不同，不是朝单一方向持续发展，而是涨落相间的波浪式起伏变动。与季节变动也不同，它的波动时间较长，变动周期长短不一，也许是几年或数十年，上次出现后，下次何时出现难以预料。

4）不规则变动（I）。不规则变动又称随机变动，是指由于意外的自然或社会的偶然因素引起的无周期的波动。例如，股票市场受到突然出现的利好或利空消息的影响，使股票价格产生波动等。

（2）时间序列分解的模型

在以上四类因素的影响下，时间序列数据的变化有的具有规律性，如长期趋势变动和季节变动；有的就不具有规律性，如循环变动和不规则变动。时间序列预测法就是运用统计方法和数学方法，把时间序列数据作为随机变量 Y 分解为 T、S、C 和 I 四种变动，也就是说，T、S、C 和 I 四种变动的综合作用构成了时间序列 Y 的变动。时间序列 Y 可以表示为以上四个因素的函数，即

$$Y_t = f(T_t, S_t, C_t, I_t)$$

时间序列分解的方法有很多，较常用的模型有加法模型和乘法模型。

加法模型为

$$Y_t = T_t + S_t + C_t + I_t$$

乘法模型为

$$Y_t = T_t \times S_t \times C_t \times I_t$$

案例 4-2　　　　　时间序列预测法应用实例

表 4-5 列出了某商品过去 10 年各季度的销售量。根据表中的数据，预测第 11 年各季度的销售量。本实例采用乘法模型进行预测。

表 4-5　某商品过去 10 年各季度销售量数据

年份	季度	季度序号 t	销售量/吨 Y	长期趋势变动 T	移动平均	中心化移动平均 TC	$S/=Y/TC$（%）	季节变动（%）S	周期波动 $C=TC/T$（%）	不规则变动 $I=Y/TCS$	预测值 $\hat{Y}=TS$
(1)	(2)	(3)	(4)	(5)	(6)	(7)	(8)	(9)	(10)	(11)	
第 1 年	1	1	5 467	15 260.08	—	—	—	39.28	—	—	5 994.38
	2	2	19 233	15 310.20	—	—	—	119.21	—	—	18 251.55
	3	3	27 000	15 360.33	15 900.00	15 887.50	169.94	163.28	1.03	1.04	25 081.02
	4	4	11 900	15 410.45	15 875.00	15 879.25	74.94	78.22	1.03	0.96	12 054.43

（续）

年份	季度	季度序号 t	销售量/吨 Y	长期趋势变动 T	移动平均	中心化移动平均 TC	$SI=Y/TC$（%）	季节变动（%）S	周期波动 $C=TC/T$（%）	不规则变动 $I=Y/TCS$	预测值 $\hat{Y}=TS$
(1)	(2)	(3)	(4)	(5)	(6)	(7)	(8)	(9)	(10)	(11)	
第2年	1	5	5 367	15 460.58	15 883.50	15 737.63	34.10	39.28	1.02	0.87	6 073.14
	2	6	19 267	15 510.70	15 591.75	15 645.88	123.14	119.21	1.01	1.03	18 490.57
	3	7	25 833	15 560.83	15 700.00	15 833.25	163.16	163.28	1.02	1.00	25 408.40
	4	8	12 333	15 610.95	15 966.50	15 845.63	77.83	78.22	1.02	1.00	12 211.26
第3年	1	9	6 433	15 661.08	15 724.75	15 758.13	40.82	39.28	1.01	1.04	6 151.90
	2	10	18 300	15 711.20	15 791.50	15 883.25	115.22	119.21	1.01	0.97	18 729.59
	3	11	26 100	15 761.33	15 975.00	15 895.88	164.19	163.28	1.01	1.01	25 735.79
	4	12	13 067	15 811.45	15 816.75	15 962.63	81.86	78.22	1.01	1.05	12 368.10
第4年	1	13	5 800	15 861.58	16 108.50	16 146.00	35.92	39.28	1.02	0.91	6 230.66
	2	14	19 467	15 911.70	16 183.50	16 129.25	120.69	119.21	1.01	1.01	18 968.61
	3	15	26 400	15 961.83	16 075.00	16 208.38	162.88	163.28	1.02	1.00	26 063.17
	4	16	12 633	16 011.95	16 341.75	16 287.50	77.56	78.22	1.02	0.99	12 524.93
第5年	1	17	6 867	16 062.08	16 233.25	16 149.88	42.52	39.28	1.01	1.08	6 309.42
	2	18	19 033	16 112.20	16 066.50	16 083.25	118.34	119.21	1.00	0.99	19 207.63
	3	19	25 733	16 162.33	16 100.00	16 158.25	159.26	163.28	1.00	0.98	26 390.56
	4	20	12 767	16 212.45	16 216.50	16 345.75	78.11	78.22	1.01	1.00	12 681.77
第6年	1	21	7 333	16 262.58	16 475.00	16 670.88	43.99	39.28	1.03	1.12	6 388.18
	2	22	20 067	16 312.70	16 866.75	16 925.00	118.56	119.21	1.04	0.99	19 446.65
	3	23	27 300	16 362.83	16 983.25	16 875.00	161.78	163.28	1.03	0.99	26 717.94
	4	24	13 233	16 412.95	16 766.75	16 650.00	79.48	78.22	1.01	1.02	12 838.61
第7年	1	25	6 467	16 463.08	16 533.25	16 433.25	39.35	39.28	1.00	1.00	6 466.94
	2	26	19 133	16 513.20	16 333.25	16 287.50	117.47	119.21	0.99	0.99	19 685.67
	3	27	26 500	16 563.33	16 241.75	16 225.00	163.33	163.28	0.98	1.00	27 045.33
	4	28	12 867	16 613.45	16 208.25	16 191.63	79.47	78.22	0.97	1.02	12 995.44
第8年	1	29	6 333	16 663.58	16 175.00	16 162.50	39.18	39.28	0.97	1.00	6 545.70
	2	30	19 000	16 713.70	16 150.00	16 100.00	118.01	119.21	0.96	0.99	19 924.68
	3	31	26 400	16 763.83	16 050.00	16 066.75	164.31	163.28	0.96	1.01	27 372.71
	4	32	12 467	16 813.95	16 083.50	16 150.13	77.19	78.22	0.96	0.99	13 152.28
第9年	1	33	6 467	16 864.08	16 216.75	16 162.63	40.01	39.28	0.96	1.02	6 624.46
	2	34	19 533	16 914.20	16 108.50	16 125.13	121.13	119.21	0.95	1.02	20 163.70
	3	35	25 967	16 964.33	16 141.75	16 112.50	161.16	163.28	0.95	0.99	27 700.10
	4	36	12 600	17 014.45	16 083.25	16 200.00	77.78	78.22	0.95	0.99	13 309.11
第10年	1	37	6 233	17 064.58	16 316.75	16 516.75	37.74	39.28	0.97	0.96	6 703.22
	2	38	20 467	17 114.70	16 716.75	16 962.63	120.66	119.21	0.99	1.01	20 402.72
	3	39	27 567	17 164.83	17 208.50			163.28			28 027.48
	4	40	14 567	17 214.95	—	—		78.22			13 465.95
第11年	1	41	—	17 265.08	—			39.28			6 781.98
	2	42	—	17 315.20				119.21			20 641.74
	3	43	—	17 365.33				163.28			28 354.87
	4	44	—	17 415.45				78.22			13 622.79

1. 绘制折线图，了解时间序列数据的变化规律

从图 4-3 可以看出该时间序列数据存在明显的季节变动和上升的长期趋势变动。

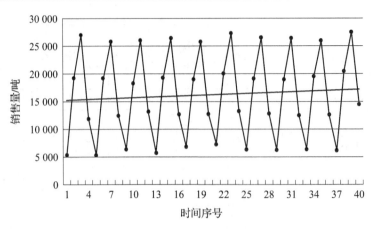

图 4-3 产品销售波动图

2. 计算长期趋势

从折线图可以看出销售量 Y 具有明显的上升趋势，本例用直线趋势拟合，以时间序号 t 为自变量，以销售量 Y 为因变量，建立直线拟合模型：$T_t = a + bt$。

利用最小二乘法，估计参数 a 和 b，其公式为

$$b = \frac{n\sum tY - \sum t \sum Y}{n\sum t^2 - (\sum t)^2} \quad a = \frac{\sum Y}{n} - b\frac{\sum t}{n}$$

其中 $n = 40$，得到参数：$a = 15\,209.95$，$b = 50.13$。

因此，长期趋势拟合方程为

$$T_t = 15\,209.95 + 50.13t$$

根据长期趋势方程可以得到各个季度的长期趋势值，如第 11 年第一季度 $t = 41$，其长期趋势值为 $T_{41} = 15\,209.95 + 50.13 \times 41 = 17\,265.28$。

同理，第 11 年另外三季的长期趋势值如下：

$$T_{42} = 15\,209.95 + 50.13 \times 42 = 17\,315.41$$
$$T_{43} = 15\,209.95 + 50.13 \times 43 = 17\,365.54$$
$$T_{44} = 15\,209.95 + 50.13 \times 44 = 17\,415.67$$

3. 计算季节指数

对时间数列数据 Y 进行移动平均后可以消除季节变动（S）和不规则变动（I），剩下变动 T 和 C，然后用序列数据 Y 除以 TC 得到变动 SI，最后再消除不规则变动 I 得到季节变动 S。

先对时间序列数据 Y 进行移动平均，平均项数 m 取 4（因为一年分为 4 个季度），得到 Y 的移动平均值，其结果见表 4-5 第（5）栏，其中第（5）栏前面两个数据 15 900.00 和 15 875.00 计算如下：

$$\frac{Y_1 + Y_2 + Y_3 + Y_4}{4} = \frac{5\,467 + 19\,233 + 27\,000 + 11\,900}{4} = 15\,900.00$$

$$\frac{Y_2 + Y_3 + Y_4 + Y_5}{4} = \frac{19\,233 + 27\,000 + 11\,900 + 5\,367}{4} = 15\,875.00$$

因为移动平均值应该放在各移动平均项的中间位置,即第一个移动平均值应放在 $m/2+0.5$ 处,第二个移动平均值应放在 $m/2+1+0.5$ 处。将这两个移动平均值再平均后放在 $m/2+1$ 处,即将 $\dfrac{15\,900.00+15\,875.00}{2}=15\,887.50$ 放在第(6)栏的 $t=3$ 处。其他移动平均值这样进行中心化移动平均处理,处理结果见表 4-5 第(6)栏。这样得到了不含季节变动和不规则变动的序列 TC [见表 4-5 第(6)栏]。

将 Y 除以 TC 得到只含有季节变动和不规则变动的 SI,见表 4-5 第(7)栏。将序列 SI 按表 4-6 重新排列。根据表 4-6 计算历年同季度平均数,因为四个季度平均数之和为 400.122 8,而不是 400,所以需要对同季度平均进行修正,其修正系数为 400.122 8/400=1.000 307。用各季度平均乘以修正系数得到季节指数。将季节指数放入表 4-5 中对应的历年各季度中,如表 4-5 第(8)栏所示。

表 4-6 价格指数计算表　　　　　　　　　　　　　　　　（单位:万元）

年份	第一季	第二季	第三季	第四季
第 1 年			169.94	74.94
第 2 年	34.10	123.14	163.16	77.83
第 3 年	40.82	115.22	164.19	81.86
第 4 年	35.92	120.69	162.88	77.56
第 5 年	42.52	118.34	159.26	78.11
第 6 年	43.99	118.56	161.78	79.48
第 7 年	39.35	117.47	163.33	79.47
第 8 年	39.18	118.01	164.31	77.19
第 9 年	40.01	121.13	161.16	77.78
第 10 年	37.74	120.66		
同季度合计	353.64	1 073.23	1 470.01	704.22
同季度平均	39.29	119.25	163.33	78.25
季节指数(%)	39.28	119.21	163.28	78.22

4. 计算周期波动

前面用最小二乘法得到了长期趋势变动 T,对时间数列数据 Y 进行移动平均后可以消除季节变动(S)和不规则变动(I),剩下序列 TC。因此,将序列 TC 除以 T 就可以得到周期波动因素 C,即 $C=TC/T$。其结果见表 4-5 第(9)栏。

5. 计算不规则变动

根据上面对时间序列 Y 的分解,销售量的变动已经被分解出长期趋势变动 T、季节变动 S 和周期波动 C。使用乘法模型 $Y=T\times S\times C\times I$,有不规则变动 $I=Y/TCS$。不规则变动序列 I 见表 4-5 第(10)栏。由于不规则变动是偶然因素引起的,其变动没有规律可循,因此,分解出不规则变动因素对于时间序列的预测没有多少价值。

6. 预测

根据预测模型,若不考虑季节变动和循环变动因素,预测模型简化为 $\hat{Y}_t=T_t\times S_t$。因

此，第 11 年第一季度的预测值为

$$\hat{Y}_{41} = T_{41} \times S_{41} = 17\,265.28 \times 39.28\% = 6\,781.80（吨）$$

同样，可以计算第 11 年其他各季度销售量的预测值如表 4-7 所示。

表 4-7 时间序列分解法预测值

年份	季度	长期趋势变动 T	季节指数（%）S	销售量预测值 / 吨
第 11 年	1	17 265.28	39.28	6 781.80
	2	17 315.41	119.21	20 641.70
	3	17 365.54	163.28	28 354.45
	4	17 415.67	78.22	13 622.54

4.2 销售定额

销售定额分配就是企业对根据产品需求预测所确定的销售目标进行有效分解，分配给各个销售部门及每个销售人员在一定时期内必须完成的销售任务。

4.2.1 销售定额的意义

销售定额的制定是销售管理中非常关键的环节，不论对销售部门的管理人员还是对销售人员都具有重要的意义。

对销售主管而言，销售定额的设置是管理销售工作强有力的措施之一，有助于其规划每个计划时段的销售量和利润，以及安排销售人员的工作。

对销售人员而言，销售定额作为销售目标起工作指引的作用，同时作为一把尺子可以对销售人员的工作进行衡量，公平合理的销售定额还可以有效地激励销售人员更好地完成销售任务。

总之，为了完成整个企业的销售目标，销售定额的设置有利于销售负责人和销售人员对销售活动进行有效的控制和执行。

4.2.2 销售定额的分类

一般来说，销售定额指标可分为以下几类。

1. 销售量配额

销售量配额是销售人员在一定时间内完成的产品销售数量。对于一些单品生产型企业，如服装企业，销售量配额是最常用的一种配额形式。通常以销售量预测为基础，同时兼顾市场潜力对销售量的影响。设置销售量配额时，一定要预测销售区域内某类产品的销售量，这样配额标准才能客观地反映销售区域的实际潜力。

销售经理在设置销售量配额时，通常需要考虑以下因素：①销售区域的市场总潜力；

②销售区域的竞争状况及竞争者的市场地位;③本品牌产品的市场地位;④本品牌产品的市场占有率;⑤该销售区域顾客的总体质量;⑥本企业在该销售区域取得的销售业绩及发展趋势。通过对以上因素的综合分析,销售经理要具体设置出销售区域的销售量配额,并将该配额层层分解落实到区域内的各个销售组织和销售人员。

例如,某企业在某区域市场的销售量配额为2 000个产品,实际销售量为1 930个产品(见表4-8)。

表4-8 某企业在某区域市场的销售量配额 (单位:个)

销售人员	销售量配额	实际销售量	顾客类型与配额	产品类型配额	产品实际销售量
甲	900	900	重要顾客配额500	300(A产品)	300
				200(B产品)	200
			一般顾客配额400	250(A产品)	250
				150(B产品)	150
乙	400	330	重要顾客配额180	150(A产品)	150
				100(B产品)	30
			一般顾客配额150	100(A产品)	100
				50(B产品)	50
丙	700	700	重要顾客配额400	250(A产品)	250
				150(B产品)	150
			一般顾客配额300	200(A产品)	200
				100(B产品)	100

从表中可以看出,乙销售人员没有完成针对重要顾客的B产品的销售量配额,差额为70个产品。销售经理发现这一问题后就要调查具体原因,是销售人员工作努力不够,还是该市场的竞争对手增加了?是该区域市场上的顾客兴趣发生了变化,还是产品价格、质量或售后服务方面的原因?一旦查明原因就要采取改进措施,促使乙销售人员完成销售量配额。

2. 销售利润配额

销售活动往往重视销售量而忽略了利润,设置销售利润配额的目的就是避免这种情况。企业用销售利润配额可以控制销售费用。销售利润配额与销售量配额一起使用还可以使销售人员明白销售收入与利润都是企业关注的目标。销售利润配额可以激励销售人员访问更有效益的顾客,销售更有效益的产品。

销售利润配额包括以下三种形式。

(1)毛利配额

毛利等于销售收入减去产品成本。如果企业的产品种类多而实现的利润又不同,可以采用毛利配额。毛利配额有助于说明销售任务的完成情况,设置毛利配额可以使销售人员集中精力提高毛利,然而毛利又是很难控制的。因为销售人员不负责产品定价,无法控制生产成本,也就无法完全对销售毛利负责。一些企业的做法是对销售人员公开生产费用信息,并用一定手段让销售人员随时了解费用情况。

（2）利润配额

利润配额等于毛利减去各种成本费用。很多销售经理认为利润配额是体现销售目标的最好形式，它与管理的基本目标直接联系。但是利润配额也有一些缺点，如销售人员无法控制影响利润的因素，也就无法完全对自己的业绩负责。因此，完全以利润来评价销售人员的工作在一定程度上不是很合理。

（3）销售费用配额

销售费用配额是指销售人员销售一定数量的产品所需的最高费用，通常用占销售量的百分比表示。销售费用配额与销售量配额一起使用，其目的是控制销售人员的费用，增加销售利润。许多企业将销售费用配额、销售量配额与销售人员的薪金密切挂钩，并通过一定的经济手段来鼓励销售人员节约开支。例如，将节约的费用配额按一定比例以津贴的形式返还给销售人员。

3. 销售活动配额

销售活动配额是用于指导销售人员间接从事产品销售性的销售活动的指标。典型的销售活动包括顾客拜访、潜在顾客的挖掘、企业品牌及产品的宣传、产品的介绍和其他促销工作、为顾客或消费者提供服务和建议、进行市场调研、书写销售报告、培养新的销售人员、投标次数、参加销售会议次数等。如果对这些销售活动不设配额指标，销售人员可能会忽视企业将来的发展，而只关心当前利益。所以，企业有必要设置销售活动配额来考评销售人员业绩。

销售活动配额使销售经理便于控制销售人员的时间使用，即在不同销售活动中的工作分配。当然，销售活动配额要与其他销售定额同时使用并配以一定的津贴奖励，才能有效提高销售人员的工作积极性。

4. 综合配额

综合配额是对销售量配额、销售利润配额、销售活动配额进行综合而得出的配额。销售经理在设定综合配额时，要根据各配额的重要性赋予不同的权数，然后相加得出一个总数。如果销售人员所得分数高于这个总数，就说明完成了销售目标。综合配额以多项指标为基础，因而更为合理。

使用综合配额时，每一个配额都要依照其重要性赋予一定的权数。表 4-9 举例说明如何设定权数的大小。根据表 4-9 中所得的综合配额值，销售经理可以对销售人员的工作绩效进行横向比较和考核，以作为其实施奖惩的依据。

表 4-9　某销售人员综合配额的计算

项目	权数	配额（元）	实际完成额（元）	完成比例	权数 × 完成比例
产品销售量（件）	0.50	50 000	55 000	110%	0.55
销售毛利（元）	0.20	20 000	18 000	90%	0.18
新顾客数量（人）	0.20	30	25	83%	0.17
服务、培训（次）	0.10	60	70	12%	0.12
综合配额	1.00				1.02

4.2.3 销售定额的分配步骤

销售主管或销售经理对销售定额进行分配时，一般要遵循以下三个步骤。

第一步，在销售预测的基础上，结合企业对销售目标的各项要求，制定总的销售指标，并上报获得销售总经理或上级主管的批准。

第二步，将获得审批的销售指标进行分解，确定每一个销售人员的配额。为了使销售指标既切合实际，又能激励销售人员为更高目标奋斗，销售经理应和销售人员进行协商和讨论。销售人员应列出各自顾客或市场的增长点，并提出需解决的问题。对于无法完成的销售指标说明困难和理由，销售经理应因地制宜、因人而异，对销售团队及个人提供帮助，并对销售定额进行调整修正。

第三步，将与销售人员达成共识的销售定额以书面形式落实到文件中，并在新的一季或新的一年下达。有的企业不主张销售定额分配，怕引起员工的矛盾和不满情绪。其实，销售定额分配的透明公开，只要是合理的，便会起到更加积极的作用。另外，销售定额下达的时间不要影响现有指标的完成。

4.2.4 销售定额的分配方法

企业销售部门制定销售定额，其目的是将企业的销售目标分配落实到具体的区域、每个销售团队及销售人员或经销商代理商。在对销售定额进行具体分配时，一般可根据以下方法进行。

1. 时间分配法

时间分配法就是将销售目标按一年的12个月份或4个季度进行分配的方法。例如，某服装企业的销售目标一般根据季节性分为春夏季和秋冬季，然后按月份进行分配。当然，如果同时把销售人员所在地区、产品特征和月份结合起来，效果会更好（见表4-10）。

表4-10　月份目标销售定额　　（单位：万元）

产品	1月	2月	3月	4月	5月	6月	7月	8月	9月	10月	11月	12月	合计
甲	18	12	10	10	10	10	10	10	10	14	16	30	160
乙	8	2	0	0	0	0	0	0	2	2	4	16	34
丙	2	2	2	0	0	0	0	0	0	2	2	4	14
合计	28	16	12	10	10	10	10	10	12	18	22	50	208

2. 区域分配法

区域分配法是指根据销售人员所在地区的大小、经济状况与消费购买力进行销售定额的分配方法。例如，某服装企业在上海或消费购买力强的台州的销售定额就高，而在贵州、云南等地区销售定额相对低。其分配系数可根据市场占有率、市场销售百分比、市场指数以及个别估计等来确定（见表4-11）。

表 4-11　地区目标销售定额　　　　　　　　　（单位：万元）

产品	内销			外销	合计
	北京	上海	天津		
甲	200	100	100	128	528
乙	70	60	20	100	250
丙	20	20	10	60	110
合计	290	180	130	288	888

3. 产品（或品牌）分配法

有些企业有多个品牌或多条生产线，这就需要根据销售人员所负责的品牌和产品特性进行销售定额的分配。例如，有些服装代理企业，代理了很多品牌，就将品牌分组，分设几个品牌经理或销售经理对各组品牌的推广销售进行负责。决定哪种产品将达成销售收入，其分配基准参照市场占有率、市场扩大率、销售成长率、毛利贡献率、销售预测等进行（见表 4-12）。

表 4-12　产品目标销售定额

产品	2020 年		2021 年		金额增长幅度
	数量（万件）	金额（万元）	数量（万件）	金额（万元）	
甲	750	225	888	266	18%
乙	420	126	525	157	25%
丙	90	27	99	30	11%
合计	1 260	378	1 512	453	20%

4. 顾客分配法

顾客分配法是指根据销售人员面对的顾客数量和特性进行销售定额的分配方法（见表 4-13）。尤其对于销售渠道主要以中间商渠道为主的企业，产品由加盟商、代理商、经销商销售，对中间商的管理至关重要。所以，为了更好地管理顾客，企业应根据顾客的性质进行分组，安排销售人员进行分管。

表 4-13　顾客目标销售定额

产品	（　）月					
	A 顾客		B 顾客		C 顾客	
	目标额	实际完成额	目标额	实际完成额	目标额	实际完成额
甲						
乙						
丙						
合计						

5. 销售人员特征分配法

销售人员特征分配法是指根据销售人员资质、能力等个人特征来进行销售额的分配方法。销售人员的能力和水平是不一样的，如果按一样的标准分配，要么会打压销售人员士气，要么会缺乏对销售人员潜力的挖掘。可以根据顾客需求量、销售人员过去实绩、销售人员能力等进行分配（见表 4-14）。

表 4-14　销售人员特征目标销售定额

产品		（　）区 销售人员 A	（　）区 销售人员 B	（　）区 销售人员 C	（　）区 销售人员 D	合计
甲	配额					
	挑战					
乙	配额					
	挑战					
丙	配额					
	挑战					

总之，以上销售任务分配的 5 种方法，在实际工作中并不是孤立运用的，应根据企业特性、销售人员所在区域的市场状况进行综合运用，只有这样才能获得更好的效果。

4.2.5　销售定额的实施方案

销售定额确定后，就要制订具体的销售定额实施方案，让销售人员明确采取怎样的行动以达到销售目标，完成销售任务。对销售人员而言，具体的销售定额实施方案需要包括以下内容。

1）明确所负责的销售区域和顾客。销售人员所负责的销售区域和顾客要以文件的形式明确。这既可以使销售人员在工作中不会出现混乱和重复，也可以使销售人员能够对所负责的销售区域精耕细作。

2）明确销售增长点。销售人员根据上一年度销售情况，结合企业政策，对本年度销售进行分析和预期，确定本年度销售增长点。例如，企业在该地区招募了新的加盟商或增设了新的店铺和专柜，品牌广告宣传力度增大等。销售人员明确了自己所负责区域和品牌的销售增长点，就会明确工作重点，并采取相应措施以实现这些增长点。

3）明确主要工作任务及内容事项。为了实现某地区的销售增长，销售人员就要围绕销售增长点确定本年度的工作重点、列出主要的工作事项。例如，某季度的工作重点是选择合适商场增设该企业品牌专柜。明确了工作重点，就要围绕工作重点采取相应的措施，即确定具体的工作内容。例如，如何与商场接触，使企业品牌顺利进驻。

4）制订短期目标和阶段计划。短期目标的完成是实现长期目标的基础。对工作内容和任务要在时间上进行安排，工作事项落实在具体的时间上，可以使销售人员的工作有条不紊地进行，在每个阶段集中完成某个目标。同时，这也有利于销售经理或上级主管进行检查和控制。

5）预算销售费用。销售费用的预算实际上是一种为实现销售目标而做的资源分配或所需成本的财务计划，销售费用的预算对于企业的销售经营很重要，不仅有利于销售团队及销售人员合理地使用费用和进行资源分配，还可以作为衡量销售人员业绩的一项指标，起到监控作用。

当然，由于销售定额确定的基础是以历史经验数据与主管人员的主观判断能力为依据，其不可避免地存在不合理性，有时会极大地损害销售人员的工作积极性。因此，销售管理人员应尽可能地避免这种情况的发生。

4.3 销售预算

销售预算是一个财务计划，包括完成销售计划的每一个目标所需要的费用，以保证企业销售利润的实现。

4.3.1 销售预算的作用

销售预算既为其他预算提供基础，也对企业销售活动起到约束和控制的作用。具体来说，销售预算主要有以下几方面的作用：①销售预算使销售机会、销售目标、销售定额清晰化和集中化；②销售预算显示了为达到目标的合理费用投入；③销售预算有助于促使各职能部门协调合作；④销售预算有助于保持销售额、销售成本与计划结果之间的平衡；⑤销售预算提供了一个评估结果的工具；⑥销售预算通过集中于有利可图的产品、市场区域、顾客和潜在顾客而使收益最大化。

4.3.2 销售预算的内容

一般而言，销售预算主要包括销售人员费用、销售管理费用、其他人员费用、通信费用和其他销售费用等项目，具体如表 4-15 所示。

表 4-15 销售预算的内容

项目	内容	金额
销售人员费用	工资、提成、津贴	
	差旅费，包括住宿、餐饮、交通、杂费等	
销售管理费用	销售经理的工资、提成、津贴	
	销售经理的差旅费，包括住宿费、餐饮费、交通费、交际费等	
其他人员费用	培训师薪金	
	被培训者薪金	
通信费用	邮寄费	
	电话费	
	上网费	
其他销售费用	销售会议费用	
	销售促进费用	
	销售展示费用	
	目录和价格清单费用	
	招聘费用	
	销售人员离职费用	

4.3.3 销售预算的步骤

1. 确定企业销售目标和利润目标

通常企业的销售目标和利润目标由最高管理层决定。企业的营销总监和销售经理的责任就是创造能达到企业最高层目标的销售额。

2. 销售预测

销售预测包括地区销售预测、产品销售预测和销售人员销售预测三部分。企业销售目标和利润目标一旦确定，预测者就需要分析在企业目标市场上能否实现这个目标。如果总体销售目标与销售预测不一致，就需要重新调整企业销售目标和利润目标。

3. 预算固定成本与变动成本

固定成本是在一定销售额范围内不随销售额增减而变化的成本，主要包括销售经理和销售人员的工资、销售办公费用、培训师工资、被培训销售人员的工资、例行的销售展示费用、保险、一些固定税收、固定交通费用、固定娱乐费用、折旧等。变动成本是随销售产品数量增减而同步变化的成本，通常包括提成和奖金、邮寄费、运输费、部分税收（增值税）、交通费、广告费和销售促进费用等。

4. 预算盈亏平衡点

盈亏平衡点是指使收入能够弥补成本（包括固定成本和变动成本）的最低销售量。其计算公式为

$$BEP = \frac{FC}{P - VC}$$

式中，BEP 为盈亏平衡点的销售量；FC 为总固定成本；P 为单位产品售价；VC 为单位产品的变动成本。盈亏平衡点是销售定额分配的一个重要参考指标。许多企业对于新产品，或新开辟的产品市场常采用这种方法来确定最低销售量。

例如，某服装企业生产了一批秋季上市的风衣，固定成本投入 30 万元，每件服装的成本为 100 元，零售价定为 400 元/件，则

盈亏平衡点的销售数量（BEP）= 300 000 ÷ (400 − 100) = 1 000（件）

盈亏平衡点的销售收入 = 1 000 × 400 = 400 000（元）= 40（万元）

由此可知，该服装企业至少要卖掉该价格的产品 1 000 件，获得销售收入 40 万元，才能不亏损。

5. 预算销售成本和利润

根据销售预测和盈亏平衡点所确定的销售定额预算销售成本和利润，为销售成本和利润的约束和控制提供了依据。基本的计算公式有

预计销售收入 = 预计销售量 × 预计销售单价

总预计利润 = 预计销售收入 − (固定成本 + 变动成本)

6. 用销售预算来控制销售工作

销售预算只是对各项销售定额预计的总成本和总利润的一个测算，在实际销售中，产品价格和各种成本费用都有可能发生变化，销售管理人员必须根据实际不断对预算的成本和利润进行调整，及时对销售工作进行指导和控制。

4.3.4 销售预算的方法

销售经理在确定销售预算水平时，应根据企业的历史、产品的特点、营销组合的方式和市场开发程度等多方面因素确定采用的方法。各企业采用的销售预算方法各种各样，这里介绍几种常用的方法。

1. 最大费用法

这种方法是用企业总费用减去其他部门的费用，余下的全部作为销售预算。这种方法的缺点在于费用偏差太大，在不同的计划年度里，销售预算也不同，不利于销售经理稳步地开展工作。

2. 销售百分比法

用这种方法确定销售预算时，最常用的做法是根据上年的销售费用占企业总费用的百分比，结合预算年度的预测销售量来确定销售预算。另外一种做法是把最近几年销售费用的百分比进行加权平均，将其结果作为预算年度的销售预算。这种方法往往忽视了企业的长期目标，不利于开拓新的市场，比较适合销售市场比较成熟的企业。

3. 同业竞争法

同业竞争法是在行业内，主要以竞争对手的销售费用为基础来制定销售预算，用这种方法必须对行业及竞争对手有充分的了解，这就需要及时得到大量的行业及竞争对手的资料。但通常情况下，得到的资料是反映以往年度的市场及竞争状况。用这种方法分配销售预算，有时不能达到同业竞争的目的。

4. 边际收益法

这里的边际收益是指每增加一个销售人员所获得的效益，由于销售潜力是有限的，随着销售人员的增加，其收益会越来越少，而每个销售人员的成本是大致不变的。因此，利润最大化的一个必要条件是边际收益等于边际成本，此时边际利润为零，达到利润最大化。边际收益法要求销售人员的边际收益大于零。边际收益法的缺陷是：在销售水平、竞争状况和市场其他因素变化的情况下，确定销售人员的边际收益很困难。

5. 零基预算法

在一个预算期内每一项活动都从零开始，销售经理提出销售活动必需的费用，并且对这次活动进行投入产出分析，优先选择那些对企业目标贡献大的活动，这样反复分析，直到把所有的活动按贡献大小排序，然后将费用按照这个序列进行分配。其缺陷是贡献小的项目可能得不到费用。另外，使用这种方法需经过反复论证才能确定所需的预算。

6. 贡献率法

贡献率法是一个非常有用的方法。它可以有效地分配达成目标的任务，以下举例说明这种方法。

如果企业计划实现销售额 1.4 亿元，用于销售人员的费用为 500 万元。其中，销售人员对总任务的贡献水平若为 64%，那么由于销售人员努力获得的销售收入为 $1.4 \times 64\%$ = 0.896 亿元，因此，销售人员费用/销售收入 = 5.6%。

假设广告费用为 200 万元，广告对总任务的贡献水平为 25.6%，由于广告实现销售收入为 $1.4 \times 25.6\%$ = 0.358 4 亿元，因此广告费用/销售收入 = 5.6%。

这种情况下，两种活动对任务的贡献是一致的，因而其销售预算也是根据它们的贡献程度来进行。当然，如果广告的销售收入低，企业可以考虑减少广告费，增加销售人员费用。这种方法要求数据充分，因而管理工作量较大，但由于它直观易懂，因此很多企业使用这种方法。

4.4 销售计划

销售计划是企业根据营销战略，并基于历史销售业绩和已有的需求前提来确定未来一段时间的销售目标，结合销售目标对企业的生产作业计划、采购计划、资金筹集计划以及人员招聘与分配计划等进行安排和实施。销售计划是实现目标的路径，也是销售人员每日工作内容的指引。

4.4.1 销售计划的内容及分类

简明的销售计划至少应该包括以下内容：①商品计划，是指对商品管理流程中的商品订购（进货、补货、退货）、商品陈列、商品销售等要素所做的全面策划；②渠道计划，基于营销组合中的渠道策略制订；③成本费用计划，基于营销组合中的价格策略制订；④销售单位组织计划，基于销售体系组织结构制订；⑤销售总额及其分解计划；⑥促销计划，基于营销组合中的促销策略制订。

销售计划可以按照不同的标准进行多种分类。①销售计划按照时间长短可以分为周销售计划、月度销售计划、季度销售计划、年度销售计划等；②销售计划按照范围大小可以分为企业总体销售计划、分企业（部门）销售计划、个人销售计划等；③销售计划按照市场区域可以分为整体销售计划、区域销售计划，区域一般按大区或省区、地市、县市、乡镇等行政区域来划分，也可以根据企业的实际销售范围和统计区域来划分；④销售计划按照企业类型可以分为生产企业销售计划、流通企业销售计划、零售企业销售计划等。各类企业由于经营性质和销售产品的不同，其市场销售计划的制订方法和模式也完全不同。

4.4.2 销售计划的编制步骤

销售计划的编制是销售管理工作中最为重要的环节之一,是指企业在进行销售预测的基础上,制定销售目标、销售策略、激励措施和实施方案的过程。销售计划的编制一般包括以下几个步骤。

1. 收集信息

信息收集的范围包括外部资料和内部资料两大类。外部资料包括国民经济发展的动向及国家的政策、法规;相关产业的发展动向;同行业竞争对手的现状及动向等。内部资料包括销售状况资料、成本费用资料、顾客交易信息资料等。一般来讲,要制订一个比较切合实际的销售计划,至少需要连续 3~5 年的相关资料,最好能有 5 年以上的相关资料。

在实践中,收集信息一方面要收集客观信息,包括资料、新闻报道、业内分析、实战案例、市场环境和竞争对手状况等;另一方面要对收集到的信息进行分析,与相关人员讨论座谈,或进行相关的咨询,并进行总结。

2. 销售目标设定

销售目标是指企业在一定时间内期望达成的销售水准。销售部门应当把前一计划期的执行情况、对现状的分析、预测结果三者结合起来,提出下一计划期切实可行的销售目标。销售目标的设定极为重要,因为销售目标设定后,企业的资源,如执行策略的资源、广告及促销费用、雇用销售人员、采用的营销渠道及所要生产的产品、设定的库存等,都要为实现销售目标服务。

3. 销售目标分解

通过与责任和利益挂钩的多维目标分解,更好地落实和执行目标,在很大程度上可以检验目标的可行性。销售目标分解的另一个重要意义是,将销售目标落实到最具潜力的市场、顾客和销售人员身上。

销售目标分解的顺序如下:

1)区域:从省到市、县。
2)产品品种:将销售目标分解到所有品种上。
3)结算方式:现款现货、银行承兑、按月结算等。
4)分销方式:批发、零售和直销等。
5)销售人员:分解到每个销售人员,并说明多少由老销售人员完成,多少由新销售人员完成。
6)顾客:分解到每个顾客,并说明哪些由老顾客完成,哪些由新顾客完成。
7)季度和月份:分解到季度和月份。

4. 提出并确定销售策略

确立销售目标以后,企业营销各部门要制订几个可供选择的销售策略方案,以便进行评价选择。评价各部门提出的销售策略方案，权衡利弊，从中选择最佳方案。销售策略通常包括产品策略（目标市场产品的选择，新产品的推广）、价格策略（选择合适的价格体系，是否对价格进行严格控制）、渠道策略（销售团队的组建，中间商的选择与管理）、促销策略（促销方式的选择与效果评价）。

5. 编制销售计划书

销售计划书是销售部门为满足顾客需求应做的所有工作安排，因此要具有产品规格、详细价格、广告细目、销售指标、分销计划等内容。

复习测试

（1）什么是销售计划？简述销售计划的流程。
（2）简述销售预测的流程。
（3）简述销售预测的定性方法。
（4）简述销售预测的定量方法。
（5）回归预测法的一般步骤有哪些？
（6）影响时间序列数据变动的因素有哪些？
（7）常见的销售定额指标有哪些？
（8）分配销售定额的方法有哪些？
（9）对销售人员而言，具体应该如何实施销售定额方案？
（10）简述销售预算的步骤。
（11）确定销售预算的方法有哪些？
（12）简述销售计划的编制步骤。

实战案例 4-1

"灾年"如何用激将法增加销售任务

1. 销售目标该是多少？

在T公司的高管会议上，对于公司2019年销售目标的确定，多空双方[一]各抒己见，争得面红耳赤。

T公司是一家休闲食品生产企业，成立已有多年。前几年，T公司重点运作二级市场，一直稳固发展。到2017年，销售增长率始终保持在50%左右，年销售额达到1.2亿元。2018年，企业将该年定为高速发展年，升级设备，扩建厂区，生产能力翻了一番。然而，2018年年头和年尾却"冰火两重天"，至11月底仅完成年销售指标的78%。2018年的销售目标"流产"已是铁板钉钉。

[一] 多方是指看好股市后主动买入股票的人，而空方是指预计股价已到最高点而主动卖出股票的人。这里的"多方"是指看好公司发展前景的一方，而"空方"是指不看好公司发展前景的一方。

因此，空方认为：突遇经济危机，整体市场不景气，消费能力下降。2019年的市场环境会更加恶化。公司主打的二线市场局部已饱和，2018年新开辟市场的销售状况不佳。所以，2019年公司应该延续多年的经营方针，稳中求发展，根除以产定销的观念。2019年的销售目标不得高于上年指标的30%。

然而，多方认为：市场不景气是事实，但必须有逆流而上的勇气。不景气对企业而言是压力，更是挑战和机遇。由于一些食品安全事件，食品行业标准得到提高，国家加强了对食品安全的控制，众多不规范的小型企业将面临淘汰，这又给我们留出了市场空间。何况，企业已完成厂区扩建和设备改造，让设备闲置，损失更大。公司应当延续早已确定的销售计划——2019年的销售目标增长80%以上！

双方各有道理，会议开了3天，也未有结果。最后，公司董事长拍板——2019年销售2.5亿元，增长80%。老板发话了，反对者不敢再争执，但心中的疙瘩并未消除。如果不能让企业员工在思想上高度统一，所确立的目标不过是纸上谈兵。

2. 让员工说出心中的冤屈

为彻底解开企业员工心中的疙瘩，公司高管决定在员工尤其是销售人员中，开展一次头脑风暴。3天后，T公司召开销售会议。销售总监在会上宣布了2.5亿元的销售目标，台下顿时一片哗然。增长80%，这在所有销售人员心中几乎是个天文数字，难以完成。这完全是公司领导"一厢情愿"！

各级销售人员议论纷纷，情绪激昂。部分过激的销售人员甚至说："如果公司一意孤行，我们明年就不做了。谁定的销售指标，就让谁来完成。"这个反应早在预料之中。等大家的情绪平定下来之后，我们给参加会议的每位成员发了一张纸，要求大家说出心中所有的冤屈，以及目标难以完成的理由。不署名，做到畅所欲言。下午，把收集上来的纸条做了汇总，分成两部分。

一是销售人员对公司的不满，主要体现在以下几个方面：①公司对员工关心不够。有错就罚，有功却不奖，导致员工多做多错，少做少错，不做不错，缺乏工作热情。②考核制度不合理。市场各有差异，考核却统一标准。新市场销售人员压力大，难度高，收入少。③公司领导待在上层，对市场了解不够，瞎指挥，资源浪费严重。④公司对销售人员缺少培训。只让马儿跑，不让马吃草。⑤杂务太多，每周要填写20多张表格。时间都花在填表格上了，哪还有时间跑市场？⑥领导太多，各个部门都可以指挥销售人员，都不知道听谁的？销售人员的不满情绪虽有些过激，但基本反映出企业在营销管理中存在的问题。

二是销售指标难以完成的理由，主要有以下几个方面：①产品老化。公司的几个主打产品已七八年了，一直没什么变化和亮点。②市场已饱和。该进入的网点都已进入，该做的促销也在做，难以有太大的突破。③市场竞争激烈。竞品价格低，促销力度大，产品没有优势。④新市场对公司产品不认可，经销商积极性不高。⑤公司新品太少，缺乏新的增长点。⑥2019年消费疲软，市场前景不容乐观。⑦其他企业都在收缩，而我们却加速扩张，根本不合时宜。⑧以产定销，观念落伍，一厢情愿。销售人员提出的理由，基本也是实情。通过这一轮互动，问题日趋明朗，销售人员的激昂情绪得到平息。

公司高管充分认可了销售人员的观念，然后让所有销售人员提出改革企业管理制度的建议和切实可行的销售目标。

3. 让员工来当公司领导

第二天的销售会议由各省区经理主持，主题是：如果你是公司领导，怎样制定销售管理制度和2019年销售目标？大家发表意见，公司领导作壁上观。

省区经理都独立管辖一块市场，是公司销售的中坚力量，突然被放在公司领导的岗位上，开始有点拘谨，很快就学会了从公司全局的角度考虑问题。

他们首先提出了销售管理制度上的修正方案：

1）把市场分为4个板块，即华东区、华南区、华北区和东北区，建立大区管理制。权力下放，由大区经理全权负责，受销售总监领导。以各大板块市场的差异和公司产品成熟度为依据，分块分品操作，使销售政策更有针对性。

2）建立销售人员培训制。每位销售人员每年至少轮训一次，提升销售团队的战斗力。

3）调整销售人员考核制度，提高各级销售人员的基本工资。根据各市场的现状，拟订不同考核方案。

4）公司各项营销政策的拟定，需经销售部门充分讨论方可通过，以保证销售资源得到合理利用。

对大家提出的销售管理制度修正意见，公司领导逐点讨论，合理部分当场确定下来。销售人员顿时信心大增。

销售人员分别报出了自己区域的销售目标，高低不一：较高的是浙江、江苏，增长30%；较低的是福建、湖南，增长15%。看得出来，每位销售人员都权衡再三。这已是他们认为的极限了。

销售计划汇总后，统计显示，2019年的销量增长率为25%，与公司的目标差距很大。

第二天会后，公司领导给每位销售人员布置了一份家庭作业："在你管辖的市场，采用什么手段，才能使销量增长80%？"

4. 真诚互动一对一

第三天，公司高管有意打乱座位次序，在会议室的座位上贴上每位参加人员的名字，各区域销售人员混合搭配，成立销售互动组，公司领导分散加入各组。会议议题是：为对方市场诊断，如何完成公司的销售目标。

第三小组首先诊断的是江苏苏北市场。

苏北市场区域经理小何先介绍了2018年当地的销售状况："公司产品在苏北市区覆盖率达到90%，乡镇覆盖率达到75%。市场基本饱和，可拓展空间小。竞品价格比我们低，质量相差却不大。今年公司进行了三轮促销，销售指标都难以完成。明年却要增长80%。简直天方夜谭，不可能的事！"

"我们在苏果超市、大润发、家乐福等卖场都没进入，你的市区覆盖率达到90%的数据是从哪里得来的？"浙江省区经理老王首先发问。

"你说的这些连锁超市、大卖场总部都不在我的区域内，我们没把它们包含在内。"小何解释道。

"如果明年我们大规模进入KA渠道，并把在你区域范围内的门店销售计入你的业绩，苏北市场能增加多少销售额？"公司老总问道。

"如果全部进入，全年能增加500万元的销售额吧！"小何谨慎地回答道。

"今年苏北市场的销售目标是1 500万元吧，仅这一项就增长33%了！"公司老总追问道。

"是的！但公司需支付一大笔费用……"小何心中还是有点不服气。

"费用我们暂不考虑！"公司老总打断了小何的话。

"现在苏北市场有几家经销商？"老王继续发问。

"有8家经销商，分布在南京、盐城、淮安、高邮、扬州、徐州、连云港、宿迁。基本上每个地区都有一家以上的经销商。"小何回答很详细，唯恐被抓住把柄。

"像徐州、扬州、南京这样的一级市场，就一家经销商，他们做得过来吗？"老王进一步发问。

"这3个市场的经销商实力很强，能做的都做到了！"小何小心翼翼地说。

"这3家经销商我都熟悉，是有实力，但都是以大批发为主。另外几家有代表性的商超、中小型商超基本都没覆盖到。"老王一语点破要害。

"若把市场进一步做细，就我们这几个人可做不到！"小何急了。

"如把市场细化，做好深度分销，苏北市场销量能增长多少？"公司老总问道。

"能增长30%吧。"小何无可奈何了。

"那已是63%了！现有经销商还有没有潜力可挖？明年公司还增加4个新品。挖掘一下市场潜力，加上新品销量。增长17%有困难吗？"公司老总乘胜追击。

"应该没问题。"小何放弃了反抗。

"那好！市场增长点找到了。小何，你围绕以上3点，做一份市场运作方案，包括需增加的费用和人员。"公司老总及时做了总结。

"好的！"小何点头认账。

这一天的会议气氛热烈，午餐改在会议室进行。每位参会者都群策群力，为对方的市场进行诊断。会议一直持续到第二天的凌晨。

终于，2019年销售额增长80%的目标得到全体人员的认可。关键是销售人员多年来闷在心里的话都一吐而尽，每个人的意见都得到了重视。会后许多销售人员说："进入这家公司，从没有这么爽过！"

第四天，公司在当地的一家宾馆宴会厅召开了誓师大会。公司董事长进行总动员，各位销售人员轮流表决心。这场头脑风暴的晚宴大餐在群情激扬中落下了帷幕。

第五天，所有的销售人员信心十足地奔赴全国各地。晚冬的寒意依然刺骨，但每个销售人员的心中已是春意盎然。

讨论问题：你认为 T 公司 2019 年销售额增长 80% 的销售目标能够得到全员认可的原因是什么？你从中获得什么启示？

实战案例 4-2

H 公司啤酒销售预测

H 公司啤酒市场覆盖面和占有率每年以 30% 的增幅提升，产品畅销华西地区，并批量出口日本、俄罗斯等地区。

对近 5 年 H 公司啤酒每月销售量资料进行整理，利用趋势预测分析法，预测第 6 年啤酒销售量。

1. 资料搜集整理

近 5 年 H 公司啤酒每月销售量及月平均比重如表 4-16 所示。

表 4-16 近 5 年 H 公司啤酒每月销售量及月平均比重

月份	销售量/吨					月平均	月平均比重（%）
	第 1 年	第 2 年	第 3 年	第 4 年	第 5 年		
1	18	20	27	40	48	30.6	5.90
2	10	12	18	30	36	21.2	4.09
3	4	5	10	18	23	12.0	2.32
4	4	6	9	15	30	12.8	2.47
5	11	25	40	45	78	39.8	7.67
6	15	30	55	80	97	55.4	10.68
7	18	42	90	114	125	77.8	15.00
8	12	21	25	40	47	29.0	5.59
9	10	15	17	35	45	24.4	4.70
10	25	40	75	90	103	66.6	12.84
11	30	72	80	105	128	83.0	16.00
12	31	58	72	73	96	66.0	12.73
合计	188	346	518	685	856	518.6	100

近 5 年 H 公司啤酒分品种销售量及构成比重如表 4-17 所示。

表 4-17 近 5 年 H 公司啤酒分品种销售量及构成比重

年份	瓶装销售量/吨	散装销售量/吨	扎啤销售量/吨	合计/吨	瓶装比重（%）	散装比重（%）	扎啤比重（%）
第 1 年	86	102		188	45.7	54.3	
第 2 年	182	164		346	52.6	47.4	
第 3 年	293	205	20	518	56.6	39.6	3.9
第 4 年	409	236	40	685	59.7	34.5	5.8
第 5 年	517	284	55	856	60.4	33.2	6.4

2. 预测分析过程

近 5 年 H 公司啤酒销售量及增长量如表 4-18 所示。

表 4-18　近 5 年 H 公司啤酒销售量及增长量　　　　　　（单位：吨）

项目	第 1 年	第 2 年	第 3 年	第 4 年	第 5 年
啤酒销售量	188	346	518	685	856
逐期增长量	—	158	172	167	171

由表 4-18 可见，啤酒销售逐期增长量大体相同，可拟合线性模型进行趋势预测分析。

讨论问题：请根据上述条件，预测该公司第 6 年的销售量。

模拟实训

实训名称

销售计划模拟

实训目标

（1）掌握制订销售计划的方法。
（2）掌握制订销售计划应包括的内容。

背景描述

学生以小组为单位走访调研当地某一企业（如饮料企业），并为其制订下一个月份的销售计划，目的是提高品牌知名度，增加消费者与产品的接触率，促进消费者购买。

所需制订的销售计划提纲如下：①制定某饮料企业销售计划的目标；②当前营销及销售状况分析；③机会和问题分析；④制订销售计划。

实训组织与实施

（1）将班级同学每 5 个人分成一个小组，以小组为单位进行讨论。
（2）以小组为单位完成一份实训报告。

实训评估标准

评估对象	信息收集	实训报告	团队合作	知识运用
评估要点	调研企业各类信息收集的完备程度	实训报告的条理性、清晰性、逻辑性程度，同时必须完成规定的全部任务，不得缺项	小组成员的团队合作意识以及参与程度	结合相关知识点的紧密程度
能力考查	信息收集能力	书面表达能力	团队协作能力	学习并运用知识的能力
占比	20%	20%	20%	40%

> 延伸阅读 4-1

ML公司年度销售计划

1. 公司定位和品牌定位

ML公司是电信和数据通信行业的技术领导者。ML公司主要提供构筑互联网的基础产品，包括有线接入领域和无线接入领域。目前，ML公司在中国已经建立了开发基地，实现在中国的研发和本地化。

ML公司的品牌定位如下：

1）在电信和数据通信产品相结合的领域成为国内领先的品牌设备供应商。

2）跻身一流的网络产品生产商及供应商行列。

3）以系统集成项目带动网络产品整体的销售和发展。

2. 销售策略指导和行业目标

1）采取自上而下的销售策略：绝对不能抛开大的区域分销商，区域分销商是重点发展目标。用整体的解决方案带动整体的销售：要求形成完整的解决方案并有成功的案例，由此带动全线产品的销售。大小互动：以网络产品的销售带动系统集成销售，以系统集成项目促进网络产品的销售。实际的出货量决定产品的知名度，每个产品都是一个强有力的广告。

2）强调两个重点：大力发展重点区域和重点代理商，对完成销售目标具有非同寻常的意义。大力发展原始设备制造商，迅速促进产品销量及营业额的提高。

3）重点发展房地产（智能小区）、医疗、教育、金融等行业。遍地开花，中心城市和中小城市同时突破。

3. 市场销售近期目标

1）在很短的时间内使营销业绩快速提高，到年底使公司产品成为行业内知名品牌，取得国内同水平产品的一部分市场，与国外产品形成竞争关系。

2）致力于发展分销市场，到年底发展100家分销业务合作伙伴、200家系统集成商，在上述行业中取得1亿元以上的销售业绩。

4. 销售基本理念和基本规则

（1）销售基本理念

1）开放心胸。

2）战胜自我。

3）专业精神。

（2）销售基本规则

1）分销合作伙伴分为两类：一是分销客户，即重点合作伙伴；二是系统集成客户，即基础客户。

2）每个员工都不要认为公司的产品是一个新品牌。

3）竞争对手是国内同类产品的厂商。

4）分销市场上的目标客户，市场上处于成长期的公司，具有强烈的事业心和发展欲望，在当地的网络市场中处于重要地位的网络公司，具有较好行业背景及消化能力的系统集成商。

5. 市场销售模式

（1）渠道的建立模式

1）采取逐步深入的方式，先草签协议，再做销售预测表，正式签订协议，订购第一批货，如不进货则不能签订代理协议。

2）采取寻找重要客户的办法，通过谈判将货压到分销商手中，销售和市场支持及时跟进。

3）让代理商产生竞争心态，掌握主动性，不能以低姿态进入市场。

4）在当地的区域市场上，保证随时有一个可以成为一级代理的二级代理，以对一级代理起到威胁和促进作用。

（2）给代理商信用等级上的支持（制定信用等级评定办法）

1）客户可分为一级代理商（A）、二级代理商（AA）、系统集成商（AAA）。

2）A级20家，AA级100家，只有A级才能有信用支持。

3）A级的信用等级评定标准如下：

- 签订了正式的授权营销协议，并在ML公司进行了完整的备案。
- 前三个月内每月的订货符合授权营销协议规定的销售额。
- 在三个月内的商业交易中没有发生恶意倒账事件和商业纠纷。
- 积极开拓市场，独立操作当地的市场活动，配合公司的市场营销活动。
- 没有违反授权营销协议中规定的内容。

6. 价格策略

1）以高品质、高价格、高利润空间为原则。

2）制定较现实的价格表，价格表分为两层，公开报价，制定市场销售的最低价。

3）制定较高的"月度返点"和"季度返点"政策，以控制营销体系。

4）严格控制价格体系，确保一级代理商、二级代理商、系统集成商、最终用户之间的价格差距及利润空间。

7. 销售策略

1）市场上有推拉的力量。要快速成长，就要采用推动力量；要想采用拉的力量，需要长时间的培养。为此，应将主要精力放在开拓渠道分销上。另外，负责大客户和系统集成的人员主攻行业市场和系统集成市场，力争在三个月内完成4~5项样板工程。到年底，销售人员完成销售定额。

2）短渠道策略：与一级代理商、二级代理商、系统集成商、行业客户建立直接联系。

3）建立业务团队的垂直联系，保持高效沟通，做出快速反应。团队建设应扁平化。

4）以专业的精神来销售产品。价值＝价格＋技术支持＋服务＋品牌。实际销售的是解决方案。

5）条件成熟后应建立物流中心，以解决在地方市场上面临的困难。物流中心可以起到融资平台、财务平台、物流平台的作用。

8. 售后服务体系

1）可以与一级代理商签订授权维修中心协议，提供备件支持。由专人负责全国的授权维修中心的备件更换和维修工作。

2）按前三个月销售额的1%提供维修备件。

3）建立专门的授权维修中心，支付一定费用。

4）售后的技术咨询应设立客户咨询记录表，用以记录客户咨询的问题。公司网站开通专门的论坛。

9. 内部人员的报告制度和销售决策

1）每周一召开工作会议，提交工作报告，内容包括：本周实现的销售量；本周渠道开发的进展；下周工作计划和销售预测；面临的困难。月末会议进行销售人员的销售排名。

2）价格控制包括两方面：统一的价格和折扣制度；价格的审批制度。

3）工作单制度。

4）做好销售支持工作：一定时间的业绩、折扣、返点的计算，订单的处理，分销商的业绩排名。

5）编制销售手册，包括代理商的规则、技术支持、市场部的工作范围和职能、所能解决的问题和提供的支持等。

10. 附属文件

附属文件包括：①授权营销协议；②授权代理商的"季度返点"表；③授权代理商注册登记表；④销售情况预测表；⑤产品订单和销售合同；⑥信用等级评定办法；⑦授权维修中心协议文件；⑧授权培训中心协议文件；⑨授权培训中心评定政策；⑩备件库的建立和管理办法；⑪发展计划一览表；⑫××年市场营销计划；⑬业务经理周工作报告；⑭行业经理周工作报告；⑮部门工作交接单；⑯产品价格表；⑰返点确认单；⑱销售业绩统计表。

延伸阅读 4-2

AB 公司年度销售计划书

1. 基本目标

本公司××年度销售目标如下：

1）销售额目标：

①部门全体：×××元以上。

②每一员工（每月）：×××元以上。

③每一营业部人员（每月）：×××元以上。

2）利益目标（含税）：×××元以上。

3）新产品的销售目标：×××元以上。

2. 基本方针

1）本公司的业务机构，必须指导所有人员都精通业务，人心安定，有危机意识并在执行有效活动时不再做任何变革。

2）贯彻少数精锐主义，不论精神或体力都须全力投入工作，使工作朝高效率、高收益、高分配（高薪资）的方向发展。

3）为加强机构的敏捷性，本公司将大幅委让权限，使各级决策人员得以果断速决，实现上述目标。

4）为达到责任目的及确立责任体制，本公司将贯彻重赏重罚政策。

5）为使规定及规则完备，本公司将加强各种业务管理。

6）××股份有限公司与本公司在交易上订有书面协定，彼此履行责任与义务。基于此立场，本公司应致力于达成预算目标。

7）为促进零售店的销售，应设立销售方式体制，将原有购买者的市场转为销售者的市场，使本公司能有主导代理店、零售店的权力。

8）将需要促销的产品放在零售店，并致力于培训、指导其促销方式，借此进一步刺激消费者对促销产品的需求。

9）策略的目标包括全国有名的××家店，以"经销方式体制"来推动销售计划执行。

3. 业务机构计划

（1）内部机构

1）××服务中心将升格为营业处，借以促进销售活动。

2）在××营业处的管辖内设立新的出差处（或服务中心）。

3）解散食品部门，其所属人员则转配到××营业处，致力于开展销售活动。

4）以上各新体制下的业务机构暂时维持现状，不做变革，借此确立各自的责任体制。

5）在业务的处理方面若有欠佳之处，再酌情改善。

（2）外部机构

交易机构及制度将维持本公司→代理店→零售商的原有销售方式。

4. 零售商的促销计划

（1）新产品销售方式

1）将全国重要的××家零售商店依照区域划分，于各划分区域内采用新产品的销售方式。

2）新产品的销售方式是指每人各自负责30家店左右，每周或隔周做一次访问，借访问的机会督导、奖励销售，进行调查、服务及销售指导、技术指导等，借此促进销售。

3）上述××家店所销出的本公司产品的总额须为以往的两倍。

4）库存量须努力维持在零售店为1个月库存量、代理店为2个月库存量的界限上。

5）销售负责人的职务内容及处理基准应明确化。

（2）新产品协作会的设立与活动

1）为了使新产品的销售方式所推动的促销活动得以开展，以全国各主力零售店为中心，依据地区另设立新产品协作会。

2）新产品协作会的主要内容大致包括下列 10 项：

①分发、寄送相关杂志。

②向负责本公司产品的人员赠送领带夹。

③安装各地区协作店的招牌。

④分发商标给市内各协作店。

⑤协作商店之间的销售竞争。

⑥分发广告宣传单。

⑦积极支援经销商。

⑧举行讲习会、研讨会。

⑨增设年轻人专柜。

⑩介绍新产品。

3）新产品协作会是非正式部门。

（3）提高零售店店员的责任意识

为提高零售店店员对本公司产品的关注度，增强其销售意愿，公司应采取以下措施：

1）奖金激励对策。零售店店员每次售出本公司产品则令其寄送销售卡到新产品协作会，当销售卡达到 10 张时，即发奖金给本人以激励其销售意愿。

2）销售人员的辅导。

①销售人员可在访问时进行指导，借此提高零售店店员的销售技术，并加强其对产品知识的深度学习。

②销售人员可亲自接待顾客，示范销售动作或进行技术说明，让零售店店员从中获得间接指导。

5. 顾客需求计划

（1）确定的广告计划

1）在新产品销售方式体制确立之前，暂时先以人员访问活动为主，广告宣传活动作为未来主要的促销活动。

2）针对广告媒体，再次进行检查，务必使广告计划实现以最小费用创造出最大成果的目标。

3）为实现前述两项目标，应对广告、宣传技术做充分研究。

（2）活用购买调查卡

1）针对购买调查卡的回收方法、调查方法等进行检查，借此切实掌握顾客的真正购买动机。

2）利用购买调查卡的调查统计、新产品销售方式体制及顾客调查卡的管理体制等，切实做好需求预测。

6. 营业管理及统计——顾客调查卡的管理体制

1）利用各零售店店员所送回的顾客调查卡，将销售额的实绩统计出来，或者根据这些来改革产品销售方式并进行其他管理。

①依据营业处、区域，统计××家商店的销售额。

②依据营业处，统计××家商店以外的销售额。

③另外几种销售额统计须以各营业处为单位制作。

2）根据上述统计，可观察各店的销售实绩，掌握各负责人员的活动实绩、各商品种类的销售实绩。

7. 预算确立及控制

1）必须确立营业预算与经费预算，经费预算通常随营业实绩进行上下调节。

2）预算方面的各种基准、要领等须加以完善，成为示范本，本部与各事业部门则需要交换合同。

3）针对各事业部门所做的预算、实际额进行统计、比较及分析，确立对策。

4）事业部门的经理应分年、期、月，分别制订部门的营业方针及计划，并提交给本部门修正后定案。

第5章
销售效率评价

学习目标

- 掌握销售分析评价体系的两种类型
- 掌握销售成本分析的两种方法
- 掌握资产回报分析的方法
- 了解销售控制的必要性
- 掌握年度计划控制的方法
- 掌握盈利能力控制的方法
- 了解效率控制的方法
- 了解战略控制的方法

引导案例

如何提高一线人员的销售效率

杨生是一家中型日化企业上任不久的销售部经理,前一段时间,因为试点终端营销成绩卓越而被提升,负责整个公司的销售管理。在公司决策层的支持下,他在全国市场推广终端营销管理模式。过去的几个月,由于投入终端管理的一线销售人员的数量比原先几乎增加了一倍,但销售量的上升幅度与计划设定的目标还有不小的差距,杨生为此忧心忡忡。

杨生急忽忽来到公司王总的办公室,希望王总能给他一些帮助。

"你的销售人员增加计划与公司整体营销战略相符吗?"这是王总问杨生的第一个问题。

他说:"终端销售的特点决定了比传统销售模式需要的人员更多,我的人员增加计划是得到公司批准的。"

"那么你最担心的是因人员增加而产生的费用拖累销售利润?"王总又问。

"是这样的,一下子增加了一倍的人员工资和销售费用,利润这块儿有点险。"

"你增加一倍销售人员的计划来自今年的销售目标除以去年部分实施终端营销的市场的人均销售?"王总再问。

杨生表示他的人员增加计划确实源于此。

"你们每一个新增人员的销售效率都符合实现你的人均计划销售量的要求吗？"

杨生无法做出肯定回答。

讨论问题：你认为杨生为什么无法回答王总的问题？销售人员数量和销售量成正比吗？

销售效率评价是指对销售活动的整体分析与评估，其目的是：①确保销售目标的达成，以及各项销售管理措施的贯彻落实；②通过销售评价找出销售活动中的问题与弱点，提出改进办法，从而提高销售效率。

本章首先讨论销售效率分析，包括销售分析、销售成本分析和资产回报分析；然后探讨如何利用销售效率评价来控制销售活动。

5.1 销售效率分析

销售效率分析是指对销售队伍的销售效果的考核，一般通过以下三种方法进行，即销售分析、销售成本分析以及资产回报分析。

5.1.1 销售分析

1. 销售分析的含义

销售分析是指通过对企业的销售数据进行收集、分类、比较及研究，对企业的整体销售努力的成果进行评价和总结。销售分析在企业销售管理领域得到了广泛运用，其应用领域已超出销售业绩考评范围，扩展到了包括营销战略管理在内的其他管理领域。

进行销售分析最明显的好处是通过销售分析使得企业销售活动集中的产品、顾客、订单或区域等方面的情况得以突出表现，企业可以从中找出其销售不佳的症结所在。在销售管理中，这种产品、顾客、订单和区域集中的现象颇为普遍，它们遵循"80/20"法则。这一法则同样适用于销售额在订单和销售区域中的分布。当然，"80/20"这一比率只是用于泛指这种分布规律，确切的比率因事而异，但总趋势会接近"80/20"这一比率。

2. 进行销售分析要考虑的问题

销售分析评价体系有两种类型，即简单销售分析和比较销售分析（也称作业分析）。如果选择比较销售分析评价体系，则又面临两个基本问题：一是以什么为比较标准；二是采用何种报告体系。

（1）简单销售分析

在简单销售分析中，只是陈列事实及数据，不做任何比较；在比较销售分析中，则依据特定的目的选择各种基准进行比较。如表 5-1 所示，第（1）列是简单销售分析，它只是罗列了销售人员完成的销售额，从中我们不难看出销售人员 C 业绩最佳，而销售人员 A 业绩最差。但比较销售分析则试图将简单销售分析罗列的数据与某些标准进行比较。表 5-1 第（2）列列示了每个销售人员的销售定额。第（3）列是每个销售人员的业绩指数。由业绩指数来判断，表现最好的是销售人员 B，而不是 C，并且恰恰是 C 未完成任务。由此可见，比较销售分析能提供更为确切的信息。

表 5-1　简单销售分析与比较销售分析

销售人员	（1）销售额（千元）	（2）销售定额（千元）	（3）=（1）/（2）
A	745.5	710	1.05
B	805.0	700	1.15
C	862.4	880	0.98
D	811.2	780	1.04
E	760.0	760	1.00

（2）比较销售分析

进行比较销售分析时，要注意以下两点。

1）比较的标准。销售定额仅仅是进行比较最常用的一个标准。但以定额为标准，要求定额的制定应客观科学。然而，事实上很难做到这一点。因此，除了定额外，许多企业还选择一些其他的比较标准，比如以上两年度的销售额或以前若干年度销售额的平均数为标准等。

2）报告体系的类型。选定了某种标准进行比较以后，需要将比较结果以报告形式反映出来，提供给有关人员。报告体系的两个极端是反映全部比较结果。因此，如果是以销售定额为比较标准并且同时假定以销售人员为单位进行销售分析，则报告中须反映每个销售人员完成的销售额、销售定额、销售额与定额的差异以及业绩指数等。如果一家企业有成百上千甚至更多的销售人员，那么这种报告体系将使销售经理在一大堆数据前不知所措，也就无法对此报告加以有效运用。报告体系的另一个极端是只反映那些明显偏离常规的信息。比如，只反映至少偏离标准 10% 的情况。按照这一条件，在表 5-1 中，只有销售人员 B 的数据报告提供给销售经理。因为这种报告体系只反映显著差异，不能提供某些必需的细节，从而也难以实现考评工作的有效性。

最有利用价值的报告体系应该既能反映比较结果又能反映显著偏差。这种报告体系一般有两种形式：一种是在反映所有信息的报告之外再列一张单独的报表，列出那些明显超出预定范围的情况；另一种是给反映所有信息的报告中的那些限制偏差加一个标志来突出表现，比如在前面加 "*"。这种综合的报告体系一方面可以让销售主管掌握所有的细节，另一方面又能使他们的注意力集中在较为突出的问题上。

3. 信息的来源及处理

进行销售分析需要什么样的数据首先取决于企业选择的评价体系的类型。很显然，以企业销售潜力或定额为标准进行销售分析所需的信息，与以企业过去五年的平均销售额为标准的销售分析所需的信息就大不一样。其次，它取决于销售报告的使用者是谁。提供给产品线销售经理的销售报告与提供给区域销售经理的销售报告所需信息也大不一样。

一般来说，最有效的信息来源是销售发票。从销售发票中，通常可获得以下信息：

顾客的姓名与地址、销售的产品与服务、销售量及金额、销售人员姓名、售出产品的最终用途、顾客所处行业或分销渠道、售货条件及销售折扣等。企业还可以设计一些其他的销售文件，提供一些更为专门的信息。比如，销售人员的访问报告、费用账单等。这些信息文件通常用来评价销售人员的个人业绩。

在设计销售分析方案时，还需要考虑以什么为依据将所有信息加以分类及合并。最常见的分类标准是：地理区域或销售区域，产品或包装的尺寸、等级、颜色，客户或客户的规模，产品最终用途或分销渠道，销售方法，包括邮购、电话销售、人员直销等，订单规模，等等。以销售区域、产品、顾客作为分类依据时，往往会出现交叉。

5.1.2 销售成本分析

销售成本分析是用来补充销售分析而对销售队伍整体努力进行考评的方法。销售分析着重于对已获得的销售成果进行分析，而销售成本分析则侧重于分析产生这些成果所花费的成本，以及成本与成果是否相称。因此，销售成本分析就是对销售成本数据进行收集、分类、比较和研究。采用销售成本分析进行考评是为了提高销售活动生产率。

销售总是在一定的成本基础上取得的。销售生产率是指每单位销售努力的投入所产生的销售额或利润。在介绍销售成本分析方法之前，先要明确几个概念。

1. 会计成本和销售成本

销售经理通常习惯于进行销售分析，而对销售成本分析却不是很重视。即便是进行销售成本分析，通常也只是分析产品利润率，而很少分析销售区域和销售人员利润率，分析顾客利润率的就更少了，原因在于大多数会计体系不是为满足销售管理的需要而设计的。所以，我们有必要弄清一般意义的会计成本与销售成本的差异。

（1）会计成本

会计成本是用以反映企业经营活动的历史记录。对于会计人员而言，净收益从本质上讲是对过去经营成果的历史记录。在计算时，需要在会计期间将生产设备计提的折旧转为生产成本，从收入中扣除。会计成本通常是以厂房、设备、原材料等物体或完工、装配的过程来分类的，并且是以历史成本来确定某种特定行为的结果。在控制会计成本时，管理者更关心的是产量变动对成本的影响。

（2）销售成本

营销的观点更类似于经济学的看法，因为它是以未来为导向的。从经济学的角度来看，净收益在本质上是对未来成果的一种推测，而不是对过去成果的历史记录。因此，资产的真实成本是一种机会成本，即因将资产用于某一用途而放弃其他用途的成本，资产的价值是以其未来可能带来的收益来确定的。销售成本通常是按照与某一特定决策相关或不相关的各种因素来分类的，因此销售成本也是一种相关成本。

另外，销售成本是直接指向利润的，在控制销售成本时，管理者关心的是销售成本变动对销售量的影响。

2. 完全成本法与边际贡献法

销售成本分析可采用完全成本法或边际贡献法。关于这两种方法的争议颇多。为了理解这两种方法的差异，我们还必须首先对直接成本与间接成本、特定费用与一般费用这两组概念进行区分。

（1）直接成本与间接成本

直接成本是能够直接归属于某一特定产品或功能的成本，它是因这种产品或功能的存在而存在的，一旦这种产品或功能消失，直接成本也随之消失。间接成本是与几种产品或功能相关的共有成本，即使其中的一种产品或功能消失，间接成本仍然存在，并且原来由这种产品或功能负担的那部分成本也会转移到剩余的产品或职能成本中去。比如，一个销售人员销售多种产品，其旅行费用便是一种间接成本。因为即使他销售的某一种产品被取消了，他的旅行费用也不会因此而降低。

（2）特定费用与一般费用

在利润表中，对成本和费用有着严格的区分。一般来说，成本项目通常指原材料、人工、动力、租金等用以生产产品的消耗，而费用则指发生在经营过程中的其他消耗，如广告费用、管理费用等。在销售成本分析中，这两个概念之间的区别并不是很明显，通常可以互用。

特定费用在某种程度上类似于直接成本，它可以直接归属于某种产品或功能。在销售成本分析中，产品销售经理的薪金就是一种与产品相联系的特定费用。一般费用则类似于间接成本，它无法归属于某一产品或功能。比如，销售多种产品的区域销售经理的薪金不会因某一产品的取消而消失。

值得注意的是，某种成本或费用从某一角度而言是直接成本，从另一角度而言又是间接成本。因此，不同的衡量角度决定了成本或费用的处理方法，这一点可以通过表5-2来说明。

表 5-2 直接成本与间接成本

成本	衡量角度	
	产品	区域
销售展示费用	直接	直接
区域经理薪金	间接	直接
产品线经理薪金	直接	间接
企业总裁薪金	间接	间接

（3）完全成本法与边际贡献法

完全成本法认为在确定各个部门按销售区域、产品或销售代表等划分的利润率时，需考虑其所有的成本，不仅包括能够归属于该部门的直接成本，还包括企业经营中该部门应该分担的那部分间接成本。

应当以尽可能合理的标准来确定间接成本的分摊。

边际贡献法则认为分摊间接成本会产生误导和混乱。它主张只有那些能直接归属于某一部门的产量相关的变动成本才从该部门的收入中减去，收入超出成本的部分就是对一般费用以及利润的贡献。因此，边际贡献法并不区分成本是因何而产生的，只是简单地将成本分为固定成本和变动成本，销售额与变动成本之差就是该部门的边际贡献。

完全成本法与边际贡献法的差别可以用表 5-3 来说明。

表 5-3 销售成本分析的两种方法的差异

完全成本法	边际贡献法
销售成本＝销售收入－变动销售及管理费用－固定销售及管理费用－利润	边际贡献＝销售收入－变动成本＝(单价－单位变动成本)×销售数量＝单位边际贡献×销售数量＝销售收入×边际贡献率＝固定成本＋息税前利润

从表 5-3 中可以看出，不仅两种方法中净收益的计算式不同，而且边际贡献法所强调的并不是净收益，它在评价一个部门的利润率时更侧重于分析其边际贡献。

5.1.3 资产回报分析

销售分析和销售成本分析是销售主管考评销售队伍业绩的两个有用的财务工具。前者衡量销售结果，后者反映产生这些结果所付出的代价。除此之外，还有一个重要的财务工具是对与产生这些结果相关的资产的分析，即资产回报分析。

通常用于支持销售功能的两种资产是应收账款和存货。对资产回报率进行分析是对传统成本分析的一大改进。资产回报率的公式同时反映了既定销售水平下的边际贡献和资金周转情况，具体表达如下：

资产回报率＝边际贡献率 × 资产周转率＝(边际贡献/销售额)×(销售额/资产)

式中，资产＝应收账款＋存货。

单以边际贡献或边际贡献率的大小来评价销售部门业绩好坏，经常会出现偏差。这一点可以从以下例子中得到证明。

表 5-4 是对某公司 A、B 两个销售区域的资产回报率分析。

表 5-4 资产回报率分析

项目	区域 A	区域 B
销售额（千元）	2 500	1 500
销售成本（千元）	2 000	1 275
毛利（千元）	500（20%）	225（15%）
变动费用（千元）	250	130
工资（千元）	155	80
佣金（千元）	25	10
办公费用（千元）	30	20
旅行费用（千元）	40	20
边际贡献（千元）	250	95
应收账款（千元）	500	150
存货（千元）	750	225
边际贡献率（%）	10	6.3
资金周转率（%）	200	400
资产回报率（%）	20	25.2

从销售毛利看，A 区域的毛利无论从净值还是从占销售额的比例来看都大于 B 区域。从边际贡献来看，A 区域对利润的贡献也大于 B 区域。

一般会认为 A 区域的销售业绩比 B 区域要好。但是，这样的判断忽视了产生这些成果所投入的资产。A 区域占用公司营运资本的比例高于 B 区域。因此，在相同时期内，A 区域与 B 区域相比，其资产周转次数仅仅为 B 区域的一半，结果是 A 区域的资产回报率比 B 区域要低。

资产回报率分析能为销售经理提供有用的信息。一方面，可以将销售按产品或销售人员来细分，同时将资产以同样标准细分，这样就可以分析每种产品或每个销售人员对盈利能力的影响；另一方面，可以对资产回报率中的三个因素——边际贡献、销售额和资产进行敏感性分析，来判断每种因素对盈利影响的大小。由资产回报率公式看出，通常可以通过以下途径提高资产回报率：一是提高边际贡献率，一般是通过降低变动成本来实现；二是加快资产周转速度，一般通过加强对资产的管理，提高其使用效率来实现。

总之，在对销售情况进行考评时，应该将销售分析、销售成本分析和资产回报率分析综合运用。这样才能获得可靠而全面的信息，有助于对销售活动进行控制和监督，达到销售管理目标。

5.2 销售控制

销售效率分析发现，要达到预期的销售效果，就必须对销售活动进行有效控制。所谓销售控制（Sales Control），是指衡量和评估销售策略与计划的成果，以及采取纠正措施以确定销售目标的完成。

5.2.1 销售控制的必要性

1. 环境变化的需要

从销售管理者制定目标到目标的实现通常需要一段时间。在此期间，企业内外部的环境可能会发生变化，尤其是面对复杂而动荡的市场环境，每家企业都面临着严峻的挑战，各种环境的变化都可能会影响企业已定的销售目标，甚至有可能需要调整目标以符合新环境要求。高效的销售控制系统能帮助销售管理者根据环境变化情况，及时对原来的计划做出必要的修正。

2. 需要及时纠正执行过程中的偏差

在计划执行过程中，难免会出现一些小偏差，而且随着时间的推移，小错误如果没有得到及时纠正，就可能逐渐积累成严重的问题。销售控制不仅是对企业销售过程的结果进行的控制，还必须对企业营销过程本身进行控制。因此，销售管理者必须依靠控制系统及时发现并纠正小的偏差，以免给企业造成不可挽回的损失。

5.2.2 销售控制的类型

最常见的销售控制有四种类型——年度计划控制、盈利能力控制、效率控制、战略控制，如表 5-5 所示。

表 5-5 销售控制的类型

控制类型	负责人	控制目的	研究方法
年度计划控制	高层管理者 中层管理者	检查计划的结果是否已经实现	销售分析 市场份额分析 销售成本/销售额分析
盈利能力控制	营销总监	检查企业的盈亏状况	盈利率涉及： 产品 区域 细分市场 贸易渠道 订货型号
效率控制	产品线和员工管理者 营销总监	评估并提高费用的使用效果和效率	效率指标涉及： 销售人员 广告 促销 分销渠道
战略控制	高层管理部门 营销审计员	检查企业在市场、产品、渠道方面是否抓住了最佳机会	营销效率评级工具 营销审计 卓越营销的评估 企业道德和社会责任

5.2.3 年度计划控制

年度计划控制的中心是目标管理，即保证企业年度营销计划中规定的各项目标能够顺利实现。年度计划控制包括销售分析、市场份额分析、销售费用/销售额分析等三个方面。

1. 实施步骤

1）销售管理者应将年度销售计划的目标分解为每季或每月的目标。
2）随时跟踪掌握指标的完成情况。
3）及时发现实际的销售状况与销售计划的差距并分析其原因。
4）采取补救措施，调整实施步骤或修正计划。

2. 销售分析

销售分析是根据销售目标衡量和评价实际销售情况构成。

（1）销售差额分析

测量不同因素对销售实绩差额的相对作用。例如，某企业年度计划要求在第一季度销售 4 000 件产品，售价为 1 元，销售额为 4 000 元。季度末却只销了 3 000 件产品，而且售价仅为 0.8 元，销售额为 2 400 元。实际比计划销售额少 40%，差异为 1 600 元。造成这一差异的因素是销售量下降和价格降低,问题是这两个因素对造成销售额差异的影响程度如何?从计算结果可知,造成销售额差距主要是由于没有实现销售目标。企业应该对其预定的销售量目标为何没有实现进行深入分析。

(2)微观销售分析

这种方法通过对产品、销售地区以及其他方面考察来分析未完成销售目标的原因。例如,对企业在各个地区市场进行考察,假设该企业在 3 个地区市场销售,销售目标分别为 1 500 件、500 件和 2 000 件,总数为 4 000 件,而实际销售量分别是 1 400 件、525 件和 1 075 件。这样 A 地区只完成了 93%,B 地区完成了 105%,C 地区只完成了 54%。由此可见,C 地区是造成困境的主要原因。

3. 市场份额分析

企业自身的销售额并不能反映企业相对于竞争对手的优劣。因此,需要考察企业所占市场份额。如果市场份额增加,则意味着企业领先于竞争者;反之,则说明企业落后于竞争者。

(1)确定市场份额的标准

1)总体市场份额:以企业的销售额占总体市场销售额的百分比来表示。

2)服务市场份额:企业销售额占其所服务市场的总体销售额的百分比。其中,企业所服务市场是指所有能够并愿意购买企业产品的购买者,一般为企业营销努力触及的市场。

3)相对市场份额(与最强的三个竞争对手相比):以企业的销售额占三个最强大的竞争者综合销售额百分比表示。例如,假设某公司市场份额为 30%,而两个最大竞争者的市场份额分别为 20% 和 10%,那么,该企业的相对市场份额就是 50%。一般,该相对市场份额超过 33.33% 就被认为是实力较强的企业。

4)相对市场份额(与领先竞争者相比):以本企业销售份额占领先竞争者销售份额的百分比来表示。相对份额超过 100%,就表明企业是市场领先者。

(2)分析市场份额的变动

一种有效的方法是通过四个成分来分析市场份额的变动。

$$总体市场份额 = 顾客渗透率 \times 顾客忠诚性 \times 顾客选择性 \times 价格选择性$$

式中,顾客渗透率是指所有向该企业购买的顾客占所有顾客的比例;顾客忠诚性是指顾客从该企业所购买的商品量占该顾客购买的全部同类商品的比例;顾客选择性是指该企业的顾客平均购买量与某一个一般企业的顾客平均购买量之比;价格选择性是指该企业的平均价格与所有企业的平均价格之比。

因此,假设某企业市场份额下降,则可能的解释有:①企业失去了一些顾客(顾客渗透率下降);②现有顾客从该企业购买的商品占其全部购买量的比例下降(顾客忠诚性下降);③企业保留的顾客规模较小(顾客选择性较低);④企业价格竞争力减弱(价格选择性较低)。

4. 销售费用/销售额分析

年度计划控制要求确保企业在实现销售目标时,费用不能超支。这就要考虑销售费用与销售额之比。它包括 5 个部分：①销售员工费用与销售额之比；②广告费用与销售额之比；③促销费用与销售额之比；④市场调研费用与销售额之比；⑤销售管理费用与销售额之比。销售管理部门必须监控这些费用比例，使其在某一合理范围内波动。

5.2.4 盈利能力控制

盈利能力控制是对企业营销组合中各类因素的获利能力进行分析，以帮助销售管理者决定需要发展或缩减或淘汰的产品及市场。盈利能力的考察指标主要有以下 4 个。

1. 销售利润率

销售利润率是企业利润总额与企业销售收入净额的比率。它反映企业销售收入中，职工为社会劳动新创价值所占的份额，其计算公式为

$$销售利润率 = 利润总额 \div 销售收入净额 \times 100\%$$

该项数值越大，表明企业为社会新创价值越多，贡献越大，也反映出企业在增产的同时多创造了利润，实现了增产增收。

2. 资产收益率

资产收益率是指企业所创造的净利润与企业全部资产的比率，其计算公式为

$$资产收益率 = 净利润 \div 资产总额 \times 100\%$$

其分母之所以用资产平均总额，是因为年初和年末余额相差很大，如果仅用年末余额作为总额显然不合理。

3. 净资产收益率

净资产收益率是指税后利润与净资产所得的比率。净资产是指总资产减去负债总额后的净值，其计算公式为

$$净资产收益率 = 税后利润 \div 净资产所得 \times 100\%$$

4. 资产管理效率

资产管理效率可通过以下比率来分析。

（1）资产周转率

资产周转率是指一家企业以产品销售收入净额除以总资产平均余额而得出的比率，其计算公式为

$$资产周转率 = 产品销售收入净额 \div 总资产平均余额 \times 100\%$$

资产周转率可以衡量企业全部投资的利用效率，资产周转率高说明投资的利用效率高。

（2）存货周转率

存货周转率是指产品销售成本与产品存货平均余额之比，其计算公式为

$$存货周转率 = 产品销售成本 \div 产品存货平均余额 \times 100\%$$

存货周转率是说明某一时期内存货周转的次数，从而评价存货的流动性。存货平均

余额一般取年初和年末余额的平均数。一般来说，存货周转率越高越好，说明存货水准较低，周转快，资金使用效率较高。

资产管理效率与获利能力密切相关。资产管理效率高，获利能力相应也较高。这可以从资产收益率与资产周转率及销售利润率的关系上表现出来。资产收益率实际上是资产周转率与销售利润率的乘积：

$$资产收益率 = （产品销售收入净额 \div 总资产平均余额） \times （税后息前利润 \div 产品销售收入净额） = 资产周转率 \times 销售利润率$$

5.2.5 效率控制

营销活动效率控制的目的是监督和检查企业多项营销活动的进度与效果。它主要包括四个方面的控制。

1. 销售人员效率控制

销售人员效率控制，即各地区的销售经理需要记录本地区销售人员效率的几项重要指标，如销售人员平均每天进行销售访问的次数、每次销售人员访问平均所需要的时间、平均收入、平均成本和平均招待费、每100次销售人员销售访问的订货单百分比、每一期新的顾客数目和丧失的顾客数目、销售队伍成本占总成本的百分比等，企业可以从以上分析中发现一些重要问题。

2. 广告效率控制

广告效率控制，即企业高层领导者可以采取若干步骤来改进广告效率，包括进行更有效的产品定位、确定广告目标、利用计算机来指导等。广告效率的控制至少要掌握以下资料：每一种媒体类型、每一个媒体工具触及千人的广告成本；注意到广告、看到广告或联想到广告和阅读印刷广告4种人群在其受众中所占的百分比；消费者对于广告内容和有效性的意见；对于产品态度的事前事后衡量；由广告激发的询问次数。

3. 促销效率控制

促销效率控制是指管理层对每一次销售促进的成本和销售影响做记录，并做好一系列统计工作。销售促进效率的控制应注意以下资料：优惠销售所占的百分比，每一元人民币的销售额中所包含的商品陈列成本，赠券的回收率，一次演示所引起的询问次数。

4. 分销效率控制

分销效率控制是指企业主管应该调查研究分销经济性，主要是对企业存货水准、仓库位置及运输方式进行分析和改进，以达到最佳配置并寻找最佳运输方式。

5.2.6 战略控制

与年度计划控制和盈利能力控制相比，市场营销战略控制显得更重要，因为企业战略的成功是总体性的和全局性的。此外，战略控制更关注未来，战略控制要不断地根据新情况来调整。在实际工作中经常采用两种方法进行战略控制。

1. 营销效益评价

营销效益不等同于营销业绩。营销业绩并不能完全反映营销效益的真实情况，良好的营销业绩并不都是有效的营销管理的结果。通过以下五个指标可以从不同角度综合反映营销效益的质量。

（1）顾客哲学

顾客哲学实质上就是通过在细分市场的基础上选择目标市场，并围绕这个目标市场所展开的营销工作。

（2）整体营销组织

在整个营销体系中具有良好的内部运行机制是非常重要的。有效的沟通、系统的组织将市场研究、制造、采购、实体分配及财务等部门联系在一起，形成一个有效的循环，共同服务于目标市场，提高营销质量。

（3）足够的营销信息

掌握目标市场中的产品、服务、渠道、顾客反馈以及竞争对手的情况，始终是企业制定正确战略的保证。定期或经常性地组织对顾客、采购、渠道和竞争者的营销调研，对本企业的成本效益了如指掌，为企业及时准确地修正企业的营销方案提供尽可能翔实的依据。

（4）战略导向

战略导向就是对企业营销计划任务的执行情况和执行质量有客观的了解，以及对意外是否发生有正确的判断。

（5）工作效率

尽可能地减少企业内部的执行环节，将企业制定的政策措施以最佳的途径、最快的时间传递到一线员工，高效地利用各种营销资源，彻底地贯彻企业营销政策，并迅速正确地处理突发事件。

2. 市场营销审计

市场营销审计是对一家企业或一个业务单位的营销环境、目标、战略和活动所做的全面的、系统的、独立的和定期的检查，其目的在于决定问题的范围和机会，提出行动计划，以提高企业的营销业绩。市场营销审计的内容包括以下 6 个方面。

（1）营销环境审计

营销环境审计包括分析企业面临的宏观环境因素（人口、经济、生态技术、政治、文化等）和任务环境因素（顾客、竞争者、经销商、公众等），并在此基础上制定企业的市场营销战略。这种分析是否正确，需要经过市场营销审计的检验。

（2）营销战略审计

营销战略审计内容包括企业使命、营销目标和目的、战略等。企业是否能按照市场导向确定自己的任务、目标并设计企业形象，是否能确立与企业任务、目标相一致的竞争地位，是否能制定与产品生命周期、竞争者战略相适应的市场营销战略，是否能进行科学的市场细分并选择最佳的目标市场，是否能合理地配置市场营销资源并确定合适的市场营销组合，企业在市场定位、企业形象、公共关系等方面的战略是否卓有成效，所有这些都需要经过市场营销战略审计的检验。

（3）营销组织审计

营销组织审计包括组织结构、功能效率、部门间联系效率等。市场营销组织审计，主要是评价企业的市场营销组织在执行市场营销战略方面的组织保证程度和对市场营销环境的应变能力，包括企业是否有坚强有力的市场营销主管人员及其明确的职责与权力，是否能按产品、用户、地区等有效地组织各项市场营销活动，是否有一支训练有素的销售队伍，对销售人员是否有健全的激励、监督机制和评价体系，市场营销部门与采购部门、生产部门、研究开发部门、财务部门等其他部门的沟通情况如何等。

（4）营销系统审计

企业市场营销系统包括市场营销信息系统、市场营销计划系统、市场营销控制系统和新产品开发系统。

对市场营销信息系统的审计，主要是审计企业是否有足够的有关市场发展变化的信息来源，是否有畅通的信息渠道，是否进行了充分的市场营销研究，是否恰当地运用市场营销信息进行科学的市场预测等。

对市场营销计划系统的审计，主要是审计企业是否有周密的市场营销计划，计划的可行性、有效性以及执行情况如何，是否进行了销售潜量和市场潜量的科学预测，是否有长期的市场占有率增长计划，是否有适当的销售定额及其完成情况如何等。

对市场营销控制系统的审计，主要是审计企业对年度计划目标、盈利能力、市场营销成本等是否能做出准确且有效的控制。

对新产品开发系统的审计，主要是审计企业开发新产品的系统是否健全，是否组织了新产品创意的收集与筛选，新产品开发的成功率如何，新产品开发的程序是否健全，包括开发前充分的调查研究、开发过程中的测试，以及投放市场的准备及效果等。

（5）营销效率审计

营销效率审计包括盈利能力分析、成本效益分析等。

盈利能力分析：企业的不同产品、市场、地区及分销渠道的盈利能力如何？企业是否进入、扩展、收缩或退出某些细分业务？

成本效益分析：某些市场营销活动费用是否超支？能否采取削减成本的相关措施？

（6）营销职能审计

营销职能审计是对营销的各个因素如产品、定价、渠道和促销策略的检查与评价，主要审计企业的产品质量、特色、式样、品牌的顾客欢迎程度，企业定价目标和战略的有效性，市场覆盖率，企业分销商、经销商、代理商、供应商等渠道成员的效率，广告预算、媒体选择及广告效果，销售队伍的规模、素质以及能动性等。

复习测试

（1）简述销售分析评价体系的类型。
（2）简述销售成本分析的两种方法。
（3）简述资产回报分析的方法。
（4）简述销售控制的必要性。
（5）简述年度计划控制的方法。
（6）简述盈利能力控制的方法。
（7）简述效率控制的方法。
（8）简述战略控制的方法。

实战案例

许继电气的销售费用控制实践

许继电气成立于1993年3月15日，主要产品是各种电力保护、高压输电设备、输电站和变电站自动化和保护设备，是国家电力系统自动化和电力系统继电保护及控制行业的排头兵。面对激烈的市场竞争，公司投入了大量的资金进行市场开拓，在国内外构筑起广泛的市场销售体系。广泛的市场营销和市场开拓活动以及完善的销售服务体系使得自1998年以来许继电气销售费用急剧增加，短短4年，从1998年的2 000多万元上升到2001年的近1亿元（见图5-1）。因此，加强对销售费用的核算、控制，对整个企业成本、费用的控制和进一步降低有相当大的意义。

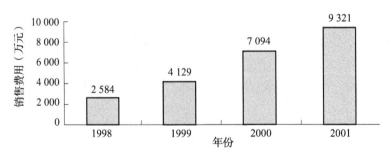

图5-1　许继电气1998—2001年销售费用

为了能更好地获得准确的成本信息，以便为管理决策提供完全、相关信息，许继电气的决策者决定在许继的上市公司推行作业成本法，并首先在许继电气的保护及自动化事业部试行。

许继电气发生的销售费用有两个重要的特点：①合同签订主要采取招投标方式。与订立合同的其他方式相比，竞标具有一定的风险性，竞标费用的发生并不意味着能够最终获取合同。因此，在费用的处理上，存在将发生的废标开支进行合理分配问题。②由于企业产品的使用周期较长，并且对产品质量的要求较高，许继电气对其出售的产品提出了"两年'三包'、终身服务、24小时处理"的服务承诺。因此，企业的售后服务费用比重较大，而且持续时间比较长，在对这部分费用进行处理时，需要进行合理的估计。

针对许继电气销售费用的特点，其销售费用按如下方法进行处理：

1. 对售前销售费用的处理

根据销售费用的性质，设立以下四个作业中心。

1）广告中心。该作业中心的主要费用是企业发生的各种产品宣传费用，包括广告费、业务宣传费、展览费、资料费等。由于这一作业中心费用的发生往往会影响产品的销售，因此，以销售额（合同金额）作为成本动因将其分配到每一合同。

2）库房中心，主要负责产成品的存贮和保管。该作业中心的费用主要是一些折旧费和人员的工资。由于事业部的主要产品是保护屏体（外观类似于柜式空调），而每一面屏的占地面积大体相当，因此采用合同屏数作为成本动因分配费用。

3）运输中心，主要负责替客户运送合同产品。这一作业中心的费用主要是一些包装耗材（具有共用材料的性质，如捆绑带）、汽油耗费、折旧费（运输车辆）等，按照运输的大屏数量作为成本动因将费用分配到各个合同中去。

4）销售中心，主要职能是对外承接合同。发生的费用包括竞标人员的差旅费、标书制作费、情报搜集费等。针对竞标成功的合同，发生的各项费用直接由该合同来承担；对于未取得合同的竞标费用，则需要由竞标成功的合同来承担。其中的关键是确定费用的分配率。采用合同系数是较为理想的方法。但是，在指标的量化和权重的赋值方面存在操作上的困难，所以经过测试发现用合同金额作为替代分配基础能达到近似的效果。基于会计核算中的重要性原则和成本效益原则，以合同金额来加以替代。

2. 对售后销售费用的处理

售后销售费用主要项目是三包费、现场调试费以及售后服务费。三包费往往在许继电气售后服务费中占绝大比重，2002年许继电气售后销售费用的构成比例为：三包费占88%，现场调试费占5%，售后服务费占7%。从这三项费用的主要作用和服务性质出发，可以将费用直接计入合同或者通过设立作业中心归集各项费用后再分配到合同中去。

1）现场调试，这部分费用单独设立作业中心。但从该费用的性质来看，该费用是随着合同的履行而发生的，直接计入合同成本更为合理，也相当便利。因此，可以把这部分费用直接归集到具体的合同中去。

2）咨询服务，设立一个作业中心用于归集售后服务费用。由于这些费用同时为各条产品线的产品提供服务，一般而言，销售量大的产品线，相应需要提供的此类服务数量也较多。所以，选择合同产值（金额）作为动因，将费用分配到合同中去。

3）三包服务，单独设立一个作业中心归集三包费。对该作业中心费用的处理相对而言比较复杂。鉴于费用发生的不确定性以及许继电气对产品实行"终生保修"的制度，很难在计算合同成本时获得准确的费用数据,因此可以采用预提费用的方法。

许继电气运用作业成本法对销售费用的处理流程可以用图 5-2、图 5-3 表示。

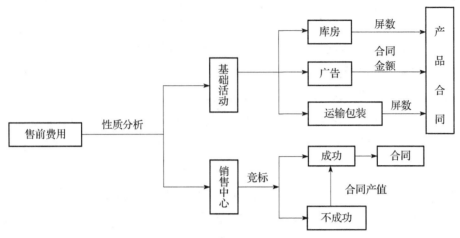

图 5-2 售前销售费用处理流程

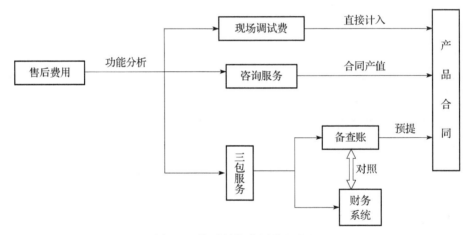

图 5-3 售后销售费用处理流程

3. 采用作业成本法的销售费用处理——以某合同为例

根据上述销售费用处理方法,以许继电气事业部继电保护产品线 2003 年 6 月的某一合同为例,具体说明如何应用作业成本法来处理销售费用以及与传统核算方式所提供成本信息的差别。

(1) 作业成本归集及成本动因汇总

继电保护产品线当月发生的销售费用在各作业中心的归集情况及成本动因的发生数量如表 5-6 所示。

表 5-6 各作业中心费用及成本动因汇总表　　　　　　　　　(单位:元)

作业中心	费用	成本动因
销售中心	898 697.32	17 707 361
广告中心	24 626.41	17 707 361
库房中心	27 069.72	206

(续)

作业中心	费用	成本动因
运输中心	4 793.40	206
三包服务	177 073.61	1 770.74
现场调试	330 451.76	—
咨询服务	14 525.31	17 707 361
合计数	1 477 237.53	—

（2）作业成本分配

该产品线当月完工合同的产值为17 707 361元，而完工合同数为32个，完工产品206件。根据各个作业中心选取的成本动因及实际耗用的动因量，将销售费用的各项明细发生额分配到各个合同中去（其中，设定三包费的预提比例为完工合同金额的1%）。以当月完工合同03B0420（合同产值为977 000元，该合同的入库屏数为15件）为例，对费用分配结果加以说明（见表5-7）。

表5-7　03B0420合同销售费用分配情况

作业中心	成本动因率（1）	成本分配基础（元）（2）	合同分配金额（元）（3）=（1）×（2）
销售中心	977 000÷17 707 361=0.055	898 697.32	49 428.35
广告中心	977 000÷17 707 361=0.055	24 626.41	1 354.45
库房中心	15÷206=0.073	27 069.72	1 976.09
运输中心	15÷206=0.073	4 793.40	349.92
三包服务	1%	977 000	9 770.00
现场调试	直接计入	24 174.48	24 174.48
咨询服务	977 000÷17 707 361=0.055	14 525.31	798.89
合计数	—	—	87 852.18

（3）传统成本核算方法和作业成本核算方法的结果比较

在传统核算方法下，许继电气合同成本中并不包括期间费用，因此不能全面地反映某一合同、客户消耗企业的全部资源，还会导致过高估计产品的毛利率。表5-8所列为03B0420合同在传统核算方法下的成本构成。

表5-8　传统成本核算模式下的合同成本及毛利

直接材料（元）	直接人工（元）	制造费用（元）	生产成本（元）	合同金额（元）	毛利（元）	毛利率
638 141.92	24 000.1	20 348.7	682 490.77	977 000	294 509.23	30.14%

将作业成本法对销售费用的分配结果作为服务性成本计入该合同的成本，结果如表5-9所示。

表5-9　在原有成本数据中加入销售成本后的结果

直接材料（元）	直接人工（元）	制造费用（元）	生产成本（元）	各项销售成本（元）	成本合计（元）	合同金额（元）	毛利（元）	毛利率
638 141.92	24 000.15	20 348.70	682 490.7	87 852.18	770 342.9	977 000	889 147.82	21.15%

表 5-9 是假设的一个中间过程，即如果作业成本法仅用于对销售费用的处理，会引起合同成本怎样的变化。显然，在把销售费用分配进该合同以后，合同的毛利减少了 594 638.59 元，因而毛利率也会从 30.14% 下降为 21.15%。在许继电气真正的核算系统下，对生产性费用和管理费用均采用了作业成本核算法，这必然使合同的毛利率发生更大的变化，甚至可能由盈利转为亏损。

表 5-10 所列为许继电气作业成本核算系统下合同成本的核算结果。

表 5-10　许继电气作业成本核算系统下合同成本及利润

材料成本（元）	制造作业成本（元）	产品线作业成本（元）	产品线管理成本（元）	基础研发（元）	各项销售成本（元）	成本合计（元）	合同金额（元）	利润（元）	利润率
63 814.92	15 243.22	27 971.27	35 432.54	5 906.77	87 852.18	810 547.90	977 000	166 452.10	17.04%

由于材料成本没有纳入作业成本系统，在作业成本系统中没有变化，而其他成本项目均发生了变化。其中，制造作业成本是制造部各项作业成本分配到合同中的结果，产品线作业成本和管理成本分别是产品线上的生产性费用和管理费用的分配结果，基础研发是对基础研发部分累积的研发费用进行的分配。从表 5-10 的结果可以看出，将各项销售和管理费用计入合同成本后，单个合同的利润率显著降低，而这一利润率代表了合同真正能为企业带来的效果，因为它已经剔除了其耗费的各项销售管理费用，是一种较为"纯粹"的利润。

两种核算模式下合同成本信息的比较，反映出利用作业成本法把期间费用合理分配进产品（合同）成本，可以提供相对完整的成本信息，从而为企业管理人员做出正确决策提供可靠保证。

讨论问题： 许继电气的保护及自动化事业部如何按照其销售费用的特点采取相应的处理办法？这种办法对其他企业有何启示？

 模拟实训

实训名称

企业销售控制方案案例分享

实训目标

（1）通过对具体企业的销售控制方案（措施）进行阅读和梳理，强化学生对销售控制相关理论知识的理解。

（2）通过课堂分享，强化学生的信息收集能力、文字表达能力及语言表达能力。

背景描述

鉴于在校学生要获取真实企业的销售业务内部控制制度及方案的难度，本次模拟实训设计成学生通过中国知网数据库收集具体企业的销售控制方案案例，梳理后再集中分享。

实训组织与实施

（1）将班级同学每5个人分成一个小组，每个小组成员自行通过中国知网数据库（www.cnki.net）中的"学术期刊"子数据库或"学位论文"子数据库，使用"篇名＝销售控制"检索期刊文献，并选择一篇以某企业为案例的"销售业务内部控制"或"销售成本控制"的文献。

（2）各小组成员进行阅读和集中讨论，从所选案例材料中整理出该企业的销售业务控制的具体方案（或措施），并制作完成一份课件。

（3）请各小组选派两位同学代表本小组完成各自的控制方案进行课堂分享，接受其他小组及授课教师的提问并回复。

（4）在此基础上，完成一份实训报告。

说明：为尽量避免过多小组选择的案例企业扎堆，请各小组组长将小组成员讨论确定的文献提前发给授课老师，由授课老师进行统筹安排，以便尽可能有更多的企业销售控制方案案例得到分享。

实训评估标准

评估对象	实训报告	知识运用	团队合作
评估要点	实训报告的条理性、清晰性、逻辑性程度，同时必须完成规定的全部任务，不得缺项	结合相关知识点的紧密程度	小组成员的团队合作意识以及参与程度
能力考查	书面表达能力	学习并运用知识的能力	团队协作能力
占比	30%	40%	30%

延伸阅读 5-1

如何控制销售回款的天灾人祸

在商业活动中，商业风险这根弦时刻都不能放松。商业机会错过了还可以再来，遇到个骗子恐怕就很难再找到他了。

厂家被某些不良经销商欺骗，钱货两空的案例时有发生，制造商需要很多的固定设备投入，短时间内想跑也跑不了，而经销商的运行不需要许多固定资产投入，门面、仓库、办公室、车辆等都可以租，满仓的货可能是骗来的，员工可能是老板家的亲戚。无良的经销商拍拍屁股闪人，给厂家及销售人员留下一堆烂账。

为有效防止经销商的变故，制造商的销售人员应做好以下三个方面的工作：

1. 开发阶段的经销商控制

制造商招商或市场开发阶段，安全第一、发展第二是指导思想。

经销商的实力一般体现在以下三个方面：

一是与之合作的厂家情况。如果该经销商拥有较多著名品牌的一级经销权，且有着较长经销的历史，那么还是不错的。

二是所拥有的线下客户数量及质量，以及他们之间的合作历史及质量。

三是经销商的实力。这是最容易做假的，也是最难看出来的，因为这里面可以做假的地方太多了，所以对经销商的检核应以检查上下两端为主。

1）新经销商可先由现有的经销商介绍，方便了解新经销商的发展历史及相关情况。

2）与经销商第一次接触时，应仔细查看该经销商的主营产品以及合作历史等资料，对其一级经销的产品，要到相关的厂家去查询，确认是否是一级经销。查询时，可以当地二批商的名义进行探访，一般来说可以较容易拿到相关资料。

3）在走访经销商的仓库时，应以租仓的名义查询仓库的租赁方。

4）单独拜访经销商的部分线下客户，了解其经营历史和评价。不要过于相信经销商安排的线下客户拜访。

2. 正常合作阶段的经销商控制

即便是经销商通过了前期的严格考核，转入正常的合作阶段，安全弦也不能放松。世界上唯一不变的事情就是变，更何况是瞬息万变的商业环境。这其中，有的是因为经销的某个产品遭到封杀，有的是财务人员携款潜逃，有的是被竞争对手算计。这些都可能导致经销商整体崩溃。

1）建立月度的经销商风险评估系统，不要怕麻烦，每月都要核查和评估经销商的账款情况，一旦达到预设的风险线，必须停货催款，决不放松！

这里有一些检测指标可供参考。例如，经销商最近大量低价出货，经销商开始对高风险的投资领域有所动作（如期货股票等），大量裁员等。

2）及时通报行业内的每起经销商事故，时刻让销售人员绷紧这根弦。这些经销商的事故通报也可以传给相关经销商，提醒其他厂家时刻绷紧这根弦。

3）目前许多经销商的老板既是经营者也是所有者，天有不测风云，人有旦夕祸福，如果老板出了意外，也就意味着整个经销公司瞬间解体了，那么欠款找谁要？

总之，不管是经销商主动还是被动解体，这根弦都要时刻绷紧。一方面要严格控制账款，另一方面要有所准备，在经销商一旦出现突发事件时能确保以最快速度收回货款或控制仓库，再不济也得有能力迅速控制经销商的财产。

3. 提防自己人

日防夜防，家贼难防，不能排除厂家的销售人员参与欺骗的可能性。

有些销售人员因为阅历不足或受利益驱动，往往会有意无意地欺骗公司，尤其是那些急于完成经销商开发任务的销售人员，对厂家要求的经销商审查往往就走个过场，要数量不要质量。如果经销商再使点小利，那么上报材料的水分就更大了，容易为后期的经销商事故埋下隐患。

有的厂家销售人员和经销商合起伙来提供虚假资料，主动蒙骗厂家。有的厂家出现问题时，销售人员主动联系经销商，从中渔利。

制造商有必要建立经销商审查的标准作业程序，不能只看数量与进度，也不能仅听销售人员的一面之词，除了在经销商的开发初期，在正常合作期也要进行持续审核，不仅要审核经销商，有时候还得警惕厂家销售人员，以防万一。

延伸阅读 5-2

你的销售力有效率吗

销售人员总是冲锋在业务的前线，解决客户的问题并为公司带来收入。他们的工作为公司的资产负债表锦上添花，也让公司管理层和股东们喜笑颜开。但是，究竟是什么因素使得销售力如此卓越？简单地说，究竟是什么造就了素质良好的销售人员，并帮助整个销售团队从青涩的新手发展成叱咤风云的销售高手？

美国的制造业每年投入8 000亿美元用于销售活动，但令人惊异的是，它们之中只有很少的人知道怎样使销售团队的工作更有效率。三家在市场营销培训方面的领军学术性杂志业刊载的关于销售力的文章也只占全部内容的4%。

这方面信息的匮乏使得美国西北大学凯洛格商学院的Andris Zoltners教授研究出了一种涵盖复杂的销售力因素的框架理论。该理论对影响有效销售团队的因素进行了定义和分类，提出了新的研究方法论，为企业提供了诊断销售团队现存问题和解决问题的步骤和方法。

为了了解销售人员的观点，Zoltners和他的同事PrabhakantSinhal、Sally Lorimer对721名专业销售人员做了调查，询问了他们关于哪些因素能使销售力变得更加有效、哪些又会阻碍成功的问题。来自这些销售人员的反馈表明，创新培训和销售激励机制都能使销售力变得有效，而过多花在表面功夫和文字工作的时间、业绩优异者得不到机会以及销售区域的不均衡分布都是阻碍成功的重要因素。

1. 销售力效率框架

研究小组通过对从调查问卷中收集的信息和学术性杂志的分析，提炼并搭建出一个"销售力效率框架"（Sales Force Effectiveness Framework）。该模型反映出公司如何回应由业务拓展战略带来的来自消费者、竞争对手和经济环境的压力，而且这些压力会施加到销售人员（或第三方商业伙伴）发展客户、提出建议、谈判、结束项目以及提供客户服务的每一个环节中。

另外，销售系统会受到一些关键决策、制度和其他不同类别的驱动因素的影响。例如，公司的上层管理者决定了销售团队的规模和结构。销售管理者提供对销售团队的指导、反馈、定位和培训。销售人员自己也会自觉参与一些特别的销售培训，例如设立目标、排序、评估客户需求、开发解决方案、倾听、说服和善后。这些举措颇有成效，几乎所有的人都认为他们可以接受，并且在建立和维护与客户的关系中非常有价值。另外，这些举措还可以增加公司收入，扩大市场份额。

但是，Zoltners和他的同事发现了一些存在于销售人员和营销培训学术性杂志上的理论派真正的关注点之间的矛盾。例如，学术性杂志上的理论派更加注重企业文化、人员招聘和培训，而一线的专业销售人员更注重提成和销售团队结构。不过两大阵营都认为，正确的数据和工具、绩效管理和沟通是最重要的。

2. 寻找真实的效率

列一个销售团队的长处和短处的清单，这让很多公司能够清楚地知道哪些资源被浪费了，以及提升空间在哪里。"当你在诊断经济危机中的销售力时，解决方案永远都是驱动因素。"Zoltners 说。例如，一家保险公司旗下有 6 万家代销公司，但它的业绩并未达到标准。就算它每年找 25 万家代销公司为其服务，在一年内也会有 60% 的代销公司离开自己的老东家。只有 1% 的代销公司在四年之后仍旧继续着原来的工作。"这家公司在人才保留上有很大问题。"Zoltners 说，"这使他们每年会花费上亿美元来培训和招聘所有的新人。"

另一家公司专营医药品，因比每年要给诊所以及医院的医生打成百上千个电话。分析指出，其实这些电话中有相当一部分根本就是浪费时间和金钱，因为在销售人员看来，小批量的药品批发直接与医生谈或许让人感觉好些。这家公司通过帮助销售部门设定目标和分清市场的大小、先后次序，获得了 2% 的潜在销售增长。

对提升效率的寻找还在继续，因为外部事件的发生往往会导致市场发生转移和变化。例如，公用事业在美国佐治亚州解除管制之后，壳牌能源面临新的商业环境。客户不再被迫从壳牌购买天然气，而可以开始考虑是否从其竞争对手处购买。在壳牌销售部门工作的工程师原本只是按时领取薪水，在这种情况下，他们明显缺乏一些讨好顾客的基本销售技巧。公司的高管意识到了市场的新需求，并迅速调整了市场战略。结果，他们重新调整了公司销售团队的成员和结构，并专门实行了根据业绩表现提成和激励的新的计划。短短六个月，壳牌的销售就发生了翻天覆地的变化，超越了预期。

PART 3
第3篇

销售流程管理

第6章
销售准备与销售接近

学习目标

- 了解销售流程的步骤
- 掌握销售人员自我准备的方法
- 掌握寻找、审查、接近潜在顾客的方法
- 掌握制订销售计划的方法
- 掌握约见顾客的方法及注意事项
- 掌握销售接近的方法

引导案例

销售不仅仅是交谈

当销售人员走进房间的时候,采购员方明站了起来。"你好,方先生。"销售人员向方明问好,同时伸出手来。方明和销售人员轻轻握了一下手,在办公桌旁坐了下来,并开始专心致志地翻看起公司的文件来。

销售人员坐了下来,开始他那千篇一律的销售游说:"方先生,我来这里是想向您介绍一下如何能使贵公司的生产成本降低10%。"方明把正在看的文件放在桌子上,身体后倾,双手抱拢,声音低沉地说:"我很高兴听到你的话。你知道吗?年轻人,用不了多久,我们可以不花一分钱就生产出产品了。"销售人员怯懦地看着脚下的地板,喃喃地问:"那是为什么?""为什么?你是我今天见到的第九个声称能让我们节约10%成本的人了。"

方明站了起来,盯着销售人员慢慢地说:"我认为我这一天所听到的销售宣传已经够多了。"这名刚开始时还热情洋溢的销售人员非常抱歉地说:"如果现在对您来说时间不太合适的话,方先生,我可以过些时候再来。"

这名销售人员所面临的是一个常见的问题:买主整天看到销售人员,通常销售人员都说着同样的话。但是销售人员要知道的是:销售不仅仅是交谈,还涉及销售技巧。

没有拜访就没有销售,但并不是销售人员去拜访顾客就一定能实现销售。

讨论问题：销售人员应该如何进行有效的顾客拜访呢？或者说销售人员进行有效的顾客拜访有哪些技巧呢？

6.1 销售流程概述

成功的销售人员一定要掌握销售技巧。掌握知识很容易，但是要调整自己的行为、调整肢体语言却是一件非常难的事情，需要经常训练，但销售技巧的训练是有回报的，一旦养成好的销售习惯，就会帮助销售人员更高效地赢得订单。所以，对销售人员而言，掌握销售流程各环节的销售技巧尤为重要。

销售流程是指销售人员进行销售活动时通常采用的完整的行为步骤。虽然有许多因素会影响销售人员的销售步骤，但是确实存在一系列有逻辑顺序的行为。从销售人员与其销售对象接触和交往的时间顺序来看，一个完整的销售流程包括6个步骤，即销售准备、销售接近、销售展示、顾客异议处理、促成交易以及销售跟进，如图6-1所示。

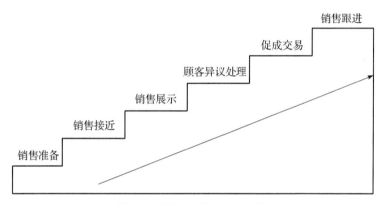

图 6-1　销售流程的6个步骤

销售流程中各个步骤是相互联系、相互渗透和相互转化的，任何一个步骤的得失都会影响销售工作的成败。需要说明的是，无论是什么类型的销售工作，其销售流程总是大同小异，但并不是所有的销售流程都需要这几步，有些顾客不用销售人员进行销售陈述（或促成交易），便可顺利成交。所以，销售流程只是一个一般的流程，成功实现销售所应遵循的销售流程可能因销售人员和特定环境而存在不同。

6.2 销售准备

与顾客第一次面对面的沟通时，有效地拜访顾客，是销售迈向成功的第一步。只有在充分的准备下拜访顾客才能取得成功。销售准备指的是销售人员在拜访顾客之前所做的准备工作，主要内容是个人礼仪、产品研究、收集并整理目标顾客的有关资料、制订销售计划等。销售对象不同，准备的内容也应有差别。

6.2.1 自我准备

1. 掌握专业社交礼仪

销售其实是一种信息传递与情绪转移,这一过程基本上就是对顾客的说服和教育过程。销售人员要使顾客接受说服和教育,首先要让他接纳和信任销售人员。信任是一种感觉,顾客最初的信任感很多来自鉴貌辨色的视觉印象。这包括销售人员的服饰、举止、表情以及开关门的动作、走路方式、目光流动、体态、坐姿等给人的整体感受。此外,销售对象大多是素不相识的陌生人,顾客在与销售人员接触的瞬间,就会产生对其大致的印象,从而决定喜欢、信任抑或是讨厌、排斥——这些将直接影响销售的成败。这就要求销售人员在正式拜访顾客之前对这些社交礼仪进行系列准备以体现其专业形象。

一般而言,常见的专业社交礼仪见表 6-1。与此同时,销售人员要注意那些容易造成负面印象的动态视觉行为(见表 6-2)。

表 6-1 常见的专业社交礼仪

礼仪项目	基本常识
进门的礼仪	先敲门或者按门铃,即使顾客的门开着
	进门时必须充满自信,与人有眼神的接触
	注意同时进门时,应当让上司、女士先行
握手的礼仪	握手时,伸手的先后顺序是上级在先、主人在先、长者在先、女性在先
	握手时应当有力度,不宜过猛或毫无力度
	握手时间一般在两三秒或四五秒之间为宜
	握手时要注视对方,并面带微笑
自我介绍	介绍时要注意身份高的人要最后介绍 先年轻后年老,先职位低后职位高,先次要后主要,先宾后主
办公室礼仪	保持心态轻松,遇事不可大声喧哗,应尽量保持冷静
	不能长时间聊私人电话
	进出办公室应当注意不要打扰对方
	未经同意不要吸烟,有女士在场时,应先征得女士的同意
名片的礼仪	原则上应该使用名片夹存放名片,保持名片或名片夹的清洁、平整
	接名片时应当起身,双手接收,并且认真看一遍。如面前有桌子,应当将名片放于自己前方
	互换名片时,应该用右手递送自己的名片,用左手接对方的名片后,用双手托住对方递过来的名片
接打电话的礼仪	打电话时,要主动说明自己的身份、目的,使用礼貌用语,讲话声音适度
	应在电话铃响三声以内接听
	和别人谈话时,有电话打入,接听电话前需要向谈话者道歉
	在对方阐述时,要不时使用语气词使对方确认你正在听他讲话
	对于不清楚的方面一定要主动询问
	要养成听完对方表述最后一句话的习惯,不要插话或打断对方
	打完电话应等对方挂断后,再轻轻地挂上电话

表 6-2　容易造成负面印象的动态视觉行为

目光表情	闪烁的、回避的、顾盼的、游移的、窥探的、盯视的、斜视的、阴郁的目光,并将视线停留在对方两眼与胸部之间的一个假定的三角区域,做亲密注视
动作表情	皱起鼻子、频繁眨眼、板着脸、咬嘴唇、伸舌头、冷笑、干笑、挤眼、蹙眉、噘嘴、撇嘴等
手势	手指对方、挖鼻孔、挖耳朵、搔头皮、摸耳朵、摸鼻子、揉眼睛、打响指、捂嘴、搓手等
体姿	走路摇摆、倚墙而立、手插裤兜、双腿抖动、脚轻击地、坐姿晃动、跨骑椅子、二郎腿、跺脚、叉腰、背手、掌心向下握手、双臂环抱在胸前、双手交叉置于脑后、双臂交叉、双手叉腰等

当然,也应该意识到,销售人员的西装革履和公文包能体现企业形象,在任何时候都是不错的选择。但有时候还是要看被拜访的对象,双方着装反差太大反而会使对方不自在,无形中拉开了双方的距离。所以,最好的着装方案是"顾客+1"。也就是说,只比顾客穿得好"一点",既能体现对顾客的尊重,又不会拉开双方的距离。

案例 6-1　百事公司销售人员拜访顾客前的准备

百事公司的直销销售人员一般每个人都拥有 100 家以上(不同地区顾客拥有量有所不同)稳定成熟的小店顾客。像小型食杂店、冷饮摊点、餐厅等这一类的小店顾客,由于自身的经营规模、资金有限,因此要求的单位进货量就比较低,但对进货频率的要求却非常高。

百事公司要求所有的销售人员在每天的销售过程中,必须按照公司制订的深具规范性和模式化的计划拜访步骤来拜访小店顾客,其中第一步就是销售准备工作。销售人员每天在拜访顾客前,都要做好相应的准备工作,主要包括以下几个方面。

(1) 检查个人的仪表

销售人员是公司的"形象大使",百事公司要求销售人员的外表和服装要整洁,男生胡子要刮干净,不得留长发,皮鞋要擦亮,夏天不准穿凉鞋和拖鞋,手指甲要干净,不留长指甲,同时还要保持自身交通工具(百事公司配发的摩托车、自行车等)的洁净等。

(2) 检查顾客资料

百事公司采用的是线路"预售制"销售模式,所以销售人员每天都要按照固定的线路拜访顾客。这样,销售人员在拜访顾客之前就需要检查并携带当天所要访问顾客的资料,这些资料主要包括当天线路的顾客卡、线路拜访表、装送单(订单)、业绩报告等。

(3) 准备产品生动化材料

这主要包括商标(品牌贴纸)、海报、价格牌、促销牌、冷饮设备贴纸,以及餐牌POP。销售人员在小店内充分、合理地利用这些生动化材料,可以正确地向顾客传递产品信息,有效地刺激顾客的购买欲望,从而建立百事品牌的良好形象。

(4) 准备清洁用品

带上干净的抹布,来帮助小店清洁陈列的百事产品。销售人员做好这些准备工作后,接下来就可以离开公司,按照计划拜访的线路开始一天的工作了。

> **专题 6-1　　容易忽略的 6 个销售细节**
>
> 销售人员在拜访顾客中的一些细节处理，对销售的成功率也有重要影响。以下是销售人员容易忽略的 6 个销售细节。
>
> （1）着装方案是"顾客+1"
>
> 如前所述，最好的着装方案是"顾客+1"，比顾客穿得好"一点"，既能体现对顾客的尊重，又不会拉开双方的距离。
>
> （2）永远比顾客晚放下电话
>
> 销售人员工作压力大、时间宝贵，尤其在与较熟顾客电话交谈时，很容易犯这个毛病。与顾客只说几句，不等对方挂电话就先挂上了，顾客心里肯定不愉快。永远比顾客晚放下电话也体现了对顾客的尊重。有些销售人员有好的习惯，会说："张工，没什么事我先挂了。"
>
> （3）与顾客交谈中不接电话
>
> 销售人员就是电话多，与顾客交谈中没有电话好像不可能。不过大部分销售人员都很懂礼貌，在接电话前会形式上请对方允许，一般来说对方也会大度地说没问题。但对方在心底里会泛起"好像电话里的人比我更重要，为什么他会讲那么久的感觉"。所以销售人员在初次拜访或重要的拜访时，最好不接电话。如果打电话的确实是重要人物，也要接了电话后迅速挂断，等会谈结束后再打过去。
>
> （4）多说"我们"少说"我"
>
> 销售人员在说"我们"时会给对方一种心理暗示：销售人员是站在顾客的角度想问题的。虽然它只比"我"多了一个字，但却多了几分亲近。
>
> （5）随身携带记事本
>
> 拜访中随手记下时间、地点和顾客姓名头衔、顾客需求、答应顾客要办的事情、下次拜访的时间，包括自己的工作总结和体会。当销售人员虔诚地一边做笔记一边听顾客说话时，除了能鼓励顾客更多说出他的需求外，一种受到尊重的感觉也在顾客心中油然而生，接下来的销售工作不可能不顺利。
>
> （6）保持相同的谈话方式
>
> 一些年轻的销售人员可能不太注意这一点。他们思路敏捷、口若悬河，说话更是不分对象，像开机关枪般快节奏，遇到上了年纪或思路跟不上的顾客，根本不知道销售人员在说什么，容易引起顾客反感。保持和顾客相同的谈话方式能让销售人员更容易被接受。

2. 熟悉自己企业的产品

顾客根据自己的需求来购买需要的产品，因此在销售拜访之前，销售人员对自己企业的产品的了解和分析就成了不可或缺的准备工作。销售人员只有熟悉自己企业的产品，才能详细地向顾客说明该产品的性能、特点，以及能给顾客带来什么利益，能满足顾客的哪些方面的需求。销售人员也只有熟悉自己的产品，才能圆满地回答顾客提出的疑问，从而消除顾客的异议。销售人员只有熟悉自己的产品，才能指导顾客如何更好地使用、保管产品，以便顾客重复购买。

销售人员务必掌握产品知识，做到了解产品性能的程度使内行人感到惊讶，了解产品的用途的程度使顾客感到惊喜。一般而言，销售人员应该掌握的产品知识包括：①原材料、生产工艺和技术指标；②适用场合、使用方法、用途、维修保养、安全问题及其他注意事项等；③与其他企业同类产品、不同类型产品相比的优缺点；④能给顾客带来什么好处；⑤市场状况如何；⑥价格政策、促销政策和付款政策；⑦企业的交易条件、售后服务规定、财务结算等；⑧交货方式和交货期限等。

3. 信赖自己企业的产品

一些销售人员喜欢抱怨自己业绩不好，抱怨顾客有诸多挑剔，可是销售人员有没有试过问问自己："如果你是顾客，你会被自己的解说打动、购买自己企业的产品吗？"例如，一家公司曾进行了一次换位思考的调查，结果90%以上的销售人员认为如果自己是顾客，不会购买自己企业的产品。如果销售人员自己都不愿意买、不敢买、不相信自己企业的产品，那么又怎能说服顾客呢？

销售人员要发自内心地相信自己销售的产品是好产品，相信自己企业的产品一定能给顾客带来帮助，顾客不购买就是顾客的一种损失。销售人员可以经常问问自己："如果我是顾客，销售人员怎样解说我才会购买？"然后就可以按照设想的答案事先演练，这样面对真正的顾客时，就能做到胸有成竹。记住：世界上从来没有、未来也不会有完美的产品，只有能帮助到顾客的产品；能帮助到顾客的产品就是好产品。

4. 知晓竞争对手的产品

充分了解竞争对手的产品也是销售准备中不可或缺的一个环节。虽然要完全了解竞争对手的产品很难，甚至也不太可能，但销售人员还是要了解竞争对手的某些重要信息：①竞争对手所提供产品/服务的优缺点；②竞争对手的产品销量、产品知名度、流动资金情况、研发能力、品牌等；③竞争对手在产品质量管理、交货日期、履行承诺、售后服务等方面的可靠程度；④竞争对手在产品规格、颜色等方面的弹性（或灵活度）；⑤竞争对手的产品价格与付款方式。

5. 扮演最刁钻的顾客

在产品销售的过程中，如何打动顾客非常重要。确实有一些顾客对产品的要求比较高，会对销售人员提出各种问题，有时候让销售人员难以招架。为了更好地完成销售解说，销售人员可以事先让自己扮演最刁钻的顾客，设想顾客可能会提出什么问题，有什么要求，自己应该怎么回答，找出和顾客沟通最有效的途径等。通过自己扮演最刁钻的顾客，可以让销售人员更清楚地了解顾客的心理，找到最好的解说方式，也有助于消除销售人员临场发挥的紧张情绪，在面对顾客的发问时从容不迫，对产品做出完美的解说。

此外，销售团队成员可以把遇到的顾客提问和预测到的顾客可能的反应写下来，按照重要性和出现的频率进行分类排列，集体讨论并最终形成最佳的应对语言，形成销售培训手册，通过团队成员内部演练，每个销售人员尽可能做到运用自如的程度。

专题 6-2　　　　　　　　　产品知识掌握程度自我测试

销售人员真的具有足够的产品知识吗？请逐个回答下列问题：

（1）你是否知道产品优于竞争对手的所有优势？
（2）你是否知道产品的所有缺点？
（3）你是否知道产品或服务被顾客误用或误解的可能方式？
（4）你是否了解产品的独特之处？
（5）你是否有随时了解行业最新发展信息的习惯？
（6）你是否知道自己的产品是如何制造出来的？
（7）你是否知道多数顾客对产品的哪些特性最为关心？
（8）你是否对主要竞争对手的产品有充分的了解？
（9）你是否仔细阅读了公司发给你的每一份产品说明书或手册？
（10）你是否清楚自己在产品知识方面的不足，并经常通过阅读或请教专家来弥补？
（11）你是否了解顾客使用产品后的主要报怨，以及你是否能够帮助解决？
（12）你是否能站在顾客的立场上为顾客提供咨询？

请将所有回答"是"的问题数目乘以 5，如果你的得分在 55 分以上，表明你的产品知识十分丰富；如果得分在 50～55 分，表明你的产品知识还可以；如果得分在 40～49 分，表明你的产品知识一般；如果得分在 40 分以下，表明你还需要好好努力。

6.2.2　寻找潜在顾客

销售的基本原则是积极开发新顾客。数据显示：如果企业不能持续进行市场开拓，每年将会失去 30%～40% 的顾客。所以，寻找潜在顾客是销售工作的起点。常见的寻找潜在顾客的方法有以下几种。

1. 逐户访问法

逐户访问法又称地毯式访问法，是指销售人员在不太熟悉或完全不熟悉销售对象的情况下，普遍地、逐一地访问特定地区或特定职业的所有个人或组织，从中寻找顾客的方法。

逐户访问法的优点体现在：销售人员拜访的顾客范围广，可借访问机会进行市场调查，了解顾客的需求倾向并挖掘潜在顾客。对于销售人员个人来说，也是练习与各种类型的顾客打交道并积累经验的好机会。然而，这种方法具有很大的盲目性。一般受访对象会出于安全方面的考虑，多会拒绝销售人员拜访，而且该方法会耗费大量的人力。

这种方法的适用范围包括日常生活用品及服务，例如小家电、化妆品、保险、家政服务等，也适用于制造企业对中间商的销售或某些行业的上门销售。

2. 广告搜寻法

广告搜寻法又称广告开拓法，是指利用广告媒体来发布产品信息，对产品进行宣传，由此吸引顾客的方法。广告搜寻法的优点体现在：传播速度快、传播范围广，比较节约人力、物力和财力。但是，广告费用日益昂贵，而且企业难以掌握顾客对广告的反应。这种方法能否成功既取决于选择针对目标顾客的适当的媒介，也取决于广告的制作效果。

3. 连锁介绍法

连锁介绍法又称介绍寻找法，是指通过老顾客的介绍来寻找有可能购买该产品的其他顾客的方法。连锁介绍法的优点体现在：减少销售流程中的盲目性，而且由于经人介绍，销售人员易取得信任，因而成功率较高。该方法一般适用于寻找具有相同消费特点的顾客，或在销售群体性较强的产品时采用。

4. 名人介绍法

名人介绍法又称中心开花法，是指在某一特定的销售区域内选择一些有影响的人物，使其成为自己的顾客，并获得其帮助和协作，将该范围内的销售对象转变为目标顾客的方法。名人介绍法的关键在于利用名人的影响力来扩大本企业及产品的影响力。名人往往是在某方面有所成就，受人尊重甚至崇拜的人物。所以，名人往往具有相当的说服力，容易取得目标顾客的信任。但若企业完全将销售成交的希望寄托在某一名人身上，风险比较大。该方法的适用范围包括新产品、高档消费品。

5. 资料查询法

资料查询法是指通过查阅各种有关的情报资料来寻找顾客的方法。目前，我国可供查询的有关资料包括工商企业名录、商标公告、产品目录、各类统计年鉴、银行账号、专业团体会员名册、市场介绍、专业书报杂志、电话号码簿、邮政编码册等。采用资料查询法，可以较快地了解大致的市场容量和准顾客的情况，成本较低，但是时效性比较差。

6. 市场咨询法

市场咨询法是指销售人员利用市场信息咨询服务机构所提供的有偿咨询服务来寻找顾客的方法。利用市场咨询法寻找顾客，方便快捷，可节省销售人员的时间，但要注意咨询机构的可靠性，咨询费用也是一个重要的考虑因素。

7. 委托助手法

委托助手法是指企业委托与顾客有联系的专门人士协助寻找顾客的方法。具体地说，受托人找到目标后，会立即联系进行销售访问或洽谈。委托助手法可以节省销售人员的时间，减轻其工作量。但助手的人选不易确定，而确定适当的助手又是该方法成功的关键。该方法适用于寻找耐用品和大宗货物的顾客。

8. 停购顾客启动法

停购顾客启动法是指销售人员在寻找潜在顾客时要搞清哪些顾客已经停购，分析停购的原因，把具有重新购买可能的顾客列入潜在顾客名单，通过启动措施，使他们成为目标顾客的方法。

9. 会议寻找法

会议寻找法是指销售人员利用参加会议的机会，与其他与会者建立联系，寻找顾客的方法。在人际交往中使用这种方法时要注意技巧，以获得对方的信任（可暂时不提或婉转表达销售意图）。该方法有时易引起对方的反感。

10. 电话寻找法

电话寻找法是指以打电话的形式来寻找顾客的方法。采用该方法一定要注意谈话技巧。要能抓住对方的注意力并引发其兴趣，否则极易遭到拒绝。另外，通话的时机和时间长短也非常重要。

案例 6-2　　乔·吉拉德寻找顾客的方法

乔·吉拉德，1928年出生于美国底特律的一个贫民家庭。35岁以前，他换过40份不同工作，但仍一事无成。35岁时开始销售汽车，3年之后，乔·吉拉德以年销售1 425辆汽车的成绩，打破了汽车销售的吉尼斯世界纪录。他在汽车销售生涯中总共零售卖出了13 001辆汽车，平均每天销售6辆。他也因此获得了"世界上最伟大销售人员"的称号，连续12年荣登吉尼斯世界纪录大全"世界销售第一"的宝座。

乔·吉拉德有一套完整的、系统的销售方法，而寻找顾客是销售中最重要、最有价值的事。乔·吉拉德通过打电话、档案卡片、信件、名片、生意介绍人等5种方法寻找和拓展顾客。

1）打电话。根据电话本中的名录给朋友和亲戚打电话。

2）档案卡片。记下关于顾客或潜在顾客的一切已知信息，这可以使销售人员与顾客交谈顾客感兴趣的话题，引导谈话的主题，让顾客放松，并信任销售人员。乔·吉拉德的档案卡片有2套：一套在办公室，另一套在家里的保险柜内。

3）信件。乔·吉拉德一年可向每位顾客发12封信，每次使用的信封颜色、大小都不一样，这会引起顾客的兴趣。他不把店名写在发信人一栏上，不让顾客知道里面是什么信。这样顾客就会急切地想知道信的内容及是谁的信，顾客会拆看、谈论并记住它。乔·吉拉德的名字每年12次以令人愉快的方式出现在顾客家中。每一个经常收到他来信的人都知道他的名字以及职业，当他们想买车时，这些人都会首先想到他的名字。

4）名片。这是最便宜的、最重要的业务拓展工具。乔·吉拉德认为要印刷与众不同的名片，费用不高而且花得肯定值。乔·吉拉德身上随时带着大量名片并到处散发，他一周能用掉500张名片。

5）生意介绍人。生意介绍人即介绍他人来买东西的人。乔·吉拉德每成交一辆车就付给介绍人25美元。在给生意介绍人付费方面，他立即兑现，绝不会迟迟不付。介绍人帮乔·吉拉德成交的生意占他总销售量的1/3。除了付现金，还可以用赠送礼物或提供免费服务、免费午餐等方式感谢生意介绍人。乔·吉拉德一年要向大部分人至少寄一套生意介绍人招募材料，招募材料中有一沓名片和一封信，介绍人只需在名片后签名并让买主拿名片去找乔·吉拉德。

6.2.3 顾客资格审查

案例 6-3　　　　　　　　　　**开拓 Z 市市场**

某扒鸡食品企业派出郑经理开拓江苏 Z 市市场。在去 Z 市之前，郑经理先通过网站对当地商业渠道和风土人情做了初步了解，同时，打电话给在 Z 市工作的同学，对居民消费习惯有了进一步的认识。出了 Z 市火车站后，郑经理首先购买了当地的新闻报纸和专业期刊，希望获得对 Z 市商业网络和当地消费习惯的进一步认识。在宾馆住下后，郑经理和宾馆服务人员聊天；随后来到大街上，以随机调研的形式访问了约 10 个顾客；之后到当地的主要农副产品市场、超市看了看，和超市的导购聊了一会儿，又随机访问了几个消费者；最后来到了当地的食品批发市场，和看车的老大爷聊了起来。

现在，郑经理心里基本有数了：在 Z 市，南京咸水鸭、宿州符离鸡、徐州沛县鼋汁狗肉以及德州扒鸡都很受欢迎，消费市场成熟；当地没有占有优势地位的扒鸡品牌，扒鸡竞争处于较低的层次；由于宿州符离鸡和德州扒鸡有些渊源，消费者对两者都十分喜爱；消费者的食品安全意识越来越强，大润发、家乐福等超市逐渐成为当地的主要扒鸡类食品购物场所；当地超市的南京咸水鸭、宿州符离鸡、徐州沛县鼋汁狗肉以及德州扒鸡等，主要由 3 家大的当地食品代理商供应，他们都在 Z 市食品批发市场有店铺和仓库，其中，李老板性格爽快，直来直去，原先没有代理扒鸡，现在想增加这一品类；王老板正在和现在代理的扒鸡品牌闹矛盾；张老板只代理德州牌扒鸡，不太认同其他的品牌，目前资金周转正遇到困难。

基于以上信息，郑经理开始计划明天的拜访行程，并拟订了对不同顾客的拜访方案。

顾客资格审查就是依据销售产品的使用价值、价格和其他特性对潜在顾客在需求、购买能力、购买行为决策资格等方面的情况，进行全面衡量，排除其中暂时不具备购买能力的顾客，从中确定准顾客名单的过程。也就是说，销售人员在正式拜访之前，要判断出真正的销售对象，选出最有可能购买的顾客，避免做无用功，又称为"顾客评价"。

顾客资格审查的内容主要有顾客需求审查、顾客支付能力审查和购买人资格审查。

1. 顾客需求审查

顾客需求审查是指对潜在顾客是否存在对销售产品的真实需求进行审查，从而确定具体销售对象的过程。销售活动开始前，销售人员首先要把对产品没有需求的顾客从准顾客的名单中排除。

（1）顾客需求审查的内容

1）现实需求的审查。现实需求是指已经发现的没有被满足的需求，这时顾客已经认识销售产品，同时认为通过购买行为可以满足需求。销售人员应该通过需求审查，把具有现实需求的顾客作为立即开展销售活动的对象。

首先，销售人员要关注现实需求量比较大的顾客，以便提升销售业绩。其次，销售人员要关注目前需求量虽然不多，但是具有长期购买倾向性的顾客，因为他们是企业未来的基本市场。再次，销售人员还要关注购买行为对销售人员与销售产品具有"重要"作用的顾客，销售人员应该按照顾客的重要性，在销售活动中给予特殊的照顾和安排，因为他们可能是"购买明星"。

2）潜在需求的审查。有的顾客虽然没有现实需求，但是存在着未来的需求。销售人员应该把这些潜在顾客作为以后工作的对象。优秀的销售人员可以不断地使顾客认识到潜在需求的必要性和迫切性，变潜在需求为现实需求。

3）特定需求的审查。在顾客需求审查中，如果发现具有特殊需求的顾客，应该继续进行审查，确切了解特定顾客的需求特点及需求的意义，以便在以后的销售活动中给予满足，同时了解其中可能存在的变数，以便从中发现销售机会或者风险。

（2）顾客需求审查的方法

顾客需求审查的方法与寻找顾客的方法类似，区别是在寻找顾客的基础上进行核对。具体方法主要有市场调查法、资料查询法、销售人员同行调查法、社交调查法、建立顾客信息资料库法、建立关系网络法和销售人员现场观察法等。

2. 顾客支付能力审查

顾客支付能力是指顾客能够以货币形式支付货款的能力，即顾客具有的现实购买能力。只有那些具有支付能力的需求才能构成现实的市场需求和现实的顾客购买行为。因此，顾客支付能力审查可以帮助销售人员寻找到合格的顾客，从而把那些对产品拥有需求又拥有足够支付能力的顾客作为销售的具体对象，提高其销售效率。

（1）顾客支付能力审查的内容

1）顾客现金支付能力。在顾客支付能力审查中，首先应该看看顾客有无现金支付能力。如果顾客有数量比较充裕的周转现金，应该视为可靠的顾客。

2）付款结算方式。以企业或组织名义购买产品并承诺支付货款的方式很多，例如银行汇票、商业汇票、银行本票、支票、汇兑、委托收款、异地托收承付等，国际贸易中还有信用证贸易和补偿贸易等方式。各种结算方式都可以延期付款，比如货到后付款、分期付款。然而，试销、代销、售后付款、货到后分期付款等结算方式，也为有的企业拖欠货款提供了条件。因此，对于任何一种付款结算方式，销售人员都应进行顾客支付能力审查，并且应该贯穿销售活动的全部过程。

3）顾客信用度。任何一家企业都会有资金短缺或者周转不灵的时候，在以信用为主进行商业活动的今天，诚信是一个比现金更值得尊重的资格。了解和审查顾客的信用度成为顾客支付能力审查的主要内容。

（2）顾客支付能力审查的方法

对顾客实际支付能力的审查，在实际操作上是一件比较困难的事情，任何企业都不会把内部财务状况向外人公布，尤其是财务上有困难的企业，更是千方百计地隐瞒真实情况。因此，销售人员必须采取某些特殊办法去了解实际情况。

1）通过主管部门了解。主管部门指的是政府、司法及各业务职能部门，例如工商管理部门、税务部门、财政部门及审计部门。销售人员可以从税务部门了解潜在顾客完税情况，间接地了解销售对象的经营状况、财务盈亏的大概情况和诚信状态；可以到司法部门了解潜在顾客是否有过关于经济诉讼等方面的记录，目前有无经济往来纠纷等；可以到审计部门了解企业的定期审计报告等。这些机构都能够提供具有决定性意义的信息。

2）向注册会计师事务所了解。销售人员可以向注册会计师事务所了解潜在企业顾客的资产负债情况表、经营损益情况表、审计结果与公布的内容等，从中可以看出企业整体经营状况。

3）从销售对象内部了解。对于销售对象的财务状况或支付能力，只有企业内部的人才真正了解。销售人员可以通过自己的人际关系或其他方法进行了解。通过销售对象内部员工了解企业财务状况变化，及时采取措施使损失减少到最低限度。

4）通过其他同行了解。销售人员可以通过其他行业的销售人员，尤其是互补产品的销售人员，了解同一销售对象的支付能力与信用度。

5）通过银行了解。销售人员通过银行可以了解金融部门对企业顾客付款信用等级的评定结果，还可以了解顾客的经营状况、资金运转情况，甚至直接了解顾客的现金支付能力。由资产负债表、付款信用、诉讼记录构成了企业三个层次的支付能力资料，可以从多个方面掌握与确认顾客的支付能力。

6）通过大众传播媒体了解。销售人员应在寻觅到潜在顾客后，就开始留意大众传播媒体中关于潜在顾客的有关报道，从中发现对销售适用的信息，尤其是关于顾客内部经营、与其他企业的经济往来、产品质量的市场反应、顾客印象等影响顾客支付能力的信息，随时分析顾客的信用状况。

7）销售人员自我观察。销售人员可以亲自到潜在顾客所在地，通过亲眼所见、亲耳所闻进行分析判断。销售人员应该积累观察经验，提高观察能力，以便获取第一手信息资料。销售人员只要处处留心、事事留意，总能发现一些说明潜在顾客支付能力的线索。

3. 购买人资格审查

购买人资格审查是指销售人员对潜在顾客的资格进行的审查，其目的是要找出在顾客的购买行为决策的各个阶段中，有权就购买进行决策的人，从而确定销售洽谈的主要对象，提高销售效率。

（1）家庭及个人的购买人资格审查

家庭或者个人购买人资格审查可以从以下几个方面进行：家庭的开放程度、家庭生命周期、家庭收入水平、家庭稳定性、家庭的心理重心倾向性、产品类型。此外，还有很多因素决定了家庭购买决策类型，如居住地的平均文化水平、信仰、价值观念和性格等。在家庭或者个人的购买行为决策过程中共 5 种角色，即购买行为的提议者、影响者、决策者、协议者和使用者。研究这五种角色的不同扮演者在不同家庭生命周期、不同家庭收入水平、不同产品的购买行为中的不同行为，对于销售人员开展销售活动是很有帮助的。

（2）企业购买人资格审查

审查以法人资格进行购买行为的销售对象在购买过程中的各种角色，特别是其中的主要决策者以及影响决策者进行决策的因素和个人，即主要审查购买生产资料的决策者状态及有关方面的限制等。

1）法人法律资格审查。法人购买决策资格审查，是指进行法律允许的购买决策资格审查，即审查对方的法定生产经营范围。法人资格审查方法主要是通过查看营业执照、行业准入执照、证明、专营证照、特许证照、等级证书，以及业务内容与其他各种法律证明文件等。

2）法人购买的决策者资格审查。法人购买的决策者资格审查的工作是对顾客内部各种"购买决策角色扮演者"的资格审查，其方法主要有以下几种：

①对不同性质的企业决策者的审查。企业性质不同，则其购买决策类型差别较大。国有企业实行集体领导厂长负责制，在重大购买决策上需要集体讨论决定，有时还需要报上级主管部门批准。我国对集体所有制及国有企业的管理制度有过明确规定，销售人员应按上级规定并结合实际情况确定购买决策人资格。独资私营企业完全由董事长及其委托人进行决策，而股份制私营企业的重大购买决策一般要由 CEO（首席执行官）决定，属于战略性的重大购买决策，由董事会进行决策。销售人员应根据潜在顾客的性质类型进行分析，从而确定对购买拥有决策资格的权力人。

②不同购买程序阶段决策人的审查。企业购买决策程序一般包括发现需求、核对需求、说明需求、批准需求、购买行为决策和执行购买等几个阶段。在企业的购买决策的

不同阶段，不同部门、不同的人，可能分别拥有不同的决策权力，他们是拥有不同决策资格的具体人。销售人员应具体了解企业的规章制度与办事程序，确认在企业购买决策的各个阶段中拥有各种权力资格的决策人。

③对各个阶段中的各种购买角色资格的审查。在企业购买决策程序中，共有7种角色介入其中，并对企业的购买行为产生影响。这7种角色是发起者、影响者、决策者、批准者、购买者、使用者和控制者（如秘书、办公室主任和助手等）。企业购买行为的7种角色来源于具体企业的不同性质、不同规章制度和组织的工作程序；来源于具体人的工作职责，个人的能力与专长，也与具体人的性格、人际关系有关；同时与各种宏观环境因素和组织因素有关。因此，销售人员应按具体情况在企业购买程序的各个阶段中，寻找与确定这7种角色的具体人选，逐一进行资格审查和研究，然后确定销售活动各个阶段的工作对象。

案例 6-4　　　　　　　某医院购买新设备的决策流程

某医院内科医生提出透视机质量不好，应该购买一台现代化的新设备，因此向医院领导提交了申请报告，这属于发现需求。

医院有关部门接到报告后会对是否需要购买新设备进行核对，进一步了解情况，这属于核对需求。

如果认定确实需要重新购置新设备，医院领导会与了解医疗设备的有关人士就目前医疗设备的生产使用等方面的情况进行讨论与考察，情况明确后，会把对新设备的质量、规格、性能、价格等要求确定下来，这属于说明需求。

有的单位需要经过上级批准后才可以开始实质性的购买行为，这属于批准需求。然后，医院有关部门会向医疗设备商询问有关产品的供应及价格，这属于收集有关产品供应商及货源资料。

在寻找到多家医疗设备厂商的信息后，医院有关领导会从中挑选一个供应商进行购买，这是购买行为决策。

决策后，医院领导会指派有关职能部门或责成某人实施购买，这属于执行购买。

设备购买后，将由具体的人员负责使用，可能由内科医生及设备使用人员共同总结，得出购买行为是否恰当的结论，这属于购买的享用与总结。

6.2.4　顾客资料准备

1. 个体潜在顾客的资料准备

约见个体潜在顾客最重要的是对其个人背景资料有一定的掌握。具体来说，接近个体潜在顾客需要准备的资料如表 6-3 所示。

表 6-3 接近个体潜在顾客需要准备的资料

顾客信息类别	具体内容	注意事项与作用
基本情况	姓名	写对、读准，可以缩短销售人员与潜在顾客之间的距离
	年龄	了解潜在顾客的真实年龄，有助于推测潜在顾客的个性心理特征与需要等
	性别	不同性别的潜在顾客在性格、气质、需要和交际等方面都有差异
	民族	不同民族有不同的风俗习惯与宗教信仰，销售产品应该在包装、色彩、商标等方面适合特定民族的习惯
	受教育程度	寻求交流的基点，同时为洽谈方式的选择提供参考依据
	出生地	利用同乡关系谈话，容易被潜在顾客接受
个体潜在顾客信息特征	职业	潜在顾客从事何种职业？能力怎么样？工作了多久？这些问题的答案都有利于销售人员找到销售洽谈的话题
	住所	依据潜在顾客住所的社区状况可以推测其社会地位等情况
	个人偏好	销售中可以适当投其所好
	消遣、兴趣、爱好	了解潜在顾客工作之外的娱乐项目、兴趣爱好，可以找到更多销售洽谈话题
	最佳访问时间	如果销售人员能在潜在顾客空闲之时去拜访，将会受到友好的接待
与需求和购买相关的信息	需求状况	了解顾客是否确实需要你所销售的产品。如果需要，应该弄清楚潜在顾客对产品熟悉的程度；如果不需要，判断是暂时的还是长期的，以便进行分级管理
	购买能力	了解购买能力，提高销售的针对性
	购买决策权	判断购买决策权到底掌握在哪个家庭成员手中，并根据购买决策者的特征设计销售接近计划与方法
	家庭状况	很多购买决策是由于人们想取悦配偶或子女形成的，因此要注意家庭成员在购买决策中的影响作用
	参考群体	了解潜在顾客属于哪一个参考群体，在群体中担任何种职务，有无权威性。掌握这些信息，有利于利用群体的影响和认同感使之接受产品
其他销售人员重点关注的信息	……	……

对于个体潜在顾客的资料准备，重点应放在需求内容和顾客的爱好和忌讳上。一般而言，销售人员可以通过顾客资料卡来进行资料准备。常见的顾客资料卡如表 6-4 所示。

表 6-4 顾客资料卡

姓名		性别		年龄	
住址		邮编		电话	
工作单位		职务		民族	
家属	姓名	关系	年龄	职业	备注
特长爱好					
性格					
销售方法					
访问记录					
备注					

2. 组织市场潜在顾客的资料准备

组织市场潜在顾客的购买目的是获利或开展正常业务活动（如学校购买课桌、椅子、粉笔、计算机等是为了组织教学），除具备个体潜在顾客购买的一些特点外，它还具有以下特点：购买数量大，订货次数少，供购关系稳定，重视品质，专业人员购买，影响购买决策的人员多，属于理智型购买。组织市场购买行为更为复杂。组织市场潜在顾客同时兼有法人代表与个人代表两种社会角色，进行购买决策时会同时考虑组织与个人两方面的利益。组织市场购买决策的复杂性必然要求销售人员更加充分地做好接近组织市场潜在顾客的准备工作。因此，除应准备与个体潜在顾客相同的资料外，销售人员还应准备以下资料。

（1）了解组织市场潜在顾客的基本情况

这方面包括组织市场潜在顾客的机构名称、品牌商标、所在地、规模等。此外，销售人员还应了解组织市场潜在顾客的所有制性质、注册资本、职工人数、交通条件、成立时间及姓名、电话号码、传真号码等。

（2）了解组织市场潜在顾客的生产经营情况

组织市场潜在顾客的生产经营情况对其购买行为有着较为直接的影响。因此，在接近组织市场潜在顾客之前，销售人员应尽可能全面地了解其生产经营情况，包括其生产经营范围、生产能力、资信与财务状况、设备技术水平及技术改造方向、企业的市场营销组合、市场竞争以及企业发展方向等方面的内容。

（3）了解组织市场潜在顾客的采购习惯

一般来说，组织市场潜在顾客有各自不同的采购习惯，包括采购对象的选择、购买途径、购买周期、购买批量、购买方式、结算方式等方面都可能有差异。在准备工作的过程中，销售人员要对组织市场潜在顾客的采购习惯进行认真、全面、细致的分析。一般的采购决策由谁做出？重大的采购项目由谁决策？影响这些重大购买决策的有哪些人？现在的供应商是谁？对现在供应商提供的产品或服务是否满意？现在供应商的产品最大缺陷是什么？销售的产品具备这方面的优势吗？销售人员需要结合销售产品的特征和性能，确定能否向顾客提供新的利益以及组织市场潜在顾客对所销售的产品采购的可能性。

（4）了解组织市场潜在顾客的组织结构和人事状况

销售人员不仅要了解组织市场潜在顾客的近远期目标、规章制度和办事程序，而且要了解其组织结构和人事状况、人际关系以及关键人物的职权范围与工作作风等方面的内容。在接近组织市场潜在顾客之前，了解和掌握机构的组织结构和人事状况，有针对性地开展销售接近工作，对促进销售活动的顺利进行显得非常重要。

一般而言，销售人员可以通过以下调查手段和途径，获得组织市场潜在顾客的上述信息：①直接向顾客询问，和顾客交谈。②善于观察顾客，从观察中获得更多信息。③向顾客身边的朋友、同事、邻居、同学等询问顾客的有关信息。④从老顾客那里了解新顾客。⑤从企业网站、宣传册等公开的资料中了解顾客。⑥从顾客的合作伙伴那里了解顾客，比如从企业的法律顾问、设备供应商、广告合作公司那里了解顾客的有关信息等。⑦从顾客的顾客那里获取信息，比如从零售商那里了解批发商的信息，从终端顾客那里了解零售商的信息等。⑧从公开的文献里了解顾客。⑨通过企业顾客内部员工获取信息，比如医院的保洁、保安，企业内高度认同销售人员的内部员工。⑩从企业顾客的同行或竞争对手那里获取信息等。⑪其他手段和途径。

3. 老顾客的资料准备

老顾客是销售人员熟悉的、比较固定的买主。保持与老顾客的密切联系，是销售人员保证顾客队伍的稳定取得良好销售业绩的重要条件。对老顾客的接近准备工作，主要是对原有资料的补充和调整，即对原有资料错漏、不清楚、不确切等方面进行的及时修订和补充，是对原有顾客关系管理工作的延续。那么，在约见老顾客前，销售人员应该做哪些准备呢？

（1）重温老顾客的基本情况

应该注意和重视在见面之前对老顾客原有情况进行温习与准备。通过温习，在见面时可以从这些准备好的内容入手进行交流，会使老顾客感到很亲切。

（2）密切关注老顾客的变动情况

对原来档案中的资料，最重要的就是审查是否有变动。因此，各项资料都应逐一审查，并加以核对。

（3）掌握老顾客的反馈信息

对于销售人员而言，再次拜访老顾客前，应该先了解老顾客（无论是个体顾客还是团体顾客）上一次成交后的情况反馈。顾客反映的内容是多方面的，主要包括产品价格、产品质量、使用效果和售后服务等。

6.2.5　销售计划制订

销售计划管理既包括如何制定一个切实可行的销售目标，也包括实施这一目标的方法。制订销售计划有助于销售人员合理安排时间，也有助于建立信心，可以帮助销售人员在买卖方之间营造友好的氛围，还可以节省时间并增加销售额。

1. 确定销售拜访目标

顾客拜访目标分为销售目标和行政目标。销售目标包括要求老顾客增加订货量或品种，向老顾客推荐现有产品中尚未经营的产品，介绍新产品，要求新顾客下订单等。行政目标包括收回账款、处理投诉、传达政策、建立客情关系等。

2. 访问时间和访问路线的安排

拖延不会给销售人员带来任何好处，所以销售人员每天应拿出一定的时间用于寻找潜在顾客，例如每天一小时，并把它列入每天的工作计划中。销售人员可以参照表6-5制作顾客拜访计划，这样既能安排顾客拜访次序，也能通过记录顾客拜访内容，从而提高销售拜访工作效率。

表 6-5　顾客拜访计划

日期		拜访顾客	拜访时机	拜访内容
第一周	周一			
	周二			
	周三			
	周四			
	周五			
	周六			
	周日			
第二周	……			

在与现有顾客接触之余，销售人员也可以挤出时间来与潜在顾客保持联系。销售人员要制订潜在顾客拜访计划，以保持一定的销售额增长率。此外，销售人员还应该对访问路线进行安排，以在最短时间内访问尽可能多的顾客。一般来说，访问时间能够安排好将有助于成功，而访问地点与环境应具有不易受外界干扰的特点。

3. 准备销售工具清单

"工欲善其事，必先利其器。"一份完整的销售工具清单是优秀的销售人员绝对不可缺少的战斗武器。调查表明，销售人员在拜访顾客时，利用销售工具，可以降低50%的劳动成本，提高10%的成功率，提高销售质量。

销售人员需要准备的常见的销售工具有：①样品、产品说明书或产品目录；②价格表；③证明企业合法性的证件或其复印件（如营业执照）；④企业宣传资料（如图册、照片、鉴定书、有关剪报、光盘等）；⑤介绍自我的材料（如名片、介绍信、工作证、法人委托书、项目委托证明）；⑥顾客档案和拜访记录表；⑦顾客见证；⑧地图；⑨交易所需材料（如订单、空白合同文本、预收定金凭证、计算器、空白纸张、签字笔等）；⑩笔记本计算机、无线网卡等。行业不同、产品不同，具体的销售方式也不同，销售人员需要准备的销售工具就会有所差异。因此，销售人员要根据自己的实际销售情形灵活准备销售工具。

4. 拟订洽谈计划

洽谈是销售过程中的一个关键环节，销售能否成功通常取决于此，因而设计一个行之有效的洽谈计划是非常必要的。洽谈计划是针对一些具体细节、问题和要求来设计一些洽谈的提要。销售人员在对产品有了深入了解的情况下，不妨将产品的功能、特点、交易条款以及售后服务等综合归纳为少而精的要点，作为销售时把握的中心，设想对方可能提出的问题，并设计回答。经验不丰富的销售人员一定要在这方面多花一些时间，做到有备无患。

通过接近准备，可以了解顾客重视销售产品的哪些方面，谈话用什么形式易于接受等问题，以便有针对性地制订洽谈计划。如果潜在顾客最感兴趣的是减少费用开支，则大谈产品质量的优越而忽视价格方面的分析介绍，销售产品不可能为顾客所接受；如果潜在顾客不在乎费用多少，较为关心产品质量，一味宣传价格低，只会引起顾客的反感，顾客不可能做出购买决策；如果潜在顾客追求的是心理社会地位等附加价值，则宣传产品的成熟性与稳定性往往不可能激发其购买欲望。因此，通过销售人员的前期准备，可以明确销售洽谈中的侧重点，选用适宜的介绍产品的方式，从而达到激发顾客购买欲望、实现最终成交的目的。

6.2.6 销售访问约见

销售访问约见是指销售人员实现征得顾客同意的接近活动。其主要目的，一是为接近顾客铺平道路，避免贸然闯入而遭拒绝的情况；二是为了提高访问效率，避免等待时间的浪费。

1. 确定销售访问对象

要进行销售访问，首先要确定访问对象，即确定与对方哪个或哪几个人接触。销售人员应尽量设法直接约见购买决策人，或者是对购买决策具有重要影响的人物，避免在无权与无关的人身上浪费时间。为能顺利地约见主要人物，销售人员应尊重有关的接待人员。销售人员应在言行中把接待人员当作同等重要的人，从而取得他们的合作与支持。

2. 确定销售访问事由

顾客通常根据销售人员的访问事由来决定是否见面。当然，任何销售访问都是为了最终销售产品。但每次访问的目的是不一样的，可能是投石问路、留下印象、市场调查、签订合同、提供服务、收取货款、联络感情，或者是为进一步交往而寻找借口。除非确实知道顾客正需要这种产品，否则销售人员不会把销售产品作为约见顾客的理由，而是会选择其他事由，这样顾客易于接受。销售人员应该根据自己的实际情况、企业情况、顾客情况，选择最有利的访问事由。

3. 确定销售访问时间

销售人员尽量替顾客着想，最好由顾客确定或由顾客主动安排访问时间。销售人员还应根据访问对象的特点确定见面时间，避免在顾客忙碌的时间内约见。下面几种情况，可能是销售人员访问顾客的最佳时间：①顾客刚开张营业，正需要产品或服务的时候；②对方遇到喜事吉庆的时候，如晋升提拔、获得某种奖励等；③顾客刚领到工资，或增加工资级别，心情愉快的时候；④节日、假日之际，或者对方厂庆纪念、大楼奠基、工程竣工之际；⑤顾客遇到暂时困难，急需帮助的时候；⑥顾客对原先的产品有意见，对你的竞争对手最不满意的时候；⑦下雨、下雪的时候。在通常情况下，人们不愿在暴风雨、严寒、酷暑、大雪冰封的时候前往拜访，但许多经验表明，这些正是销售人员上门访问的绝好时机，因为在这样的环境下前往销售，往往会显示诚意。

销售人员应视所销售产品与服务的内容特点确定约见与访问时间，使时间更能衬托产品的优势与服务内容的重要性，如能结合顾客的心境状态则更好。当顾客的时间与销售人员的时间安排有矛盾时，应尽量迁就并尊重顾客的意愿。例如，销售人员与另外的顾客有约在先而发生时间上的冲突时，应如实向前面的约见对象说清楚。约见时间与规定一旦明确，销售人员应立即记录下来，并且应严守信用，克服困难，准时到达约见地点。此外，销售人员还应根据不同的拜访目的选择日期与时间，见面的具体时间应在考虑交通、地点、路线、天气以及人物活动规律后再确定。

4. 确定销售访问地点

在什么地方见面也是约见时要确定的主要内容之一。销售人员应按约见对象的要求去选择合适的地点，可以选择一些公共场所，如展览厅、订货会、货栈、洽谈室等，也可以把公共娱乐场所作为约见地点，如咖啡厅、音乐茶座等。但太嘈杂或来往人太多之地只能作为礼节性拜访、初次认识、联络感情的场所，绝不能作为实质性谈判的地方。

5. 约见顾客的方法

（1）当面约见

这是销售人员对顾客进行当面联系拜访的方法。这种约见简便易行，也极为常见。销售人员可以利用各种与顾客见面的机会进行约见，如在列车上与顾客相识的时候、在被第三方介绍熟悉的时候、在起身告辞的时候，都可以成为与对方约见的机会。在许多场合，当面约见是在顾客不知其事、毫无准备的情况下进行的。

（2）电话约见

电话约见能突破时间与空间的限制，迅速、方便。由于顾客与销售人员之间缺乏相互了解，电话约见也最容易引起顾客的猜忌，因此销售人员必须掌握电话约见的正确方法。一个有效的约见电话应该注意以下几个方面：①一个简单明确的对打电话原因的陈述。这个陈述必须注意：第一，清楚表明事实；第二，必须用尽可能少的词句，不要在电话中讨论业务。②用一个对目标顾客的问话结束。这样做的目的，一是可以使谈话继续下去，使顾客顺着销售人员的话题来进行；二是避免遭受顾客的盘问。③把需要问的问题排列好。避免销售人员忘记重要内容。④对所有顾客可能提及的问题准备好回答。即兴回答问题，失败的可能性将会大大增加。经过仔细考虑的回答，才能轻松、可信、更有效。

（3）电子邮件

电子邮件为销售人员提供了新的销售手段。销售人员充分利用电子邮件或许会得到意想不到的收获。另外，电子邮件联系不仅成本低，方便快捷，而且可在邮件中附上产品或服务的简介。需要注意的是，一定要突出最能吸引对方的特点，不可像做广告一样发送电子邮件。另外，电子邮件配合电话等工具，可能会收到更好的效果，因为在电话中很难把事情讲得翔实，但电话可以提醒对方去查看电子邮箱。

（4）书信约见

书信约见是销售人员利用各种信函约见顾客的一种联系方法。这些信函通常包括个人书信、会议通知、社交请柬、广告函件等。销售人员在进行书信约见时，要注意以下问题：①文辞恳切。一封言辞恳切的信函，往往能博得顾客的信任与好感，也使对方同意与你见面的机会大大增加。②简单明了。销售人员用书信与顾客约见时，应尽可能做到言简意赅，只要将预约的时间、地点和理由向对方说清楚即可，切不可长篇大论。③投其所好。约见书信必须以说服顾客为中心内容，投其所好，供其所需，以顾客的利益为主线，劝说对方接受约见要求。

6. 约见顾客的注意事项

（1）紧扣主题

任何吸引顾客注意力的方式都应与销售有关，约见顾客是为了销售，而每次约见都有新的吸引顾客的目的。约见的内容、方式都应该为约见的目的服务，不能本末倒置，更不能喧宾夺主。

（2）注意形象

任何吸引顾客注意力的方式与内容，都应该反映出销售人员为顾客着想的销售宗旨，反映出销售人员的敬业精神、高尚的人品与良好的修养。

（3）用肯定的语气说话

如果销售人员用试探的口吻去征询关于约见的意见，肯定会被顾客拒绝。因此，销售人员应使用肯定的语气向顾客表明，约见是肯定的，不存在约见与不约见的问题，讨论的只是在什么地点、什么时间见面更好的问题。

（4）排除干扰

销售人员要排除干扰与目标顾客约见。在约见过程中，会有各式人等试图应邀于销售人员的约见；也会有处于准顾客购买决策中心的各种角色人选，尽量回避销售人员的约见；有人会促使约见成功，也有人会极力阻挠约见。因此，约见内容的确定、需要的诉求、注意力的吸引，都要以主要准顾客为目标。

6.3 销售接近

6.3.1 销售接近的含义

接近顾客是销售流程中的最难点，因为销售人员是带着销售的目的去接近一个陌生顾客的。但是销售人员成功地完成销售接近工作，就为销售工作的顺利完成奠定了良好的基础。

所谓销售接近，就是实质性洽谈之前，销售人员运用技巧和智慧与顾客做最直接的面谈，以缩短销售人员与顾客的距离。这包括两个层次的含义：一是指销售人员和顾客之间在空间距离上的接近；二是指销售人员和顾客之间消除了感情上的隔阂，逐步趋于同一目标。

作为整个销售流程的一个阶段，销售接近环节的主要任务包括验证销售准备过程中所收集到的信息，引起顾客的注意，培养顾客的兴趣，顺利转入实质性洽谈等方面。

一般而言，销售接近的过程如图 6-2 所示。

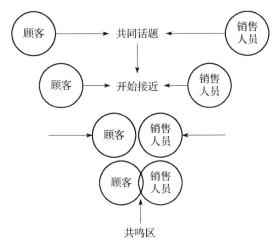

图 6-2　销售接近过程示意

6.3.2　销售接近的方法

1. 产品接近法

产品接近法是指销售人员利用产品的某些特征来引发顾客的兴趣，从而转入销售洽谈的接近方法。这种方法以所销售的产品作为接近顾客的媒介，直接利用产品的主要优点接近顾客，使顾客立即感受到产品的功能、作用、品质、造型、颜色和味道等，使顾客直接感受到拥有产品可以获得的利益。

销售人员使用产品接近法的技术要求有：①产品必须有足够的吸引力。如果产品毫无特色，或者产品的差别优势不明显，不足以在很短的时间内使顾客感觉到产品的独特吸引力时，就不适宜用产品接近法。销售人员必须善于挖掘所销售产品最突出的特色，并且让顾客能够感觉到。②产品必须是有形的实物。如果顾客不可能用感官感觉到优势的产品，就不适宜使用产品接近法。③产品必须品质优良。凡是用作接近媒介的产品，都要反复检查、多次试验，以免在接近时出现差错。

2. 介绍接近法

介绍接近法是依靠销售人员的自我介绍或者依靠包括老顾客在内的各种各样与潜在目标顾客有关系的人的介绍而接近顾客的方法。

（1）自我介绍法

通过约见，销售人员按时在约定地点拜会顾客，除了介绍自己的姓名、工作单位、拜访的目的等情况以外，为获取顾客的信任，销售人员还可以通过名片、身份证、单位营业执照复印件等有形有效文件证明自己的身份。

该方法的缺点是接近顾客太突然，双方没有感情基础和同化目标的中介，因此，销售人员的仪表和言谈举止显得尤为重要。销售人员应注意介绍的准确性、时机和礼仪，言语简练，语调适中。

（2）他人介绍法

相比较而言，由他人介绍的方式往往更有利于接近顾客，取得顾客的注意和信任。一般情况下，介绍人与顾客的关系越密切，就越能引起顾客的注意，销售人员越能达到接近的目的。他人介绍的方式可以是一封介绍函、一个介绍电话、一封介绍便笺、一张介绍人的名片或一件委托销售人员转交的物品等。

3. 馈赠式接近法

馈赠式接近法是销售人员利用赠送礼物来引起顾客的注意和兴趣，并顺势接近顾客的方法。馈赠礼物比较容易博得顾客的欢心和好感，拉近销售人员与顾客的关系，顾客也比较乐于合作。

销售人员使用馈赠式接近法的技术要求有：①深入了解顾客。销售人员首先应该了解顾客会不会接受礼品。有的顾客可能会不喜欢销售人员送给他小礼品，而认为合适的价格与良好的售后服务才是最好的礼物。②馈赠对象的选择。礼品应送给购买行为的决策人，但在具体的销售阶段中，是哪一位人士起决定作用，有时很难确定。③馈赠时间的选择。赠送礼品会给陌生的顾客留下一个好的"第一印象"，顾客对礼品的看法可能决定以后的销售活动的命运。对于老顾客来说，应选择在顾客情感波动大或者心理脆弱的时候赠送礼品，这时赠送的礼品是一种情感与友谊的传递，能及时给顾客一点情谊上的安慰与帮助，顾客往往会牢记。④馈赠礼品的选择。a. 以顾客喜爱为标准。不应以销售人员个人好恶为标准，而应遵循以顾客喜爱为标准的原则，即在调查的前提下赠送顾客喜欢的礼品，投其所好。对于重要顾客、中间商顾客或团体顾客的负责人，更应慎重选择礼品。b. 礼品不宜太贵重。赠送礼品是为了表示祝贺、慰问、感谢的心意，并不是为了满足某人的欲望。礼品价格高了会让顾客产生不利的联想，例如：是不是产品质量有问题？是不是价格太虚？是不是销售人员另有所图？值得指出的是，销售人员赠送礼品不能违背国家法律，不能变相贿赂。c. 礼品应经久耐用。馈赠的礼品最好是能长久摆在桌面上的，能长时间挂在墙上的，或者是能放在顾客常见的地方的。

4. 请教接近法

请教接近法是指销售人员以慕名拜访和上门请求指教的方法，来达到接近顾客目的的方法。销售人员可以是真的有问题（如产品、经营等方面的问题）需要向顾客请教，也可以是找个借口。请教接近法主要是利用对方好为人师的特点，满足了顾客要求被尊敬、被重视的心理需求。因此，请教接近法在实际应用中效果较好，尤其是面对一些个性较强，或者恃才傲物的专家型顾客，这种方法更受欢迎。

销售人员使用请教接近法的技术要求有：①应预先计划好请教的问题。不同的顾客有不同的特长，销售人员提出请教的问题应该是顾客的长项，而不是短板；同时提出的问题也应该是销售人员了解和熟悉的，只有这样才"够水平"向顾客请教。②赞美在前，请教在后。在接近顾客前，应先对顾客的优点多加赞美，表示尊敬崇拜的心意，在顾客心情较好、情绪也较好时，再进行请教。③请教在前，销售在后。销售人员请教的问题应尽量与销售有关，请教的产品应是最好的产品，请教后的答案应是肯定的，请教的效果应是顾客对产品或对销售人员的接近及注意。④谦虚诚恳，洗耳恭听。要注意"听"的时候的态度、面部表情、眼神和行为动作等，都要以顾客为中心。正确的方法是边听边记，并不时地应答与再发问。⑤分析重点，继续销售。在记与听的过程中，销售人员应分析顾客对销售产品的认识，抓住有利时机，引导顾客继续发表意见，及时将话题导入有利于促成销售交易的谈话中。

5. 问题接近法

问题接近法也称询问接近法，是指销售人员提出与顾客需求有关的问题而接近顾客的方法。问题接近法不同于请教接近法，问题接近法的运用是引起顾客注意与兴趣的一连串逻辑问答过程。销售人员可以首先从顾客"希望有什么？现在拥有什么？希望立刻拥有什么？有什么困难？需要获得哪方面的帮助？"等问题入手。问题一经提出来，立即使销售人员与顾客成为同一个问题的求解人。共同的问题和共同的目的，拉近了销售人员与顾客的心理距离。

销售人员使用问题接近法的技术要求有：①问题要与销售内容直接相关。提问题就是把销售人员要介绍的内容转换成问题说出来而已。销售人员可以事先准备好问题，不能因为为吸引顾客而提出一些莫名其妙的问题，分散顾客对销售活动的注意力。②问题要明确。含糊不清、模棱两可的问题是不能吸引顾客注意的。问题提得越具体、越明确，就越有吸引力，越能引起顾客的兴趣。例如，销售人员对酒店经理说："您希望在保证贵酒店正常营业的情况下，明年电费节省15%吗？"这样肯定要比简单地问"您想降低成本吗？"效果会好得多。③问题要重点突出。只有针对顾客的主要需求和需求的主要内容、主要方式提出问题，才能做到重点突出。没有重点的提问，没有突出的优势，顾客是不会感兴趣的，而且问题不能太多。④问题越有针对性越好。销售人员应在接近准备阶段针对每个顾客准备好具体的问题，使提出的问题具有针对性，做到有的放矢。如果能够在顾客平时没有注意到的地方进行提问，可以使顾客认为销售人员有比较敏锐的眼光，考虑问题有一定的深度，比较认真而不是夸夸其谈。

6. 调查接近法

调查接近法是指销售人员主动提出，或者是销售人员利用机会，对顾客进行调查研究而接近顾客的方法。销售人员通过对顾客需求及有关情况进行调查后，使用调查的信息提出更能满足顾客需求的产品与服务，从而接近顾客。这种方法使顾客感受到了销售人员为顾客着想的销售宗旨，感受到了销售人员实事求是的销售作风。

这种方法对销售人员的相关专业知识水平要求较高，如此才能打消顾客的戒备心理，从而进行深入调查。销售人员使用调查接近法的技术要求有：①确定调查主题。调查主题的确定是为了能够引起顾客对问题的注意与思考，如果销售人员提出的调查主题不是很明确和吸引人注意的话，顾客是不可能同意进行调查的。所以，调查活动都要事先做好准备，确定好调查主题，主题应该与顾客最关注的问题有关，而且能够用一句话进行总结和表达。②争取顾客的支持。一般而言，顾客往往不愿意销售人员对其企业进行调查。在这种情况下，销售人员要调查的话，就会令顾客为难，接近也将成为不可能；调查只是使顾客注意自己需求的一种方法，是尽力让顾客介入销售活动的一种借口。因此，在确定调查内容与开展调查活动时，应该极力动员顾客参与，没有顾客的参与和支持，调查便没有任何意义。

7. 表演接近法

表演接近法也称马戏接近法、戏剧化接近法，是指销售人员利用各种戏剧性情节与表演艺术，来吸引顾客注意并转入销售的接近方法。如何巧妙安排顾客在某个环境中与销售人员不期而遇是很多销售人员日夜冥思苦想的。例如，安排一场晚会，安排一个研讨会等，都是可采用的方式。再如，一位消防用品销售人员见到顾客后，并不急于开口说话，而是从提包里拿出一件防火衣，将其装入一个大纸袋，旋即用火点燃纸袋，等纸袋烧完后，里面的衣服仍完好无损。这一戏剧性的表演，使顾客产生了极大的兴趣。

销售人员使用调查接近法的技术要求有：①表演要有情节。表演接近法的"戏剧"设计要合理，要有头有尾，有始有终；要有原因、有背景、有人物、有时间、有地点；要有起伏、有曲折、有结论。同时，表演情节必须是正面的。②表演要与销售有关。表演所用道具应当是与销售活动有关的物品，而最好的表演道具就是销售产品本身，戏剧表演的内容也应当与销售活动密切配合，这样更利于顺利转入实质性销售洽谈。③表演要自然。表演是为了接近顾客，销售人员的表演应该很自然、很生活化。尽量使表演产生戏剧效果，既出人意料，又符合情理，既能打动顾客，又不露表演痕迹。如果表演失真被顾客看穿，就会弄巧成拙。如果有可能，应该事先想好出现差错时的应急措施，或在操作过程中随机应变，将坏事变为好事。④应该让顾客成为戏剧表演的主角。任何时候，顾客都是接近活动中的第一主角。销售人员要分析顾客的兴趣爱好、业务活动，戏剧表演的安排应使顾客在不知不觉中参与表演活动，使之扮演重要角色，以激发顾客的兴趣，并且增加戏剧表演的真实感。

8. 赞美接近法

赞美接近法是指销售人员利用一般顾客的虚荣心，以称赞的语言博得顾客的好感从而接近顾客的方法。该方法也被称为夸奖接近法。渴望被赞美是每个人内心的一种基本愿望。销售人员应该是一位赞美顾客的高手。通过赞美，消除顾客的戒备心理，调动顾客的积极心态，才有可能吸引顾客，并进而信任销售人员。

赞美顾客必须要找出别人可能忽略的特点，让准顾客知道销售人员的话是真诚的。赞美的话若不真诚，就成为拍马屁，这样就会引起顾客的反感。

复习测试

（1）简述一个完整的销售流程的步骤。
（2）在销售准备阶段，销售人员需要从哪些方面进行自我准备？
（3）销售人员寻找潜在顾客的方法有哪些？
（4）简述销售人员进行顾客资格审查的内容。
（5）简述销售人员接近不同类型顾客的资料准备内容。
（6）在销售准备阶段，销售人员如何制订销售访问计划？
（7）简述销售人员约见顾客的方法。
（8）简述销售人员接近顾客的方法。

实战案例 6-1

工业品成功销售第一步

舒德琪正陷入深深的苦恼中，他十几年的销售生涯中，极少像现在这样感到手足无措和无所适从。四个月前的一天，舒德琪可是另一副踌躇满志的模样，他由一家著名的猎头公司介绍跳槽到现在这家公司，担任北方区销售经理，一个月的欧洲培训后他走马上任了。

舒德琪就职的这家公司是为轻钢结构提供紧固件的跨国企业，目标顾客是集设计、制造、安装于一体的钢结构公司。其紧固件产品以具有专利的高效防腐性能涂层的特性而占据高端市场。由于进入中国时间不长，北方区是还未完全开拓的处女地，公司能够提供的顾客资料也很有限。根据以往的经验，舒德琪感觉找到潜在顾客并不是大问题。

3个月后，情况并没有像舒德琪最初想象的那样，舒德琪和他新的团队竟然还无法拿出一张完整的北方地区钢结构公司潜在顾客表，说白了，他还不知道他的顾客在哪里，准确地说谁是最终用户。问题是渠道的设计有很大的不同，舒德琪过去就职的公司通过区域代理商进行销售，与目前公司向最终用户直接销售有极大的不同。代理商顾客数量有限在明处，只要在当地找到合适的代理商，利用他们现有的渠道可以很快进入实际销售；而最终用户数量多又在暗处，找到他们并且将合约一个一个敲定绝对需要花费多得多的时间和精力。舒德琪不得不承认，当初对此没有充分的准备和仔细的筹划。

舒德琪在3个月内利用一切可得到的顾客信息，包括网上搜索、电话号码簿等，近乎疯狂地拜访顾客和出差，但由于产品高端，顾客使用受到限制，在花费了不菲的差旅费用后，舒德琪没有找到多少有价值的顾客，眼看在新公司的"蜜月期"快过去了，舒德琪感到来自公司越来越大的压力。

舒德琪决定跟老上司陆明谈谈，看看他有什么好的建议。陆明现在是一家营销咨询公司首席咨询顾问，他除了对舒德琪的状况表示同情外，觉得这也是一个可以研究的很好的案例，他向舒德琪提出一个问题：以直销为主的工业品销售和通过代理商渠道进行销售，这两种销售方式在市场开拓寻找新顾客上有何不同？地毯式的扫街还有用吗？

一个销售人员被派到一个完全陌生的地区去开拓新的市场，人海茫茫，他最想知道顾客在哪里呢？没有充分准备和筹划，一味分区域地毯式的搜索和毫无目标的陌生拜访，期望以大量的拜访次数来获得潜在顾客不但效率低下浪费金钱，而且最终都是会失败的，尤其是像舒德琪所在公司那样的工业品直销。

成功的销售过程应包括40%的准备工作、20%的销售陈述和40%的售后服务，尤其是工业品或大客户销售，这条经验很重要。通过哪些有效的途径找到舒德琪的目标顾客——钢结构公司呢？关键是能找到一个机构（类似总代理商）——与所有钢结构公司有某种业务或者行政隶属的关系，通过这个机构寻找舒德琪的潜在顾客就能起到事半功倍的效果。陆明在与舒德琪的讨论中发现，几乎所有的钢结构公司是建筑金属结构协会的会员，同时它们大都拥有钢结构专项设计资质和钢结构专业承包资质。他们发现了问题的突破点。

第一，当地行业协会是一条有效途径。虽然行业协会只是一个民间组织，但恐怕没有人能比行业协会更了解行业内的情况了。既然钢结构公司是建筑金属结构协会的会员，能得到协会的帮助是直接接触到潜在顾客的有效方法。

第二，通过政府机构相关部门。钢结构顾客需要获得政府机构有关方面的资格认证（钢结构公司的设计资质和专业承包资质认证），提供认证的有关部门不是获得潜在顾客的有效来源吗？有些还能在公开的政府网站上获得相关信息。

好像在茫茫黑夜中行走，前方突现一束光，顿时亮堂了许多。舒德琪立刻向各省的销售主管布置任务，与当地的建筑金属结构协会和分管专项设计资质和专业承包资质的各地住房和城乡建设部门取得联系，务必在两周内拿到各省的钢结构公司的花名册，如有必要，公司可以报销信息咨询费（这和手下五六个人满世界找顾客花的差旅费相比，只是一个零头而已）。

事情进行得很顺利，两星期后各省销售主管大都把花名册拿到了手。整个北方区合计有资质的钢结构公司约有600家。为提高销售人员拜访效率，舒德琪要求对收集的信息先进行电话询问和必要筛选。它们对产品是否有潜在的需要？它们有决定购买的能力吗？毕竟高端的产品不是每个人都愿意采用的。通过第一轮的电话筛选，有180家成为舒德琪的潜在目标顾客，随后销售人员的拜访就变得更有针对性了。

一个月后，舒德琪邀请其中的120个顾客，在省会城市的五星级酒店举行了两场产品技术研讨会，公司的技术总监与邀请而来的嘉宾就产品的特性和优点做了深入探讨和演讲，舒德琪也邀请公司的外方总经理发表了热情洋溢的讲话，研讨会很成功。公司总经理很满意，因为北方地区几乎所有重要的顾客能同时被邀请来参加会议，这不能不说是舒德琪的工作卓有成效。被邀请来的顾客也很高兴，研讨会上不但交流了技术，还获得了行业内的最新资讯，同时获得了厂家的最高礼遇。在晚宴丰盛的酒席上，舒德琪手下的几个省区销售主管被安排在各个酒席与顾客进一步沟通。

研讨会结束后，舒德琪与他的团队对参加研讨会的100余个顾客进行逐个回访。由于研讨会前期已经对公司背景、产品特点和优势做了全面介绍，随后进行的商务谈判也变得较为顺利，最终有60余家顾客与公司签约并开始陆续订货。舒德琪和他的销售团队还在继续努力,除做好现有顾客的售后服务外,还在不断开发新的顾客。

讨论问题:

(1) 舒德琪在寻找潜在客户的时候遇到了什么问题?

(2) 和老上司交谈后,舒德琪找到了哪些有效的途径来搜集客户资料?

(3) 舒德琪在寻找潜在客户的过程中,有哪些经验值得总结?给销售人员哪些启示?

实战案例 6-2

跟踪拜访客户四个月后为何"一场空"

小张是天津某生产混凝土和石材大型切割设备厂的销售人员,年初他了解到,北京某大型建筑承包商承接了一项高速公路改扩建工程,需要采购大型切割设备,数量为 10 台,订单达 400 万元!

几年前小张与该承包公司的采购部刘经理有过一面之缘。重新取得联系后,他立刻动身赶往北京。

刘经理倒也热情,说公司处于初选阶段,正与几个切割设备厂接触,小张也可以报资料。由于高速公路要在明年年底通车,时间紧,工程量大,因此初步考虑功率在 5 000 瓦以上的大型切割设备。

小张进一步试探有几个厂家参加竞争,刘经理提到了一家上海企业。小张知道,这家给客户留下最深印象的企业,是一家著名的瑞士制造商,技术水平和生产规模在行业内响当当,但价格高昂。因此小张不怎么担心,只要产品性能能满足要求,客户通常第一考虑的还是价格。

了解了采购进度、预算等情况后,小张与刘经理约好下周见面的时间,便匆匆赶回天津,立刻向负责销售的副总经理做了汇报,随后又与生产部门和技术部门做了初步沟通。

生产部门承诺:在客户规定的时间内,就是生产 20 台也没什么大问题。但技术部门却认为:工厂还没有生产过 5 000 瓦以上的设备,技术上没有把握,就是研发,也需要时间。

这么大的订单岂能轻易放弃!再说,虽然本厂技术不如那家瑞士公司,但在国内也是名列前茅的。

小张决定继续跟进,决不放弃!通过某种手段,改变客户的采购标准,以前也不是没有成功的案例。毕竟刘经理的话也没说死,情况在不断变化,谁知道四个月后客户的想法会不会改变呢?

在随后的四个月里,小张放弃了其他客户,集中精力在这个订单上。为了节省两地跑的时间,小张干脆在客户公司附近找了家酒店住下来,隔三岔五地与刘经理碰面,其间还设法请刘经理和其领导专门到天津的工厂参观。

多次来来往往之后,小张和刘经理也成了无话不谈的朋友,但在订单问题上,刘经理始终没有明确表态,但承诺一定给他参加投标的机会。

时间过得很快。这天刘经理通知小张去取投标书,但小张发现标书中明确要求:供应商应具备 5 000 瓦以上设备的生产能力,并提供正在实际使用的案例。

刘经理解释道:"这是公司施工技术部门的要求"。

投标结果很快揭晓了。虽然小张的报价要低于瑞士公司,但由于无法满足客户的技术要求,最后落选了。

讨论问题:小张为什么会失去这个大客户的订单?

 模拟实训

实训名称

销售准备及顾客约见情景模拟

实训目标

(1)通过情景模拟,学生能够掌握寻找潜在顾客的技巧。

(2)通过情景模拟,学生能够掌握顾客约见的技巧。

(3)通过情景模拟,学生能够掌握拜访前顾客资料准备的技巧。

背景描述

假如你是一位少儿英语培训机构的销售主管,你的顾客主要是本地区高收入家庭的孩子。

(1)如果不靠你亲自出门拜访潜在顾客,应怎样去发现引导顾客?

(2)如果你准备去拜访一位只有小学文化的经营木材生意的老板,你如何争取面谈的机会?

(3)为了做好第一次拜访,你将如何接触潜在顾客?

实训组织与实施

(1)将班级同学每 5 个人分成一个小组,每个小组内讨论确定上述 3 个问题的方案。

(2)在课前进行角色扮演进行演练,并对方案进行完善。

(3)课堂演练,可以小组内进行课堂演练,也可以小组间进行演练。

(4)在此基础上,完成一份实训报告。

实训评估标准

评估对象	寻找潜在顾客	顾客约见	顾客资料准备	团队合作	实训报告
评估要点	收集潜在顾客相关信息	争取与顾客面谈机会的方法选择,以及约见顾客的技巧选择	拜访顾客前需要做的准备工作	小组成员的团队合作意识以及参与程度	实训报告的条理性、清晰性、逻辑程度,同时必须完成规定的全部任务,不得缺项
能力考查	学习并运用信息收集及整理能力	学习并运用约见顾客能力	学习并运用顾客资料准备能力	团队协作能力	书面表达能力
占比	20%	20%	20%	20%	20%

延伸阅读 6-1

销售漏斗

销售的最有效原则是积极开发新顾客，同时整理信用较差的顾客并适时淘汰。任何行业的销售都必须持续不断地开拓新市场，若没有持续开拓新市场，每年可能将失去 30%～40% 的顾客，必须多开拓新顾客才能维持足够的顾客量。

但是，是否所有的潜在顾客都能变成现实顾客？并不是这样。销售漏斗理论告诉我们，只有少数潜在顾客能成为现实顾客，如图 6-3 所示。销售漏斗是对销售活动进度的形象比喻，是直观地反映销售人员销售效率的管理模型。也就是说，从潜在顾客到最终的成交顾客，销售活动要经历一个类似于漏斗的筛选过程。很多销售管理者经常使用销售漏斗这个图形来表示销售进度，因为它很直观简洁。如果销售人员选择使用销售漏斗，就能知道潜在顾客、准顾客和顾客的数目，还能获知自己的销售活动的焦点指向哪里。

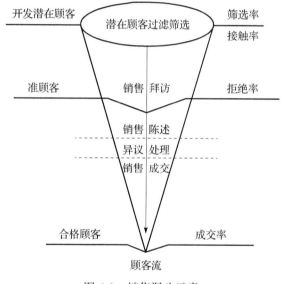

图 6-3 销售漏斗示意

由图 6-3 可以看出，潜在顾客徘徊在漏斗的顶端，等待销售人员用标准一一过滤，然后将合格者推到下一层。因此，销售人员要采取必要步骤将尽可能多的潜在顾客变成最有希望的潜在顾客。在漏斗中第一层的潜在顾客（那些对销售人员提供的产品感兴趣的人）经过销售人员的拜访与说服，会更加接近做出购买承诺，就会往漏斗里流入。漏斗变得越来越窄，反映出这样一个事实：很大一部分潜在顾客被淘汰掉，即有一定的筛选率。

最有希望的潜在顾客经过销售人员的大量接触后，一些潜在顾客变成了准顾客。销售人员应采取必要步骤，如销售陈述、处理异议、促成交易等，将这些准顾客向下移或移出漏斗，使准顾客变成真正的顾客；漏斗变得越来越窄，同样表示有一些准顾客从漏斗中分离出去，现实顾客与顾客的比值即成交率。通过销售人员的持续努力，走出漏斗的最终顾客可变为长期的支持者或合作伙伴。

有效利用销售漏斗理论能够使销售人员及时发现销售机会，了解自己的销售进展情况；销售主管通过对销售漏斗各阶段进行分析，准确评估销售团队的销售能力，发现销售过程中的障碍和瓶颈，及时跟进和指导销售工作。同时，建立销售漏斗管理模型，能够有效防范顾客资源的流失。顾客资源是企业的宝贵财富，不是销售人员的"个人财产"。当某个销售人员提出离职申请时，销售主管就要及时检查核对该员工的销售漏斗情况，及时接管其名下的所有顾客资源，并与接替人员一道联系相关顾客，及时做好与顾客的对接。

延伸阅读 6-2

"倒漏斗"销售

1. "倒漏斗"提出的背景

互联网时代，人们的消费行为发生了巨大变化，买方市场和卖方市场之间的距离变得越来越近。企业生存发展必须要有稳定的顾客资源，然而新的顾客资源总是有限的，并且企业要想从竞争对手处获得新顾客资源并非易事。因此，企业要充分利用已有顾客资源让准顾客成为现有顾客，让现有顾客升级为高级顾客，让忠诚顾客用口碑宣传来帮你销售。如此一来，订单就会从销售漏斗的大开口源源不断流出。

"倒漏斗"的意义在于如何基于企业现有的顾客进行延展销售，挖掘现有顾客的新需求，增加现有每位顾客单位销售额，或者是如何通过现有顾客群找到相关的潜在目标顾客群。

2. "倒漏斗"的含义

"倒漏斗"销售理论是对传统销售漏斗理论的反向运用。童佳和刘小刚（2012）提出销售漏斗逆向思维的观点，认为"销售漏斗逆向思维是将销售漏斗倒置，并将整个倒置的过程与营销行为相结合进行思考。它并不是对销售漏斗原理的颠覆，而是从销售漏斗理论的另一个方面来思考营销问题"。"倒漏斗"销售过程如图6-4所示。

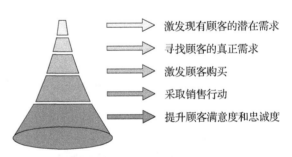

图 6-4 "倒漏斗"销售过程

"倒漏斗"销售是通过维系顾客、带动对话、营造口碑、促使推荐，从漏斗的小开口投入，让现有顾客更满意，从而使业绩从漏斗的大开口源源不断流出。针对"倒漏斗"顶端狭窄口这部分现有顾客，企业需要对他们的购买行为和潜在需求进行研究，以发现顾客目前最渴望获得的产品需求。为激励顾客购买，企业需要采取相应的营销、促销手段，以达成销售目的。与此同时，顾客的需求得到了满足，顾客的满意度和忠诚度也得到了提升。"倒漏斗"销售对企业和顾客创造了一个双赢的局面。

3. "倒漏斗"的运用

"倒漏斗"销售模式在国外已经被许多企业所运用，最典型的是苹果公司、可口可乐公司。苹果公司对现有顾客的要求不再是期望这些顾客再购买苹果计算机或者手机，而是期望这些顾客能够依靠他们对苹果产品的理解去影响他们的前辈关注并购买苹果产品，从而实现产品的交叉销售。交叉销售是一种发现客户多种需求并满足其多种需求的营销方式。例如，一个购买了车辆保险的顾客，也可能是意外健康险产品的购买者。企业可以通过对现有顾客需求调查的结果，开发出能满足这些顾客需求的产品，进行延展销售（上游销售）。上游销售可以被理解为追加销售，是指向现有顾客销售某一特定产品或服务的升级品、附加品，或者其他用以加强其原有功能或者用途的产品或服务。企业也可以把现有顾客当成自己的"编外"促销员，充分发挥他们的销售潜能，通过他们的口口相传，扩大公司产品和品牌的知名度与美誉度，把其他渠道中更多的潜在新顾客吸引过来。与本公司销售人员的口碑营销相比，顾客的口碑营销效果更好，成本最低、见效快。

综上所述，"倒漏斗"销售理论的基本观念就是，企业集中全力在维系顾客、提升顾客体验、优化顾客关系、建立以顾客为导向的口碑网络效应上，就可以让业务和顾客群成长。

第 7 章
销售展示与顾客异议处理

学习目标

- 了解销售展示的概念
- 掌握销售陈述的概念及方法
- 掌握 FABE 销售法
- 掌握销售演示的方法
- 掌握顾客异议的概念及类型
- 了解顾客异议产生的原因
- 掌握顾客异议处理的方法

引导案例

一次成功的销售演示

A 建筑公司的施工人员最近常常因为沙子质量不好影响工程质量而产生抱怨。他们希望用 B 沙厂的沙子,但 A 建筑公司 10 年前曾与 B 沙厂闹了些小矛盾,为此,该公司主管一直不准再买 B 沙厂的沙子。

B 沙厂有个销售人员认为,两家企业应不计旧怨,携手合作,这是对双方都有利的事情。他要求拜访 A 建筑公司主管,却吃了闭门羹。该销售人员决心以诚心打动 A 建筑公司。此后一段时间,他经常去 A 建筑公司,一边要求接见,一边与 A 建筑公司的职员混熟了,并主动帮他们办些事情。

在销售人员的不断要求与 A 建筑公司职员的帮助下,终于有一天,公司主管答应给他 5 分钟时间。主管的意思是当面推辞,以使销售人员知难而退。

一见面,主管就说:"我们已经决定不用 B 沙厂的沙子。"销售人员一声不响地拿起一张报纸铺在地上,将带来的一袋沙子猛地倒在报纸上,顿时尘土飞扬,呛得 A 建筑公司主管咳嗽起来。销售人员说:"这是贵公司现在用的沙子,下面请看看我们厂的沙子。"接着,他取出另一袋沙子,同样倒在报纸上,却没有一点尘土。悬殊的质量对比,打动了 A 建筑公司主管,他考虑到工程质量和职工的抱怨,终于同意拉两车 B 沙厂的沙子试试。从此,坚冰打破,两家企业握手言和，A 建筑公司又成了 B 沙厂的一大主顾。

讨论问题：这位 B 沙厂的销售人员用的销售方式有什么特点？

7.1 销售展示

销售是顾客和销售人员共同参与的活动。在销售一个产品（或服务）时，销售人员的表现要像一个游戏节目的主持人，使顾客愿意投入时间来观看销售人员的展示。销售展示不是做产品特性的说明，而是要激起顾客决定购买的欲望。

销售展示是指销售人员利用语言陈述、可视辅助手段和各种方式，让顾客充分地了解产品的外观、操作的方法、具有的功能，以及能给顾客带来的利益，并说服顾客购买的过程。简单地说，销售展示就是向顾客介绍自己、介绍自己的产品。

一般来说，销售展示的方法主要有两类：一类是销售陈述的方法，另一类是销售演示的方法。

7.1.1 销售陈述方法

在销售陈述的过程中，销售人员应该使用一些销售陈述的方法（即销售提示法）。销售提示法是指销售人员通过言语和行动，使顾客产生购买动机，促使其做出购买行为的销售展示方法。常用的销售陈述的方法通常有以下几种类型。

1. 直接提示法

所谓直接提示法，就是销售人员开门见山，直接劝说顾客购买其所销售的产品的方法。这是一种被广泛运用的销售洽谈提示方法。这种方法的特征是：销售人员接近顾客后，立即向顾客介绍产品，陈述产品的优点与特征，然后建议顾客购买。因此，这种方法能节省时间，加快洽谈速度，较具优越性。

销售人员在运用直接提示法时应注意以下几点：①提前做好销售接近与洽谈的准备，直接陈述顾客的主要购买动机；②提示要抓住重点，提示的内容要易于被顾客理解，应符合顾客的个性心理。

2. 间接提示法

间接提示法是指销售人员运用间接的信息，向顾客传递销售的重点信息，并间接提示顾客购买的方法。使用间接提示法可以减少销售人员对顾客的压力，缓和对立紧张的心理，还可以避开一些敏感的、不太好直接提出的话题，因而使顾客感到轻松、合理，从而容易接受销售人员的购买建议。例如，针对一个脸上长青春痘的年轻人，销售人员会采用暗示的方法说"那些油性皮肤的人，都在使用这种洗面奶，祛痘效果非常明显"，而不会说是顾客的油性皮肤导致青春痘，以保全顾客的面子。

运用间接提示法的一般步骤为：首先，虚构或泛指一个购买者，不要直接针对面前的顾客进行提示，从而减轻顾客的心理压力，开展间接销售陈述。接下来，使用委婉温和的语气与语言间接地讲述购买动机与购买需求，尤其是对于一些比较成熟、主观意识比较强的顾客。最后，主要在洽谈后期采取直接提示法，以更好地把握机会。

3. 动意提示法

动意提示法是指销售人员建议顾客立即采取购买行动的洽谈方法。当一种观念、一种想法与动机在顾客头脑中产生并存在的时候，顾客往往会产生一种行为的冲动。这时，销售人员如果能够及时地提示顾客实施购买行动，效果往往不错。例如，当一个顾客觉得某款产品不错时，销售人员应觉察到并及时提示顾客："这种款式很好卖，这是剩下的最后一件了。"只要提示得及时、合理，效果一般都不错。

在运用动意提示法时应注意以下几点：①提示的内容应直接诉诸顾客的主要购买动机；②为了使顾客产生紧迫感，即增强顾客的购买动机，语言必须简练明确；③应区别不同的顾客，对于那些内向、自尊心强、个性强的顾客，最好不使用动意提示法。

4. 明星提示法

明星提示法是指销售人员借助一些有名望的人来说服、动员顾客购买产品的方法。明星提示法充分利用了一些名人、名家、名厂等的声望，可以消除顾客的疑虑，使销售人员和销售产品在顾客的心目中产生明星效应，有力地影响顾客的态度。

在应用明星提示法时，应当注意以下几点：①所提示的明星（名人、名家等）必须有较高的知名度，为顾客所了解；对于组织市场的销售，所提示的企业亦应是该行业真正的市场领导者。②所提示的明星必须是被目标顾客所接受的，而且是顾客所崇拜、尊敬的。③所提示的明星与其所使用及消费的产品都应该是真实的。④所提示的明星与所销售的产品应有必然的内在联系，从而为销售洽谈气氛增加感染力与说服力。

5. 逻辑提示法

逻辑提示法又称理性提示法，是指销售人员利用逻辑推理劝说顾客购买的方法。它通过逻辑的力量，促使顾客进行理智思考，从而明确购买的利益与好处，并最终做出理智的购买抉择。例如："所有生产企业都希望降低生产成本，这种材料可以帮助贵公司降低生产成本，提高经济收益。所以，贵公司应该采取这种新型材料。"这是一种比较典型的三段式，其逻辑推理模式包括三个部分：大前提、小前提和结论。上述例子可以分解为：①大前提，所有生产企业都希望降低生产成本。②小前提，这种材料可以帮助贵公司降低生产成本，提高经济收益。③结论，所以，贵公司应该采取这种新型材料。

在运用逻辑提示法时，应注意以下几点：①逻辑提示法的适用顾客必须具有较强的理智购买动机；②做到以理服人，不符合科学伦理的强词夺理是不能服人的；③把科学的却显得有点儿干巴巴的逻辑推理与说服艺术地结合起来，对顾客既晓之以理，又动之以情。

6. 积极提示法

积极提示法是销售人员用积极的语言或其他积极的方式劝说顾客购买所销售产品的

方法。所谓积极的语言与积极的方式可以理解为肯定的、正面的提示，热情的语言，赞美的语言等会产生正向效应的语言。例如："你看，这是摩托车手参加比赛的照片，小伙子们多神气！他们戴的是我们公司生产的头盔。"

在运用积极提示法时，应注意以下几点：①可以用提示的方式引起顾客注意，先与顾客一起讨论，再给予正面的、肯定的答复，从而克服正面语言过于平淡的缺陷；②坚持正面提示，绝对不用反面的、消极的语言，只用肯定的判断语句；③所用的语言与词句都应实事求是，可以证实。

7. 消极提示法

消极提示法是指销售人员用消极的、不愉快的，甚至是反面的语言及方法劝说顾客购买产品的方法。例如："听说了没有，过了60岁，保险公司就不受理健康长寿医疗保险了，到那时要看病可怎么办？"消极提示法运用了心理学的"褒将不如贬将，请将不如激将"的道理，因为顾客往往对"不是""不对""没必要""太傻了"等词句的反应更为敏感。因此，运用从消极到不愉快，乃至反面语言的提示方法，可以有效地刺激顾客，从而更好地促使顾客立即采取购买行为。

实施消极提示法时，应注意以下几点：①此方法只适用于自尊心强、反应敏感、爱唱反调的顾客，而对反应迟钝的顾客不起作用，但是对于特别敏感的顾客又会引起争执与反感；②语言的运用要特别小心，要做到揭短而不要冒犯顾客，刺激而不得罪顾客，打破顾客心理平衡但又不令顾客恼怒；③销售人员应在反面提示后，立即提供一个令顾客满意的解决方案，将洽谈引向交易。

8. 联想提示法

联想提示法是指销售人员通过向顾客提示或描述与销售有关的情景，使顾客产生某种联想，进而刺激顾客购买欲望的销售洽谈方法。

在运用联想提示法时，应注意以下几点：①销售人员的举止、表情要有助于引导顾客产生联想；②销售人员的语言要有感染力，用艺术的手法去表达、描绘，要有助于引导顾客产生联想，避免刻板、教条的语言，也不能采用过分夸张、华丽的辞藻。只有这样才能感染顾客，让顾客觉得真实、贴切、可信。

7.1.2 FABE 销售法

FABE 销售法是指在产品销售过程中，将产品本身的特征（Feature）、产品所具有的优势（Advantage）、产品能够给顾客带来的利益（Benefit），以及产品满足顾客需求的证据（Evidence）等有机地结合起来，按照一定的逻辑顺序加以阐述，形成完整而又完善的一种销售陈述的方法。FABE 销售法通过特征、优势、利益和证据等四个关键环节，循序渐进地处理好顾客所关心的问题，帮助销售人员处理成交的障碍，从而顺利地实现产品的销售。

1. F 代表特征（Feature）

特征是指产品所独有的各种特质、特性等。销售人员要以准确的语言向顾客介绍产品的特征，包括产品的性能、构造、作用、使用的简易性及方便程度、耐久性、经济性、外观及价格等。例如，某品牌手机配置骁龙 8 Gen 1 处理器，采用 5 000 万像素摄像头等。销售人员对产品的常规功能常常都有一定的认识，但需要特别提醒的是：要深刻发掘自身产品的潜质，努力去找到竞争对手和其他销售人员忽略的、没想到的特性。当销售人员给顾客一个"情理之中，意料之外"的感觉时，下一步的工作就很容易展开了。

2. A 代表优点（Advantage）

优点是指产品通过特征直接体现出来的优点。销售人员应针对产品的特征，找出其特殊的作用，或者是某项特征在该产品中扮演的特殊角色、具有的特殊功能等优点。要向顾客证明"购买的理由"：同类产品相比较，列出比较优势，或者列出这个产品独特的地方。例如，某品牌手机因为有骁龙 8 Gen 1 处理器，所以"运行速度就是快"；因为它有 5 000 万像素摄像头，所以拍照更清晰。

3. B 代表利益（Benefit）

利益是指产品的以上这些优点，能给顾客带来哪些具体的利益。这是 FABE 销售法中最重要的一个步骤。销售人员应在了解顾客需求的基础上，把产品能给顾客带来的利益（如经济利益、社会利益、工作利益、社交利益），尽量多地列举给顾客。例如，某品牌手机因为运行速度快，所以玩游戏不卡；因为它拍照很清晰，所以可以随时随地想拍就拍。

不仅要列举产品外表的、实质上的利益，更要列举产品给顾客带来的内在的、附加的利益。在对顾客需求了解不多的情况下，应边讲解边观察顾客的专注程度和表情变化，在顾客表现出关注的主要需求方面要特别注意多讲解、多举例。通过强调顾客得到的利益、好处激发顾客的购买欲望。

4. E 代表证据（Evidence）

证据是指各种背书（Endorsement）。销售人员在销售陈述过程中应使用真实的数据、案例、实物等证据来解决顾客的各种疑虑，提高顾客对产品的信任，从而促使顾客购买。这些证据包括产品证明（如品牌故事、荣誉证书、产品技术检测报告、现场实验、试验）、老顾客的证明和赞誉、权威机构的证明（如报刊文章、照片）、合作伙伴的证明等。所有作为"证据"的材料都应该具有足够的客观性、权威性、可靠性和可见证性。

简单地说，FABE 销售法就是在找出顾客最感兴趣的产品特征后，分析这一产品特征所产生的优点，明确这一优点能够带给顾客的利益，最后提出证据说服顾客购买。通过这四个关键环节，解答消费诉求，证实该产品的确能给顾客带来这些利益，极为巧妙地处理好顾客关心的问题，从而顺利实现产品的销售诉求。

销售人员在使用 FABE 销售法时，需要注意的事项有以下几方面。

1）展示产品带给顾客的利益。展示产品能够带给顾客的利益和帮助，而不是展示产品的功能和特征。因为顾客永远不会为产品的功能与特征甚至是优点成交，而只会为产品带给他们的利益成交，所以销售人员需要站在顾客的角度去思考问题。在使用 FABE

销售法时，F、A 的部分只要简单介绍就可以，以顾客听懂为宜，重点在 B 部分。

2）充分激发顾客的兴趣。如果顾客的兴趣没有得到激发，其购买欲望是无法被调动起来的。所以，在表达完产品带给顾客的利益之后，还要通过很多表达手法来活灵活现地描绘一个让顾客无法抗拒的使用和消费场景，以便刺激和挑战顾客的视觉、听觉、触觉神经。

3）向顾客出示证据时，需要注意：①要与顾客有关，证据至少要有 3 个以上，是同顾客情况相似的内容，这样才会产生代入感。②出示的证据最好能包括具体的企业名称、具体的顾客名字、具体的数据等，这样会让顾客觉得真实可信。③在证据中，要学会使用对比，比如之前和之后的对比、危险和安全的对比、快和慢的对比、好和不好的对比、本方案和竞争对手方案的对比，等等。

案例 7-1　　　　　　　　**笔记本计算机卖场销售情景对话**

在数码产品卖场里，一对夫妇想给孩子买一台笔记本计算机，来到一台笔记本计算机前，导购员走过来与他们开始交谈。

导购员：请问你们是要买笔记本计算机吗？

夫妇：是的。这台计算机有什么特点吗？（心里想，我们对计算机也不熟悉，先随便问问看）

导购员：嗯，您真有眼光！这款计算机很有特点，可也不一定适合您。您对计算机有什么要求吗？

夫妇：是这样的，我的孩子要上初中了，是作为礼物买给他的。一方面希望能促进他学习，另一方面不希望他浏览不良网页和沉溺于游戏。

导购员：我明白了，那我向您推荐这款笔记本计算机。钢琴烤漆，有漫画图案，色彩鲜艳，与其他型号和品牌的计算机相比，更符合孩子的心理需求，很多孩子看见这款计算机后，都爱不释手，纷纷叫着父母来买。如果您买回去，您的孩子一定会喜欢的不得了，觉得您和其他父母不一样，您懂他、爱他。除此之外，我们这款计算机预装了绿色管理软件，能更好地屏蔽掉不良网站，使您的孩子免受不良信息的侵蚀。还有更重要的，我给您推荐的这款计算机有软件安装管理功能，换句话说，这个计算机上装什么软件和游戏，都是您说了算，益智怡情的游戏可以多安装些，不好的游戏没有得到您的允许，谁也装不上。因此，这款笔记本计算机可以有效避免孩子沉溺于游戏。这两天报纸上还有这样的报道，因为沉溺游戏，孩子离家出走，真是让人担心。同时，这款计算机的性能能满足学习工作要求，如果您把这款计算机搬回家，真是孩子高兴，你们也放了心，而且售价不到 6 000 元，只有 5 800 元，很划算，那我给您开票吗？

夫妇：好的，我们也没有时间再挑，就它了！

思考问题：你能找出这个案例里哪些是特征，哪些是优点，哪些是利益吗？请把表示优点和利益的标志性词语画出来。

> **案例 7-2**　　　　　　　**某款省电冰箱的 FABE 销售陈述**
>
> 　　销售人员："您好，这款冰箱最大的特点是省电，它每天的用电才 0.35 度，也就是说，3 天才用 1 度电。以前的冰箱每天用电都在 1 度以上，质量差一点的可能每天耗电达到 2 度。现在的冰箱耗电设计一般是 1 度左右。您一比较就可以算出一天可以省多少钱。假如 0.8 元 1 度电，一天可以省 0.5 元，一个月可省 15 元，相对来说您就省下手机的一个月的月租费了。"
>
> 　　顾客："这款冰箱为什么那么省电呢？"
>
> 　　销售人员拿出冰箱的产品说明书，说："您看它的输入功率是 70 瓦，就相当于一个白炽灯的功率。这款冰箱用了最好的压缩机、最好的制冷剂、最优化的省电设计，它的输入功率小，所以它省电。"
>
> 　　紧接着，销售人员又拿出了销售账本，说："这款冰箱销量非常好，您可以看看我们的销售记录。假如合适的话，我就帮您试一台机。"
>
> 　　**思考问题**：请按照 FABE 销售法分析案例中销售人员的销售技巧。

7.1.3　销售演示方法

销售演示方法是销售人员通过操作示范或者演示的途径介绍产品的一种销售方法。心理研究表明，人们所接受的外部信息中，有 87% 是通过他们的眼睛接受的，只有 13% 的信息是通过其他四种感官接受的。也就是说，销售人员使产品介绍最大限度地可视化，才能真正打动顾客的心，直接刺激顾客的购买欲望。

根据销售演示所使用的销售工具的不同，销售演示方法可以划分为以下几种。

1. 产品演示法

产品演示法是指销售人员通过直接向顾客展示产品本身，说服顾客购买的洽谈方法。销售人员通过对产品的现场展示、操作表演等方式，把产品的性能、特色、优点表现出来，通过顾客对产品实物的观看、试用、触摸、实验等，从而让顾客充分感受到产品的优势及能带给顾客的利益。例如，一位销售人员所销售的玻璃是防震的，为了证明这一点，在销售展示时，他用一个圆头锤子砸玻璃，玻璃裂了，但是并没有碎落满地。这样的演示形象地告诉顾客，玻璃是防震的。

使用产品演示法时，应注意：①应根据产品的特点选择演示的内容和方式；②应根据顾客的特点，特别是顾客的购买动机与利益需求来选择演示重点内容、方法、时间、地点等；③应根据销售洽谈进展的需要，选择适当的时机进行演示；④应注意演示的步骤与艺术，最好是边演示边讲解，并注意演示的气氛与情景效应；⑤积极鼓励顾客参与演示，使顾客亲身体验产品的优点，从而产生认同感与占有欲望；⑥在运用产品演示法时，销售人员要坚持产品实体的展示，并且要求演示的产品具有优良的质量，演示时要重点突出销售产品的特殊功能与主要的差别优势，以取得良好的演示效果。

但是，产品演示法的运用也有一定的局限性。过重、过大、过长、过厚的产品以及服务性产品等，不适合采用实际产品现场演示法，但可以采用产品模型或样本演示的方式。

2. 行动演示法

行动演示法是指销售人员运用非语言化的形式向顾客展示产品的优点，以提示顾客采取购买行为的一种洽谈方法。这一方法的运用，不仅能吸引顾客的注意和兴趣，而且能通过现场展示与使用销售产品，给顾客一种真实可信的感觉，很直观地暗示与激励顾客采取购买行为。但是，行动演示法只适合那些简单的、便于携带、便于表演的产品。

3. 文案演示法

文案演示法，又称文字、图片演示法，是指销售人员通过演示有关产品的文字、图片资料来劝说顾客进行购买的洽谈方法。它特别适用于语言不便简要说明或难以说明的产品相关信息，如一些产品的设计原理、工作原理、统计数据、价目表等，都可以制作成彩页甚至PPT文件，通过计算机和PPT投影设备向顾客说明。采用文案演示法最大的优点在于生动形象，既准确可靠又方便省力，还可以使销售对象易于理解、印象深刻。

使用文案演示法时，应注意以下几点：①文案的准确性与及时性。要使用系统性、准确性、权威性的相关资料，文案的准确性和及时性要求销售人员保证资料的可靠性、真实性和新颖性，随时修正、补充、更新有关的演示资料。②文案设计与销售主题一致。文案的制作和设计创作上要力求与销售主题思想一致，还要精美，能吸引顾客注意；文案要能充分展示销售品的特点，给顾客以强烈的刺激，如文字的放大特写、图片的色调结构等，要收到大反差衬托的效果。③文案要依据不同顾客特征而有变化。文案的设计要注意目标顾客的特点和不同的洽谈环境，从而准备不同的演示资料。

4. 音像演示法

音像演示法是指销售人员通过音频、视频等现代声像工具，生动形象地传递大量的销售信息，制造真实可信的销售气氛，充分调动顾客的情感，增强销售说服力和感染力的方法。这种方法具有很强的说服力和感染力。例如：各大旅游景区拍摄微电影、短视频等音像资料，并通过各种传统媒体和新媒体平台进行发布，以此来增强其销售说服力，扩大景区知名度，吸引更多旅游者。

使用音像演示法时，应注意：①要根据销售洽谈的实际需要，收集、制作、整理有关的视频资料；②要掌握有关新媒体的操作和运营维护技术，能熟练地演示销售资料；③要辅之以广告宣传等促销手段，实施综合性的销售策略。

5. 证明演示法

证明演示法是指利用证明材料进行展示的方法。产品的生产许可证、质量鉴定书、获奖证书、营业执照、购销合同书都是证明演示法的好材料，顾客的表扬信、产品消费前后的对比资料和追踪调查统计资料、产品销售证明、企业曾经做过的项目清单都可作为证明材料，也可用演示来证明产品的优势。销售人员针对顾客的从众心理，及时演示销售证明，增强销售的说服力。

使用证明演示法时应注意：①销售前准备好有针对性的证明资料，一方面是注意收集有关证明资料，另一方面是每次销售前应准备好具有专业水平的、权威性的、足够的证明资料；②所有证明资料必须是真实、有效的，包括一切书面证明资料、口头证明资料和实物证明资料等，都必须科学合理；③注意演示技巧，意在证明而非炫耀，令顾客心悦诚服。

6. 顾客参与演示法

顾客参与演示法是指让顾客参与销售演示的展示方法。通过让潜在顾客参与，可以抓住顾客的注意力，减少顾客对购买的不确定性和抵触情绪。通常有3种方法能诱使顾客参与销售演示过程。①提问。通过提问，从顾客那里获得对演示的正面的反馈，如"操作真的很容易，是吗？"②使用产品。让潜在顾客亲自使用产品，会给顾客很高的可信度。例如：汽车——让顾客亲自开一圈；衣服——让顾客摸、穿；食品——让顾客看、闻、尝；音响——让顾客听。③参加示范表演。让顾客在表演中扮演一定的角色。例如：介绍防震玻璃时，让顾客用锤子砸玻璃；介绍洗衣粉时，让顾客将演示布块弄脏。

要做好一个成功的销售演示，销售人员还应注意以下几点。

1）实体展示。凡是可以随身携带的产品，销售人员应不怕麻烦，坚持随身携带，以便随时随地让顾客看到真实的产品。

2）确保演示的产品完美无缺。销售人员向顾客展示的产品一定要完美无缺，不论是其内在质量，还是外在包装、附件及外观设计等方面都不能有任何疏忽。

3）多种形式反复强调产品的FABE。销售人员在向顾客推荐产品时，需要通过不同的形式来反复介绍该产品的特征、该产品与同类产品相比的优势，特别是要让顾客参与那些与重要购买动机联系最紧密的性能的演示，让顾客明确该产品为其带来的利益，以确保顾客对该产品的重要"卖点"印象深刻。

4）展示应由浅入深。先向顾客展示哪个部位或什么特点，后向顾客介绍哪些性能与作用，都应事先安排。展示的顺序应先易后难、由浅入深。特别忌讳销售人员在向顾客介绍产品时，夸夸其谈，不顾听众的反应，甚至做出一些哗众取宠的不实宣传，引起顾客的反感。

5）使用顾客听得懂的语言。销售人员在介绍产品时，一个常犯的错误就是使用行业内的专业术语，而忘记了顾客可能听不懂，尽管这些专业术语对于销售人员来说就像大白话一样，应该尽量使用通俗易懂的语言。

7.2 顾客异议处理

> **专题 7-1　顾客拒绝销售人员来访的原因调查**
>
> 一个销售人员突然来访，他本身就是一位不速之客，因而遭到拒绝是理所当然的。那

么，有没有真正的拒绝原因呢？日本销售专家二见道夫曾对378名销售人员进行调查，调查他们"在进行销售访问时是如何被拒绝的"。调查的结果如表7-1所示。

表 7-1 顾客拒绝原因统计

序号	回答内容	人数（人）	比例（%）
1	无理由，条件反射式拒绝	178	47.1
2	没有明显理由，随便找个借口拒绝	64	16.9
3	以"忙"为理由拒绝	26	6.9
4	有明显的拒绝理由	71	18.8
5	其他	39	10.3

从表7-1可以看到，前三项均表明顾客没有明确的拒绝理由，其和为70.9%，这说明有七成顾客并不真正知道自己为什么而拒绝，而只是想随便找个借口把销售人员打发走。这种拒绝的实质是拒绝"销售"这一行为本身，可以称其为防卫型拒绝。

销售人员面对的顾客大部分是陌生人，双方互不熟悉，必然存在着一种对抗和排斥心理。这种拒绝常常不是真实性的，只要销售人员耐心地对顾客进行说服教育，使其克服心理上的障碍，销售活动是可以顺利进行下去的。销售人员要保持良好的心态，理解顾客的拒绝心理，以顽强的职业精神、不折不挠的态度正视顾客拒绝，成功的销售正是从克服顾客拒绝开始的。

在销售过程中，顾客的任何一个举动或顾客对销售人员在展示过程中的说法提出的不赞同、反对、质疑等都统称为顾客异议。从接近顾客、产品介绍、销售展示、提出成交的每一个销售步骤，顾客都有可能提出异议。销售人员只有正确认识顾客异议，并妥善处理顾客异议，才能摒除其与顾客之间的障碍，最终说服顾客，促成交易。

7.2.1 顾客异议的类型

1. 按照顾客异议的性质分类

（1）真实的异议

真实的异议是指顾客不愿意购买的真正原因。当顾客提出真实异议时，也就意味着销售人员推荐的产品带给顾客的吸引还不够充分，或者顾客根本不感兴趣。这主要表现在：顾客表达出目前没有需要，对你的产品不满意或对你的产品抱有偏见。面对真实的异议，销售人员要做的是积极洞悉顾客的心理。

（2）虚假的异议

虚假的异议是指顾客对销售人员介绍的产品有兴趣，但是因为价格（即顾客抱怨价格太高）、拖延（即推迟购买）、信心（即对销售人员的承诺或产品没有信心）等原因而不愿意购买。如果顾客提出虚假异议，销售人员就要分析其原因，并采用相应的对策。

2. 按顾客异议的内容分类

（1）需求异议

需求异议是指顾客认为产品不符合自己的需要而提出的反对意见。当顾客说"我不需要"或"我已经有了"之类的话时，表明顾客在需求方面产生了异议。顾客的需求异议存在两种可能：一是顾客确实不需要或已经有了同类产品，在这种情况下，销售人员应立刻停止销售，转换销售对象；二是这只是顾客想摆脱销售人员的一种托词而已。

（2）产品异议

产品异议是指顾客针对产品的质量、性能、规格、品种、花色、包装等方面提出的反对意见，这是一种常见的顾客异议，其产生的原因非常复杂，有可能由于产品自身客观存在的不足，也有可能源于顾客自身的主观因素，如顾客的文化素质、知识水平、消费习惯等。此种异议是销售人员面临的一个重大障碍，且一旦形成就不易说服。

（3）价格异议

价格异议是指顾客认为价格过高或价格与价值不符而提出的反对意见。在销售过程中，销售人员最常碰到的就是价格异议，这也是顾客最容易提出来的问题。因为价格与顾客的切身利益密切相关，所以顾客对产品的价格最为敏感。即使销售人员的报价比较合理，顾客仍会抱怨："你这价格太高了。"在顾客看来，讨价还价是天经地义的事。顾客提出价格异议也是顾客对产品感兴趣的一种信号，说明顾客对产品的其他方面，如性能、质量、款式等比较满意。因此，销售人员应把握机会，可适当降价，或从产品的材料、工艺、售后服务等方面来证明其价格的合理性，说服顾客接受其价格。

（4）支付能力异议

支付能力异议是指顾客由于没有资金购买而提出的反对意见。这种异议往往并不会直接地表现出来，而是间接地表现为质量方面的异议或进货渠道方面的异议等，销售人员应善于识别。一旦察觉顾客确实存在缺乏支付能力的情况，应停止销售，但态度要亲切，以免失去其成为未来顾客的机会。

（5）服务异议

服务异议是指顾客对购买产品前后一系列服务的具体方式、内容等方面表示不信任和担心所提出来的异议。例如，"要是坏了怎么办呀？到哪里找你们呀？"这类异议主要源于顾客自身的消费知识和消费习惯。处理这类异议，销售人员不仅需要语言的解释，而且一定要对口头解释给予证实，才能使顾客消除异议。例如，可以立即出示销售服务点的地址及负责人的姓名。

（6）购买时间异议

购买时间异议是指顾客认为现在不是最佳的购买时间或对销售人员提出的交货时间表示的反对意见。当顾客说"我下次再买吧"之类的话时，表明顾客在这一方面提出了异议。这种异议的真正理由往往不是购买时间，而是价格、质量、付款能力等方面存在问题。在这种情况下,销售人员应抓住机会,认真分析时间异议背后真正的原因,并进行说服或主动确定下次见面的具体时间。

(7) 货源异议

货源异议又称竞争异议,是指顾客认为不应该向面前的这位销售人员以及他所代表的企业实行购买(即产品来源)而提出的异议。例如,在销售展示过程中,顾客经常会说:"你们的产品质量不行,我宁愿去买另一家企业的产品。"货源异议产生于顾客对销售人员及其企业的不信任。例如,对产品质量的怀疑、对价格的不相信、对销售人员的信用表示怀疑、对销售企业的信誉表示怀疑等。要消除货源异议,销售人员应该以真诚的态度对待顾客,让顾客感受到销售人员的满腔热忱,同时也要注意在销售洽谈中的言行举止,不给顾客提出货源异议的借口。此外,企业也需要加大品牌传播力度,让顾客和其他公众了解,树立企业的良好形象。

(8) 销售人员异议

销售人员异议是指顾客对销售人员的行为提出的反对意见。这种异议往往是由销售人员自身造成的。销售人员态度不好,自吹自擂,过分夸大产品的好处,或礼貌用语欠佳等都会引起顾客的反感,从而拒绝购买产品。因此,销售人员一定要注意保持良好的仪容仪表,举止得体,并注意自身素质的提高,给顾客留下良好的印象,从而顺利地开展销售工作。

(9) 政策异议

政策异议是指顾客对自己的购买行为是否符合现行政策有所担忧而提出的异议。有时顾客也会故意以政策不允许购买为理由提出虚假购买异议。提出政策异议的顾客大多属于组织购买者。由于购买政策多属公开的信息,一旦提出来,顾客也知道销售人员对有关情况是了解的。因此,政策异议可以看作顾客向销售人员发出的寻求帮助的信号,表明了顾客的担忧。因此,销售人员必须与顾客共同协商解决。

(10) 制度异议

与政策异议相类似的顾客异议是制度异议。制度异议是指顾客表示按组织的有关制度认为购买行为不妥或表示购买行为有困难而提出的异议。凡是提出制度异议的顾客都属于组织购买者。形成制度异议的原因很多,如顾客所在组织内确有限制购买销售产品的明文规定,有涉及销售产品的制度。制度异议也可能仅仅是顾客的个人权力问题,或者仅仅是购买的程序问题。因此,销售人员应该在了解顾客的不同情况后,运用不同的销售技巧进行处理。例如,按照先情感后制度、先人际关系后问题、先利益后困难的原则和技巧处理等。但无论如何,销售人员都需要对顾客所在机构的制度加以研究。

专题 7-2　　**被拒绝平均所得法:克服被拒绝的沮丧心理的妙方**

被拒绝是销售人员随时随地都会碰到的销售窘境。据统计,一次销售成功的可能性只有不到 8%。如果一名销售人员一次访问了 100 位顾客，其中 8 位愿意购买他的产品就算不错了，其他的 90 多位会用各种各样的方式拒绝销售产品。

被拒绝是一件令人沮丧的事情。尤其对于销售人员来说，它往往意味着为成交而进行的大量前期准备工作和说服工作付诸东流，功亏一篑。但被拒绝其实并不可怕，关键是对它保持一个正确的态度，并掌握一些克服沮丧情绪的心理技巧。

被拒绝平均所得法，被许多经验丰富的销售人员誉为克服被拒绝的沮丧心理的妙方。这个方法实施起来很简单，只需做一些小小的计算。

有经验的销售人员都知道，成功的交易是由失败堆积起来的。当然，不同的销售人员由于能力高低有别，销售成功的概率是不一样的，有的成功率是 10%，有的可达到 20%～30%。不管成功率是多少，都可用下述三个步骤克服由于成交失败所带来的沮丧心理。

第一步，了解每一次交易大概能赚多少钱。假设每成交一笔，销售人员能获得 300 元的佣金。

第二步，估计一次销售成功的概率是多少。也就是说，估计达成一笔交易需要拜访几位顾客。比如，销售成功的概率是 1/10，即平均每访问 10 位顾客，可达成一笔交易。

第三步，计算每次访问所得。如上例，每次成交得 300 元，每成交一笔须访问 10 次，则有：每次访问得 300/10 = 30 元。

于是，我们得出结论：每次访问，尽管十有八九被拒绝，对方都会说"不"，但这每一个"不"等于 30 元。经过这样的计算，相信每一个销售人员都会明白：一个人之所以能赚 300 元，并非他销售成功的那一位顾客带给他的，而是他拜访的 10 位顾客一起带给他的。明确了这个道理，销售人员就能够坦然地去接受一次次地被拒绝，当然也会因此得到一个又一个的"30"元。

7.2.2 顾客异议产生的原因

销售人员只有冷静地判断顾客异议产生的真正原因，针对原因"有的放矢"，才能真正有效地化解顾客异议，排除成交障碍。一般而言，顾客异议产生的原因主要包括以下几种。

1. 顾客的原因

1）没有意愿。顾客的购买意愿没有被激发出来，产品没能引起他的注意及兴趣。

2）无法满足顾客的需要。顾客的需要不能被充分满足，因而无法认同企业的产品。

3）拒绝改变。多数人对改变（例如，从目前使用的 A 品牌转换成 B 品牌）都会习惯性地产生抵触情绪，因为销售人员的工作或多或少会给顾客带来一些改变。

4）情绪处于低潮。当顾客的情绪正处于低潮时，可能没有心情交谈，也容易提出异议。

5）预算不足，因而产生价格上的异议。

6）借口、推托。顾客不想花时间来和销售人员交流。

7）顾客抱有隐藏的异议。顾客抱有隐藏的异议时，会提出各式各样的异议。

2. 销售人员的原因

1）无法赢得顾客的好感。例如，销售人员素质不高，形象不佳，举止态度让顾客反感。

2）做了夸大不实的陈述。例如，销售人员以不实的说辞哄骗顾客，结果带来了更多的异议。

3）使用过多的专门术语。例如，销售人员的专业术语过多，顾客觉得自己无法理解、使用产品而提出异议。

4）信息质量不高。例如，销售人员向顾客提供的信息质量不能令顾客相信，引用不正确的调查资料，引起了顾客的异议。

5）不当的沟通。例如，销售人员说得太多或听得太少都无法把握住顾客的需求点，因而产生许多异议。

6）展示失败。销售人员展示失败会立刻遭到顾客的质疑。

7）姿态过高，处处让顾客词穷。销售人员处处说赢顾客，让顾客感觉不愉快，导致顾客提出许多主观的异议。

7.2.3 顾客异议处理的方法

1. 转折处理法

转折处理法是指根据有关的事实和理由来间接否定顾客的异议的方法。应用这种方法时，首先要承认顾客的看法有一定的道理，也就是向顾客做出一定让步后才讲出自己的看法。例如，顾客说："你这个金额太大了，不是我们马上能够支付的。"销售人员可以回答说："是的，我想大多数人跟您是一样的，不容易立刻支付，如果在您发年终奖金时多支付一些，其余配合您每个月的收入，采用分期付款的方式，是不是来得一点儿都不费力？"

在使用转折处理法时，销售人员应该尽量减少使用"但是"，而实际交谈中却包含"但是"的意思。因为"但是"的字眼在转折时过于强烈，很容易让顾客感觉到销售人员说的"是的"并没有含着多大诚意，销售人员强调的是"但是"后面的诉求。实际上，销售人员可以尝试将"但是"替换成"如果"，这样效果会更好。

2. 转化处理法

转化处理法又称利用处理法或太极法，是指销售人员直接利用顾客异议进行转化，把顾客拒绝购买的理由转化为说服购买的理由，进而处理顾客异议的方法。基本做法是，当顾客提出某些不购买的异议时，销售人员立即将顾客的反对意见直接转换成他必须购买的理由。例如，当顾客提出价格又上涨时，销售人员可以利用价格的确上涨的事实和顾客害怕价格继续上涨的心理，说："是的，价格是上涨了，可能以后还要上涨，最明智的方法是尽快购买。"

转化处理法适用于处理顾客通常并不十分坚持的异议，特别是顾客的一些借口。转化处理法最大的目的是让销售人员能借处理异议迅速地陈述他能带给顾客的利益，以引起顾客的注意。当然，销售人员采用此方法时需要谨慎，语言应尽可能诙谐风趣，态度一定要诚恳，以免使顾客觉得销售人员是在抓他们的话柄而感到有损自尊，且一般不适用于与成交有关的或敏感性强的反对意见。

3. 以优补劣法

以优补劣法又称抵销处理法或补偿处理法，是指销售人员利用产品的某些长处来对异议所涉及的短处加以弥补的一种处理方法。它与转折处理法的主要区别在于后半部分，转折处理法的后半部分是紧接着否定顾客异议，而补偿处理法的后半部分则是指出产品的优点，用以补偿顾客感觉到的不足。例如，顾客说："你这个皮包设计的颜色非常棒，令人耳目一新，可惜啊，这个皮子品质不是最好的。"销售人员回答说："先生，您眼力真的特别好，这个皮料的确不是最好的，若选最好的皮料的话，价格可能要比现在这个价格高出好几倍。"

使用以优补劣法时，销售人员要首先承认顾客异议的正确性，然后指出产品的优点以弥补产品的缺点，以便顾客在心理上达到一定程度的平衡，认为购买产品是值得的。这样既保持了良好的人际关系，又突出了优点，有利于排除障碍，促成交易。以优补劣法既适用于那些顾客已经明确提出的，而且产品存在明显不足的顾客异议，也适用于顾客的购买动机属于理智型的购买行为，还适用于真实有效的异议。

4. 反驳处理法

反驳处理法又称直接否定法，是指销售人员根据有关事实和理由来直接否定顾客异议而进行针锋相对、直接驳斥的一种处理方法。从理论上讲，销售人员应该尽量避免使用反驳处理法。但是如果顾客的反对意见是对产品的误解，则不妨直言不讳。这种方法最好用于回答以问句形式提出的异议或不明真相的揣测陈述，而不宜用于表达己见的声明或对事实的陈述。

反驳处理法最大的缺点是直言不讳、毫无顾忌，容易使气氛僵化而不友好，使顾客产生敌对心理，用得不当会使顾客下不了台，甚至会激怒顾客。所以，使用反驳处理法时一定要注意：①必须摆事实、讲道理，并注意语气委婉、态度友好，而不能强词夺理；②表达否定意见时，态度一定要真诚而殷切，不要像是在发动攻势，绝不能露出想发脾气的样子，那样会毁了自己正在做的事。

5. 反问处理法

反问处理法又称询问处理法或质问处理法，是指用对顾客提出的异议进行反问或质问的方法处理顾客异议的方法。这种方法常用于销售人员不了解顾客异议的真实内涵，即不知是寻找借口还是真有异议时，是主动了解顾客心理的一种策略。例如，一位顾客对吸尘器的销售人员说:"你的机器太重。"销售人员便可反问:"你为什么说它太重?"这样就迫使对方给出几个理由,并使销售人员获得一次实际展示机器的机会,以说明他的机器并不很重。

反问处理法的优点是通过询问,能迫使销售人员仔细听顾客说话,把握住顾客真正的异议点,了解顾客的真实需要,又能摆脱困境,直接化解顾客的反对意见,迫使顾客不得不放弃借口。但是这种方法的缺点是如果使用不当,会引起顾客的反感和抵触。所以,在运用反问处理法时应使用商量和征求意见的口吻。

6. 冷处理法

对于顾客的一些不影响成交的反对意见,销售人员最好不要反驳,采用冷处理法是最佳的选择。对于一些"为反对而反对"或"只想表现自己的看法高人一等"的顾客意见,销售人员如果认真地处理,不但费时,还有节外生枝的可能。因此,销售人员只要让顾客满足了表达的欲望,进而转到销售人员要提及的问题即可。当顾客有反对意见时,销售人员不能立即反驳,那样就会给顾客造成销售人员总在挑他毛病的印象。常用的方法有:微笑点头(表示"同意"或"听到"),说"你真幽默""嗯,真是高见""我一定把你的建议反映给我的领导"等。

7. 分拆法

分拆法是指把顾客认为整体偏高的相关数量的顾客异议分拆为零散的个量(分拆法)或者将零散的个量予以整合(整合法)的办法,来处理顾客异议。

分拆法只适用于涉及产品价格、交货时间、付款方式、订货数量和信贷条件等具体量化的顾客异议。例如,顾客认为"价值5000元的平板电视太贵了",销售人员可以说:"这种电视使用寿命是10年,等于一年只花费了500元,相当于一年看20场电影的价格。"听了这句话,顾客很可能对销售人员的说法将信将疑。销售人员应进一步说明价格或强调产品的其他优点,使顾客更倾向于接受销售人员的说法。整合法则相反,是将顾客认为麻烦的零散个量合并为一个整体。例如,顾客不满30天交货期限,你可以说:"只不过短短的一个月而已。"

分拆法主要用于对顾客心理感觉上的影响,将顾客在某一个问题上的纠缠通过数量的分解,分散其主要的注意力,达到化整为零、积少成多的目的,消除相应的顾客异议。一般来说,分拆法适用于那些斤斤计较、爱面子又表现"精明"的顾客;整合法则适用于比较好说话、性格随和、比较好沟通的"马虎"的顾客。在销售现场,究竟采取什么方法比较好,完全取决于销售人员对顾客类型的准确分析和判断。

8. 委婉处理法

销售人员在没有考虑好如何答复顾客的反对意见时,不妨先用委婉的语气把对方的反对意见重复一遍,或用自己的话复述一遍,这样可以削弱对方的气势。销售人员在复述之后接着询问顾客:"您认为这种说法确切吗?"再说下文,以征得顾客的认可。例如,顾客说:"价格比去年高多了,怎么涨幅这么高?"销售人员可以回答说:"是啊,价格比起前一年确实高一些。"然后再等待顾客的下文。有时转换一种说法，会使问题容易回答得多，但销售人员只能减弱而不能改变顾客的看法，否则顾客会因歪曲他的意见而产生不满。

9. 合并意见法

合并意见法是指将顾客的几种意见汇总成一个意见，或者把顾客的反对意见集中在一个时间讨论的方法，其目的是要削弱反对意见对顾客所产生的影响。但是销售人员需要注意不要在一个反对意见上纠缠不清，因为人们的思维有连带性，往往会由一个意见派生出许多反对意见。要在回答了顾客的反对意见后，马上把话题转移开。

10. 强调利益法

强调利益法是指销售人员通过反复强调产品能给顾客带来利益的方法来化解顾客的异议，一般适用于具有某种特点又能为顾客带来某种突出利益的产品。例如，若某种品牌的冰箱在节电方面的特点比较突出，销售人员可以反复强调该冰箱能给顾客带来的这方面的利益，从而使这一特点在顾客心目中不断突出，超越顾客的不满而占据上风。

11. 比较优势法

比较优势法是指销售人员将自己的产品与竞争对手的产品相比较，通过突出自己的产品的优势来处理顾客异议。例如，在顾客提出某一异议时，销售人员可以如此回答："您说得很有道理，这是此类产品的通病，目前国内还没有哪家企业能够彻底解决这个问题。但是，与其他同类产品相比，我们的产品在这方面做得是最好的。"

总而言之，以上介绍了11种处理顾客异议的方法。在销售实践中，销售人员如何处理顾客异议，并不是哪一种方法可以单独奏效的。在多数情况下，需要销售人员根据销售现场的实际情况，随机应变，见机处理，有时需要多种方法合并使用，才能产生好的效果。

复习测试

（1）销售人员进行销售陈述的方法有哪些？
（2）简述你对FABE销售法的理解，并举例说明。
（3）销售人员进行销售演示的方法有哪些？
（4）按照内容的不同，可以将顾客异议分为哪些类型？
（5）从顾客和销售人员的角度，顾客异议产生的原因主要有哪些？
（6）简述顾客异议处理的方法。

实战案例 7-1

钢化玻璃酒杯销售展示

有一个销售人员在一大群顾客面前展示一种钢化玻璃酒杯。在产品说明之后，他就向顾客进行销售展示，也就是准备把一只钢化玻璃酒杯扔在地上，还要确保酒杯不会破碎。可是他碰巧拿了一只质量没有过关的钢化玻璃酒杯，猛地一扔，结果酒杯摔碎了。

这样的事情在他整个销售酒杯的过程中还未发生过，大大出乎他的意料，他感到十分吃惊。而顾客呢，更是目瞪口呆，因为他们原先已十分相信这个销售人员的销售说明，只不过想亲眼看看，以得到一个证明罢了，结果却出现了如此尴尬的局面。

此时，如果销售人员也不知所措，没了主意，让这种沉默继续下去，不到三分钟，准会有顾客拂袖而去，交易会因此而遭到惨败。但是，这位销售人员灵机一动，说了一句话，不仅引得哄堂大笑，化解了尴尬的局面，而且更加博得了顾客的信任，从而大获全胜。

那么，这位销售人员怎么说的呢？

原来，当酒杯摔碎之后，他没有流露出惊慌的情绪，反而面对顾客笑了笑，沉着幽默地说："你们看，像这样的杯子，我就不会卖给你们。"大家禁不住一起笑起来，气氛一下子变得活跃了。紧接着，这个销售人员又接连扔了5只杯子都成功了，博得了在场顾客的信任，很快就销售出几十只酒杯。

讨论问题：

（1）结合以上案例情景，请分析该销售人员在销售展示中有哪些可取之处？

（2）请问销售展示过程中的应变能力是能够训练的吗？你认为应该如何有效训练？

实战案例 7-2

列车上十分钟成功销售术

经常乘坐列车的朋友总有一种感觉，那就是列车上的产品价位较高。因此，在列车上销售产品是不占优势的。当笔者在列车上亲历了一次售货员成功的销售术之后，故有的印象彻底改变了：原来，流动的列车上也有无限的商机！

一日，郑州开往北京的特快列车上，当旅客在途中闲暇无事，或看报刊或闲聊或打盹儿时，突然传来一阵流利、甜润而响亮的普通话声音。旅客回头向着发出声音的方向望去，一名穿着整齐得体列车员制服的漂亮女孩，站在车厢的过道上，面带微笑开始演讲式的销售。

"各位旅客朋友，大家好！打扰各位了。我是本次列车的售货员，利用这个时间给大家介绍我们列车广告推广的产品——袜子。没错，就是袜子。我给大家介绍的袜子与市场上卖的袜子是不一样的，它的面料特殊，不是化纤，这是我们与生产厂家联合推出的列车广告试销产品，市场上还没有。这种袜子有两大优点：一是穿不破；二是透气性好，吸汗不臭脚。"抑扬顿挫的几句演讲词，勾起一节车厢中多数乘客的好奇心。

售货员不失时机地拿起一双洁白的袜子，开始边介绍边示范。"大家都知道，袜子穿在脚上，最易磨损的部位就是脚趾和脚后跟，这两个地方损坏了，再好的袜子也成了破袜子，对吧？我给大家介绍的袜子是非常耐磨的袜子。下面我给大家做个示范，就能证明这种袜子的耐磨性。"

"这位大哥帮忙拽一下。"售货员向坐在一边的男子递上袜子的一端,自己拽着另一端,另一只手拿着已准备好的一根钢针:"大家想想,用钢针在袜子上来回划,会有什么样的结果呢?"随即,售货员拿起钢针用力地在袜子上划来划去。"大家看看袜子有没有坏,没有!丝毫无损,钢针都划不破的袜子,这就是真正穿不破的袜子。"边说边让周围的人看个究竟,证明钢针划过的袜子无损的真实性。

她接着介绍说:"我再给大家介绍袜子的第二大优点——穿这种袜子不臭脚。日常生活中,为什么很多人会臭脚呢?据专家研究分析,臭脚是因为脚在出汗后再加上袜子的透气性差,久而久之就被闷臭了。解决这个问题很简单,最好的办法就是让脚处在透气的环境中,这样就不会再臭了。我们推广的这种袜子就有这个优点,可做一个示范,证实袜子的透气性好。"售货员仍在旁边旅客的帮助下,双手将袜子抻成平面状展示。从口袋中掏出一只打火机,打着火后迅速将打火机移动至袜面的底部,打火机的火苗穿过袜面燃烧着。这个举动令车厢的乘客惊奇不已,问:"这种袜子不怕烧吗?"售货员笑了笑,说:"钢铁都有熔化的时候,何况是袜子呢!我做这个实验的目的是告诉大家,我们推广的袜子透气性好,面料特殊可吸汗,穿这种袜子不会闷脚、臭脚。"

售货员的演说和象征性的实验,勾起了旅客购买袜子的欲望。"我把袜子样品发到每排座位,请大家看看面料,摸摸手感,感觉一下!"说罢,她随即将所带的许多袜子分发给车厢里的乘客,很多旅客争相观看。销售进入了实质性阶段。

"这么多优点、这么好的袜子,大家想问,价格一定很高吧,贵不贵?告诉大家,因为我们是与生产厂家联合推广试销品,限量派送,大家赶上了就是机遇。在商场,普通袜子也得十元、八元一双,我们推广的产品,便宜!十元一包。包装有两种:一种是一包三双的;另一种是加厚型的,一包两双。价格都是十元一包,相当于一包香烟的价格,买的是货真价实的穿不破、不臭脚的袜子。大家赶上这个机遇,不要错过了,谁想要赶紧说话啊!"

车厢里许多乘客被这形象生动的销售术所感染,很舒心地选购了两包袜子,感觉物有所值。该售货员在本车厢演说和示范的时间约为十分钟,成功地售出近百包袜子。无疑,售货员的销售术是成功的,为生产厂家带来了经济效益、提高了知名度,旅客也欣然接受了这种销售方式,为旅途增添了乐趣。

讨论问题:
(1)该售货员成功的关键因素是什么?
(2)该售货员运用了哪些产品展示策略?
(3)该售货员的产品演示有哪些值得借鉴的地方?还有哪些需要改进的地方?

模拟实训

实训名称

销售陈述及顾客异议处理情景模拟

实训目标

（1）通过情景模拟，使学生掌握销售陈述的技巧。

（2）通过情景模拟，使学生掌握顾客异议的类型及处理方法。

背景描述

假如你是一位少儿英语培训机构的销售主管，你的客户主要是本地区高收入家庭的孩子，准备去拜访一位只有小学文化的经营木材生意的老板。

（1）你将如何综合运用各类销售陈述手段？

（2）这位只有小学文化的老板从自身的成功经历感受到，知识对于生活来说并不是最重要的，更不愿意学习外语。所以尽管他接受了你的拜访，但从心里还是不愿意让孩子接受少儿英语培训。在这样的情况下，他可能会提出哪些异议？你又如何应对？

实训组织与实施

（1）将班级同学每5个人分成一个小组，每个小组内讨论确定上述问题的方案。

（2）在课前进行角色扮演演练，并对方案进行完善。

（3）课堂演练，可以小组内进行课堂演练，也可以小组间进行演练。

（4）在此基础上，完成一份实训报告。

实训评估标准

评估对象	销售陈述	异议处理	团队合作	实训报告
评估要点	面对特定顾客所采用的销售陈述方法及其表达	对顾客异议类型的理解以及对各种异议的处理方法选择及其有效性	小组成员的团队合作意识以及参与程度	实训报告的条理性、清晰性、逻辑性程度，同时必须完成规定的全部任务，不得缺项
能力考查	表达能力	异议处理能力	团队协作能力	书面表达能力
占比	30%	30%	20%	20%

延伸阅读 7-1

常见的顾客异议及其解读

1. 顾客说："你们的价格太高了。"

"价格太高"是每次销售中都会遇到的拒绝，因为人都有还价的欲望，物美价廉是商品经济最基本的规律。

2. 顾客说："我们已经有了固定的合作伙伴（或供应商）。"

潜在顾客告诉你，他们公司已经与和你一样的一家或几家公司建立了业务关系，而且他们对你的某一竞争对手十分满意。

3. 顾客说："请寄书面资料给我。"

这是最为常见的拒绝理由。当你通过电话找到了潜在顾客，他让你寄一些资料给他，很多情况下我们会很积极地响应顾客的要求，并且为此很开心，相信自己在销售过程中向前迈了一大步。事实上，一旦你挂上电话，顾客便会去做自己的事，你寄送的资料便会石沉大海，因为顾客一天要收到许多份资料，通常都会作为垃圾邮件处理掉，即使收到并看了你的资料，头脑中也不会留下什么深刻的印象。

4. 顾客说："我们没有购买你们产品或服务的财务预算（经费）。"

没有财务预算通常是因为项目未列上议事日程或根本就没有购买产品或服务的计划，不代表顾客没有购买产品的经济能力。

5. 顾客说："我们过去用你们的产品，觉得不是很满意。"

这种拒绝每个销售人员都不愿意碰到。如果品质和服务真的很糟糕，你的公司将被淘汰出局，事实上，大部分顾客在评价一家公司的销售人员时更看重在逆境中所做出的反应，而不是一帆风顺时的表现。

6. 顾客说："我不是这项工作的负责人。"

找不到决策者或直接负责人有时不仅会浪费我们的大量时间，往往还会成为我们销售失败的一个重要因素。通常我们会遇到前台接待或非相关人员的不合作对待，使我们失去了找到真正负责人的机会。

延伸阅读 7-2

常见的顾客拒绝及其应对话术

除非必要，顾客对于不速之客的销售人员一般都持厌烦态度。一般情况下，销售人员通常会遭受到各种各样的顾客拒绝，销售人员可以采取以下应对话术。

1. 顾客说："我没时间！"

销售人员应对的技巧：

"我理解。我也老是时间不够用。不过只要3分钟，您就会相信，这是个对您绝对重要的议题……"

2. 顾客说："这是在浪费您的时间。"

销售人员应对的技巧：

（1）"先生，我觉得花这点时间是很值得的。不知道您今天下午有空，还是明天下午有空？"

（2）"哇！您人真的很好，这是为我们销售人员着想，我一定非认识你不可，请问您明天上午有空，还是明天下午有空？"

3. 顾客说："我太忙了。"

销售人员应对的技巧：

"先生，就是想到您可能太忙，所以才先拨个电话和您约个时间，而不冒冒失失地去打扰您。请问您明天上午或下午哪个时间比较方便？"

4. 顾客说:"我没兴趣。"

销售人员应对的技巧:

(1)"是,我完全理解,对一个谈不上相信或者手上没有什么介绍资料的产品,您当然不可能立刻产生兴趣,有疑虑、有问题是十分合理自然的,让我为您解说一下吧,您看星期几合适呢?"

(2)"这点我能了解,在您还没看清楚……前,不感兴趣是正常的。"

(3)"不过我希望您能给我一个让我为您讲解的机会,不知道您明天下午或后天下午哪段时间不太忙?"

5. 顾客说:"请您把资料寄过来。"

销售人员应对的技巧:

"先生,我们的资料都是精心设计的纲要和草案,必须配合人员的说明,而且要对每一位顾客分别按个人情况再做修订,等于是量体裁衣。所以最好是星期一或者星期二我过来拜访您。您看上午还是下午比较好?"

6. 顾客说:"抱歉,我没有钱!"

销售人员应对的技巧:

(1)"先生,我知道只有您才最了解自己的财务状况。不过,现在做个全盘规划,对将来才会最有利!我可以在星期一或者星期二过来拜访吗?"

(2)"我了解。要什么有什么的人毕竟不多,正因如此,我们现在开始选一种正确的方法,用最少的资金创造最大的利润,这不是对未来的最好保障吗?在这方面,我愿意贡献一己之力,可不可以下星期三或者周末来拜见您呢?"

7. 顾客说:"说来说去,还是要销售东西。"

销售人员应对的技巧:

"我当然是很想销售东西给您,不过只有能带给您让您觉得值得期望的,才会卖给您。有关这一点,我们要不要一起讨论研究看看?"

8. 顾客说:"我再考虑考虑,下星期给您电话!"

销售人员应对的技巧:

"欢迎您来电话,先生,您看这样会不会更简单些?星期三下午晚一点的时候我给您打电话,还是您觉得星期四上午比较好?"

处理顾客拒绝的方法其实都是要把拒绝转化为肯定,让顾客拒绝的意愿动摇,切记,千万不要让对方有犹豫和思考拒绝的机会,处理完顾客的反对问题,销售人员就乘机跟进,使顾客接受自己的销售建议。

第8章 促成交易与销售跟进

学习目标

- 掌握促成交易的障碍及排除方法
- 掌握促成交易的时机和信号
- 掌握促成交易的方法
- 了解促成交易成功或失败后的注意事项
- 掌握顾客关系维护的方法
- 了解回收货款以及售后服务的方法

引导案例

煮得八成熟的鸭子居然飞了

小王是某配件生产公司的销售人员,他非常勤奋,沟通能力也相当不错。前不久,公司研发出一种新型的配件,较之过去的配件有很多性能上的优势,价格也不算高。小王立刻联系了他的几位老顾客,这些老顾客都对该配件产生了浓厚的兴趣。

其中一家企业的采购部主任表现得十分热情,反复向小王咨询有关情况。小王详细耐心地向他解答,对方频频点头。双方聊了两个多小时,十分愉快,但是小王并没有向对方索要订单。他想,对方还没有对自己的产品了解透彻,应该多接触几次再下单。

几天之后,他再次和对方联系,同时向对方介绍了一些上次所遗漏的优点,对方很是高兴,就价格问题和他仔细商谈了一番,并表示一定会购进。这之后,对方多次与小王联络,显得非常有诚意。

为了进一步增强顾客的好感,小王一次又一次地与对方接触,并逐步和对方的主要负责人建立起了良好的关系。他想:"这笔单子已经是十拿九稳了。"

但一个星期后,对方的热情却慢慢降低了,再后来,对方还发现了他们产品中的几个小问题。拖了近一个月后,快到手的单子就这样黄了。

讨论问题:

(1) 小王为什么会失败?是缺乏毅力、沟通不当,还是该产品缺乏竞争力?

(2) 如果你是小王,你会怎么办?

8.1 促成交易

8.1.1 促成交易的含义

所谓促成交易，简称成交，是指顾客接受销售人员的销售建议及销售演示，并且立即购买销售产品的行动过程，也就是顾客与销售人员就销售产品的买卖商定具体交易。促成交易是整个销售工作的核心，其他各项工作都是围绕这一核心进行的。因此，促成交易是销售流程中最重要、最关键的阶段之一。促成交易的步骤如图 8-1 所示，先向顾客介绍产品的优点、特点，然后设法取得顾客对优点的认同，再提出成交要求。一旦提出成交要求，销售人员要保持一段时间的沉默。这需要销售人员的勇气，毕竟双方沉默的时候，销售人员是不舒服的，但这对成交有利。如果成交失败，销售人员就应该返回第一步，就新的产品优点和特点进行介绍，然后再次征得顾客认同，提出成交要求，直到成交为止。

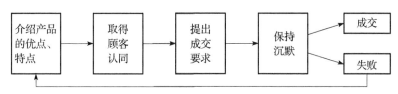

图 8-1　促成交易的步骤

8.1.2 促成交易的障碍及排除方法

在销售过程中，有许多成交障碍使得销售人员在销售实践中无法最终促成交易。这些促成交易的障碍主要来自顾客和销售人员两方面。

1. 来自顾客方面的成交障碍

来自顾客方面的成交障碍主要是顾客对购买决策的修正、推迟和避免行为。在促成交易阶段，顾客常常受其风险意识的影响，修正、推迟已做出的购买决策，或者避免做出购买决策，从而使销售人员的努力付诸东流。

在顾客的潜意识里，因为无法确定购买行动的后果如何，所以都存在一定程度的风险，风险的大小根据投入购买成本的多少、产品属性的不确定程度和顾客的自信程度而定。为了降低风险或回避风险，顾客很自然地要修正、推迟、避免购买决策，从而导致交易难以达成。降低顾客的风险意识，要求销售人员有极大的耐心，谙熟顾客的心理和促成交易的方法。

2. 来自销售人员方面的成交障碍

来自销售人员方面的成交障碍主要是销售人员的态度不够正确，洽谈不够充分，技巧不够熟练，主要表现在以下方面。

（1）害怕失败

有时候，销售人员越想成交就越害怕提出成交要求，害怕顾客拒绝，觉得没面子；

也有时是害怕促进成交时过于勉强而冒犯顾客，故而面部表情过于紧张，让顾客也觉得不舒服，造成成交失败。事实上，情况不会这么严重。因为销售人员一旦发现顾客尚未准备好，还可以返回重新推荐产品，再次争取成交。一项研究表明，销售人员第一次提出成交要求就获得成功的买卖，只占成交量的1/10，更多的是在遭遇了一两次甚至好几次、几十次拒绝之后才成交的。由于销售人员害怕主动提出成交，对自己缺乏信心，从而感染到顾客，使顾客也变得疑虑重重、犹豫不决。这些顾客在心里想："当我准备购买的时候，他为什么还要继续介绍下去呢？他一定有什么事瞒着我。"结果，销售人员说得越多，成交的机会就越小。

其实销售人员应该明白，顾客与你一样需要成交，有一个恰当的结果，而且顾客也希望再次得到保证，希望证明他们的决策是正确的，"买下它，没问题"。若把成交看成满足顾客的需要和购买欲望，成交就更轻松了。

（2）急于成交

销售人员过早地要求顾客采取购买行动，也是导致成交失败的原因之一。销售人员经过接触初访、介绍产品、商洽、议价等阶段，当然期望能够顺利签约，但是若无法判断各阶段顾客的需求、顾客购买的时间或对成交操之过急，甚至用威胁性的语言如"不赶快签约，下月就会涨价"或者"公司将缺货，无法准时交货"等逼迫顾客签约，这种急躁情绪可能使顾客感到不被尊重，可能使顾客讨厌销售人员，还可能使顾客对产品产生怀疑，从而导致成交失败。

（3）惊慌失措或喜形于色

有的销售人员看到顾客准备采取购买行动时，表现出颤抖、出微汗等动作，会使顾客重新产生疑问和忧虑，如果顾客因此失去信心，那么交易就会失败。一般来说，经过努力而获得成功是件令人兴奋的事情，但在硕果将至的时候，勿喜形于色是非常关键的。讨价还价后签约是销售的一个部分，此时的一笑一颦可能会使顾客怀疑销售人员谈成生意的概率较低，再继续推论下去就是销售人员的产品一定有什么缺点，或是销售人员在这次交易中获利一定很多。这会使即将到终点的销售过程不得不重新回到起点。尤其是新销售人员，得意忘形无异于自酿苦酒，所以必须控制自己兴奋的情绪。

（4）言谈内容消极

销售人员终结成交时应向顾客传达积极的消息，不做否定性的发言，尽量使顾客心情舒畅地签约。此时，既然已经准备终结成交，说明顾客的异议基本上得到了圆满的处理，在此关键时刻应谨慎从事，避免因任意开口而节外生枝，使顾客提出新的异议而导致成交失败。

（5）成交方法不恰当

促成交易是整个销售流程中最具挑战性的环节，需要销售人员掌握特定的方法和技巧。只有经过大量的实践，并根据具体的环境有针对性地运用恰当的成交方法，才能顺利达成交易。不合适的成交方法往往会断送即将达成的交易。

（6）单项沟通

销售人员在销售过程中滔滔不绝，说个没完，没有试探性地询问问题，没有注意顾客购买信号，这就是所谓的单项沟通。销售人员与顾客之间缺乏交流，自然难以成交。

针对以上促成交易的障碍，销售人员需要掌握以下排除促成交易的障碍的方法。

（1）保持自信

销售人员如果表现得缺乏自信，就会影响顾客对购买的信心。销售人员的自信可以传染给顾客，同样，销售人员对成交所表现出的一点点怀疑或担心也会传染给顾客。所以，自信是销售人员有效地运用各种成交技巧的必要条件。

（2）掌握洽谈主动权

有经验的销售人员经常使用"先提供信息后提出问题"的办法，以把握洽谈的主动权。所谓"先提供信息"，就是先向顾客介绍产品的特征和利益，或者说明成交条件。所谓"后提出问题"，是指就产品或成交条件询问顾客的看法。当顾客的观点与销售人员一致时，可以继续后边的介绍或说明；如果不一致，则要重新讨论，直至双方取得一致。这种方法可以使双方逐渐取得一致意见，最后导致成交机会的出现。

（3）考虑顾客的特点

成交方法的使用需要考虑到顾客的差异。一个专职采购人员只需销售人员简明扼要地介绍产品的特征，就能够确定企业是否需要购买；而一个没有多少产品知识的顾客只有在销售人员详细说明产品的各项特征之后，才能决定是否购买。如果销售人员不考虑特定顾客的需求状况、个性特征等情况，成交方法的使用就会有很大的盲目性，难以取得预期的效果。

（4）保留一定的成交余地

任何交易的达成都必须经历一番讨价还价，特别是在买方市场情况下，几乎所有的交易都是在卖方做出适当让步之后成交的。所以，销售人员如果在成交之前把所有的优惠条件都提供给顾客，当顾客要求再做些让步才同意成交时，就没有退让的余地了。因此，为有效成交，销售人员一定要保留适当的退让余地。

（5）诱导顾客主动成交

一般而言，如果顾客主动提出购买，意味着顾客对产品及交易条件十分满意，以致顾客认为没有必要再讨价还价，顺利成交。因此，在销售过程中，销售人员应尽可能设法使顾客主动采取购买行动，以减少促成交易的阻力。

8.1.3 促成交易的时机和信号

1. 促成交易的时机

促成交易环节中最重要的是善于掌握成交时机。资深的销售人员都知道，提出成交要求是个很敏感的话题。如果提出过早，顾客还没有购买欲望，很容易给顾客造成压力，导致顾客直接拒绝。如果提出过晚，顾客的购买意愿顷刻之间就会消失殆尽，导致成交失败。所谓最好的促成交易时机，是准顾客的态度有了变化的时候。

（1）顾客心情非常快乐时

当顾客心情非常快乐、轻松时，销售人员恰到好处地提出成交要求，成交的概率会很大。例如，顾客开始请销售人员喝咖啡或吃蛋糕时，销售人员要抓住这样好的请求时机。此时，顾客的心情非常轻松，会愿意购买。

（2）介绍完产品说明后

销售人员完成产品说明和介绍之后，要抓住时机，询问顾客需要产品的型号、数量或者颜色等外表特征，这时是提出成交请求的最好时机。

（3）解释完顾客异议意见后

出现顾客异议很正常，当顾客提出异议时，销售人员要开始向顾客解释，解释完之后，征求顾客意见，询问顾客是否已完全了解产品说明，是否需要补充，当顾客认可销售人员的说明时，销售人员就要抓住这一有利时机，直接提出成交请求。

2. 识别成交信号

促成交易的最佳时机要根据顾客的成交信号来判断。成交信号是指顾客在语言、表情、行为等方面所表现出来的打算购买的一切暗示或提示。在实际销售流程中，顾客出于所处地位的特殊心态，为了保证自己所提出的交易条件，往往不愿意提出成交。但是，顾客的购买意向总会有意或无意地通过各种方式表现出来，有时这种信号是下意识发出的，顾客自己也许并没有强烈地感觉到或不愿意承认自己已经被说服，但他的语言或行为会告诉销售人员可以和他做交易了。因此，销售人员必须自始至终非常专注，善于观察顾客的言行，善于捕捉稍纵即逝的成交信号，抓住时机，及时促成交易。

一般而言，顾客表现出来的成交信号主要有表情信号、语言信号和行为信号等。此外，有时候顾客表现出来的一些表示友好的姿态也是销售人员应该注意的促成交易的重要信号。

（1）表情信号

表情信号是从顾客的面部表情和体态中所表现出来的一种成交信号，如在洽谈中面带微笑、下意识地点头表示同意销售人员的意见。一般而言，下列几种情况可视为促成交易的较好时机。

1）当顾客开始认真地观察产品，表示对产品非常有兴趣，或一边听销售人员介绍产品一边若有所思地把玩产品时，很可能他内心正在盘算怎样和销售人员成交。

2）顾客的表情从戒备、抵触变为放松，眼睛转动由慢变快，眼睛发光，腮部放松，这表示顾客已经从内心接受了销售人员和产品。

3）在销售人员讲话的时候，顾客频频点头。

4）顾客脸部表情从无所谓、不关注变得严肃或者沉思、沉默，说明他有所动心，开始权衡。

5）顾客态度由冷漠、怀疑变成自然、大方、亲切，说明对销售人员和产品的接受。

6）顾客态度友好，认真观看有关的视听资料。

7）当顾客身体靠在椅子上，眼睛左右环顾后突然直视着销售人员的时候，说明他正在下决心。

（2）语言信号

语言信号是顾客在言语中流露出来的意向。顾客通过询问使用方法、价格、保养方法、使用注意事项、售后服务、交货期、交货手续、支付方式、新旧产品比较、竞争对手的产品及交货条件、市场评价、说出"喜欢"和"的确能解决我这个困扰"等表露出来成交信号。以下几种情况都属于成交的语言信号。

1）顾客对产品给予真诚的肯定或称赞，或者对产品爱不释手。

2）征求别人的意见或者看法，说明他想买，正在求证。

3）询问交易方式、交货时间和付款条件。

4）详细了解产品的具体情况，包括产品的特点、使用方法、价格等。

5）对产品质量或工艺提出质疑，说明他关心买了以后的使用，并为价格谈判做铺垫。

6）了解售后服务事项，如安装、维修、退换等。

7）询价或和销售人员讨价还价，这是一个最显著的信号，谈好价格后基本就可以成交。

8）对产品的细节提出具体的意见和要求。

9）顾客提出"假如我要购买"的试探问题。

语言信号种类很多，销售人员必须具体情况具体分析，准确捕捉语言信号，顺利促成交易。

（3）行为信号

行为信号是顾客在举止行为上所表露出来的购买意向。由于人的行为习惯，经常会有意无意地从动作行为上透露一些对成交比较有价值的信息。当有以下信号发生的时候，销售人员要立即抓住良机，勇敢、果断地去试探、引导顾客签单。

1）坐姿发生改变，原来是坐在椅子上身体后仰看着销售人员，现在直起身来，甚至身体前倾，说明原来对销售人员的抗拒和戒备变成了接受和迎合。

2）动作变化，原来静止地听销售人员介绍变成动态，或者由动态变为静态，说明顾客的心境已经改变了。

3）查看、询问合同条款，反复阅读文件和说明书，从单一角度观察商品到从多角度观察产品。

4）要求销售人员展示样品，并亲手触摸、试用产品。

5）顾客不再提问，突然沉默或沉思，眼神和表情变得严肃，或笑容满面表示好感。

6）主动请出有决定权的负责人，或主动给销售人员介绍其他部门的负责人。

7）给销售人员倒水（或其他表示友好的姿态），变得热情起来，说明他开始重视销售人员。

8）打电话询问家人，或者打电话询问他心目中的专家。

9）转变洽谈环境，主动要求进入洽谈室或在销售人员要求进入时，非常痛快地答应，或销售人员在产品订单上书写内容、做出成交付款等动作时，顾客没有明显的拒绝和异议。

10）提出变更销售程序，例如顾客跟销售人员说："明天公司有个技术会议，你也参加一下。"

案例 8-1　　　　　王强错过了哪些成交机会

王强是一家大型体育用品商店的销售人员，这家商店最近在报纸上做了大量的广告，并在公司内举办了一个产品展览会。星期三下午，一名顾客走进了展厅，开始仔细查看展出的帐篷，王强认为他是该产品的一名潜在顾客。

王强："正如您所见，我们有许多种帐篷，能满足任何购买者的需求。"

顾客："是的，可选的不少，我都看见了。"

王强："请问您喜欢哪种产品？"

顾客："我家有 5 口人，3 个孩子，都 10 岁以下，我们想去南方度假，因此打算买个帐篷。但不能太贵，度假花销已经够多了。"

王强："这儿的许多产品都能满足您的需求。例如这种，里面很大，可容纳下像您家那么大规模的家庭；质地很轻，而且不用担心，它是防水的；右边的窗户可以很容易地打开，接受阳光；地面是用强力帆布特制的，耐拉、防水；能很容易地安装和拆卸，您在使用中不会有任何问题。"

顾客："看上去不错，多少钱？"

王强："价格合理，985 元。"

顾客："旁边那个多少钱？"

王强："这个圆顶帐篷是名牌，比前一个小一点，但够用，特性与前面一个相差无几，价钱是 915 元。"

顾客："好的，现在我已经了解了许多，星期六我带妻子来，那时再决定。"

王强："这是我的名片，如果有问题可以随时找我，我从早上开业到下午 6 点都在这儿，我很高兴星期六能与您和您的妻子谈谈。"

8.1.4　促成交易的方法

1. 直接请求成交法

直接请求成交法是指销售人员在接收到顾客购买信号后，明确地、直接地要求顾客购买产品的成交方法。例如，销售人员对顾客说："如果没有问题，合同已经为您拟好了，请在这里签字。"直接请求成交法适用于顾客已有明显购买倾向，但仍优柔寡断的顾客。切忌在直接请求顾客成交时生硬地要求顾客"买",而是要注意灵活运用暗示性语言,如"我给您包起来""请到这边付款""请在这里签上您的名字"等。

这种方法的优点是可以有效地促成交易,可以借要求成交向顾客进行直接提示及略施压力,避免顾客在成交的关键时刻故意拖延时间、贻误成交时机,从而节省时间,提高销售工作效率。这种方法的缺点主要体现在:①如果应用的时机不当,可能会给仍没有最后下决心购买的顾客增加心理压力,破坏原本不错的销售气氛,反而使顾客产生一种抵触成交的情绪。②若销售人员急于成交,就会使顾客以为销售人员有求于自己,从而使销售人员失去了成交的主动权,使顾客获得心理上的优势。③可能使顾客对先前达成的条件产生怀疑,从而增加成交的困难,降低成交的效率。

在使用该方法时,销售人员需要注意看准时机,要在顾客有明显购买信号时提出,不要过早提出成交;销售人员在提出成交要求时应注意心理上不自卑,神态上不紧张,语速不快不慢,动作上不能有其他过大的变动。如果发现顾客心理压力太大时,可适当采取减压措施,如说"您可以考虑几分钟"等话语。

2. 假定成交法

假定成交法又称假设成交法,是指在尚未确定成交、顾客仍持有疑问时,销售人员就假定顾客已接受销售建议而直接要求其购买的成交法。例如,销售人员可以说"我稍后就打电话为您落实一下是否有存货"或"您打算让工程师什么时候来安装"之类的话。如果顾客对此不表示任何异议,则可认为顾客已经默许成交。一般来说,对于依赖性强、性格比较随和的顾客以及老顾客,可以采用这种方法。但对那些自我意识强的顾客,则不应使用这种方法。

假定成交法的优点是节省销售时间,效率高,能迅速将销售洽谈带到成交阶段。它可以将销售提示转化为购买提示,适当减轻顾客的成交压力,避免让顾客在"买与不买"之间徘徊,直接让他做"买多少""何时买"这种相对容易的决策,从而促成交易。当然,如果销售人员没有正确地把握时机,盲目假设顾客已有了成交意向而直接明示成交,很容易给顾客造成过高的心理压力,导致可能成功的交易走向失败。这种方法若使用不当,会使顾客产生种种疑虑,使销售人员陷于被动,增加成交的难度。所以,一般只有在销售人员发现成交信号,确信顾客有购买意向时才能使用这种方法,否则会弄巧成拙。

3. 选择成交法

选择成交法是指销售人员向顾客提供两种或两种以上可供选择的购买方案来促成交易的成交方法,即销售人员为顾客设计出一个有效的成交范围,使顾客不用在"买与不买"之间选择,而只是在不同的产品数量、规格、颜色、包装、样式、交货日期等方面进行选择。顾客无论做出何种选择,其结局都是成交。例如,"您想要小包装的还是大包装的?""给您送70个还是90个这种产品?""你是打算今天提车呢,还是明天来提车?"

选择成交法直接将具体购买方案呈现在顾客面前,顾客会感到难以拒绝,从而有利于交易达成。这种方法也避免顾客对购买感到难以下定决心,使顾客掌握一定的主动权

（即选择权），从而比较容易做决定。但无可否认的是，有时采用选择成交法会让顾客感到无所适从，从而丧失购买信心，增加新的成交心理障碍；有时也会让顾客感到压力较大，从而产生抵触情绪，并拒绝购买。

在使用选择成交法时需要注意：①所提供的选项应该能让顾客从中做出一种肯定的回答，而不要给顾客拒绝的机会。②应该避免向顾客提供太多的选项，最好是两项，最多不超过三项，否则就不能达到尽快促成交易的目的。③所提供的选项之间要有实质性的差异，避免顾客没法选择。④对于那些比较犹豫的顾客，销售人员要能够帮助其分析各个备选选项的好坏，尽量引导顾客选择一个符合其实际需求的选项。

4. 小点成交法

小点成交法又称次要问题成交法、局部成交法、避重就轻成交法，是指销售人员利用局部成交来间接促成整体交易的方法。例如，销售人员对在试穿衣服的顾客说"这件衣服您穿多合适，您看我给您包装好了，您就带走吧"，而不去提及衣服的价格、质量等问题。销售人员采取化整为零的方法，将整体性的全部决定变为分散性的逐个决定，先争得顾客的部分同意，让顾客逐个拿定主意，最后再综合整体，以促成顾客购买决策的达成。

小点成交法的优点主要体现在：①可以创造良好的成交气氛，减轻顾客对待成交的心理压力；②为销售人员提供与顾客周旋的余地，即使一个小点不能成交，也可以换其他的小点，直至达成交易，避免了顾客的直接拒绝；③有利于销售人员合理利用各种成交信号，有效地促成交易。当然，小点成交法的缺点主要有：①如果使用不当，将提示的小点集中在顾客比较敏感的或比较不满的地方，使顾客将注意力集中在销售人员不希望其注意的地方，很容易使顾客只看到其缺点或扩大了缺点，不利于成交；②若销售人员急于减轻顾客压力，盲目转移顾客的注意力，还容易引起顾客的误会，不利于双方的交流；③如果老是围绕小问题转而无法涉及主要问题，也可能分散顾客的注意力，结果主要问题反而得不到解决。

运用小点成交法比较适合大宗的、复杂的、涉及人员比较多、无法就所有问题达成协议的交易，也适合顾客本来对整个交易抵触比较大的情况。另外，当顾客购买某些产品主要的决策因素只是其中某些小点的时候，也比较适合。当然，如果顾客提出的问题或者异议很关键，同时无法跨越，销售人员就不能回避。

5. 优惠成交法

优惠成交法又称让步成交法，是指销售人员通过提供优惠条件促成交易的方法。常见的有通过提供价格、赠品、服务等优惠的活动，促使顾客下定决心成交。例如："张总，在本月5日前，我们厂家提供3折优惠，您如果现在下单，还可以享受这么大的优惠。"

正确使用优惠成交法，利用顾客的求利心理，可以吸引并招揽顾客，有利于创造良好的成交气氛，而且利用批量成交优惠条件，可以促成大批量交易，提高成交的效率。该方法尤其适用于销售某些滞销产品，以减轻库存压力，加快存货周转速度。但是，优惠成交法也有局限性：①可能导致企业利润下降，也会导致销售人员的收入下降；②对产品的品牌形象产生不利影响；③导致顾客的贪得无厌的心理，引发更多讨价还价或要求更大优惠的欲望；④让顾客误以为优惠产品是次货而不予信任，丧失购买的信心，不利于促成交易。

6. 保证成交法

所谓成交保证，是指销售人员对顾客所允诺担负的交易后的某种义务，一般包括产品质量、价格、交货时间、售后服务等内容。例如："我们汽车保证您能够无故障行驶20万千米，并且还可以为您提供长达8年的售后服务保证，如果一旦遇到什么问题，我们公司的服务人员会随时上门为您提供服务。"

保证成交法通过提供保证，能消除顾客的成交心理障碍，极大地改善成交气氛，增强成交的信心，从而使顾客可以放心购买产品。若销售人员能出示有关的销售证据，则更有利于增强说服力和感染力，促使顾客做出购买决策。但是，如果销售人员不能针对顾客的顾虑提出保证，不但不能达到销售的目的，而且容易使顾客产生反感。销售人员在使用保证成交法时一定要做到言而有信，不能为一时的利益而信口承诺，结果又无法实现，丧失销售信用。

保证成交法主要适用于以下情况：①产品的单价过高，缴纳的金额比较大，风险比较大，顾客对产品并不是十分了解，产生心理障碍，成交犹豫不决时；②顾客对产品的销路尚无把握，或是在顾客的心目中，属于规格、结构、性能复杂的产品时；③顾客对交易后可能遇到的问题（如运输问题、安装问题等）还有担忧时。

7. 从众成交法

从众成交法也称排队成交法，是指销售人员利用顾客的从众心理促使顾客购买所销售产品的成交方法。例如，某管理培训课程的销售人员可以采用从众成交法对顾客说："王小姐，我们的产品在质量上可以放心，刚才我也给您看了我们的顾客名单，这都是我们一些大的顾客。××公司有100多个销售人员，他们买了4套管理培训课程，您可以放心购买和使用。"

在使用从众成交法时，销售人员可以用一部分顾客去吸引另一部分顾客，从而减轻顾客所担心的风险，增加顾客的信心。由于销售的产品已经取得了一部分顾客的认同，使得销售人员的产品介绍更具有说服力。但是，也有一些顾客喜欢标新立异，与众不同。如果销售人员错误地运用从众成交法，可能引起顾客的逆反心理，从而拒绝购买。

销售人员运用从众成交法时应该注意：①在购买人群中找好具有一定影响力的顾客，通过说服他来带动其他顾客购买；②从众成交法的"从众"应该是实际已经发生的。销售人员不能利用虚假的成交气氛来欺骗顾客。如果销售人员所列举的"众"不适当的话，非但无法说服顾客，反而会制造新的销售障碍，失去成交的机会。

8. 最后机会成交法

最后机会成交法是指销售人员直接告知顾客现在是最后成交机会，以此来促使顾客立即购买的一种成交方法。这一方法利用顾客害怕失去获得某种利益机会的心理，向顾客提示"机不可失，时不再来"的机会，给顾客施加一定的成交压力，使顾客感到应该珍惜机会，尽快成交。例如，销售人员说："我们这款机器只剩下三台了，我们最后的优惠时间只有一个星期了。"

使用最后机会成交法的关键在于把握有利的时机，若使用得当，往往具有很强的说服力，产生立竿见影的效果，并能节省销售时间，提高销售效率。最后机会成交法的缺点主要有：①对于没有强烈购买欲望的顾客，可能因为成交压力而终止购买行为；②对于一些因为切实的原因无法现在购买的顾客，机会的丧失会导致其产生挫败感，甚至不再购买该产品；③如果经常地提示最后机会，容易让顾客无视这个机会，甚至认为销售人员在说谎。

使用最后机会成交法对于大部分的销售行为都有作用，既可以单独使用，也可以和其他成交方法一起使用。最后机会成交法主要适用于以下两种情况：①当顾客已被销售人员说服，但未能决定购买时；②当所销售的产品数量不多时，如果顾客仍犹豫，销售人员就可以提醒他最好马上就做决定，否则没机会了。使用最后机会成交法最忌讳的是欺骗顾客。销售人员所选择和利用的机会一定要属实，应该让顾客认识到销售人员提示最后的机会是在向其提供重要的信息，目的是帮助顾客做出理智的决定。

9. 总结利益成交法

总结利益成交法是指销售人员将顾客关注的产品的主要特色、优点和利益，在成交中以积极的方式来成功地加以概括总结，以得到顾客的认同并最终获取订单的成交方法。一般而言，总结利益成交法由三个基本步骤组成：①在销售展示中确定顾客感兴趣的产品的核心利益；②总结这些利益；③向顾客提出购买建议。例如，吸尘器销售人员说："我们前面已经讨论过，这种配备高速电机的吸尘器（特征）比一般吸尘器转速快两倍（优点），可以使清扫时间减少15～30分钟（利益），是这样吧？（试探成交如果得到积极回应）这么好的吸尘器，您是自己提回去，还是让我们给您送回去呢？"

总结利益成交法能够使顾客全面了解产品的优点，激发顾客的购买兴趣，最大限度地吸引顾客的注意力，使顾客在明确自己既得利益的基础上迅速做出决策。总结利益成交法适用面较广，特别适合于相对复杂的购买决策，如复杂产品的购买或向中间商销售。但是，使用总结利益成交法，销售人员必须把握住顾客实际内在需求，有针对性地汇总阐述产品的优点，不要将顾客提出异议的方面作为优点加以阐述，以免遭到顾客的再次反对，使总结利益的劝说达不到效果。

10. 试用成交法

试用成交法又称体验成交法，是指销售人员为了让顾客加深对产品的了解，增强顾客对产品的信心而采取试用或者模拟体验的一种成交方法。有统计表明，如果准顾客能够在实际承诺购买之前先行拥有该产品，交易的成功率将会大大增加。目前，在很多高价值、高技术含量的产品领域，试用成交法（体验成交法）非常流行，例如，汽车销售中的顾客试驾、软件销售中的顾客试用体验等。

试用成交法的优点有：①可以让顾客亲身体验，更加充分体验产品的性能、利益，用产品优良的性能进行自我销售；②将产品给顾客试用，可以延长销售人员和顾客的交往时间，销售人员可以利用这一时间加强和顾客的交流，拓展更广的顾客关系；③顾客试用产品，感到满意后再购买产品，其购买后退货率会大大降低。

试用成交法的缺点主要有：①顾客试用产品后才购买，推迟了成交的时间，降低了销售效率；②有一些顾客可能在当时被销售人员将购买欲望调动起来，但试用的时候，购买欲望降低了或者对产品不满意而取消了购买决定。

销售人员使用试用成交法时需要注意：①做好充分准备，不仅是对产品的准备（选择好适合试用的产品），还有对一些复杂产品让顾客掌握使用方法的准备；②要有相关的条款，对产品试用的条件及试用产品损坏等进行约束；③对顾客试用情况进行了解，指导顾客科学合理地使用产品，及时解决顾客在产品试用中出现的问题，提高顾客体验感。

总之，销售成交的方法还有多种，例如，克服异议成交法、赞扬成交法、特殊让步成交法等，在此不再一一介绍。需要说明的是，在销售流程中，销售人员在坚持一定成交原则的同时，要适时灵活地根据不同类型的顾客灵活而巧妙地调整成交方法。各种方法也可以搭配使用，只有这样才能成功地促成交易。

8.1.5　促成交易成功的注意事项

1. 切忌突然在顾客面前拿出空白订货单

这样可能会增加销售阻力。因为这时顾客可能会提醒自己："空白订货单出来了，当心一点儿。"销售人员应该很自然地、不在意地拿出来，使顾客不会感到突兀。

2. 控制激动的情绪

完成一笔交易，或者是特别艰难地与顾客谈妥一笔交易，必然会引起销售人员心情上的兴奋，但销售人员这时最好要掩饰其激动的情绪。因为当顾客正准备购买时，如果销售人员显得非常兴奋，那么必将使顾客怀疑销售人员之前达成交易的概率很低，这个产品一定有什么缺点，或者销售人员在这次交易中获利一定很多。这就有可能导致后续交易困难，甚至还有可能牵连本次交易。

3. 不再讨论自己的产品

这是在把顾客引回到成交前面的环节，给自己制造难题。销售人员可以谈谈其他生意，把事情往下一步引导。比如，顾客买 100 台设备，销售人员可以和顾客交流：如果买 150 台，会有怎样的优惠。还有就是讨论更长时间的合同，比如把半年的合同争取延长成一年的合同。

4. 避免顾客反悔

顾客为什么会反悔？是出于恐惧、不确定和怀疑。有三种方法让顾客吃定心丸：其一,给顾客一个肯定的案例,比如介绍很多企业采用过同样的项目,效果很好。其二,感谢顾客,并给顾客承诺一个满意的结果。其三,商量一个时间,开始下一个合作环节的事情,比如确定第一次项目合作会议的时间。

5. 留住人情

交易顺利达到,销售人员千万不要让顾客感觉出态度开始冷淡,这样会让顾客失去安全感。一定要让顾客记住销售人员的情义,感到购买该产品是明智的决定,是幸运的。因此,销售人员在成交后必须稳定顾客的情绪,让他保持平静,找一些大家共同关心的问题聊一小会儿(当然最好不要提及产品)。在成交之后不要急于道谢,在临别时最好与顾客握手以表达谢意,但不要太过分,使人感觉亲切即可。一些充满情义的举动会使顾客对销售人员及其企业留下美好的印象。

6. 寻求引见

成交的顾客往往会和与他有类似需求的其他潜在顾客有某种联系。聪明的销售人员在交易成功后,往往不会忘记请顾客给自己介绍其他与之有联系并可能具有类似需求的顾客,并请顾客代为引见或约见。这样,销售人员可扩大自己的销售范围,确定下一步销售的对象。

8.1.6 促成交易失败的注意事项

销售人员在经过种种销售努力后,并不是每次都会成功,大多数销售努力都是以失败告终。交易成功了,销售人员容易做到与顾客再沟通、再交流,而一旦促成交易失败,许多销售人员往往草草收场。这样势必会给顾客留下不好的印象,也会使后续的销售工作开展困难。因此,销售人员要清楚促成交易失败后需要注意的一些事项。

1. 避免失态

一般来说,销售人员在成交失败的情况下,难免会有失望沮丧的情绪,但注意不要让这种消极情绪流露出来,更不要对顾客表现出怨恨情绪。成功的销售人员一定要做到"买卖不成人情在",对拒绝自己的顾客依然要表达感谢。比如,感谢你们给了一次竞标机会,很遗憾这次没能帮助到你们,但请把我们作为你们的备选供应商,如果有需要的话,随时联系我们。销售人员要注意保持良好的风度,可适当表示出一点儿遗憾,使对方产生一些悔意,如有可能,要留下些材料或礼品,为再次销售成功铺路。

2. 请求指点

经过种种销售努力后,最终仍未达成交易时,销售人员应该主动向顾客请教,了解顾客认为在自己的销售工作方面或产品方面需要做出哪些改进。对产品,顾客一般会直言不讳地指出他不满意并希望得到改进的地方,但对于销售人员的工作,顾客未必想要指手画脚。在这种情况下,销售人员应该态度诚恳,表明只是想请顾客以客观的态度来评价自己的工作，从而使自己的工作得到不断改进。例如，销售人员可以说："张经理，看来让你们公司采购我们的财务软件基本没戏了。俗话说得好，买卖不成仁义在。张经理，你一直帮我，我很感谢。在走之前，你能不能告诉我，到底哪里出了问题？也让我搞清楚这次销售失败的原因。"

销售人员在请求指点时，首先态度要诚恳，其次感谢顾客过去的支持，为了以后自己能做得更好，请求顾客坦诚相告，自己销售时有哪些错误，为什么会失败，同行为什么会成功，他们强在哪里。最后，发现顾客不购买的真正原因后，还可以择机进行二次销售。

3. 分析原因

销售人员经历销售失败后，需要仔细回想销售工作的每一个环节以及顾客当时的反应，认真分析未能成交的原因。分析成交失败的原因，既可以从失败的经历中吸取教训，积累经验，改进后续工作，避免重蹈覆辙；也可以在再次拜访该顾客时有针对性地解决上次销售中遗留的或潜在的问题，争取达成交易。销售失败的原因归结起来主要有以下两方面。

1）销售方面的原因。①产品的原因，包括：产品不能满足顾客的需求；产品质量不能让顾客满意；产品价格不恰当；产品功能不适用；产品的款式、造型、颜色、包装等不合顾客之意；等等。②销售企业的原因，包括：企业形象不佳；企业的营销策略没有吸引力；企业对人员销售的管理不到位；等等。③销售人员的原因，包括：销售人员的能力较差；销售人员的态度不佳；销售人员素质不高；销售人员对有关的知识掌握得较少；销售人员采取的策略不当；等等。

2）顾客方面的原因。①顾客未发现或意识到自己的潜在需求。②顾客缺乏货币支付能力。③顾客缺乏购买决策权。④顾客由于消费经验和消费知识不足对销售产生成见或偏见。⑤顾客已有固定的购买关系，不愿改变。⑥顾客受到一些偶然因素（如顾客的心情等）的影响。

8.2 销售跟进

> **专题 8-1**　　　　　　　**80% 的销售来源于第 4～11 次跟踪**
>
> 美国专业营销人员协会和国家销售执行协会对销售跟踪工作的统计数据显示：2% 的销售是在第 1 次接洽后完成的；3% 的销售是在第 1 次跟踪后完成的；5% 的销售是在第 2 次跟踪后完成的；10% 的销售是在第 3 次跟踪后完成的；80% 的销售是在第 4～11 次跟踪后完成的。几乎形成鲜明对比的是，我们在日常工作中发现，80% 的销售人员在跟踪 1 次后，不再进行第 2 次、第 3 次跟踪。少于 2% 的销售人员会坚持到第 4 次跟踪。
>
> 2008 年，哈佛商学院针对 B2B 类的销售的一个调查结果表明：B2B 类型的销售，平均每单需要 12 次顾客接触才会真正成交，这就是平均 12 次顾客接触原理。普通的销售人员通常在跟进了 3 次后，就不会再跟进，因为他的顾客没有反应。这 12 次接触中必须有

> 7次是有质量的接触。与顾客面对面地交流，能够坐下来就某个话题展开讨论；打电话时就销售话题进行讨论；信息、邮件发出去后，顾客是会回复的，而不是有去无回的，这些才叫有质量的接触。

销售是一个持续不断的循环过程。对于销售人员而言，达成交易固然可喜，成交失败也不必气馁。只要处理得当，仍能创造出成交机会。所以，销售人员无论是否与顾客达成交易，都要进行销售跟进。销售跟进是指销售人员在成交阶段后（无论成交与否）继续与顾客交往，并完成与成交相关的一系列工作，以便更好地实现销售目标的行为过程。

一般而言，销售人员的销售跟进工作主要包括顾客关系维护、回收货款和售后服务等。

8.2.1 顾客关系维护

销售人员在整个销售过程中自始至终都要坚持以顾客为中心，开辟与顾客之间的沟通渠道，并确保通道的畅通，保持与顾客的接触和联系，了解顾客对购买的满意状况，更重要的是利用通道来解决顾客的不满，发展并维持与顾客的长期合作关系。销售人员维护良好顾客关系的方法主要有以下几种。

1. 建立顾客档案

建立顾客档案是将顾客的各项资料加以科学化地记录、保存，并分析、整理、应用，借以与顾客保持长期的联系，从而提升销售业绩的管理方法。通过这种方式，一方面可以跟踪顾客所购买的产品的使用和维修状况，及时主动地给予相应的指导，以确保产品的使用寿命；另一方面可以了解顾客的喜好，在推出新产品后，及时向可能感兴趣的顾客推荐，提高其复购率。

其中，顾客资料卡是一种很重要的建立顾客档案的工具。顾客资料卡通常应包括顾客管理的内容中的基础资料、顾客特征、业务状况、交易现状等方面。销售人员应在第一次拜访顾客后开始整理并填写顾客资料卡，并在后续拜访过程中，逐渐对其进行完善和修订。

2. 制订服务跟踪计划

为了保证对所辖区域顾客的有效拜访，销售人员需要制订一个简单的服务跟踪计划（见表8-1）。

表8-1 销售人员服务跟踪计划示例

日期	顾客名称	联系方式（电话、信函、拜访）
星期一		
星期二		
星期三		
星期四		

(续)

日期	顾客名称	联系方式（电话、信函、拜访）
星期五		
星期六		
星期日		

3. 了解顾客满意度

顾客满意度是指顾客对购买活动及其购买物品的感受，即销售过程及销售产品满足顾客期望的程度。顾客成交后，其产品使用感受将直接影响顾客满意度及其重复购买意愿。IBM公司曾经做过一项调查，研究老顾客为什么选择离开。调查结果显示，顾客的需求得不到关注，抱怨得不到及时处理，以及长期对产品有抱怨情绪，占到顾客离开原因的78%的比例。因此，及时收集、反馈顾客的购后感受（尤其是顾客抱怨）对于销售人员本人或者其所代表的企业都是非常重要的。为了及时收集顾客对购买过程的感受，许多企业设立了专门的售后服务部门对顾客使用情况进行跟踪和管理。一般而言，销售人员可以通过"顾客意见反馈表"获得顾客满意度的评价。

4. 联络顾客感情

顾客都喜欢受到注意和支持，销售人员与顾客之间的情感联络会给销售带来再次交易的机会。销售人员与顾客联络感情的方法通常有以下几种。

（1）拜访

销售人员需要经常拜访顾客，拜访并不一定是为了销售，主要目的是让顾客感觉到销售人员和企业对他的关心，同时向顾客表明企业对销售的产品负责。销售人员拜访顾客时不一定有明确的目的，也许只是为了问好，也许是顺道拜访。销售人员需要把握的原则是尽可能使拜访行为更自然一些，不要使顾客觉得销售人员的出现只是有意讨好，更不要因拜访而干扰顾客的正常生活。

（2）赠送纪念品

成功的销售人员会为其顾客赠送纪念品。这种方式既可以满足人们喜欢小礼物的心理，也可以借此作为再次访问及探知情报的手段或窗口。

（3）书信、电话联络

书信、电话都是联络感情的工具，在日常生活、工作中被广泛使用。当有些新资料需要送给顾客时，可以附上便笺，用邮寄的方式寄给顾客；当顾客个人、家庭或工作上有喜忧婚丧等变故时，可以致函示意。用打电话的方式与顾客联络也是一种很好的方式，偶尔几句简短的问候会使顾客感到高兴，但对于这些友谊性的电话，要注意语言得体、适当，不能显得太陌生，也不能表现得太肉麻、离谱。

5. 提供最新产品资料

在顾客成交后，销售人员需要向顾客及时提供产品的最新资料，使顾客了解产品的最新情况。以药品销售为例，销售人员应该及时将产品在成分、规格、等级等方面的动态资料及时提供给药房或药店。此外，销售人员还可以将产品资料赠送给顾客，起到联络感情的作用。例如，钢琴的销售人员每月给顾客邮寄一份音乐及乐器简讯，既可以给顾客提供参考资料，也可以使顾客对产品保持持续的好感。

8.2.2 回收货款

产品成交后，在顾客获得所需的产品的同时，企业也需要快速回收货款。在销售活动中，赊销、预付和为中间商铺货往往作为一种商业信用，在销售工作中扮演着非常重要的角色，是企业占领市场、增加销售额的重要手段。及时、全额地回收货款是降低企业经营风险的关键之一。因此，在产品成交后及时收回货款，就成为销售人员的一项重要销售跟进工作。

1. 回收货款的常用技巧

1）成交签约时要有明确的付款日期，不给对方拖欠货款留有余地。

2）按约定时间上门回收货款，销售人员自己拖延上门回收货款会给对方再次拖欠提供借口。英国销售专家波特·爱德华的研究表明，货款回收期在60天之内，要回货款的可能性为100%；在100天之内，要回货款的可能性为80%；在180天内要回货款的可能性为50%；超过12个月，要回货款的可能性为10%。

3）如果不能及时回收货款，就以企业有规定为由暂停有关的产品供给，从而引起顾客的重视而早日付款。

4）注意回收货款的时机，了解顾客的资金状况，在顾客账面上有款时上门回收货款。

5）争取顾客的理解和同情，让顾客知道马上收回这笔货款对销售人员的重要性。

6）回收货款时要携带事先开好的发票，以免错失回收货款的机会，因为顾客通常都凭发票付款。

7）如果确实无法按约回收货款，则必须将下次回收货款的日期和金额，在顾客面前清楚地做书面记录，让顾客明确认识到回收货款的严肃性和重要性。

8）保持适当的回收货款态度。回收货款态度的强弱与货款回收的情况是成正比的。一般情况下，回收货款态度过于软弱，就无法收回货款；回收货款态度过于强硬，容易引起冲突，不利于企业形象，而且会影响双方今后的合作。所以，销售人员应该针对不同的情况，采取适当的回收货款态度。

2. 不同顾客的回收货款方法

在实际销售工作中，销售人员还需要针对不同的顾客采取不同的回收货款的方法。

1）对那些不会爽快付款的顾客，需要经常催收货款。如果销售人员催收货款时太容易被打发，顾客往往不会将还款放在心上。销售人员经常催收货款，会使得顾客很难再找到拖欠的理由。

2）对有信誉、只是一时周转不灵的顾客，适当给予延期，诚信催收，并尽可能为其出谋划策，帮其联系业务等，以诚心和服务打动顾客，达到回收货款的目的。

3）对于支付货款不干脆的顾客，提前催收。如果只是在约定的回收货款日期前往，一般情况下收不到货款，必须在事前就催收货款。事前上门催收货款时要确认对方所欠金额，并告诉顾客下次回收货款日一定会准时前来，以便事先准备好款项。

4）对于付款情况不佳的顾客，直截了当催收。遇见顾客不必寒暄太久，应该直截了当地告知其拜访目的就是专程回收货款。如果销售人员吞吞吐吐，反而会使顾客处于主动地位，在时间上做好如何应对销售人员的思想准备。

8.2.3 售后服务

售后服务是销售跟进中必不可少的一个组成部分。售后服务是指企业及其销售人员在产品到达顾客手里后，为保证顾客正常使用而继续提供的各项服务工作。通过开展售后服务可以满足顾客的另外一些需求，同时还可以起到联络感情、搜集情报的作用。对于销售人员而言，良好的售后服务不仅可以巩固已争取到的顾客，促使他们重复购买，还可以通过这些顾客的宣传，争取到更多的新顾客，开拓新市场。因此，销售人员必须认真研究售后服务的技巧。

从目前来看，售后服务的内容主要包括下列几个方面。

1）送货服务。对购买较笨重、体积庞大、不易搬运的大件产品，或一次购买数量较多、自行携带不便以及有特殊困难的顾客，企业有必要提供送货上门服务。其形式可以是自营送货，即由企业自己的设备送货，也可以是代管送货，即由企业代顾客委托有固定联系的运输单位统一送货。送货上门服务对于企业来说并不是很困难的事，却为顾客提供了极大的便利。

2）安装服务。随着科学技术的发展，产品的技术含量越来越高，一些产品的使用和安装极其复杂，顾客很难自己完成，因此就要求企业提供上门安装、调试等服务，保证所售产品的质量，使顾客在购买之后可以安心使用。安装服务消除了顾客的后顾之忧，大大方便了顾客。

3）包装服务。产品包装不但使产品看起来美观，而且便于携带。许多企业在产品包装物上印上本企业的名称、地址、标识，起到了广告宣传的作用。

4）维修和检修服务。企业为顾客提供良好的售后维修和检修服务，可以使顾客安心地购买和使用产品，减少顾客的顾虑。有能力的企业应通过在各地设立维修网点或采取随叫随到的上门维修方式为顾客提供维修服务。

5）电话回访和人员回访。在顾客购买产品后，企业应按一定频率以打电话或派专人上门服务的形式进行回访，及时了解顾客使用产品的情况，解答顾客可能提出的问题。

6）提供指导与培训。顾客在购买产品后，可能还不熟悉产品的操作方法，或不了解产品一旦出现小故障后应该如何排除。因此，企业为顾客提供指导和培训，可以帮助顾客掌握产品使用方法和简单的维修方法。

7）妥善处理顾客投诉。即使企业和销售人员尽力做好售后服务，也难以避免顾客投诉。企业和销售人员应尽可能减少顾客的投诉，但在遇到投诉时要运用技巧妥善处理，使顾客由不满意转变为满意。

复习测试

（1）来自顾客和销售人员两方面的促成交易的障碍有哪些？
（2）销售人员如何克服促成交易的障碍？
（3）常见的促成交易的时机和信号有哪些？
（4）简述销售人员促成交易的方法。
（5）促成交易后和促成交易失败的注意事项有哪些？
（6）在销售跟进阶段，销售人员进行顾客关系维护的方法有哪些？
（7）回收货款的常用技巧有哪些？如何针对不同的顾客采取不同的货款回收方法？
（8）常见的售后服务包括哪些主要内容？

实战案例 8-1

销售经理的"慧眼"

我大学刚毕业时在一家汽车销售公司做实习生。一天，公司待客大厅来了一个客户，是一位30多岁的女士，当时我离门口最近，主动上前招待并倒茶。销售部经理走过来，和我一起坐下来和这位女客户交谈。从谈话中，我们得知，女客户是某运输车队的，工程即将开工，打算买一批车，这次先买5台，看看使用情况后再决定下一批订购。经理"关切"地询问她提到的工程，寒暄几句后，就直奔"敏感区域"——价格。

销售经理报出了价，同时说有现货。这位女客户听到经理报价后脸上马上起了变化，然后说Y公司（代理另外一个汽车品牌的经销商，在当地很有实力）报价多少，意思是说同档次的车，我们报价高了。销售经理没有直接否认她的意见，轻描淡写地提到上个月我们销售给某集团公司10辆车也是这个价格，同时强调如果能订下来，马上可以办手续提车。之后大概又交谈了一小会儿，然后和其他客户通常的做法一样，女客户到展场看车，对着车问了些配置问题，然后离开了。

在我看来，这绝对是大客户了，可是对于销售经理的表现，我觉得太不够"热情"和"主动"了，这单生意没看到什么"希望"。我把我的疑虑委婉地告诉了销售经理，下面是我们的一些对话。

我："这个大客户，不知道下次什么时候还会来？"
经理："很快会来的，三天之内，你就可以看到了。"
我："不会吧，她走的时候没有说一定要在我们这买啊，而且感觉她的购买欲望不是很强烈。"
经理："这单是跑不掉的！"
我："很难吧，她说Y公司给她的价格比我们更低。和她谈得最多的就是价格，可见价格对她来说是最重要的因素。"

经理："道理显而易见，她是想压我们的价，用另一个竞争对手来制约我们的价格。"

我："是的，但是她从头到尾好像都没有问过我们的质量和配置，价格应该就是她唯一考虑的了，而我们比 Y 公司没有价格竞争优势。"

经理："因为她是行家，熟悉我们的车的配置，也熟悉 Y 公司代理的车的配置。她绝对知道两者之间的差异，而且我敢肯定她更青睐我们的车！记得我询问过她的工程情况吗？在那样的工况下，我们的车比 Y 公司的车优势更加明显。"

我："那她怎么没提到呢？"

经理："因为如果她提出来，明显我们的车才是她最需要的，这就等于在我们面前的议价能力削弱了，所以说她是行家。"

我："原来是这样。经过你这么一说，这单我也觉得有把握了。"

经理："还有一个原因，就是我们有现车。这是非常重要的砝码之一。刚才问了她工程开工的时间和周期，所以我敢说她三天之内一定会再回来的。"

我："那我们是不是要跟踪，多给她电话联系。"

经理："目前来说，完全没必要。她会主动联系我们的，而且会带上比她级别更高的领导来谈。就这个单来说，静观其变，耐心等两天好了，它跑不了的。"

果然，就在第三天的下午，这个女客户就来了，而且带上了她公司的车队队长和老板。

这个单顺理成章地成交了。从这一次销售实战中，我收获了很多。做销售是一个双赢的过程，也是一个斗智斗勇的过程。

讨论问题：

（1）销售经理是如何捕捉顾客的成交信号的？
（2）你对双方在交易中的表现有何评价？

实战案例 8-2

杨过的销售成交技巧

杨过是一个工业用阀门、密封图及密封剂的销售人员，他正在拜访某石油公司的采购部经理武林，希望他能使用某品牌密封制品来防渗透。杨过刚和武经理讨论完产品的特色、优点、利益，也说明了公司的营销计划和业务开展计划，他感觉到快大功告成了。以下就是他们二人的销售情景对话。

杨过："让我来总结一下我们刚才谈到的内容。您说过您喜欢由于快速修理所节省下来的费用，您也喜欢我们快速的反应而省的时间，最后一点我们的服务实行 3 年保修。对吧？"

武经理："是的，大概是这样的。"

杨过："武经理，我提议，让我派人来这里帮您解决这些阀门的渗透问题，您看是让我们的人这个星期五来呢，还是下星期一来？"

武经理:"不用这么快吧!你们的密封产品到底可不可靠?"

杨过:"武经理,非常可靠,前年,我们为国内最大的石油公司提供了同样的服务,至今为止我们都未接到返回修理的请求,您觉得我们可靠吗?"

武经理:"我想还行吧。"

杨过:"我知道您经验丰富,在这个专业领域是行家,而且您也认同这是个对你们厂正确的、有益的服务,既然如此,让我安排一些人来吧!您看是这个星期五,还是下星期一?"

武经理:"杨过,我还是拿不定主意。"

杨过:"一定有什么原因让您至今犹豫不决,您不介意我问吧?"

武经理:"我不能肯定这是否是一个正确的决策。"

杨过:"就是这件事让您烦恼吗?"

武经理:"是的。"

杨过:"只有您自己对自身的决策充满自信,您才可能接受我们的服务,对吧?"

武经理:"可能是吧。"

杨过:"武经理,让我告诉您我们已经达成共识的地方。由于能够节省成本,您喜欢我们的快速修理服务;由于能得到及时便捷的维修服务,您喜欢我们快捷的服务回应,而且您也喜欢我们训练有素的服务人员及时服务所做的担保。是这些吧?"

武经理:"没错。"

杨过:"那什么时候着手这项工作呢?"

武经理:"杨过,计划看起来很不错,但我这个月没有钱,可能要到下个月我们才能做这项工作。"

杨过:"没问题,武经理。我尊重您在时间上的选择,下个月5号我再来这里,确定维修工人动身的时间,您看好吗?"

武经理:"可以。"

讨论问题: 杨过使用了哪些成交方法?效果如何?

模拟实训

实训名称

销售场景设计及销售报告撰写

实训目标

以真实企业为背景,站在普通销售人员的角度,模拟销售中的重要环节,切身感受其中所遇到的问题,最终达到综合运用"人员销售过程与技巧"相关知识点的教学目标。

背景描述

在此次销售模拟中,将以3~4人为团队,团队成员均为戴尔公司的一线销售代表,该团队负责上海地区的集团顾客（即组织购买者，包括生产者市场、中间商市场、政府市场、机构型市场）的销售工作，具体职位是"计算机部销售代表"，销售产品主要是各类台式计算机以及笔记本计算机。

戴尔公司销售代表的工作职责描述如下。

职务宗旨：开发顾客；维系与顾客的关系；达成销售目标。

1. 岗位职责

1）接受、确认并负责执行销售经理下达的销售目标。

2）分解销售目标，保证销售指标的贯彻执行。

3）选择合适的方式应对顾客的需要，达成销售任务。

4）制定和调整销售方法与方式。

5）对顾客进行跟踪服务，以保证顾客的长久性。

2. 管理职责

1）建立顾客档案。

2）对重点顾客定期或随时进行跟踪服务。

3）制定顾客维护的日常工作及维护预算的使用。

4）与专业人员随时沟通，保证对顾客的服务更专业。

实训组织与实施

销售团队将主要完成以下工作，并写300字以上的模拟销售报告。

1. 销售准备阶段

1）熟悉戴尔公司及其所销售的产品计算机行业、戴尔公司的竞争对手、目标市场的相关情况。

要求：以上情况须在报告中做出详细说明。

2）寻找潜在顾客（通过各种手段，广泛收集可能成为企业顾客对象的信息，从中寻找戴尔公司的服务对象）。

要求：必须搜寻三家企业（或组织）作为潜在顾客，并说明这三家企业的基本情况，以及寻找这些潜在顾客的方式。

3）顾客资格审查（筛选出合格顾客）。

要求：对这三个潜在顾客进行筛选，最终选出一家企业（或组织）作为最终的目标顾客，筛选时，如果信息收集不够完备，可以假定某些条件，但必须在报告中说明清楚。

4）制订销售访问计划。

要求：须针对该组织中的发起者、使用者、决策者、购买者、影响者、控制者等六类目标顾客（任选三个）确定访问目标和销售模式，并列出该目标顾客的背景资料。

5）约见顾客。

要求：设计一封有效的约见客户的电子邮件（E-mail）。

2. 销售展示阶段

1）根据接近顾客过程示意图，设计接近顾客的场景。

要求：必须要运用三类接近顾客的方法中的某一种或几种（以询问问题开始、以陈述说明开始、以演示开始）。

2）设计销售陈述场景并标明销售陈述结构的类型。

3. 处理顾客异议阶段

1）设计三种顾客异议并标明类型。

2）针对三种顾客异议提出有针对性的解决办法，并标明所运用的方法。

4. 促成交易阶段

1）正确识别顾客的成交信号。

2）设计三种成交方式，并标明所运用的方法。

实训评估标准

评估对象	信息收集	销售报告	团队合作	知识运用
评估要点	各类信息（戴尔公司、产品、潜在顾客、竞争对手等）收集的完备程度	销售报告的条理性、清晰性、逻辑性程度，同时必须完成规定的全部任务，不得缺项	小组成员的团队合作意识以及参与程度	结合相关知识点的紧密程度
能力考查	信息收集能力	书面表达能力	团队协作能力	学习并运用知识的能力
占比	20%	20%	20%	40%

 延伸阅读

如何把客户的抱怨转化为盈利

经营化妆品生意的"90后"王丽，把连锁门店开在安徽一个人流量大、交通比较方便的三线城市里。她以为这下生意一定会好，但经营一段时间后，门店经营业绩走势却一直是"飞流直下三千尺"。

面对如此的打击，王丽没有因此气馁，不管男友的挖苦讽刺，也不顾竞争对手的鄙夷和嗤笑，相反，她就像投掷在地板上的篮球一样，被迅速地反弹起来，似乎越挫越勇。

俗话说，机会总是青睐于有心的人。这位细心的"90后"，便开始对每天进出的客人进行研究，通过几个月观察及分析，她把光临其化妆品门店的客人归纳为以下三类。

第一类是浏览消遣闲逛的客户。这类客户本身就没有购买化妆品的需求，对她们来说，每天必须用一定的时间来进行消遣、闲逛去打发日子，否则，她们晚上无法正常入睡，这也是她们多年养成的嗜好。另外，这部分人大多还有一种猎奇心理，往往是东店跑跑、西店看看、南店转转、北店凑凑，碰到熟人、老乡、朋友一劲儿聊，这类客人大都没有购买化妆品的需求，说白了，这类客人就是盲目闲逛，购买意向几乎为零。

第二类是极其关注品牌、质量的客户。这类客户一般经济富裕，先是对整个店铺的化妆品进行了解，她们中有的对各家店铺里是否有新品上市、何种价格、几流品牌较关心；有的不在乎价格，只在乎品牌与质量，这类客户往往先对化妆品市场的品牌、质量状况进行摸底，唯恐被一些化妆品经销商以次充好玩欺骗，为此，对化妆品的品牌、质量会做一项彻底的调查，以便预防自己或亲朋受骗，或者通过调查来增强自己鉴别化妆品品牌的真伪、质量好坏的能力。这类客户一直处在买与不买之间。

第三类是欲购买化妆产品但有抱怨的客人。这类客人有一定的购买欲，进店的目的就是想急于找到适合的化妆品及潜在的服务需求。因为这类客户有目的而来，不管怎样，她一心想购买到适合自己的化妆品，她极其在乎某个品牌、某种价格、某种质量、某种性能、店内的某种服务等。以上几个方面，一旦某一方面不能满足这类客户，她们随时就会产生即时抱怨。如果店内服务人员能立即解决客户的抱怨问题，一般情况，客人会购买店内的商品，如果不能解决客户的抱怨或无法让客人满意，这类客户将不会再光临本店。

经过一段时间的蹲点观察，王丽决定把第三种客户当作重点客户资源去对待。把每一个客户的投诉、抱怨形成记录并仔细研究。有一次，一对新婚夫妇，看完店内所展示的化妆产品以后，一边往店外走，一边抱怨店内没有针对保护皮肤防止皲裂的化妆品，王丽发现这种情况，马上笑脸相迎："两位请留步，你们现在所光顾的店面，其实只是我们的店面之一，其他地方还有我们的店铺，这样，两位先坐下来休息，我马上安排人把你们需要的护肤品拿过来。"王丽一边安抚客人，一边安排工作，王丽不仅留住了客人，还让客人买走了护肤品。

无独有偶，一天中午，王丽正在统计店铺的销售数据，一个戴着墨镜的女顾客走进店铺，问店铺能否提供小包装免费的试用产品？精明的王丽马上明白客人的意思："如果你不能提供免费的试用品，客户就可能去找能提供免费试用品的店铺去购买。"于是，她马上给客人倒上一杯水，让客户别急，慢慢说。原来这个客户是一个电子厂的女老板，她的企业主要生产电子产品，80%的女员工整天用手接触流水线上的产品，特别是冬天不利于手的保护。她为了让员工更好地服务企业，想看看店铺有没有免费的试用品拿回去自己试用，看看对人的手有没有防止皲裂和保湿的作用，如果有效果，她会大量采购回去作为福利送给自己的工人，也算是爱护员工的表现。为了完成自己的这个心愿，她去了几家化妆品店铺，总对店铺没有免费"试用产品"的问题进行抱怨。她在商城里跑了几家，但那些店铺的老板，有的看她像个有钱人，嫌她爱占小便宜和耍聪明，不愿给她提供免费产品的服务，这好像是有意要和她较劲。于是，她很不满意店铺的服务，抱怨店铺的服务不到位和店铺的管理问题，这次她也是"较着劲"抱着一定要找到能提供免费产品的态度走进王丽店铺的。王丽明白客人的"抱怨"后，马上答应客人的要求，这次被其他店铺推掉的生意，结果王丽却做了个亏本赚吆喝的买卖，虽然王丽失去的是一瓶化妆品，但她给店铺赚取了一个好的口碑，从此，由这两个客户所带来的间接客户接连不断、纷至沓来。到了年底，营业额比去年一下就多了30多万元。

类似的案例还有很多，类似王丽的化妆品经销商，也不止一个。但真正能把客户的抱怨转化为盈利的经销商却不多。化妆品连锁店铺林林总总，品类、款式让人"眼花缭乱"。消费者缘何走进店铺，又缘何走出店铺？到底客户是有需求，还是无需求？这仿佛有些让人难以猜测。连锁门店在面对客户的抱怨时，不要总想着"玩聪明""占我便宜没门""你到别处去看看吧"，这无疑是把客户推向竞争对手那里。在当今社会里，经销商在学会如何处理客户抱怨的同时，要考虑自己是跟客户过不去，还是跟赚钱过不去。其实，店铺的盈利就是从客户的抱怨开始的。

PART 4
第4篇
销售人员管理

第9章
销售人员招聘与选拔

学习目标

- 了解销售人员招聘的岗位分析、岗位描述
- 掌握销售人员的招聘渠道
- 掌握销售人员选拔中的面试方法
- 掌握销售人员选拔中的笔试方法和心理测试方法
- 掌握销售人员选拔中的情景模拟测评方法

引导案例

A 公司的人才招聘

A 公司生产出系列饮品,准备在全国范围内招聘国内市场部经理,并许诺年薪 100 万元。A 公司的招聘引来了 108 名应聘者,经过有关专家、企业领导的层层测试与把关,最后持有国内某知名大学经济学学士学位的 W 脱颖而出。之后,W 正式走马上任。

不料时隔不到半年,A 公司发文,决定免去 W 的全国市场部部长的职务。A 公司总经理孙某认为,当初在全国范围内招聘国内市场部经理,是因为 A 公司需要一位能统揽大局的人。A 公司解聘 W 的主要原因有两个:一是 W 上任后干了两件事,即开辟杭州和苏南市场。但是,4—9 月 A 公司饮料在杭州的销售额不足 100 万元,而在温州却近 200 万元。苏南市场发货达 110 万元,广告等费用开支 32 万元,而返回货款只有 17.8 万元。经济效益很不理想。二是 W 以每片 0.18 元的价格向一个个体户订了价值 8 万元的餐饮纸。孙某认为这种餐饮纸每片只值 0.10 元。此外,9 月 W 未同公司打招呼,开车去了苏南和上海,一走十来天。为此,A 公司被迫做出解聘决定。

W 对总公司免去他的职务表示惊讶。他认为开拓苏南市场是成功的,对公司出具的数字需要重新核实。至于餐饮纸一事,他说是他同意让部里的人办的,跑了 5 家厂,这是最低价。

对于年薪支付问题,A 公司 10 月 9 日晚召开了董事会,决定按 50 万元年薪的日平均付给,从 4 月到 10 月约是 50 万元。但 50 万元必须由公证处指定打到某一银行,一年后待 W 的财务账全部结清后支付。

2个月后，经劳动争议仲裁委员会调查、调解后，双方达成了协议。11月28日下午，A公司举行了"兑现高薪情况发布会"，会上A公司总经理和W都进行了发言。本着互谅的原则，W向A公司表示感谢。双方签字后，公证员将14万元（扣除所得税）现金当场交给W。

讨论问题：

（1）如果你是A公司的人，是否同意中途解聘W？有没有更好的处理方法？比如私了、因健康或其他原因让其自动辞职、明升暗降、分权架空或者去国外开拓市场等？

（2）你认为针对该公司的有效招聘应该是什么样的？

身处市场一线的销售人员经常与顾客打交道，最了解企业的外部环境、竞争对手产品的优劣、顾客对产品的评价意见，这些一手市场信息为企业产品研发及持续改进提供了重要的决策依据。因此，销售人员管理是企业销售管理工作的一个非常重要的部分。一般而言，销售人员管理主要包括销售人员招聘与选拔、销售人员培训、激励与薪酬、销售人员绩效评价等重要环节。

企业如果没有慎重选择销售人员，将会付出高额代价，其成本包括招聘广告及可能使用招聘代理机构的费用；甄选、面试和评价候选人的时间，以及岗位培训费用和支付给受雇者的薪金。一旦被雇用者不能胜任工作或因为不喜欢工作而离开企业，所有花费将付诸东流。另外，还包括失去销售的机会成本。缺乏工作热情、低效率的销售人员甚至可能损害企业声誉，破坏企业与顾客建立的关系。而重建这一关系可能需要数年时间，以失去收益而计的损失是毁灭性的。因此，企业必须重视销售人员的招聘和选拔。

本章将从销售经理的视角出发，探讨销售人员招聘与选拔的各种技术和方法。

9.1 销售人员招聘

9.1.1 销售人员岗位分析及岗位描述

1. 岗位分析

工作与销售人员的匹配是招聘优秀销售人员的关键，对某项工作的理解是招聘过程的起点。销售经理在聘用前，要通过对每个特定销售岗位需求相关的特点进行岗位分析。岗位分析是对组织中某个特定工作岗位的目的、任务、责任、权力、隶属关系、工作条件、任职资格等相关信息进行收集和分析，以便对该工作岗位的任职标准做出明确的规定，并确定完成该工作所需要的行为、条件和人员的过程。岗位分析为人员招聘工作提供了明确的选择依据，可以通过素质测评等工作，选拔和任用符合工作要求的合格人员。

一般而言，销售人员岗位分析需要重点考虑以下几个方面：①市场。这些销售人员与谁打交道？市场是由批发商和最终用户构成的吗？销售人员是否只需拜访顾客？其他人对购买决策是否有影响（比如工程师）？②产品线。产品线的技术程度如何？一个人将负责多少种不同的产品？产品是通用的吗？产品是否必须满足每一个顾客的特殊要求？③任务和责任。这项工作是否需要特殊的技能？包括哪些类型的出差？销售人员履行服务时如何与企业保持联系？与谁联系？④权限范围。个人所具有的决策权有多大？如何与上级相处？

2. 岗位描述

岗位描述是在岗位分析的基础上进行的，岗位描述的正式书面结果是工作说明书，包括工作内容与特征、工作责任与任务、工作权力、工作目的与结果、工作时间与地点、工作岗位与条件、工作流程与规范等。其中最重要的是工作职责与任务，包括销售和服务的职责、计划、报告、企业联系、日常行政事务及内容处理。岗位描述为销售人员招聘提供了很好的参照标准，可以确保无论谁负责销售人员招聘，选择的人员都会基本相同。

工作说明书因不同的产品或服务、用户购买行为、销售形式和企业文化而不同。相同职务不同区域、产品和顾客的销售人员也有区别。销售经理要详细分析目标市场，研究在新老顾客、主次区域、高低档产品之间最佳的时间分配结构，明确每个所需销售人员的工作重心，以便认识对候选人在经历、技能、知识和个性特征方面的不同要求。销售经理定期分析、检查并修改工作说明书以反映产品或服务、竞争、用户、环境和战略的变化。

案例 9-1　　　　某软件销售经理的岗位描述

岗位职责：

1. 负责 ERP 解决方案，面向顾客的某软件系列产品推广和销售工作。

2. 开拓、维持顾客网络，与顾客建立良好关系，维护企业形象，有效引导并挖掘顾客的潜在需求。

3. 准确理解顾客方的业务需求，并准确判断相关人员的需求思路，有效控制项目商务谈判的进度与效果。

4. 给顾客的企业信息化建设提供合理优化的建议规划。

5. 负责与顾客方初期的产品沟通，以有效促进项目签单。

6. 对项目进行全程跟踪，负责项目各项资源的协调并落实进度按计划推进。

7. 完成或超额完成销售业绩指标，负责落实应收款的回收。

任职要求：

1. 大学本科或以上，有丰富经验者，学历要求可放宽。

2. 销售意识强，有 ERP、SaaS 软件销售或项目型相关销售经验者优先。

3. 学习及表达能力强，对企业信息化建设有深入了解，了解国内外主流企业应用软件，具有良好的沟通能力及市场开拓能力。

应聘者应具有的特质：

敬业、坚韧、敢于承受压力、团队合作意识强、良好的沟通和协调能力、专业性的语言表达能力。

3. 职位申请表的设计

职位申请表是获取应聘者基本资料的关键，招聘者可以通过职位申请表对应聘者的能力、资历做出基本判断，设计的内容与结构是否科学将直接影响初试的质量，所以职位申请表的设计一定要科学、认真，以便能全面反映所需要的信息，从而有效提高招聘效率，降低用人风险。

一份填写完整的职位申请书可以让招聘者对应聘者的个人资料、发展及成长情况、工作稳定性做出一定的判断和认识。职位申请表没有统一的格式，但它只能要求申请人填写与工作内容有关的情况。一般而言，职位申请表应包括下列全部或者部分内容：①个人资料，如姓名、性别、年龄、健康情况、婚姻状况、兴趣、住址、联系方式等；②教育程度，如学校、专业、学位；③学术及专业活动情况，如学术成果、参加何种学术团体；④技能，如技能证书、进修培训经历；⑤工作简历，如单位、职位、主要职责、离职原因等；⑥个人要求，如薪酬、住房、休假等。

9.1.2 销售人员招聘渠道

选择优秀的销售人员要求企业寻找多种多样的招聘渠道，所以企业要清楚每种招聘渠道的优缺点，以便根据具体情形正确选择。一般而言，招聘渠道可以分为内部招聘、公开招聘、委托招聘和隐秘招聘等四类（见表9-1）。

表9-1 招聘渠道的类型及具体形式

招聘渠道	具体形式
内部招聘	现有人员推荐、非销售部门、企业数据库
公开招聘	招聘会、媒体广告、网络招聘、校园招聘
委托招聘	人才交流中心、行业协会、猎头公司
隐秘招聘	供应商、顾客、竞争对手

1. 内部招聘

内部招聘是指在企业出现岗位空缺后，从企业内部选择合适的人选来填补这个位置，相当于人员内部调动。

企业内部招聘的优势很明显：①应聘者熟悉企业业务模式和产品类型，能够更好地理解职位要求；②节省广告费、会务费等，直接成本比较低，效率相对较高；③应聘者已融入企业文化之中，认同组织的价值观念和行为规范，对组织的忠诚度较高；④内部选拔能够给员工提供更多的成长空间，增加员工的工作满意度，容易激励和鼓舞员工士气，形成积极进取、追求成功的氛围；⑤企业对应聘者往往较为了解，容易选择一些有发展潜力和对企业有较高忠诚度的销售人员。然而，内部招聘也存在一些不足：①由于岗位需求有限，内部员工竞争有可能影响员工之间的关系，甚至导致人才的流失；②容易造成企业内部长期的"近亲繁殖""团体思维"等现象，不利于个体创新和企业成长。

一般而言，内部招聘的形式有以下几种。

1）现有人员推荐。企业现有人员特别是销售人员，往往可以推荐优秀的销售人员。

被推荐的人一般有丰富经验，理解岗位要求，对职位有浓厚的兴趣。如果接受被推荐的人员，企业可以给推荐人奖励并根据后期业绩追加奖励。如果不接受或接受后又解雇，则应当给推荐人适当解释，并继续鼓励其推荐新的人员。

2）非销售部门。企业可以考虑从内部调研、策划、设计、生产、财务、人力等部门挑选人员，挖掘内部人才潜力，让人才各得其用。企业可以短时间、低费用地获得熟悉产品、企业、顾客、竞争对手、行业状况的候选人。但其可能缺乏销售技巧，并倾向于形成帮派，造成管理困难。

3）企业人才数据库。这种渠道适用于大中型企业。销售经理协同人力资源部查询企业数据库保存的文件，选择符合任职条件的候选人。

2. 公开招聘

（1）招聘会

利用招聘会进行公开招聘的优点是：①能与应聘者面对面交流，提高招聘质量，甚至可以减少初试流程；②能很好地介绍和展示企业实力，更容易吸引应聘者；③可以按标准招聘，减少私人偏见，节省时间和成本，直接获取候选人的详细资料；④节省招聘时间，很容易一次实现招聘目标；⑤能更好、更直接地了解其他企业的招聘策略和招聘方法。利用招聘会进行公开招聘的缺点是：①对优秀销售人员招聘难度很大，因为优秀的销售人员往往不情愿去招聘会找工作；②应聘者容易在了解企业要求后填写简历，造成简历失真。

（2）网络招聘

由于信息技术和互联网的快速发展，企业普遍通过互联网发布人才招聘信息。网络招聘具有超常的时效性、速度快、效率高、成本低、费用省、覆盖面广、招聘方式灵活等优势。但该渠道虚假信息多，信息处理难度大。这种方式往往对使用的群体有限制，所以其效果还要看具体的招聘岗位如何，如互联网及其相关行业、管理类、销售类企业的效果相对甚佳。

（3）传统媒体广告

目前企业招聘最常用的传统媒体是报纸和专业杂志。因为企业的招聘往往带有地域性，和报纸的特征极其相似。各地方往往又有专业的招聘类型报纸或专刊，有效的阅读性较强。相对来说，报纸的价位较低，性价比较好，对企业的侧面宣传作用较好。专业杂志广告对招聘较高级人才效果较佳，但需对本企业做一定的形象介绍，才能吸引人才。但是使用这种方式容易出现候选人来源、数量不稳定，广告内容单调，广告位置不醒目，且费用逐步上涨。为了保证有效性，传统媒体发布招聘广告必须具有吸引力和可行度。

（4）校园招聘

企业选择校园招聘的方式招聘大专院校或职业学校具有营销理论基础的应届生具有以下优势：①企业能够在校园中找到足够数量的高素质人才，从而节约成本；②应聘者学习愿望和学习能力一般比较强，可塑性较强，更容易培训；③应聘者渴望开始工作，工作热情高，应聘者已展示了建立和完成目标的能力；④与具有多年工作经验的人比起来，应届毕业生的薪酬比较低；⑤应聘者更年轻，更有精力投入工作中，应届毕业生更具适应性和愿意被重新分配。

使用校园招聘招收应届毕业生要注意的是：①一般来讲，应届毕业生的心理素质、社会适应力、个人期望值等都有一个适应、成熟的过程；②缺少工作经验，可能并不完全理解销售工作的要求，需要进行一定的培训才可以胜任工作；③可能在一定程度上不成熟，新销售人员比老销售人员有更高的销售拒绝率；④很多大学生在刚刚进入社会时，会对工作产生往往过于理想化的期待，对自身的能力也有不现实的估计，由此往往容易产生对工作的不满意，在毕业后的前几年可能会有较高的更换工作频率；⑤校园招聘需要经过系统策划，在组织方面也需要付出较大的努力。

3. 委托招聘

（1）人才交流中心

人才交流中心是政府劳动人事部门或企业设置的常年人才市场，其承担人才储备、人才介绍和推荐，乃至人才招聘以及社会人才管理的职能。它们能代为推荐和选择优秀的销售人员。北京、上海、广州、深圳、武汉等大城市的人才交流中心都有大量人才储备。

（2）行业协会

行业协会组织了解行业情况和销售特点，经常拜访行业内的厂家、经销商、销售经理和销售人员，往往拥有行业人才需求与供给的资源，企业可以请其代为联系或介绍销售人员。

（3）猎头公司

猎头公司是掌握高素质人才信息，并与高素质人才有密切联系的专业人才经营企业。它们的主要任务是掌握高端人才信息，并建立人才资料库，为企业引荐高端人才并收取相关费用。一般而言，如果推荐成功，猎头公司会按照企业录取人才的年薪的10%～35%向企业收取费用（具体的收费比例要根据岗位的紧急程度而定）。

4. 隐秘招聘

（1）供应商

供应商的销售人员了解产品质量、性能及使用方式。许多零售商聘请供应商的销售人员，因为他们可以熟练地展示产品使用技巧。

（2）顾客

顾客了解市场及产品，知晓购买产品的决策者，拥有顾客关系基础，但可能缺乏谈判技巧或销售品质。销售经理最好征得候选人主管的同意，采取谨慎态度，否则将永远失去顾客。产品销往政府机构的企业，往往聘请曾就职政府部门尤其是采购部门的人员，以获得更好的销售业绩。

（3）竞争对手

如果企业没有时间培训新员工，而又要求较高的销售业绩，从竞争对手处挖掘销售人员是最有效的方式。其优点是应聘者拥有同行业销售经验，了解企业产品和顾客类型，对销售工作有实际的理解，已建立了顾客群并可能带来新的顾客，具有可供评价的销售记录。其缺点是雇用竞争对手销售人员的费用更高，应聘者可能不会忠诚于一家企业，而且已养成了固定的工作方式。

与内部招聘相对应，公开招聘、委托招聘和隐秘招聘可以称为外部招聘。整体而言，内部招聘和外部招聘各有优缺点，如表9-2所示。

表 9-2　内外部招聘的优缺点比较

优缺点	内部招聘	外部招聘
优点	企业对应聘者的能力有清晰认识 应聘者了解工作要求和企业 激励高绩效，有利于鼓励员工士气 组织仅仅需要在基本水平上雇用 成本更低	更大的应聘者蓄水池 会把新的技能和想法带入企业 比培训内部员工成本低 降低徇私的可能性 激励老员工保持竞争力，发展技能
缺点	会导致"近亲繁殖"现象 会导致为了提升的"政治性行为" 需要有效的培训和评估系统 可能会因为不公或心理因素导致内部矛盾	增加与招聘和选拔相关的难度和风险 需要更长的培训和适应阶段 内部员工可能感到自己被忽视 新的应聘者可能并不适合企业文化 增加搜索成本等

9.2　销售人员选拔

9.2.1　面试

面试是指由一个或多个人发起的以收集信息和评价应聘者是否具备岗位任职资格为目的的对话过程。通常的做法是由面试考官根据面试设计向应聘者进行系统提问，几位训练有素的面试考官再用客观化面试评分表（见表9-3）对应聘者面试的结果进行量化评价，以便决定应聘者合格与否，如应聘者合格则进入下一个选拔环节。

表 9-3　面试评分表

应聘者：＿＿＿＿　时间：＿＿＿＿

评估项目	评估标准	评估等级			
		优	良	中	差
仪表	外表整洁，着装得体				
口才	吐字清楚，用词恰当，表达清晰，逻辑性强				
知识	知识丰富，思路宽广				
经验	专业工作经验及同类工作经验丰富				
智慧	思维敏捷，考虑周到，分析合理，理解力强				
进取	上进心强，不过分计较地位、权利				
诚意	言必由衷，态度明朗，不易动摇，毫不做作				
毅力	不屈不挠，不轻易变更工作				

（续）

评估项目	评估标准	评估等级			
		优	良	中	差
说服	辩论有力，能引人注意，激发兴趣，使人领悟				
友情	能唤起他人的同情心，建立亲密友谊				
成熟	目标明确，责任心强，现实理性，自律性强				
抱负	谋求发展，发挥潜能，争取最好的工作成绩				
综合评估					

评语：

招聘面试人：　　　　　职位：

1. 面试的优缺点

面试具有许多其他测评方法没有的优点：①核对申请表上所述资料，询问与验证更多的相关情况（如不明白及怀疑之处），还可以借此了解申请表上没有的更多的情况（如兴趣、爱好、以往工作经验等）。②面试考官可以介绍企业及未来工作的情况，使应聘者对企业、工作、报酬、提供培训和发展机会等有更详细的了解，并澄清以前可能误解的地方。③可以直接了解应聘者的体貌特征、性格特点、对事物的分析判断能力、口才和社交技巧等。④通过应聘者的表现，面试考官可以对应聘者在未来实际销售工作方面的能力进行准确预测。

然而，面试也存在一些不容忽视的缺点：①时间较长。面试往往是一个应聘者要由至少一个面试考官来进行测试。②费用比较高。因为面试需要聘请专家，面试费用会增加。③面试可能存在各种偏见。④不容易数量化。面试数据往往可以定性，但不容易定量，因此在统计的时候比较困难。

2. 面试的类型

根据面试时所提问题，面试可以分为以下 7 种。

（1）结构化面试

在结构化面试中，每个应聘者被询问一组预先准备好的相同问题。标准化的提问，可以指导面试官设计比较全面的与销售工作有关的问题，而且询问相同的问题，能容易比较出各个应聘者的优缺点。

结构化面试有一定的局限性，即这种形式过于死板，缺乏弹性。面试考官可能机械地掌握已经准备好的提问内容，不能随机应变，收集信息的范围受到限制，以致不能发现应聘者潜在的优秀品质或缺点。但有经验的面试考官会根据应试者的回答和表现而调整问题或追加问题。

（2）非结构化面试

在非结构化面试中，面试考官不是预先准备好要提的问题，而是会提出探索性的、无限制的问题，让应聘者围绕主题自由发表意见，面试考官只是引导谈话不离开主题。当对一些问题有不同看法时，面试考官也不应该做出任何表示，这一方面可以充分发现应聘者的思维、观点、动机和性格，另一方面也可以避免让应试者猜测面试考官的意图和想法从而影响其情绪。

非结构化面试的优点在于，可以通过让应聘者自己发表意见，从中洞察其个人特征和动机。采用非结构化面试方法，需要面试考官具有一定的经验和洞察力。但是，由于在非结构化面试中没有一套事先准备好的问题，面试考官可能忽略或忘记某些重要内容，或对不同的回答难以比较，而且非结构化面试一般比结构化面试耗时更长。

（3）半结构化面试

半结构化面试是介于结构化面试和非结构化面试之间的一种形式，面试考官会事先准备一些问题，这些问题是开放式的，根据应聘者的回答，面试考官可以进一步深入地询问。

半结构化面试结合了结构化面试和非结构化面试的优点，有效避免了单一方法的不足。半结构化面试有很多优势，面试中考官掌握着主动权，既能获得其想要的信息，又能和应聘者有一定的双向沟通，可以获得比申请表中更为丰富、完整和深入的信息，加深对应聘者的了解。

（4）情境面试

情境面试是根据面试内容对面试进行的分类，情境面试是结构化面试的一种特殊形式，它的面试题目主要由一系列假设的情境构成，通过评价应聘者在这些情境下的反应情况，对面试者进行评价。情境面试的试题多来源于工作，或工作所需的某种素质的体现，通过模拟实际工作场景，反映应试者是否具备工作要求的素质。

（5）基于行为的面试

基于行为的面试与情境面试较为相近，都是给予应聘者一个既定的情况，要求应聘者做出回答，情境面试更多的是一个假设的事件，而基于行为的面试则是针对应聘者过去工作中所发生的事件进行询问。比如"请你说出你最为得意的一个研发项目的内容""在这一项目中你在管理方面遇到的最大的困难是什么，你是如何处理的"。

（6）小组面试

小组面试是指由一群主试者对候选人进行面试。小组面试有几个优点。普通的面试通常是由每位面试考官重复地要求应聘者谈论同样的问题。但是小组面试允许每位面试考官从不同的侧面提出问题，要求应聘者回答，类似于记者在新闻发布会上的提问。相对于普通面试，小组面试能获得更深入、更有意义的回答，但这种面试同时会给应聘者增加额外的压力。

（7）压力面试

压力面试的目标是确定应聘者将如何对工作上承受的压力做出反应。在典型的压力面试中，面试考官提出一系列直率（甚至是不礼貌）的问题，让应聘者明显感到压力的存在，甚至陷入较为尴尬的境地。

面试考官通常寻找应聘者在回答问题时的破绽，在找到破绽后，针对这一薄弱环节进行追问，希望借此使应试者失去镇定。例如，一位顾客关系管理经理职位的应聘者在自我描述中提到他在过去的两年里，从事了四项工作。面试考官抓住这一问题，反问他频繁的工作变换反映了他的不负责任和不成熟的行为。面对这样的问题，应聘者若对工作变换能做出平静、清晰的说明，则说明他承受压力的能力较强；若应聘者表现出愤怒和不信任，就可以认为在压力环境下，承受能力较弱。

3. 面试的注意事项

（1）紧紧围绕面试的目的

有的考官在面试时，往往会岔开主题，这样就达不到目标，有的时候应聘者也会主动或无意识地把目标引开。

（2）制造和谐的气氛

一般来说，面试的气氛较和谐，了解的信息比较准确。除非你为了了解在压力状态下应聘者的心理素质，这时可以利用一些压力气氛。在一般情况下，尽可能在面试刚开始时，和应聘者聊聊家常，缓解面试的紧张气氛，使应聘者在从容不迫的情况下，表现出其真实的心理素质和实际能力。

（3）避免重复谈话

面试应该规定一个基本的时间界限，不要一次面试拖过长时间，这样既影响了以后的面试，又使面试的内容不容易集中。

（4）避免过于自信

有些面试考官过于自信，思想上已经有个定式，不管应聘者反应如何，他都根据自己事先考虑好的东西去判断，这样就会造成失误。

（5）前后一致

对每个应聘者前后要一致，也就是说，不能先紧后松或者后紧先松，这种现象在面试时经常会出现。刚开始时，由于面试考官精力较旺盛，思想较集中，提问较仔细，对应聘者测评比较准确，而由于长时间的工作，面试考官有可能疲倦所至，就草草了事，这样面试的结果就不够理想。

（6）对应聘者要充分重视

有时考官在面试中会表现出对应聘者一种漫不经心的态度，使应聘者感觉自己受了冷落，就会不积极地作答，这样就不能了解应聘者真正的心理素质和潜在能力。

（7）提问时围绕主题

问题尽量要与工作有直接关系，不要问与工作无关的问题，这样才能够紧紧围绕面试的目标。

（8）要防止"与我相似"的心理因素

"与我相似"这种心理因素是指当听到应聘者某种背景和自己相似时，就会对他产生好感，产生同情的心理活动。例如，听到应聘者是某地人，面试考官一想是老乡，就产生一种"与我相似"的感觉，因此面试考官在面试时要尽量防止"与我相似"的因素影响。

（9）避免刻板印象

刻板印象是指有时对某个人产生一种固定的印象。例如，认为穿牛仔裤的人一定是思想开放的人。这种刻板印象往往会影响面试考官客观、准确地评价应聘者。

（10）注意非语言行为

在面试的时候，应聘者往往事先做过充分准备，讲话的时候通常把最好的一面反映出来，但是要真正了解应聘者的心理素质，有时应该仔细地观察应聘者的非语言行为，包括他的表情、动作、语调等。

专题 9-1　　　　行为性 STAR 面试法检验"真伪"

当有丰富的面试经验、做好充分准备的应聘者对答如流，而且回答也非常"漂亮"对口时，就会让自认为有经验的面试考官产生错觉，被应聘者的表象所迷惑。而当销售人员真正被招进来后，他的实际表现却与面试表现相差甚远，这让面试人员感到非常迷惑。

通过行为性 STAR 面试法可以有效检验应聘者话语的真伪和背后的信息。STAR 面试法中问题要由以下四个要素组成：情境（Situation）、任务（Task）、行动（Action）、结果（Result）。

行为性 STAR 面试法一般是这样的：用一个引导性的问题引发应聘者讲述一个重要的事例，他举的事例要符合几个条件，一是有情景，当时在什么情况下发生的；二是有任务，事例的任务或目标是什么；三是有行动，采取了哪些步骤，关键时刻他是怎么处理的；四是有结果，有没有达成，有何经验教训等。

假如应聘者曾经销售业绩优秀，采用行为性 STAR 面试法是较好的选择。首先问是在什么情景下进行的，包括地域特点、顾客情况、销售渠道等；再询问具体任务，包括销售额、汇款量、顾客关系；接着询问应聘者采取了何种行动，包括计划、谈判技巧、促销措施；最后询问结果，包括是否达到目标、收获、如何在以后工作中避免。

根据应聘者的回答进行适当的一连串的追问，让应聘者对关键过程和细节进行详细陈述，通过应聘者的回答确定其背后信息。由于这些问题，特别是细节性的追问都是随机的，而且层层剥丝抽茧、顺藤摸瓜、打破砂锅问到底，应聘者无法准确预测，也无法进行充分的事先准备，只能据实以答。这样就极大地减少了应聘者说谎的机会，其真实水平和诚实度也会充分体现。

例如，岗位需要应聘者具备团队合作能力，可以设计表 9-4 所列的问题来检验。

表 9-4 团队合作能力测评问题

序号	问题	要素
1	请讲述一个实际例子来说明你具有团队合作能力	情境（Situation）
2	当时团队的目标是什么，你在团队中的角色是什么	任务（Task）
3	你和团队中其他成员的关系如何	
4	请你描述一下你们的团队是怎样完成任务的，工作结果如何	行动（Action）
5	在团队完成任务的过程中，你都做了哪些贡献	
6	你与团队其他成员有没有意见冲突的情况，你是怎么克服的	
7	你认为团队合作中最大的困难是什么	
8	通过此次团队合作，你最大的体会是什么	结果（Result）

如果应聘者确实具有团队合作能力，做过这些事情，相信他肯定会侃侃而谈，把事情的详细经过、心得体会一五一十地描述清楚。如果应聘者在撒谎，一开始可能会编得有鼻子有眼，随着问题的逐步深入，到后来可能就会支支吾吾，不能自圆其说，答到最后可能会面色苍白，冷汗直流。

9.2.2 笔试

笔试是人才选拔中最基础的技术之一，至今仍是企业使用频率较高的人才选拔方法。笔试主要用于测量应聘者的基本知识、专业知识、管理知识，以及综合分析能力、文字表达能力等方面的差异。笔试技术在形式上表现为用笔在试卷或问卷上回答，笔试题型不仅包括传统论述题型，还包括现代人才测评技术的选择、是非、简述、案例分析、改错、计算、写作、匹配、图表分析、阅读理解、数字逻辑推理等多种题型。

笔试的优点在于花费时间少、效率高、成本低，对应聘者的知识、技术、能力的考查信度和效度较高，成绩评价比较客观。笔试的缺点在于不能全面考查应聘者的工作态度、品德修养以及其他一些隐性能力。因此，笔试技术往往作为其他人员甄选方式的补充或初步筛选方法。

9.2.3 心理测试

心理测试是指通过一系列的心理测量量表来测量一个人的潜能和个性特点的一种科学方法。通过心理测试可以了解一个人所具有的潜在能力，了解一个人是否符合该企业某一岗位的需要。在销售人员甄选中，常用的心理测试方法包括人格测试、智力测试、职业偏好测试等。

1. 人格测试

人格是指一个人比较稳定的心理活动特点的总和。人格可以包括性格、兴趣、爱好、气质、价值观等。它是一个人能否施展才能、有效完成工作的基础，某人的人格缺陷会使其所拥有的才能和能力大打折扣。人格测试是根据人格理论，从特定的几个方面对测试者的人格特征进行标准化测量。对应聘者人格测试的目的是寻找应聘者的内在性格中某些对未来绩效具有预测效用或工作与之相匹配的特征，以此作为人员甄选的依据。

2. 智力测试

智力测试是指有关人的普通心智功能的各种测验的总称，其目的是对受测者在某些工作中的操作水平进行描述性标记。智力测试多数以言语推理测验为主要内容，如对词汇、词的异同及类比等项目进行测量，还包括一些测量一般常识、数值推理、记忆以及感知技能与组织技能的项目。

3. 职业偏好测试

职业偏好是指人们对具有不同特点的各类职业的偏好和从事这一职业的愿望。职业偏好测试是测定应聘者是否具有从事某种职业的潜在能力的方式，即帮助应聘者发现和确定自己的职业兴趣和能力特长。常用的职业偏好测试包括语言推理、词汇理解、数学推理、数学计算、空间判断、图形知觉、符号知觉、运动协调、手指灵活等9种能力倾向的限时成套测试题。

9.2.4 情景模拟测评

现代人才测评理论认为，要想准确地测评一个人的素质，应将其纳入一定的环境系统中，观察、分析、评定候选人的行为表现以及工作绩效，从而考察其全面素质。情景模拟测评是应用现代心理学、管理学、计算机科学等相关学科的研究成果，通过创设一种逼真的模拟管理情境或工作情境，将候选人放入情境中，要求其完成各种各样的工作，面试考官观察和分析候选人在模拟的各种情景压力下的心理、行为、表现以及工作绩效，以测量评价候选人的管理能力和潜能等素质，从而实现对人的个性、动机和能力等较为准确地把握，做到人员和职位匹配，确保人员达到最佳工作绩效的一种人才素质测评的方法。

它不同于传统的笔试、面试等测试工具，其核心技术是情景模拟测评。情景模拟测评主要包括无领导小组讨论、角色扮演、演讲、管理游戏、案例分析等情景模拟技术。其中，无领导小组讨论适合于甄选组织领导干部，而角色扮演法通常被用来甄选销售人员。

1. 无领导小组讨论

无领导小组讨论（Leaderless Group Discussion，LGD）是指由一组应聘者（5～7人）组成一个临时工作小组，不指定任何人为领导者，就给定的某个争议性较大的问题进行自由讨论，并做出决策（或提出解决方案）。这实质上是一种采用情景模拟的方式对应聘者进行集体面试的方法。无领导小组讨论的目的是考查应聘者在需要小组成员共同合作才能完成的任务中表现出来的各种综合能力特征，如组织协调能力、口头表达能力、分析判断能力、决策能力、团队领导、人际影响力、情绪稳定性、处理人际关系的技巧等。这种方法特别适用于对人际能力要求较高的销售人员招聘。

无领导小组讨论的面试考官只是通过安排应聘者的活动，观察每个应聘者的表现，对照事先确定的要素指标对应聘者进行评价，判断应聘者是否表现出所需要的能力特征。

采用无领导小组讨论选拔优秀销售人员的评价要素如表 9-5 所示。

表 9-5　采用无领导小组讨论选拔优秀销售人员的评价要素

评价要素	观察要点	评分 1 2 3 4 5 6 7
沟通能力	口头表达清晰，流畅清楚 善于运用语言、语调、目光和手势 敢于主动打破僵局 能够倾听他人的合理建议 遇到人际冲突保持冷静，并能够想出缓和的办法	
分析能力	了解问题的本质 解决问题的思路比较清晰，角度新颖 能够综合不同的信息，深入自己的认识 有悟性、领会新问题的速度快	
应变能力	遇到压力和矛盾时积极寻求解决方法 情景发生变化时能够调整自己的行事方式 在遇到挫折时仍然积极客观面对 在难题面前能够多角度思考问题	
团队精神	很快融入小组讨论之中 为小组整体利益着想 有独立的观点，但必要时会妥协 为他人提供帮助 尊重他人，善于倾听他人意见	
人际影响力和自信心	观点得到小组成员的认可 小组成员愿意按照其建议行动 不靠命令方式说服他人 善于把大家的意见引向一致 积极发言，敢于发表不同意见 强调自己观点时有说服力	
营销业务知识	善于运用先进的营销理论来解决实际问题 对营销理论理解透彻 能充分考虑工作情景中可能遇到的各种实际难题而提出解决方案	

2. 角色扮演

角色扮演是一种比较复杂的测评方法，它要求多个应聘者共同参加一个模拟的、逼真的管理性质的活动，每个人扮演一定的角色，模拟实际工作中的一系列活动。这种测评方法要求应聘者能够在模拟逼真的环境中处理可能出现的各种问题，用多种方法来测评其心理素质、沟通和解决问题等方面的实际工作能力。例如，要求多个应聘者合作完成一种新产品的销售工作。这一活动要求经历前期策划、宣传、销售等一系列环节。小组成员之间实行分工合作，有时可以在同一时间安排几个小组对类似的产品展开销售竞赛。

3. 演讲

演讲是由应聘者按照给定的材料组织并表达自己的观点和理由的过程。例如，请谈谈对"一山不容二虎"这句话的理解。通常应聘者拿到一个演讲题目后有 10 分钟的准备时间，需要按照给定的材料组织自己的观点，之后开始向面试考官阐述自己的观点和理由（即演讲），正式演讲的时间为 10 分钟左右。有时演讲完毕，面试考官针对演讲内容对应聘者提出疑问或质询。这种方法可以考察应聘者分析推理能力、语言表达能力以及在压力下反应的能力。演讲方法还可以和其他的评价方法结合起来使用，比如，演讲和无领导小组讨论结合，先由小组共同讨论一个问题，再派一个代表做演讲。

4. 管理游戏

管理游戏是一种以完成某项"实际任务"为基础的团队模拟活动，大多通过游戏的形式进行，并侧重于评价管理潜质。管理游戏采用小组形式进行，数名应聘者集中在一起按照要求，就给定的材料、工具共同完成一项游戏任务，并在任务结束后就某一主题结合游戏进行讨论交流；面试考官通过观察应聘者在游戏中的行为表现，对预先设计好的某些能力与素质指标进行评价。例如，"小溪任务"游戏就是给一组应聘者滑轮、铁管、木板、绳索，要求他们把一根粗大的圆木和一块较大的岩石移到小溪的另一端。

管理游戏通常既包括可见行为（如一定的体力活动），也包括不可见的更为复杂的决策过程；同时在管理游戏测评过程中，由于应聘者处于一种更为放松的状态，其行为表现会更加真实，可以减少掩饰的机会，提高测评的效度。这种方法可测评团队领导能力、沟通能力、创新意识、主动性等指标。

5. 案例分析

案例分析是指应聘者通过阅读一些基于真实事件的管理案例特定情景的案例材料，并以当事人的角色对该商业案例、数据报表等原始材料进行分析，提出解决某个实际问题的合适的决策方案的一种测评方式。应聘者要求向组织高层领导提出一个分析报告和一系列建议，可以是书面报告，也可以是一个口头演讲。案例分析是考察被评价者的战略思维、市场意识、行业远见、问题解决、综合分析、判断决策、创新意识、口头或书面表达能力等方面的有效工具。

综上所述，企业可以采用面试、笔试、心理测试和情景模拟测评等多种方法选拔应聘者。但是需要强调的是，有效地使用以上测试方法有个前提条件，就是面试考官对需要考查的因素有明确的认识，并且有充分的证据表明这些因素确实对销售能力有显著的影响。否则，面试考官使用这些测试工具就会陷入盲目的猜测，最终只能凭个人的主观感受判断应聘者的销售能力，仍然停留在感性招聘的阶段，从而失去了使用这些测试工具的意义。

复习测试

（1）岗位分析和岗位描述在销售人员招聘和选拔中的作用是什么？
（2）销售人员岗位分析需要考虑哪些内容？
（3）职位申请表应包括哪些内容？

（4）招聘销售人员的渠道有哪些？这些渠道各有什么特点？
（5）选拔销售人员过程中的面试有哪些类型？
（6）选拔销售人员过程中的面试环节有哪些注意事项？
（7）选拔销售人员过程中常用的心理测试方法有哪些？
（8）选拔销售人员过程中常用的情景模拟测评方法有哪些？

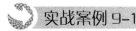实战案例 9-1

B 公司的医药销售代表招聘

B 公司认为，优秀销售人员要具备六大特质：对客户与销售都充满了大爱；展现专业和正面积极的行为；丰富的产品知识与客户知识；和客户建立良好的人际关系；卓越的区域管理和销售技巧；达成公司所交付的任务。根据这六大特质与医药销售代表的工作职责，该公司拟出招聘医药销售代表的内部标准，具体内容包括：①年龄：最小 25 岁，最大 28 岁。②性别：女性已婚并有孩子者优先，男性已婚有孩子者优先，并非主要条件。③教育背景：最好有医药方面的背景，其他相关专业也可考虑。④工作经历：在相关领域有 1～2 年工作经验。⑤社会背景：已婚并有孩子者优先（男性或女性）；当地人优先；如果不是当地人，则选择可以在当地居住达 2 年以上的人员；友好并乐于与人交往（容易与各种人打交道）；具有团队合作精神。⑥技巧：有销售推广技能，有良好的沟通能力，有说服力。⑦知识：医药市场（医院、医生、药师、代理商等）结构和政策，中国经济环境。⑧态度：积极、有动力、有长远眼光、乐观、有毅力等。

该公司拟定的公开标准在招聘广告中体现为以下"招聘条件"：①大专以上学历，医药等相关专业；②男女不限，有敬业精神；③年龄在 35 岁以下；④需本地户口。招聘广告中招聘条件简洁明了，也符合当地的法律法规与民俗。公司内部使用的招聘评估表（见表 9-6），相对招聘广告的招聘条件来说却复杂得多，当然评估表因具体明确而有操作性。

表 9-6　B 公司医药销售代表招聘评估表

项目		条件	分值		打分
个人背景	年龄	大于 25 岁，小于 28 岁（销售代表）	7	17	
		大于 28 岁，小于 32 岁（销售主管）			
	自己家庭背景	已婚/未婚	3		
		有/无孩子者（男性并非主要条件）			
	父母家庭背景	拥有和睦、健康的家庭背景	4		
	居住地	当地户口者，非当地户口但在当地居住达 2 年以上	3		
一般印象	身体状况	身体健康（不健康者，排除）	3	6	
	仪表	举止大方，衣着整齐得体	2		
	语言	表达准确，条理清晰	1		
		发音清晰，声音悦耳			

（续）

项目		条件	分值		打分
教育背景	专业学历	医药等相关专业，本科以上学历	6	8	
	外语水平	英语听、说、写流利	2		
工作经历		在知名公司有1～2年工作经验	6	6	
个人素质		开朗乐观、积极进取	5	20	
		诚实可信	5		
		自信，有努力目标和长远眼光	5		
		有冒险精神和创意，有挑战异议的勇气	5		
知识		对医药市场结构和政策的认识、了解	2	7	
		对中国经济环境的认识、了解	2		
		对市场具有敏锐的观察力和善于捕捉信息的能力	3		
销售技巧		具有良好的沟通技巧	8	26	
		具有良好的理解能力	6		
		具有良好的学习态度	6		
		具有判断一项活动回报是高还是低的能力	6		
团队合作		与周围同事关系良好	3	10	
		与原单位主管合作关系良好	3		
		友好、大方的性格	2		
		乐于助人，做事独立	2		
总分			100		

讨论问题：

（1）总结B公司是如何制定销售队伍的招聘与甄选标准的？

（2）为什么说B公司的内部招聘评估表因具体明确而有操作性？

实战案例9-2

联想集团如何选拔和使用人才

联想集团是一家年收入达4 600亿元的《财富》世界500强公司。截至2023年，联想集团拥有82 000名员工，业务遍及180多个市场。联想集团现拥有智能设备业务集团（IDG）、基础设施方案业务集团（ISG）和方案服务业务集团（SSG）三大核心业务集团。

联想集团创始人之一柳传志有句名言：小公司做事，大公司做人。联想集团在选人、用人、育人、留人等方面有诸多可取之处。

1. 联想的选人机制

在"选"人方面，联想制定了有针对性的招聘策略，主要的招聘渠道包括猎头、内部推荐和校园招聘，当然也会采用网络招聘渠道。联想集团与全国30所重点高等学校进行深入的校企合作，建设实验实训室，合办软件学院，建立企业人才信息库，实现资源的共享等。通过这种方式,一来扩大联想在年轻学子心中的影响力,二来为联想集团培养、输送更多的高端人才。联想还提出员工价值承诺(Employee Value Promise, EVP):为员工创造发展空间,提升员工价值——"联想,成就人,成就于人",倡导员工"将个人追求融入企业的长远发展之中"。

2. 联想的用人机制

在"用"人方面,联想建立适合业务当前需要并不断发展的绩效评估机制,对员工的业绩、能力和态度三方面进行评估,并建立有效的沟通反馈机制,保证绩效评估的公正和透明。评估结果将被运用于员工的工资、奖金、晋升等方面,还特别作为轮岗、培训、个人发展的依据。在绩效评估的基础上,制定适合不同岗位特点的薪酬体系,特别通过认股权计划,将员工与企业的长远利益紧密结合。联想每季度、年度对部门进行绩效评估,从经营指标、业务进展、客户满意度调查、费用率等方面考评和量化,对全体员工进行业绩评价,通过目标达成、态度、能力评价量表,用自评、上级评价及上下级面谈的方式,确定考核结果。对于中高层干部运用360度评估、部门绩效评估和团队氛围指数调查报告,通过公开述职的方式,全方位地进行个人绩效的评价;在能力体系的评价方面,借助世界一流顾问咨询公司,通过专家小组进行评审。建立技术职称序列,技术序列的层次级别与行政职务之间有对应的关系,如主任工程师相当于总经理。收入待遇对等,为员工提供多途径的发展空间,使其充分体现个人价值。

公司还为员工的绩效考核建立了信息反馈的渠道,如在绩效考核方面,员工除了在绩效面谈中发表自己的意见和建议外,如对上级的评价有异议,还可以向各级主管、部门总经理和人力资源部提出申诉。

3. 联想的育人机制

在"育"人方面,联想集团建立起一套针对全体员工非常完善的培训体系,培训对象包括新员工、普通员工和管理人员。培训的课程根据各类岗位的能力体系建立相应的课程体系,有公共课程体系(包括文化与战略发展类、职业技能类、管理技能类)和专业课程体系(分为16类);而培训的队伍是一支以总裁室成员为首,包括人力资源部、各部门培训专员、专兼职讲师及全体干部在内颇具实力的专兼职讲师队伍。

联想集团鼓励和支持员工不断地进行学习。为保证员工能力的提升以适应公司及个人发展的要求,公司给员工提供多种方式进行学习以实现与工作和职务发展、技能提高相关的学习目标。公司每年都会投入大量的培训经费;在培训规划中明确规定每个员工的脱岗培训时间;在员工年度考核中列出三项能力短板,作为下财年的个人发展目标和培训的内容;对员工尤其是干部的培训情况与其在公司的发展相挂钩,如"管理在联想"MAL课程,部门总经理以上的干部必须参加,并能将此课程向本部门的员工进行讲授,这是此人的任职条件之一。联想集团通过鼓励学习使员工能乐于培训、勤于培训,不断提高自身能力。

4. 联想的留人机制

在"留"人方面,联想主要依靠的是人才选拔制度和激励机制。联想的人才选拔以内部培养为主,外部引进为辅,充分为内部人才提供发展机会和空间。建立公平竞争的选拔机制,如关键岗位（包括管理岗位）竞聘制度等。建立技术职称体系，目前已经完成了研发、工程、技术支持三个体系，尝试建立除行政升迁以外的发展路径；建立研发IT咨询、产品经理、市场营销、职能管理、资材等十几个专业序列，以此为员工提供多条职业发展路径。

在员工的薪酬福利方面，公司的薪酬结构包括月薪、津贴、表彰奖（公司级、部门级）、年底红包、认股权等；福利方面，除了国家要求的社会福利外，公司还为员工提供了带薪休假、出国旅游、免费工作餐等公司福利；针对员工的病、丧、困、独生子女入学与入托、大龄青年等问题建立了不断完善的员工关怀机制，让员工感受到家庭般的温暖。公司根据经营业绩和外部环境变化，逐步完善员工的薪酬福利体系，保证员工的生活质量和工作质量随公司发展而不断提高。

公司采取年底红包与经营业绩挂钩、全员（符合一定条件即可）拥有认股权的方式，让员工分享公司发展所带来的利益。在"长远规划、稳定发展"原则下，建立了薪酬调查机制，定期对公司薪酬在同行中的竞争力水平做调查，并进行深入分析，以便及时调整公司薪酬水平，保证公司在薪酬方面的竞争力。每年公司根据经营目标，并参照业界的标准，确定人力成本的投入，每年年初进行一次工资的调整、福利组合形式的确定。每年组织3~4次员工到不同国家的出国旅游，在"三八妇女节""六一儿童节"等节日举办多种形式的活动。

通过联想集团人力资源管理的"选、用、育、留"四个方面可以看出，一家企业想做大做强，能够基业长青，必须在人才方面做文章，必须在人力资源管理上做出自己的特色和优势。

讨论问题：针对联想集团对销售人员的选人、用人、育人、留人机制，你认为不同企业在销售人员选拔过程中的核心竞争力是什么？

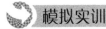

模拟实训

实训名称

校园招聘及甄选方案设计

实训目标

（1）使学生了解校园招聘的方式，能够熟练掌握校园招聘流程并了解校园招聘过程中的注意事项。

（2）模拟进行"面试考场的布置"工作，并对销售人员候选人进行模拟化的"结构化面试"，使学生通过体验这种典型的初级销售人员甄选方法，进一步掌握销售人员甄选的相关准备工作和实施流程。

背景描述

立足于大众点评网（http://www.dianping.com）的真实企业背景，以该公司"广告销售"这一职位的招聘、甄选方案制订为主线，设计实训模块，以期学生能够由点及面、较好运用"销售人员招聘与选拔"的相关理论知识尝试解决实际问题。

实训组织与实施

1. 进行调查研究

要求:学生上网查阅资料或深入企业实际,调查大众点评网的现有人力资源及其招聘需求情况。

2. 制作广告宣传稿

要求:学生根据其对大众点评网的了解,尝试制作一份用作大众点评网校园招聘的广告宣传稿。

3. 进行职位和专业的匹配选择

要求:根据大众点评网的招聘职位要求(也可让学生自由发挥,另行拟定该公司的待招聘职位),在所在地各高校中选择在专业、学生素质等方面与公司待填补职位有较高匹配的高校进行校园招聘。

4. 召开公司宣讲会

要求:以小组(3~5人)为单位,让学生模拟公司高层管理者,召开公司宣讲会,向目标高校的学生进行公司宣传,向学生说明公司的性质、产品、服务、制度、文化及薪酬福利等细节。

5. 对"广告销售"职位候选人进行甄选

要求:以小组(3~5人)为单位,让学生模拟公司人力资源部员工,收取目标高校应聘"广告销售"职位的学生简历(简历由实训教师模拟给出,数量以6份以上为宜),并选派6位(或6位以上,和模拟给出的简历份额一致)作为模拟候选人;模拟招聘方的小组同学进行"面试考场的布置",并对候选人采取"结构化面试"方法进行甄选。

(1)面试考场的布置

实训目标:了解面试前应做好哪些准备工作,掌握布置面试考场的方法,熟悉面试考场布置的原则。

实训内容:

1)压力式面试考场的合理布置与安排。

2)宽松式面试考场的合理布置与安排。

实训步骤:

1)以小组(3~5人)为单位,分别选择压力式面试或宽松式面试方式,进行面试考场布置,并注意做记录。

2)模拟面试考官或应聘者的不同角色,体验所布置的面试考场产生的心理效果。

3)总结并撰写子模块实训报告。

(2)"结构化面试"甄选

实训目标:了解结构化面试的设计流程,熟悉结构化面试的提问技巧并掌握实施流程,为企业进行有效的人力资源甄选奠定基础。

实训内容：

1）结构化面试的问题拟定及其方法程序的应用。

2）结构化面试的提问技巧训练。

实训步骤：

1）模拟招聘方的小组分别进行结构化面试各个阶段试题的拟定，并注意做好记录（试题的拟定必须和大众点评网招聘"广告销售"的职位描述和任职资格要求高度关联）。

2）在事先准备的面试场所对6位（或6位以上）模拟候选人进行面试并做记录。

3）以小组为单位，提交模拟面试后的总结报告。

6. 编制入职培训计划，准备相关说明材料

要求：对经过甄选录用的新员工，编制入职培训计划，并准备一份说明材料，向新员工讲解公司的薪酬制度及销售绩效管理系统，以留住新员工。

7. 总结并写本模块的实训报告

实训评估标准

评估对象	实训作业准备	招聘、甄选方案	实训报告	团队合作
评估要点	各类大众点评网信息（包括公司情况、招聘需求、销售业务特点及业绩现状等）收集的完备程度	招聘、甄选方案制订的相关流程的完备和合理程度	实训报告的条理清晰度、逻辑关联性及结构完整性	小组成员的团队合作意识及参与程度
能力考查	信息收集能力	学习并运用知识的能力	总结概括及书面表达能力	团队协作能力
占比	20%	30%	30%	20%

延伸阅读

销售人员如何挖掘客户的需求

【案例一】小王是江西上虞某白酒经销商麾下的销售人员，他在赢得某B类酒店采购部张经理的信任后，为了把酒品尽快地销售给张经理，开始向张经理介绍自己的产品。以下是小王和张经理的对话。

小王：您好，张经理！我们这个产品的包装和瓶型是国内一家知名的设计公司设计的，您看一下这款产品的包装非常漂亮，消费者一定会喜欢的。

张经理：这款产品的包装是很漂亮。

小王：这款产品的酒水是国家级白酒评委××研发的。

张经理：酒水确实不错。

小王：销售我们这款产品，可以挣到40%的利润。另外，我们还有10%的促销支持。

张经理：听起来，销售你们的产品应该能赚不少钱。

小王：如果您需要，可以先进一批货销售一下试试，这么好的产品加上这么大的利润空间，您销售我们的产品一定能赚嗨。

张经理：实在对不起，我们目前没有考虑新产品进店销售，等过段时间，我再通知你。

小王不明白客户为什么会拒绝自己，或者说客户为什么拒绝这么好的产品。

【案例二】小刘和小王是同事，面对同样的客户，小刘在赢得客户的信任后采用了不同的方式和客户沟通。以下是小刘和张经理的对话。

小刘：您好，张经理！您平时选择什么样的白酒产品进咱们店销售呢？

张经理：我们选择白酒产品，首先考虑的是产品的质量，另外是产品的利润空间、售后服务、包装和瓶型。

小刘：张经理，您所说的产品质量是指什么？

张经理：我所说的产品质量要达到国标标准。另外，口感和度数要符合我们当地消费者的习惯。

小刘：张经理，是什么原因让您觉得产品质量如此重要呢？

张经理：上次我进了一款产品，包装确实很漂亮，但是消费者喝了以后反映上头，还有的消费者说我们销售的是假酒，现场就要求赔偿……

小刘：如果我们的产品能满足您的质量要求，而且我们给您合理的利润空间，并且保证每周至少拜访一次，为您做好售后服务。您会选择销售我们的产品吗？

张经理：自从上次那款产品出现质量问题后，所有进我们店销售的产品，都要经过我们公司李经理和王经理品鉴以后，才能确定是否销售该产品。

小刘：您看是明天晚上还是后天晚上，您邀请李经理和王经理，就在咱们饭店品鉴一下我们的产品，由我们来招待，顺便每个人赠送一箱品鉴酒……

张经理：我们明天晚上有一个中层会议，后天晚上安排品鉴你们的产品吧！

小刘：谢谢您，张经理！我们后天晚上见。

通过王经理和李经理的品鉴，该产品最终成功进店。

解析小刘成功案例背后的原因

通过以上小王和小刘的案例对比，显而易见的是，小刘比小王做得好。因为小王只是想把产品尽快地销售出去，从一开始到结束都一直在与客户单纯陈述自己产品的特征，结果无法打动客户而导致销售失败。

小刘则向客户进行了有效的提问，提问的关键是问到了客户关心的问题，然后根据客户的回答来了解客户的需求，从而围绕客户的需求来陈述自己产品的特征和提供解决方案，最终导致销售成功。

小刘成功案例的进一步解析

在和客户沟通的过程中，向客户提出的第一个问题很重要，这关系到我们和客户的沟通是否能继续下去，所以第一个问题我们就要能够直接涉及主题，而不是那些客套的没有意义的问题。

例如，小刘向客户提出的第一个问题（探究性问题）：

小刘：您好，张经理！您平时选择什么样的白酒产品进咱们店销售呢？

张经理：我选择白酒产品，首先考虑的是产品的质量，另外是产品的利润空间、售后服务、包装和瓶型。

因为小刘已经赢得了客户的信任，对于这样的问题，客户一般不会拒绝回答。这样小刘就可以通过客户的回答来继续调整思路而提出下一个问题。例如，小刘向客户提出的第二个问题（探究性问题）：

小刘：张经理，您所说的质量是指什么？

张经理：我所说的产品质量要达到国标标准。另外，口感和度数要符合我们当地消费者的习惯。

通过客户对第二个问题的回答，小刘就可以提出第三个问题："是什么让您觉得这一点很重要"或者"为什么您觉得这一点很重要"。这一类问题能够引出客户真正的需求。客户认为哪一点最重要？原因又是什么？这些答案将是促进销售成功的关键。例如，小刘向客户提出的第三个问题（探究性问题）：

小刘：张经理，是什么原因让您觉得产品质量如此重要呢？

张经理：上次我进了一款产品，包装确实很漂亮，但是消费者喝了以后反映上头，还有消费者说我们销售的是假酒，现场就要求赔偿……

这时，小刘紧跟着就提出了第四个问题："如果我们的产品能满足您的需求，您会不会选择我们的产品呢？"需要注意的是，在这里最合理的价格并不一定是最低的价格。对于这样的问题，客户的回答给了小刘一个清晰的答案。这是一个包含前三个问题所有信息的反馈问题，是典型的"如果我们怎么样，您会怎么样"的问题。这个问题会引出客户的承诺，实际上这时就会一目了然了。例如，小刘向客户提出的第四个问题（暗示性问题）：

小刘：如果我们的产品能满足您的质量要求，而且我们给您合理的利润空间，并且保证每周至少拜访一次，为您做好售后服务。您会选择销售我们的产品吗？

张经理：自从上次那款产品出现质量问题后，所有进我们店销售的产品，都要经过我们公司李经理和王经理品鉴以后，才能确定是否销售该产品。

这时候，小刘把最后一个问题摆出来，这个问题旨在敲定具体的品鉴日期、数量等，为客户提供一个实实在在的证明。例如，小刘向客户提出的第五个问题（解决性问题）：

小刘：您看是明天晚上还是后天晚上，您邀请李经理和王经理，就在咱们饭店品鉴一下我们的产品，由我们来招待，顺便每个人赠送一箱品鉴酒……

张经理：我们明天晚上有一个中层会议，后天晚上安排品鉴你们的产品吧！

小刘：谢谢您，张经理！我们后天晚上见。

第 10 章
销售人员培训、激励与薪酬

学习目标

- 了解销售人员培训的作用
- 掌握销售人员培训的流程和方法
- 了解销售人员激励的必要性和原则
- 掌握销售人员激励组合类型
- 了解销售人员各阶段的期望与激励重点
- 掌握不同个性表现的销售人员激励模式
- 掌握销售人员薪酬的构成
- 了解销售人员薪酬的作用和设计原则
- 了解影响销售人员薪酬的因素
- 掌握销售人员薪酬制度的类型和设计流程

引导案例

这个销售队伍怎么管

最近一段时间,C公司的总经理任先生一直被一个问题困扰。公司规模不断扩大,市场不景气,公司销售队伍的管理问题日益明显。一方面,优秀的销售人员流失严重;另一方面,新入职的销售人员缺乏经验,销售业绩较差。更严重的是,那些离职的销售人员要么加入竞争企业,要么开办自己的公司,带走了一部分重要的顾客,成为对企业威胁最大的竞争对手。

C公司主要生产特种铁合金,其中氮化铁合金在国内及国际市场上占有较大的份额。目前,中国钢产量过剩,钢铁行业逐步淘汰落后产能,致使铁合金的使用量下降、产能开始过剩。近几年,C公司的经营业绩欠佳,销售额、利润额连续3年下降。

年底,在去参加公司顾客答谢晚宴的路上,任总与销售经理聊天时发现,销售队伍的人才梯队建设和管理出现了严重问题。销售队伍的人员数量和素质都不能满足公司发展的需要,特别是新人素质不高。此外,企业没有系统的培训。新入职人员在接受一两次课堂培训后就上岗,有人连公司的产品都说不全,更不知道产品怎样使用,合同怎样签订,顾客异议怎样处理。悟性好的人能够快速成长起来，悟性差的人工作几个月都摸不清门道，最后被淘汰。

在新来的销售人员开始跑市场时，销售经理或主管一般交给老的销售人员以"师傅带徒弟"的方式培养。这样做的问题是，新销售人员常常受到一些不好的影响。如果老销售人员开拓力不强，带出的徒弟就会畏缩不前。另外，带徒弟没有纳入考核，带徒弟的劳动得不到体现，即使在初期老销售人员还有些热情，之后其积极性会慢慢消退。"带好徒弟，饿死师傅"的思想也会令师傅对带徒弟心有疑虑。

虽然在销售例会上大家经常讨论销售业绩欠佳给公司造成的损失，但是销售队伍建设的推进迟缓。每次在销售出现重大工作失误和重大损失后，公司都试图对销售队伍进行整顿，但是由于未形成人才梯队，想裁人却不敢动手。

更让任总苦恼的是，在宴会上看到了昔日的创业伙伴陶总。几年前，陶总带着手下的一批人离开C公司，创办了自己的公司，两人成了竞争对手。不过这些年陶总都故意避免与C公司发生冲突，也相安无事。谁料，在如今艰难的市场环境下，他终于按捺不住，开始跟C公司抢夺顾客订单。

这件事让任总不得不正视公司销售人员流失问题：一些能力强、有一定社会背景和顾客资源的资深销售人员，在有一定的业务积累后纷纷自立门户。一些业务精、年轻有潜质的销售人员则因公司现有的发展空间有限或对公司考核激励机制以及业务经理的能力和工作方式不认同而离开公司。这些人出去以后，或自己成立公司，或进入竞争对手的公司，成为公司最强的竞争对手，对公司在一些地区的销售造成严重冲击。

宴会第二天，任总在经历整夜失眠后补了个回笼觉，在清醒的时候收到了人力资源部经理的微信，告诉他销售总监老王辞职了，据说跳槽去了C公司最强劲的竞争对手那里做总监。王总监是去年通过猎头招聘的销售总监，履历丰富，在过去的一年里一直试图加强销售队伍建设，无奈效果不佳，他很泄气。王总监曾经在自己面前感慨："销售难，C公司的销售人员管理尤其难！"那时任总没有察觉到他其实是在抱怨。这是不是意味着这批顾客也会随王总监而去呢？昨晚陶总抢单的麻烦还没解决，这会儿王总监又来恼人。

讨论问题：你认为任总该怎么办呢？

10.1 销售人员培训

10.1.1 销售人员培训的作用

1. 增强销售技能，稳定销售队伍

销售人员培训的目标之一就是向受训人员传授销售技能，以提高其销售业绩。通过销售人员培训，新的销售人员可以在很短的时间内掌握经验丰富的销售人员的技能，从而缩短新销售人员"成长"的时间，使销售经验成为大家共享的资源。同时，随着环境的不断变化，科学的方法和手段也不断融入销售技能之中，销售人员要保持自己的销售技能不落伍，培训是十分有效的。此外，销售人员培训还可以提高销售队伍的素质、自信心和独立工作的能力，这必然会提高销售业绩，增加个人收入。这将大大提高销售成

员对企业的归属感，降低离职率，保持企业销售队伍的相对稳定。

2. 提高销售人员素质，维护企业形象

销售人员接触顾客，销售产品，其代表的是整个企业的形象，顾客会从销售人员的知识、素质以及言谈举止等中，判断他所代表的企业及其产品。优秀的销售人员具备较高的素质，能使顾客产生良好的印象；反之，素质低劣的销售人员，有可能会做出一些损害企业形象和利益的事，如不适当的承诺、缺乏诚信、贿赂顾客等。因此，通过培训可以提高销售人员的素质，树立和维护企业形象。

3. 提高销售人员的自信心和独立工作的能力

销售工作面对各种不同类型的顾客，经常会遭遇挫折甚至遭到羞辱，销售人员必须具备坚强的意志和非凡的耐心，能够忍受孤独的压力，用超乎寻常的自信和独当一面的工作能力去克服困难、取得成功。有些销售人员面对各种困难和挑战，可能会缺乏自信，感到自卑和恐惧，特别是刚入职没有工作经验的销售新人，甚至会对自己的职业选择产生怀疑。因此，企业通过培训可以让新销售人员充分了解销售工作的特点，正确地对待经常会出现的挫折以及克服这些挫折可能带来的孤独感和屈辱感，树立他们的自信心，提高独立工作的能力。

4. 培养销售人员创造力，改善与顾客的关系

产品销售工作能否最大限度地满足顾客需求，有赖于销售人员是否具有服务顾客的创造力，是否具备现代营销知识，是否掌握销售理论、技术、方法以及各种必要的新知识。如果销售人员能够充分发挥创造力为顾客服务，使顾客满意，他与顾客的关系就能长久稳定。特别是当销售人员能熟练、迅速地排除顾客异议，帮助顾客解决问题时，顾客的忠诚感就会很快形成。

10.1.2 销售人员培训的流程

销售人员培训的流程包括培训需求分析、培训计划制订、培训实施与控制、培训效果评估等四个阶段（见图 10-1）。

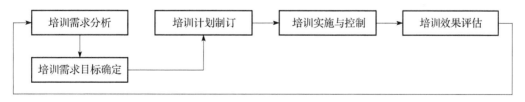

图 10-1 销售人员培训的基本流程

1. 培训需求分析

培训需求分析是销售管理人员根据企业理想的销售业绩需求与现实工作的差距，由培训部门及相关人员对组织的任务及销售人员的知识、技能等进行鉴别与分析，以确定

是否需要进行培训的过程。

（1）培训需求的提出

培训需求通常来源于企业管理层、销售经理人员、销售人员三个层次。企业管理层：形成于企业对销售队伍实际绩效与企业目标绩效间的差距引发的培训需求意向；销售经理人员：形成于经理人员对本销售团队实际绩效与目标绩效间的差距向培训职能部门申报的培训意向；销售人员：主要针对销售工作中存在的工作阻碍和个人职业规划与现实工作差距提出的培训申请。

（2）培训需求的分析

培训需求分析一般从组织分析、任务（或工作）分析和个人（或人员）分析三个层面着手，如图 10-2 所示。收集培训需求信息的途径可采用向销售人员发放调查问卷、向顾客发放调查问卷、采访销售人员、销售会议期间进行测试、销售现场进行观察，以及对销售额、利润和销售活动报告进行分析等多种方式。

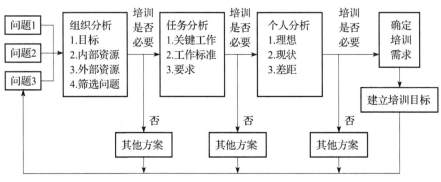

图 10-2　培训需求的分析步骤

1）组织层面需求分析。组织层面需求分析是指通过对组织经营发展战略的分析，确定相应的培训，并由组织整体层面为培训提供相应的资源支持。其目的是更好地认识组织的目标与特征，从宏观的角度将销售人员培训纳入组织发展战略的整体规划，从而更准确地确定什么地方需要培训，以及完成这些工作的背景条件。

2）工作层面需求分析。工作层面需求分析是指系统地收集关于销售工作及相关信息的方法，其目的是达到最优的绩效，确定重点工作任务以及从事该项工作的员工需要学习的内容。工作层面需求分析的结果通常包括工作的绩效标准，符合这些标准的员工应具备的知识、技能、态度，以及其他所需的特征等。

3）人员层面需求分析。销售人员分析指的是评估执行销售工作的员工执行各项任务的情况，如果希望进一步改善员工的绩效情况，就必须分析他所具备的知识、技术、能力是否足够，着重分析组织成员目前所具备的知识、技术、能力程度。

组织、工作、人员三个层面的培训需求分析是一个有机的系统。在现实中，组织、工作、人员三方面的需求往往不完全一致，而是呈交叉现象。组织确立培训需求应取组织整体、工作业务单位及个人三方的共同需求区域，并以此作为组织的销售培训目标。

（3）培训目标的确定

通过上述分析，确定要对组织中的什么部门进行培训，使哪些人通过培训掌握哪些知识、培训后能胜任哪些工作、培训后哪些绩效将有所改进。例如，某公司销售人员区域销售物流管理短期培训项目目标是：①使参加培训的销售人员能够掌握公司区域销售物流管理的有关制度、规定和奖惩办法。②在今后的销售管理工作中，使每省级区域每年发生的能够观察到的违反销售物流管理规定的行为低于三次。③企业销售绩效因销售物流窜货造成的经济损失与前一年度相比降低 25%。

2. 培训计划制订

培训计划是根据企业的近、中、远期的发展目标，对企业员工培训需求进行预测，而后制订培训活动方案的过程。培训计划的内容主要包括以下几方面：

（1）培训目的

培训计划中的培训项目均需要达到一种什么样的培训目的、目标或结果。

（2）培训对象

培训计划中的培训项目均是对什么岗位的任职人员进行的，他们的学历、经验、技能状况怎样。

（3）培训内容

销售人员培训的内容通常包括企业知识、产品知识、市场知识、法律知识、销售基础知识、销售制度、财务与结算知识等。

（4）培训方法

培训方法包括讲授法、销售会议法、案例研讨法、角色扮演法、岗位培训法等。

（5）培训教师

要确定培训计划中每个培训项目的培训教师由谁来担任。一般来说，销售人员培训教师有三种主要来源：企业专职培训人员、直线制销售人员（高级销售经理、销售督导、地区销售经理等）、企业外部培训专家。这三类培训教师各有优缺点，企业应根据实际需要确定培训教师来源。

（6）培训时间

培训时间包括本培训计划的执行或者有效期、培训计划中每个培训项目的实施时间或者培训时间、培训计划中每个培训项目的培训周期或者课时。

（7）培训地点

培训地点包括每个培训项目的实施地点、实施每个培训项目时的集合地点或者召集地点。

（8）培训组织人

培训组织人包括培训计划的执行人或者实施人、培训计划中每个培训项目的执行人或者责任人。

（9）考评方式

每个培训项目实施后，对受训人员的考评，分为笔试、面试、操作，笔试又分为开卷和闭卷，笔试和面试的试题类型又分为开放式或者封闭式试题。

（10）培训费预算

培训费预算即实施培训计划的直接费用，包括整体计划的执行费用预算、每个培训项目的执行费用预算或者实施费用预算。

3. 培训实施与控制

培训实施与控制是培训顺利进行、实现培训目标、增强培训效果的保证。为顺利实现培训目标，在培训实施前要做好准备工作，在培训实施中要做好管理工作。

（1）培训实施前的准备工作

1）确认和通知学员。首先，再次确认参加本次培训的学员类型、人数，以便安排合适的培训场地以及食宿等问题。其次，要对本次培训的目的、内容、时间安排、学员事先需要准备的事项、预先发给的资料以及培训费用等问题通知学员，以便使他们在培训前做好准备。另外，还可以借此机会了解学员对培训课程安排的意见，以便及时调整和改进。

2）培训场所的选择。对在职培训来说，只有在舒适的环境中，受训者才有可能集中精力学习。培训场所布置应考虑培训场所的照明、房间结构、音响及教学设备等细节。

3）与培训教师联系。首先，就有关培训课程内容、形式、时间以及酬金等事项与培训教师达成共识。其次，将培训教师来上课的接送方式、时间、用餐等事项明确地传达给教师。最后，与培训教师说明有关培训场所、设备及其布置状况等准备情况。

4）培训资料的编印。培训资料包括培训课程和日程安排、培训生活须知、分组讨论的编组名单等。

（2）培训实施中的管理工作

1）对受训人员的管理。加强课堂受训期间出勤、纪律及态度的管理考核，加强课下群体性安全事故的预防管理。

2）培训后的考试。一般而言，技能类培训要通过考试，以检验培训效果并对学员的学习成绩进行评价；理论培训可采取写心得、论文及项目的形式进行考试，实践中理论培训采用闭卷考试的形式并不多见。

3）培训的激励效果。在许多企业里，员工把培训开发看作一项"任务"，缺乏主动性和积极性。建立培训激励制度的关键是把培训与个人利益紧密结合起来，将员工是否参加培训，培训成绩如何与物质奖惩、职务晋升等联系起来，或与个人职业生涯发展联系起来。

（3）培训实施中需要考虑的因素

1）充分准备。准备工作包括培训材料的确定和选择、培训方式的选择、培训教师和学员的选择、后勤保障（如时间、地点的安排，教学辅助用具的准备）等。

2）提高授课效率。培训组织者在一定程度上已经充当了培训师的角色，培训实施中关键的一环就是要提高授课效率，调动学员的积极性，要充满激情，精心设计每一堂课。授课时注意与学员的沟通交流，要充分调动学员的积极性，集中学员的注意力，避免照本宣科、漠视学员的态度等。

3）调动学员参与。在培训过程中调动学员参与的积极性，是使培训工作取得成功的关键之举。调动学员参与的方法有很多，如提问、体验性操练、角色扮演、记住每一位学员的姓名并使用它们、在培训中提供信息反馈、让学员参与讲授、书面练习、签订学习合同、进行个别访谈等。

4. 培训效果评估

培训效果是指企业和受训学员从培训当中获得的收益，即通过系统培训，员工可以端正工作态度，学习新的行为方式，掌握新的技术技巧；企业则可以提高产品质量，增加产品产量，促进销售额的上升，提高顾客满意度，取得更高的经济效益和社会效益。培训效果评估是依据组织目标和需求，运用科学的理论、方法和程序，从培训项目中收集数据，以确定培训的价值和质量的过程。

（1）培训效果评估的内容

1）销售人员培训效果的评估，主要包括：①培训结束时，对受训学员学习所学知识和技能的掌握情况进行检验；②培训结束后，考察培训对受训学员回到工作岗位后，学员的工作态度、工作方法和工作业绩等有无改善和提高。

2）培训组织管理的评估，主要包括培训时间安排是否合适、培训场所的环境如何、培训使用的设备或器材准备如何、学员的生活和娱乐活动安排如何、学员的投入和情绪反应如何。

3）培训教师的评估，主要包括课程的内容是否符合培训目标的要求、课程的形式是否被学员接受、培训方法是否适当、培训教师的语言表达如何、课程还需要进行哪些改进。

4）培训效率效益评估，主要包括：①核对培训办班的预算，检查是否超支；②计算培训的投入产出比，检查办班的效率和效益，如投资利用率、投资收益率；③培训办班直接取得的经济效益或收入。

（2）销售人员培训效果的评估方法

1）访谈法。访谈法是评估者与被培训者、培训者或被培训者上级进行详细面谈并调查培训效果的方法。访谈前评估者对访谈内容应有相当的了解和把握，注意引导话题的方向。

2）对比法。对比法是首先选择与学员各方面情况相似或相同的对照组（接受此次培训的员工除外），在培训过程中或培训之后将这组员工的工作态度、工作行为和工作业绩与受训员工进行比较，从二者的差距中判定培训的成效和员工的培训效果。运用对比法评估培训效果有一个前提：不能让双方知道彼此是对照组，一旦知道，双方展开竞争，评估就会失败。

3）个体评估法。个体评估法包括以下4种：

①自我评估。自我评估是由学员对自己的培训效果进行评估的一种常用评估方法。

这种方法能够督促学员改进学习方法，增强培训效果。

②同事评估。通过同级部门或同事之间的评估，可以了解同事对评估对象的意见和看法，特别是可以获得协调能力、社交能力、素质水平等有关考核内容的信息。

③上级评估。上级评估主要是直线主管人员对下属的评估。从主管人员那里获得对下属员工的评价相对容易，主管人员对评价的内容通常也较为熟悉。

④下级评估。下级评估最能反映领导者的素质和有关能力。下级评估宜采用无记名评估，这样可以让参加评估的人员反映真实的看法。

4）成本收益分析法。成本收益分析法又称投入产出分析法，是通过将培训所获得的总效益减去培训总成本之后所得到的净收益来评估培训的经济收益的方法。其中，培训效益的构成主要包括两部分：产量或销售量增加的价值、成本和费用减少而产生的价值。培训成本主要包括直接成本和间接成本。直接成本包括：培训对象薪金；其他人工（如培训教师、管理人员、后勤人员等）开支；培训设施及设备的折旧费、日常维护与修理费；培训教材及培训场地费用；其他费用（交通、水、电、通信等费用）。间接成本主要是指在培训期间，员工如果不参加培训，在工作岗位上为企业创造的价值总额。

5）行为观察法。行为观察法是通过观察员工受训后行为的变化考察培训效果，包括角色扮演法和情景模拟法。运用此方法进行培训效果评估时，培训者要注意与学员随时沟通，根据学员的行为变化适时调整教学方法，以取得良好的培训效果。

6）工作检查法。工作检查法是指评估者通过在某些时候对被培训者的工作状况进行检查，以发现培训活动是否达到预期的效果。在应用此方法检查工作效果时，要将培训对象的工作情况同培训目标进行对比，对于发现的问题要仔细研究，找出产生问题的原因，研究其是不是由培训工作没有达到效果所造成的。

7）顾客调查法。顾客调查法是指通过征询顾客意见来了解销售人员的服务情况是否达到了组织的培训要求，判断培训是否提高了组织的绩效。

（3）培训组织管理的效果评估

企业培训组织管理的效果评估可以由参与培训的学员通过填写培训管理考核表进行，如表 10-1 所示。

表 10-1 企业销售培训管理考核表

岗位_____ 学员姓名_____

项目	内容	评价标准	分值	得分	考核人
培训计划	内部培训计划按期实施	未实施的，每期培训扣2分，可以倒扣分	10		
培训过程	参训学员人数符合要求	学员人数与规定人数相差1人/次扣2分，可以倒扣分	5		
	参训岗位资格符合要求	未经批准而学员与规定要求不符合的扣2分	5		
	培训纪律遵守	手机铃声影响他人，课堂接听电话，随意走动，睡觉，看无关书籍、报纸，随意讲话等影响课堂纪律行为，每项扣2分	10		
	培训问卷等各类信息及时反馈	不及时反馈每次扣2分，不反馈每次扣4分	10		

(续)

项目	内容	评价标准	分值	得分	考核人
培训效果评估	培训互动主动参与	拒绝回答问题，拒绝配合课堂活动等相关情况每次扣2分，可以倒扣分	5		
	培训考核成绩合格	优秀15分，良好10分，合格5分，不及格0分	15		
	培训后制订业务改善计划并及时上报	未制订扣5分，未及时上报扣2分，不上报扣4分	10		
	改善计划落实执行	未落实扣15分，已落实的部分根据实际执行情况扣10分以内	20		
培训内化	培训后及时转训	未转训扣10分，已转训的部分根据实际转训情况扣8分以内（注：转训即受训员工将培训内容向其他同伴讲授）	10		
	总分		100		

10.1.3 销售人员培训的方法

销售人员培训的方法很多，企业往往根据培训目标和企业实际选择培训方法。罗伯特·E.海特和韦斯利·J.约翰斯顿将销售人员培训的方法划分为四类：①向销售人员集体传授信息的方法，如讲授法、示范法等；②销售人员集体参与的方法，如销售会议法、角色扮演法、案例研讨法等；③向销售人员个人传授信息的方法，如销售手册、函授、销售简报等；④销售人员个人参与的方法，如岗位培训法、计划指导法、岗位轮换法等。这四类方法如图10-3所示。以下重点介绍讲授法、销售会议法、角色扮演法、案例研讨法、岗位培训法等培训方法。

	传授信息	参与
集体指导方法	第一类 讲授法 示范法	第二类 销售会议法 角色扮演法 案例研讨法
个人指导方法	第三类 销售手册 函授 销售简报	第四类 岗位培训法 计划指导法 岗位轮换法

图 10-3 销售培训方法

1. 讲授法

讲授法是通过语言表达，系统地向受训者传授知识，让学员进行接受式学习的教学方法。讲授法常被用于一些理念性知识的培训，最适用于有明确资料的培训，如对本企业新销售政策、管理制度的介绍，新产品知识的普及等理论性知识内容的培训。

讲授法的优点有：①短时间内能够使受训人员获得大量、系统的新知识；②运用方便，便于培训者掌握和控制整个学习过程；③有利于深入理解难度大的内容；④一对多的培训环节既可以节省培训资源，又能够获得较大目标范围的有效信息传播。然而，讲授法也存在一些缺点：①属于单向信息传递方式，受训人员反馈信息、参与讨论的机会少；②一对多的培训使培训者无法顾及受训人员的个体差异性；③讲授内容往往具有强制性，学过的知识一带而过，不易巩固。

2. 销售会议法

企业最频繁召开的日常性会议就是销售会议，一般是对上周或上月或上一季度的销售情况做详尽的总结，讨论当前的销售形势，制定将来的销售方针、策略和计划，并整理会议纪要，编印销售简报，把过去和未来的销售信息传达给所有的销售人员。

销售会议是一个很好的销售人员继续培训的机会，只要在每次会议的议题中增加培训的内容即可。与会的销售人员针对销售中遇到的问题和困难，一起讨论，相互学习，取长补短，既可以提高销售会议的质量，也可以帮助销售人员进步。销售会议法为双向沟通的培训方法，可使受训人员有表达意见及交换思想、学识、经验的机会，培训教师也容易了解受训人员对于重点问题的掌握程度，还可针对某一个专题进行讨论。

3. 角色扮演法

角色扮演是指培训者安排受训者分别担任顾客及销售人员的角色，对实际销售过程的各种应有的做法及对顾客问题的处理技巧进行演练的方法。这种方法要求受训者以真实的顾客或销售人员自居，面对顾客的种种问题、要求、拒绝进行产品介绍、讲解、展示、说服、处理异议、促成交易等。采用角色扮演法，可以让参与者在与真实销售状况差不多的环境下练习销售技巧，有助于与会者通过实地演示了解接受销售观念及做法，在给参与者表现机会及成就感的同时，有助于销售主管了解每一个销售人员的实力，并从中找出有待加强训练的地方。

角色扮演法的程序包括：①确定销售主题，如受训者被告知企业将推出一种新的剃须膏；②设定销售环境，要求受训者思考并描述该产品最大的潜在利润和顾客；③分配角色，在负责培训的人员或受训者中挑选一人扮演买者；④向表演者提供必要的情报，使每个人都了解自己所扮演的角色，还可以向顾客单独提供信息和某些特定的反对意见；⑤表演销售情景，在顾客的配合下，销售人员表演销售过程；⑥讨论、分析和评判角色扮演。

4. 案例研讨法

案例是对真实情境和问题的描述，案例研讨法是通过向培训对象提供相关的背景资料，使受训者运用其工作经验及所学理论研求解决之道，让其寻找合适的解决方法的过程。其目的在于鼓励受训人思考，并不着重于获得某一恰当的解决方案。案例研讨法多用于管理能力培训和销售人员决策能力培训。

案例研讨法的优点有：①提供了一个系统的思考模式，有利于使接受培训者参与企业实际问题的解决；②可以在较短时段内有效训练学员分析、解决问题的能力；③培训费用较低，对学习成果的反馈效果好；④受训人员便于向他人学习，有利于学员间的互动学习。案例研讨法的缺点有：①受案例收集者自身条件的限制，对情境的描述可能带有一定的倾向性，或者信息全面性受到一定限制，影响讨论效果；②对受训者和培训教师要求较高，培训教师的指导能力对培训效果影响较大。

5. 岗位培训法

岗位培训法是指销售人员在实际工作岗位和工作现场进行的训练与学习的培训方法，通过对优秀销售人员业务执行过程的观察，以行为模仿方式来进行学习。岗位培训法适用范围较广泛，非常适用于知识、技能、工作习惯和工作态度等四个方面的培训。

岗位培训法的优点有：①适应性强，它适用于各种类型的销售部门；②无须大笔预算，无须培训工具，也无须占用工作以外的时间，对正常的销售业务影响较小；③由于在销售业务现场完成培训过程，有利于对销售人员个体进行多方面了解和指导，帮助他们强化优点，克服缺点，促进销售人员能力的提高。岗位培训法的缺点有：销售业务现场可容纳的受训人数有限，在指导受训人员过程中，指导者如为其他优秀销售人员，其不得不放下本职业务来完成培训过程，可能会在一定范围内影响培训人员本职绩效，从而带来一定的损失。

6. 培训方法新发展

随着网络通信技术的快速发展，一些新的销售人员培训方法（如网络在线培训、拓展训练、商业游戏等）不断出现，受到企业和销售人员的普遍欢迎。

网络在线培训使远离总部的身处各地的销售人员能够有机会接受企业系统的销售培训和业务指导。企业建立网络培训中心，将培训资源上传到网络，销售人员根据自己的实际需要进行"单点"式在线培训，可以不受时间、地域的限制。企业可以针对销售人员的业务情况，为销售人员定制个性化的培训方案，并规定培训目标和时间范围，由员工自主进行网络培训。

拓展训练源于海员面对灾难时的求生训练，目前已经被很多企业应用于销售人员培训，作为一种"磨炼意志、陶冶情操、完善自我、熔炼团队"的培训项目。一些企业还把拓展训练开发为企业与销售渠道互动式的训练方法，通过该项训练提高销售人员与渠道经销商双方的互认程度和凝聚力，提高渠道合作力。

商业游戏是对实际销售管理问题的一种模拟，通过各种角色在不同情境和规则下的互动，借助互联网和计算机技术，精准地投射不同角色的表现带来的整个游戏系统的变化，参与者可以通过参与游戏过程检验决策过程和预测过程，商业游戏可以进行3～4小时，也可以持续数天甚至数月。商业游戏培训能够激发参训者的积极性，更好地理解销售活动的系统性和现实性特点。

10.2 销售人员激励

10.2.1 销售人员激励的必要性

企业销售目标的实现有赖于销售人员积极努力的工作。对于大多数销售人员来说，经常给予激励是非常重要的和必要的。

从主观上来说，绝大多数人的本性是追求舒适轻松的工作和生活，而回避需要付出艰苦努力的劳动。只有给予物质的或精神的激励，人们才能克服与生俱来的惰性，克服种种困难，满腔热情地投入工作。

从客观上来说，销售工作的性质使得销售人员常年奔波在外，脱离企业、同事和家人，极易产生孤独感；销售工作的时间没有规律，会对销售人员的身心健康产生不利影响；销售工作竞争性很强，销售人员常常和竞争对手直接接触，时时感受到竞争的压力；销售人员在工作中经常遭遇顾客拒绝，即使付出艰苦的努力也不一定能得到订单，经常受到挫败会使他们的自信心受到伤害。销售管理部门应当充分认识销售工作的特殊性，不断地给予销售人员激励，才能使销售人员保持旺盛的工作热情。

10.2.2 销售人员激励的原则

1. 公平合理

所制定的奖励标准和所给予的奖赏必须公平合理。奖励的标准必须恰当，过高或过低都会缺乏驱动力。所给予的奖赏，应考虑到销售人员工作条件的不同和付出努力的差别。

2. 明确公开

销售管理部门实行奖励的有关规定必须明确并公开宣布，让销售人员充分了解和掌握奖励目标和奖励方法，促使他们自觉地为实现目标而努力，否则，就不可能产生积极的效果。

3. 及时兑现

对销售人员的奖励应当按预先的规定执行，一旦达到奖励目标就兑现许诺，使达标者及时得到奖赏。如果拖延奖励时间，就会给销售人员造成开空头支票的感觉，将会严重打击他们的积极性。

10.2.3 销售人员激励组合类型

销售人员激励要素可以划分为销售文化、基本薪酬计划、特殊物质刺激、非物质奖励、销售培训、领导及绩效考核7个种类（见表10-2）。这7种销售人员激励要素的不同组合可以对销售人员个人行为起到激发、强化、指导和维持的作用。

表 10-2 销售人员激励要素

激励要素	具体形式
销售文化	典礼和仪式、具有示范性的故事、象征、语言
基本薪酬计划	基本薪金（工资）、佣金、福利
特殊物质刺激	红利、旅游、销售竞赛
非物质奖励	晋升机会、挑战性工作任务
销售培训	初始培训、继续培训、销售会议
领导	风格、个人接触方式
绩效考核	方法、绩效、活动、公开宣讲

在以上 7 种销售人员激励要素中，有 3 种是与回报相联系的。回报可以划分为两个主要类型：一是外在的结果，即个体可以从周围的环境中得到回报，包括基本薪酬计划以及某些经济上的补偿；二是内在的结果，即完全来自完成工作本身所得到的回报（如工作使命感），环境则不能给销售人员提供这种回报或剥夺这种回报。

研究表明，销售人员在获得外部奖励（如薪酬、竞争、激励和销售任务相关的外部奖励）的同时，他们也想通过自己的工作为社会做出贡献。使命感——相信自己正在为一项比自己更伟大、更持久的事业做出贡献——正是销售人员的重要激励因素。平均而言，随着时间的推移，内在动机与销售人员的努力程度、适应能力和销售业绩之间的正相关程度要高于对金钱的渴望，这种现象在年轻的销售人员身上更加明显。

为了激励销售人员，销售管理者需要根据不同的场合与环境，将这些激励要素进行组合，制定出不同的激励组合类型，主要包括以下几种。

（1）薪酬激励

尽管薪酬不是激励员工的唯一手段，但是一个非常重要、最易被运用的方法，因为金钱毕竟是一个人在现代社会中的生存基础，也是最重要的财富、地位象征。薪酬激励既有物质的含义，也有精神的意义，但在薪酬激励之外，还应该有更多的非薪酬的激励——精神激励。

（2）目标激励

目标激励是利用人们的征服欲，制定一个奋斗目标，使人们为之奋斗的一种激励方式。企业可以将销售额、利润率、顾客数、顾客流失率等销售指标作为目标，对销售人员进行激励。销售经理应定期设立新目标，提高销售人员的工作绩效。

（3）授权激励

授权激励就是通过给销售人员适当的权力下放，让销售人员自己承担一定的责任，对自己的行为负责。充分运用授权，能够激发销售人员的主动积极性，充分发挥其主观能动性和创造性，从而达到激励销售人员的目的。

（4）发展激励

发展激励是指促进销售人员个人自身发展的激励措施，包括职务晋升机会、销售培训机会、销售竞赛活动评比等。

（5）情感激励

情感激励就是关注销售人员的感情需要，关心他们的家庭和感受，将销售人员的情感直接与他们的生理和心理有机地联合起来，使其情绪保持在稳定的愉悦中，促进销售成效的高水准，如表扬、尊重、成就感。例如，给销售人员发放免费体检卡（可供配偶或者父母使用），不仅温暖了销售人员的心，还收拢了其家属的心。

（6）民主激励

让销售人员参与影响目标、顾客策略、竞争方式、销售政策的讨论和制定；企业高层定期走访市场，聆听一线销售人员的意见和建议，感受市场脉搏；向销售人员介绍企业发展战略、产品开发信息等，这都是民主激励的方法。

虽然销售人员激励组合类型有多种，但是研究人员在比较了各种激励措施后发现，最有价值的激励措施是薪酬激励，随后依次是职务晋升和作为群体成员的成就感，而提供安抚和安全感的激励较弱。

10.2.4 销售人员激励的共性问题及原因

1. 销售人员激励的共性问题

1）以物质激励为主，缺乏精神激励。根据马斯洛的需求层次理论，人的需求分为不同层次，低层次的需求得到满足后，会有更高层次的需求出现，并且只有在需求得到满足后，才会产生激励。目前符合企业高层次战略规划的高素质销售人员供不应求，企业吸引他们的最主要方式就是提供丰厚的酬劳。但对于高素质销售人员，他们不但注重个人收入水平，而且同样注重职业发展及自我才能的展示，需要企业为其搭建发展的舞台。

2）以短期激励为主，缺乏长期有效的激励措施。欺诈行为在经营领域中仍然存在，在商业领域的表现就是诚信缺失。这样的市场生态环境造成了销售人员的短期行为，即便部分企业采取年薪制或员工持股制等激励手段，试图建立企业的长期激励机制，但效果并不十分理想。因为年薪制未能与股权激励机制有机契合，员工持股操作具有一定的复杂性，缺乏股权激励的长期作用，一定程度上仍然容易出现销售人员因追逐高额利润而大肆窜货、盲目承诺、不考虑企业长期利益，而影响企业整体营销政策的短期行为。

2. 销售人员激励不足的原因

1）激励方式单一。过分依靠货币等物质激励手段而忽视精神激励的重要作用，销售人员没有归属感，缺少团队凝聚力。即使在物质激励方面，也是"佣金制"与"提成制"占据主导地位，收入的多少完全依赖销售额或利润额，无视地区差异及个人实际投入程度，激励不公现象普遍存在。

2）晋升制度僵硬。论资排辈，使得一定程度上资历的重要性强于能力，甚至出现私人关系影响业务水平的客观评判。

3）注重短期激励，缺乏长期激励。销售人员只能沦为纯粹的打工人员，缺乏主人翁精神，在个人利益与短期激励的驱动下，容易在实际工作中出现不考虑企业利益的举动。

4）传统思想的影响。传统的"官本位""不患寡而患不均""大锅饭"思想在市场经济条件下仍然存在于部分企业中，潜移默化地主导着部分企业管理者的思想，使现代激励机制难以完全发挥作用。

5）现代薪酬管理理念、方法与技术导入不足。目前，销售人员在一定程度上较难摆脱传统的注重投机而非能力比拼的桎梏，其客观素质难以与先进的销售理念匹配，理念不能指导行为，激励机制自然不能充分发挥作用。

6）缺乏行之有效的评价机制和约束机制。由此难以形成企业和销售人员共同认可并自觉遵守的行为准则，销售人员频繁更换就职企业，企业也难以尽心为员工提供长远可行的职业生涯规划。

10.2.5 销售人员各阶段期望与激励

激励的关键是要与被激励者的期望相符，否则再好的激励也没用。所以，在对销售人员进行激励时，要弄清楚销售人员的期望。在销售人员从事销售工作的不同阶段，其个人特点和期望会存在差异，所以相应的激励重点也必须随之调整，如表10-3所示。已有研究发现，年龄较大、任期较长或家庭人口较多的销售人员对薪酬激励措施最为重视；未婚或家庭人口较少的和通常受过较正式教育的年轻销售人员则认为发展和情感的激励措施最重要。

表10-3 销售人员各阶段的期望与激励重点

阶段	从业时间	特点	通常的期望	激励的重点
1	1年之内	销售人员刚开始从事销售工作，热情迅速高涨，但没有工作经验，缺乏物质基础	迅速掌握销售技能，在工作上迅速取得成绩和得到认可	他们是企业的潜力，企业应当给予他们有效的帮助，使他们较快地具有独立工作的能力
2	1～3年	工作热情仍在上升，但速度相对变缓，逐步积累了一定的工作经验，开始获得物质回报	进一步扩大销售业绩，拥有稳定的工作和收入	他们是企业的希望，企业应在提供有效帮助的同时，不断激励，使其尽快成为业务骨干
3	3～5年	工作热情达到顶峰，并能相对保持，有时也会有所下降，已有大量工作经验，并取得了相当的物质回报	保持销售的持续性，得到升级或升职	他们是企业的中坚力量，在有效激励的同时，要适当减压
4	5年以上	工作热情逐渐下降，并保持在一定的程度上，拥有丰富的工作经验，物质回报也达到了较好的程度	得到升职和认同感及成就感	他们是企业的元老，还要继续激励，同时让他们帮助新的销售人员，发挥更大的作用

10.2.6 不同个性销售人员激励模式

企业还可以依据销售人员的个性表现采取相应的激励模式。以下是三类典型的企业销售人员激励模式。

1. 问题型销售人员——教育激励模式

销售队伍中总会出现一些有缺点的销售人员。常见的缺点主要有恐惧退缩、缺乏干劲、虎头蛇尾、浪费时间、强迫销售、惹是生非、怨愤不平等。销售主管需要采取有效的教育方式帮助问题型销售人员克服困难。首先，对于恐惧退缩型销售人员，要帮助其建立自信心，消除恐惧。其次，肯定其长处，也指出其问题所在，并提供解决办法。再次，陪同其进行销售训练，使其从容行事，由易入难，再渐入佳境。最后，传授其产品知识并培训其销售技巧。

2. 明星型销售人员——榜样激励组合模式

明星型销售人员一般都有些特长，或者善于处理与顾客的关系，或者精通销售，总之能取得优秀的销售业绩。这些明星型销售人员虽然绝技各异，但他们也有共同的倾向和特点。

以下一些激励方式将有助于激励明星型销售人员：①立其形象。这类销售人员通常追求地位，希望给予表扬与肯定，很注重自己的形象，并希望得到他人的认可，热衷于影响他人。②尊重人格。因为他们需要别人尊敬，特别是需要销售主管的重视，希望别人把他们当作事事做得好又做得对的专家，乐于指导别人。③赋予成就感。起初销售人员要求的是物质上的满足及舒适，但是当物质满足达到一定程度时，他们更需要精神上的满足。此时内在的激励就更重要。④提出新挑战。明星型销售人员一般具有更充沛的体力，他们会不断地迎接新的挑战，去创造"不可能的销售纪录"，不断提出新的目标，会激发他们的活力。⑤健全制度。明星型销售人员大都希望有章可循，不喜欢被别人干扰，或者中途放弃。制度要能保证他们充分发挥自己的潜力。⑥完善产品。所谓"巧妇难为无米之炊"，明星型销售人员一般对自己的产品具有高度的信心。

3. 老化型销售人员——目标激励组合模式

销售人员老化现象产生的原因主要有以下几种：①经济收入已经满足，缺乏进一步提高业绩的动力，所以销售业绩开始下降。②缺乏明确的事业发展前途。③未被企业提升而感到失望，致使许多销售人员对企业不满。④缺乏毅力和吃苦耐劳的精神。⑤对企业政策及执行不满。

防止销售人员老化的激励方法有：①经常运用奖赏、奖杯、内部刊物发表消息及其他物质与精神奖励，对表现优秀的销售人员给予认可及表扬。②对已经努力但仍然不成功的销售人员给予认可及表扬。③对表现好的、成功的销售人员用肯定、积极的方式加以赞赏，并予以保护。④在企业的长期计划与目标上多与销售人员沟通，多征求他们的意见及看法，激发其团队参与意识。⑤提升有成就且成熟的销售人员作为领导者，或者给予高级别的薪酬待遇。⑥提高团队精神，给接近老化或者正在老化的资深销售人员，成立资深销售人员俱乐部，或者其他类型的表扬。⑦指导销售人员从事未来的事业发展计划，帮助其根据企业目标来制定个人发展目标。

10.3 销售人员薪酬

销售人员薪酬是指销售人员通过在某组织中从事销售工作而获得各种形式的酬劳，包括直接以现金形式支付的薪金和间接通过福利（如养老金、医疗保险）以及服务（带薪休假等）支付的薪酬。其实质是一种公平的交易或交换关系，是销售人员在向单位让渡其劳动或劳务使用权后获得的报偿。

10.3.1 销售人员薪酬的构成

销售人员薪酬通常包括以下几个构成部分：

1）基本薪金。基本薪金是企业根据销售人员所承担或完成的工作本身或者是销售人员所具备地完成工作的技能向其支付的稳定性薪酬，是员工收入的主要部分。基本薪金通常由职务、岗位及工作年限决定，是销售报酬的基础，也是确定退休金的主要依据。

2）津贴。津贴是指基本薪金无法全面、准确反映的政策性补充部分。用以弥补由于劳动条件、社会环境、社会评价、物价浮动等对员工造成的损失。例如，职称津贴、岗位津贴、工龄津贴、地区补贴等。

3）佣金。佣金又称销售提成，这是根据销售人员的销售业绩给予的报酬。对销售人员来讲，佣金一般是销售报酬的主体。

4）福利。通常销售人员均能享受的福利，与其销售能力和销售业绩关系不太大，是一种源自销售人员的组织成员身份的福利性薪酬。例如，企业的文化体育设施、托儿所、食堂、医疗保健、优惠住房等。

5）保险。这是指企业在销售人员受到意外伤害或失去劳动能力以及失业时为其提供的补助，包括工伤保险、医疗保险、失业保险等。

6）奖金。奖金就是为了奖励那些已经（超标）实现销售业绩标准的销售人员，或为了激励销售人员去完成某些预定的销售绩效目标，而在基本薪金的基础上支付的可变的、具有激励性的薪酬，包括超额奖、节约奖、合理化建议奖、销售竞赛奖、年终综合奖、荣誉奖等。

10.3.2 销售人员薪酬的作用

1. 激发销售人员的热情

销售人员薪酬不仅决定销售人员的物质生活条件，也是一个人社会地位的决定因素，是全面满足销售人员生理、安全、社交、自尊及自我实现需要的经济基础。销售人员薪酬是否合理关系到一个企业（部门）能否吸引、保持高素质的销售人员队伍，能否有效调动销售人员积极性的重大问题。销售人员薪酬不合理会引起一系列后果（见图10-4）。因此，销售人员薪酬是销售经理管理销售人员的有效手段之一。好的薪酬制度一方面能稳定销售队伍，另一方面能调动销售人员的积极性，从而达到企业的销售目标。

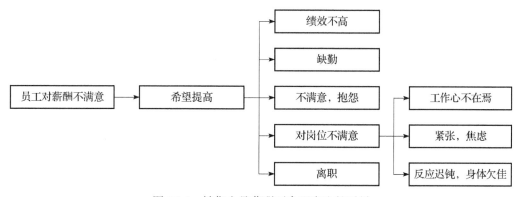

图10-4 销售人员薪酬不合理产生的后果

2. 保证销售人员的利益

一般来说，销售人员利益的实现主要来源于销售人员薪酬。销售人员的薪酬追求动机是比较复杂的，他们既要获得物质利益（保障生活稳定），又要获得职位的晋升和人际关系的改善。因此，企业制定销售人员薪酬制度，能达到稳定销售队伍、完成企业销售目标的目的。

3. 简化销售管理工作

合理的销售人员薪酬制度能大大简化销售管理工作。销售活动是一种复杂的经营活动，涉及的销售费用也比较复杂，如果没有一定的薪酬制度，势必会使销售费用和销售人员薪金的管理工作非常复杂。所以，合理的薪酬制度可以使这些复杂的销售管理工作变得简单，销售经理会有更多的时间加强对销售活动的管理，提高销售工作的效率。

10.3.3 销售人员薪酬的影响因素

分析销售人员薪酬的影响因素，可以为全面、系统、科学地设计销售人员薪酬制度打下基础。一般来说，影响和决定销售人员薪酬的主要因素包括企业内部因素、企业外部环境因素和销售人员个人因素。

1. 企业内部因素

（1）企业战略

企业战略是对企业发展具有全局性、长期性、根本性的问题进行的统筹规划和深刻思考。人力资源战略是企业战略的重要方面，而薪酬战略是人力资源战略的主要内容，它由一定阶段的企业战略所决定，同时为企业战略服务。在实践中，越来越多的企业在探讨如何通过加强销售人员薪酬战略与组织战略目标之间的联系，来使企业的经营变得更有效率。

（2）企业文化

企业文化决定企业薪酬理念，其核心是企业的价值观，因此其对销售人员薪酬有很大的影响。企业文化在某种程度上是企业家理念的一个折射，它对销售人员的薪酬有着重要的影响。例如，以平均主义为导向的企业文化与以绩效为导向的企业文化在对薪酬激励影响上就存在明显的差异，如表10-4所示。事实上，不同的企业文化会直接影响薪酬的方方面面，包括对外部竞争性、内部公平性、薪酬结构、福利等的不同看法。

表 10-4 绩效导向文化与平均主义文化的差异

特征项目	企业文化	自我	员工	奖励制度	奖励目标	奖励原则	提薪基础
绩效导向文化	以市场为主	现实的自我	单个员工	公平竞争	最优化	多劳多得	绩效
平均主义文化	以集体为主	将来的自我	团体	平均分享	牺牲	按需分配	论资排辈

销售文化是企业文化的重要组成部分，它是销售人员的价值观念、信仰、态度和习惯的融合，是企业在创立和发展过程中形成的根植于销售人员头脑中并支配全部活动与行为

的文化观念体系。它是企业销售管理战略实施的重要工具，也是影响销售人员薪酬的重要因素。销售人员薪酬体系不仅是一套对销售人员贡献予以承认或回报的方案，更是一套将企业的战略及文化转化为具体行动方案，以及支持员工实施这些行动的管理流程。

（3）企业的发展阶段

企业针对自身所处的不同发展阶段而制定不同的战略目标，战略目标的不同直接决定了企业的价值取向。不同的发展阶段，企业的盈利能力也不同，因此，企业销售人员的薪酬也会受到影响，如表10-5所示。例如，企业在创立阶段，往往采用低工资、高奖金、低福利的薪酬模式；企业在成熟阶段，往往采用高工资、低奖励、高福利的薪酬模式。

表10-5 企业不同发展阶段的销售人员薪酬体系

企业发展阶段		创立阶段	成长阶段	成熟阶段	衰退阶段	再造阶段
销售薪酬的外部竞争性		强	较强	一般	较强	较强
销售薪酬的刚性		小	较大	大	较大	小
销售薪酬结构	基本工资	低	较高	高	较高	较低
	绩效工资	较高	高	较高	低	较高
	福利	低	较高	高	高	低
	长期薪酬	高	较高	低	低	较高
	非物质薪酬	低	较高	高	较高	较低

（4）产品生命周期

销售人员售出产品的生命周期一般被考虑用来决定销售人员的薪酬测量标准。在产品导入阶段，要鼓励能够产生最大销售额的行为，绩效测量集中于销售额（佣金的基础）。到了成长阶段，销售人员致力于保持现有顾客，开发新顾客。绩效测量标准是现有顾客的增加比例和新顾客的开发数量，以及总体的顾客满意度。在衰退/转变阶段中，市场竞争激烈，组织为市场份额和成本控制而努力。绩效测量标准是销售人员如何在组织内其他方面的专家的帮助下实现产品和服务的增值。重点不在于产品价格，而在于产品质量以及顾客需要的相关服务。成熟阶段是销售人员重新以核心产品为重点，分析顾客群，确定什么样的顾客可以得到最佳服务，努力提高顾客满意度和对顾客需求的反应能力。这可能要求组织放弃某些顾客，以便使企业更有效率地服务于核心顾客。这一阶段的绩效测量标准不需要改变，但决策过程会变得分散。

（5）企业的经营绩效

企业在确定销售人员薪酬制度时，都会将其与企业的经营绩效紧密相连。企业的市场效益对销售人员薪酬的支付能力具有重要的作用，市场经营状况的好坏直接决定着销售人员的薪酬水平。如果销售薪酬超过企业的支付能力，则可能会导致企业财务状况恶化；反之，如果销售薪酬水平过低，成本虽然有所节约，但又会影响企业对人才的吸引，并最终可能会导致优秀销售人员的流失和市场份额的下降。因此，企业在销售薪酬支付和经营绩效方面，需要认真权衡后做出选择。

2. 企业外部环境因素

（1）企业所处的行业

行业环境影响企业销售人员薪酬的因素主要有行业生命周期、行业竞争程度、行业的性质等方面。根据行业的发展特性和竞争特性等指标，可将一个行业划分为引入期、成长期、成熟期和衰退期等4个基本的生命周期。在不同的行业生命周期阶段，需要不同的薪酬制度与之相匹配。行业竞争因素主要是指行业竞争的激烈程度、行业竞争的类型和行业竞争的策略等方面。另外，不同行业技术含量、熟练工人的比例、人均资本占有量、产业集群程度等因素不一样，薪酬制度与薪酬水平就有较大的差异。

（2）企业所有制的类型

企业所有制的类型对企业的销售人员薪酬激励模式的设计也有一定的影响。资料显示，不同所有制企业的相同岗位，其薪酬也不一样。例如，三资企业的员工工资会相对高，学习和晋升机会相对多，而福利会相对低；国有企业的员工工资会相对低，而福利会相对高。

（3）法规政策

政府的许多法规政策影响销售人员薪酬激励模式的设计，例如，对员工最低工资的规定；员工的所得税比例；工厂安全卫生规定；女职工的特殊保护；员工的退休、养老、医疗保险等。

（4）人才市场

人才市场和企业的销售人员薪酬激励模式的设计关系十分密切，当人才资源充沛时，企业的薪酬相应会降低；当人才资源匮乏时，企业的薪酬相应会提高。

（5）当地的经济发展状况

一般来说，当地的经济发展处在一个较高水平时，企业员工的薪酬会较高；反之则低。目前，我国的各地区经济发展不平衡，沿海地区经济发展水平较高，大城市经济发展水平较高，因此，这些地区企业销售人员的薪酬较高。

（6）当地的生活指数

由于销售人员薪酬激励模式与销售人员的生活息息相关，因此，当地的生活指数较高时，销售人员的薪酬也会相应提高。反之，当地的生活指数较低时，销售人员的薪酬也会相应降低。

3. 销售人员个人因素

（1）人力资本价值

销售人员的人力资本价值主要体现在他们的销售技能、长期以来的稳定绩效、市场价值等方面。销售技能主要体现在顾客关系的建立和管理，销售过程中运用的技能，了解顾客的行业和业务，为顾客的业务提供建议和评估他们的业务水平，产品和服务的有关知识，了解销售人员所在企业的业务和行业态势，与企业其他部门协作，在吸引新顾客方面的创新、交流、对竞争对手的了解等。长期以来的稳定绩效主要体现在一直与销售指标相符合、销售人员成功处理与业务区域的销售潜力相关度较大的指标。销售人员的能力越强、经验越丰富，其绩效也可能越好，薪酬也就应该越高。这也是企业录用销售人员的最主要的指标。

（2）销售业绩

由于能力和良好的销售业绩之间存在着相关的联系，因此许多企业常把销售人员薪酬和能力的获得与培养联系在一起。企业根据他们的销售业绩来决定其薪酬，使销售人员除了基本薪酬以外的浮动部分主要由其销售业绩来决定。

（3）岗位和职位差别

这要求企业针对不同行业、不同企业类型、不同规模企业中的销售人员所处岗位和职位的不同特点，采取不同的薪酬形式。岗位和职位差别主要包括销售人员服务的区域、市场和职务差异。不同的岗位和职位级别反映了影响力、经验和此岗位、职位被定义的重要性等级。不同的岗位和职位是企业在确定销售人员的基本工资时必须考虑的重要方面，也是充分考虑他们从事工作的价值而采取不同的薪酬形式的重要依据。一个良好的销售人员薪酬激励方案总是能够检验出岗位和职位内容是否清晰以及重点是否明确。

4. 销售工作的特征对销售人员薪酬的影响

销售队伍作为企业和顾客之间联系的纽带，充当了决定企业成长和盈利的核心要素。与企业的其他工作相比，销售工作主要具有以下四个方面的重要特征。

1）工作时间和工作方式灵活性很大使企业对销售人员的工作监督很难进行。由于外部市场环境以及顾客、竞争对手的情况时刻都在发生变化，因此销售工作本身的灵活度也非常高。销售人员的工作时间和地点以及工作的方式往往没有定式，管理部门很难对销售人员的行为实施直接的监督和控制。销售人员往往是基于个人的知识、经验、社会联系、销售技巧等开展工作，他们往往是在得不到指导和监督的情况下自己安排工作日程，自己反省自己的工作，因此，想要通过对销售人员的工作态度、行为或者工作时间来进行考核并确定他们的薪酬，难度是相当大的。

2）销售人员的工作业绩通常可以用非常明确的结果指标来衡量。销售人员的工作结果通常比较容易衡量，这一点与从事日常行政事务工作、职能管理工作甚至技术工作的其他员工存在相当大的差异。销售人员的工作结果通常可以用销售额、回款率、顾客保留率、销售利润率、销售费用以及售后服务等方面的工作结果来衡量。这就使企业对销售人员的绩效评价很自然地以结果为导向，而不是以过程为导向。

3）销售人员工作业绩的风险性很高。由于销售人员所面临的工作环境（产品、顾客以及竞争对手）本身是处在瞬息万变之中的，因此，在销售人员的日常工作中，很大的一个挑战就是要应付风险和不确定性的问题。在通常情况下，他们的工作和努力所获得的结果并不具有一致性和持续性。此外，不能从管理者处得到及时的反馈，只关注结果和产出，对于如何履行职责得不到清晰的指导，无法充分参与组织的决策制定等，这些因素都大大增强了销售人员工作中的不确定性。在大多数企业的销售部门中，销售人员都极为关注企业的销售人员薪酬计划。在确定销售人员的薪酬时，企业应当力图设计出一种既让销售人员乐于承担风险，又能对他们所承受的风险提供合理回报的薪酬和奖励制度。

4）销售人员所从事的工作并非就是一种单纯的销售活动。除了获取信息、分析信息、寻找订单、招揽顾客、服务顾客、提供反馈、达成交易等销售行为之外，几乎所有的销售工作都要求员工履行一定的管理职责，如提供销售报告以及竞争对手的活动情况汇报、顾客反馈意见等。同时，也并非所有的销售活动都是由销售人员来完成的，销售活动通常还要求来自组织内部各个部门事务性的、管理性的或技术性的支持。事实上，现代企业中与销售任务有关的部门已经日趋多样化，销售人员的薪酬管理工作无疑就变得复杂了。

10.3.4　销售人员薪酬制度设计原则

1. 公平性

销售人员对薪酬的公平感，也就是对薪酬发放是否公正的认识和判断，是设计薪酬制度和进行薪酬管理的首要因素。销售人员的公平性感受来自：①与外部其他类似企业销售岗位相比较所产生的感受；②销售人员对本企业薪酬系统分配机制和人才价值取向的感受；③将个人薪酬与企业其他类似职位的薪酬相比较所产生的感受；④对企业销售人员薪酬制度执行过程的严格性、公正性和公开性所产生的感受。因此，薪酬制度要使销售人员的薪酬与其本人的能力相称，与企业内其他人员的薪酬相称，不可有任何歧视之嫌。

2. 激励性

在企业内部，不同级别与职务、不同销售业绩的销售人员之间的薪酬水平应该有一定的差距，从而不断激励员工提高工作绩效。激励性原则还表现在销售人员薪酬制度必须富有竞争性，给予的薪酬要高于竞争对手的标准。

3. 灵活性

理想的薪酬制度应该具有变通性，能够结合不同的情况进行调整。实际上，不同企业的组织文化、经营状况、期望水平、市场风险存在很大的差异，导致不同行业或企业之间薪酬要求的不同。因此，企业在具体的薪酬方式的选择上，应对各种相关因素进行综合评估，并进行科学决策。

4. 稳定性

优良的薪酬制度要能使销售人员每周或每日有稳定的收入，这样才不至于影响其生活。因为销售量常受到一些外界因素的影响，销售人员期望收入不会因这些因素的变动而下降至难以维持家计的水平。企业要尽可能地解决销售人员的后顾之忧，除了正常的福利之外，还要为其提供一笔稳定的收入，这笔收入主要与销售人员所从事的销售岗位有关，而不与其销售业绩产生直接联系。

5. 控制性

销售人员的薪酬制度应体现工作的倾向性，应能为销售人员的努力指引方向。薪酬制度应能使销售人员发挥潜能，提高其拜访效率。因此，薪酬制度的设立应能实现企业对销售人员的有效控制。销售人员薪酬制度不能以牺牲必要的控制能力为代价，这是企业保持销售队伍的稳定性并最终占有市场的关键。

10.3.5 销售人员薪酬制度的类型

企业所选择的销售人员薪酬制度既要能调动销售人员的工作积极性，保证高业绩者高收入，又要满足企业薪金总量水平的控制。一般而言，企业可以采用下述几种销售人员薪酬制度的一种或者几种。

1. 纯薪金制

纯薪金制是指定期向销售人员支付一定数量的基本薪金。这种薪酬制度的设计是以岗位为基础的，在企业内部同样的岗位享受同样的基本薪金。

纯薪金制的优点在于：①薪酬保障性高，员工收入稳定，有安全感；②关注销售过程，能避免销售人员跳槽带来的负面影响；③比较直观，确定岗位薪酬结构和薪酬水平的逻辑性强，简便易行，薪酬体系调整容易。

纯薪金制也存在一些缺点：由于员工薪酬与其销售业绩没有挂钩，使得薪酬的激励性较差，并降低了薪酬的可变性，还可能使销售人员忽视销售结果而只注重销售过程。

正因为纯薪金制的这些缺点，这种模式在实践中非常少见，仅用于以下几种情况：①高技术含量产品或服务的销售。此时需要提供专门化的产品或方案，销售人员只是协调者，其工作是事务性或例行性的，灵活性和风险性都较小，不同销售人员在其中体现出的价值差异不大。②额度巨大、销售周期长的产品或服务（如大型飞机、海轮等）的销售。在这个周期内更多的工作聚焦于维持现有顾客关系、传递顾客需求、发展潜在顾客等方面，此时实施纯薪金制模式能够降低薪酬成本。当然，在订单完成后，就应当对销售人员进行相对丰厚的奖励。③"开路先锋"。有些销售人员的主要职责在于创造顾客需求、扩大新产品的影响力和提高顾客认知，而非将产品直接销售给顾客终端，其工作是例行的，所以也适用于这种纯薪金制。④市场多变而难以预测的情况。由于市场多变，难以确定销售目标，销售人员的努力程度对工作结果的实际影响很难评价，采用纯薪金制则相对合理。⑤新进销售人员的过渡期。此时销售人员尚处在对企业、产品、顾客等进行熟悉的阶段，不能按照正常工作标准进行考评，所以也适合采用纯薪金制。

为增强纯薪金制的激励作用，实践中衍生了一种销售人员梯式基本薪金方案，如表10-6所示，根据上一年度的销售业绩设定不同的基本薪金以奖励业绩优秀的销售人员。但要想让梯式基本薪金方案更好地发挥作用，当销售业绩降低的时候，基本薪金也需要同时减少，这往往会导致销售人员的不满。

表 10-6　销售人员梯式基本薪金方案

薪金构成	基本薪金确定方式	
	上年的销售业绩	当年的基本薪金
梯式基本薪金	低于 100 万元	6.5 万元
	100 万～300 万元	7.0 万元
	301 万～500 万元	9.5 万元
	高于 500 万元	11 万元

2. 纯佣金制

纯佣金制，即纯业务提成制，是指销售人员的薪酬完全由佣金构成，佣金以某个销售业绩指标（如销售收入、销售利润、销售量等）的一定百分比提取，比率高低取决于产品价格、销售量以及产品销售的难易程度等。

需要注意的是，佣金比率可以是固定的，也可以是变动的，实际工作中往往根据销售业绩的不同设定不同的佣金比率，随着销售业绩的提高，佣金比率既可提高（称为递增佣金），也可降低（称为递减佣金）。纯佣金制薪金方案如表 10-7 所示。佣金比率也应顾及产品性质、顾客、地区特性、订单大小、毛利量、业务状况的变动等。

表 10-7　销售人员纯佣金制薪金方案

薪金构成	佣金计算方式	
	销售目标实际完成情况	佣金比率
目标薪酬：6 万元/年，上不封顶 基本薪金：3 万元/年	0～100%	6%
目标薪酬：6 万元/年，每月根据实际销售业绩浮动计发	超过 100%	8%

纯佣金制的优点在于：①将销售人员的薪酬与绩效直接挂钩，激励作用明显；②佣金计算容易，薪酬管理成本低；③容易控制薪酬成本，并降低了对销售过程的监控成本。但在纯佣金制模式下，销售人员收入不稳定，缺乏安全感，也容易使其形成短期受雇于企业的思想，无法形成对企业的归属感；销售人员在利益驱动下往往忽视销售过程而注重销售结果，过分关注与佣金直接挂钩的指标，导致一些对企业非常重要但与销售人员的薪酬没有直接联系的非直接销售活动（如市场调查、竞争对手的信息收集与分析等）可能被忽视，有可能对企业的后续发展产生一定的负面影响；不便于企业控制销售过程和管理顾客资料，使得企业战略导向难以落实，因为销售人员只愿意销售最好销售的产品。

纯佣金制适合在以下情形中采用：产品标准化程度比较高而市场广阔、购买者分散、销售周期（从开始寻找顾客到成交的时间）比较短、销售难度不是很大的行业，尤其盛行于直销行业。由于该模式固有的缺点，它很少用于企业正式在编的销售人员，而更为常用于劳务型或兼职型销售人员。

3. 混合型薪酬制

激励销售人员的最好的薪酬制度是兼顾以上两者的优点的混合型薪酬制。混合型薪酬制是指销售人员的薪酬包括一部分工资和一部分由销售量而定的佣金。混合型薪酬制包括以下几种。

（1）基本薪金加佣金制

基本薪金加佣金制是指企业按期向销售人员支付一定数目的底薪，同时根据销售人员的销售业绩，在期末（可以按月份、季度或年度来核算）按照一定比例发放佣金的一种薪酬制度。佣金通常以销售额一定的比例来提取，该提成比例的大小通常取决于企业产品的价格、销售量以及产品销售的难易程度等。

基本薪金加佣金制结合了纯薪金制和纯佣金制的优点：基本薪酬提供了收入保障，并可以促进关注销售结果和销售过程，如售后服务、顾客培训、市场调研等，在市场低迷时有利于保护销售人员；吸收了纯佣金制的优点，突出激励重点，指引努力方向。

基本薪金加佣金制的缺点有：①对新销售人员不利，刚到企业不久的销售人员要做出较好的业绩，难度非常大；②不利于团队合作，销售人员为取得好的个人业绩，很可能会减少合作；③计量较复杂，相对难以理解，薪酬支付成本和管理成本都比较高。

按照佣金计算方式的不同，基本薪金加佣金制又可分为基本薪金加直接佣金制和基本薪金加间接佣金制两种不同形式。

1）基本薪金加直接佣金制。例如，每位销售人员每年的目标薪酬是6万元，其中基本薪金和目标佣金各占50%，两者均为3万元/年，而且佣金按销售额的一定百分比提成计算（见表10-8）。一方面，不同产品的佣金比率不同；另一方面，同一产品的佣金比率随着销售业绩的实际完成情况而不同。

表10-8 基本薪金加直接佣金制

薪金构成	佣金计算方式			
	销售目标实际完成情况	佣金比率		
		产品A	产品B	产品C
目标薪酬：6万元/年，上不封顶 基本薪金：3万元/年	0～100%	4%	6%	8%
目标薪酬：6万元/年，每月根据实际销售业绩浮动计发	超过100%	5%	9%	12%

2）基本薪金加间接佣金制。例如，佣金不是根据直接的销售业绩提成计算，而是首先将销售业绩转化为一定的点数，然后根据点值来计算佣金数额。在表10-9中，每位销售人员每年的目标薪金是6万元，其中基本薪金占60%，目标佣金占40%。佣金根据所销售的产品数量来计算，每销售一单位的产品，都可以获得相应的点数，且产品不同，点数也不一样，佣金则等于所销售的产品总点数乘以相应的点值。

表10-9 基本薪金加间接佣金制

薪金构成	基本薪金：3万元/年		
	产品类型	单位产品点值	佣金比率
目标薪酬：6万元/年，上不封顶	A	2	
基本薪金：3.6万元/年	B	4	2元/点
目标佣金：2.4万元/年，每月根据实际销售业绩浮动计发	C	6	

以上两个方案都对不同产品设定了不同的佣金比率，此时假定销售人员能够影响顾客在购买产品时的选择，其主要目的在于突出主推的产品，对某些重要产品的销售进行重点管理，也使销售团队加强对顾客需要的判断和影响，并有助于推广在战略意义上非常重要的产品。

（2）基本薪金加奖金制

这种薪酬制度是指企业按期向销售人员支付一定数目的固定薪酬，即基本薪金（也称为底薪），用以保证销售人员的基本生活开销，而奖金通常是在销售人员完成既定的销售目标（销售额或销售利润）之后才发放。企业在奖金的分配过程中还会综合考虑销售人员在新市场的开拓、顾客服务质量、回款率、销售增长率、销售费用等多方面的因素。

基本薪金加奖金制的最大优点就是确保销售人员（尤其是新进的销售人员）有稳定的收入，保证销售人员的基本生活，同时有一定的激励作用。当然，这种薪酬制度也有一些缺点。例如，企业出于保留销售人员的目的，为他们设定了比较高的基本薪金，而奖金对个人收入的影响比较低，对于那些不太努力的销售人员来说，所获底薪也能养家糊口，这势必导致他们不愿意花更多的精力去获得不太容易得到的奖金。因此，该销售模式的激励性不强。

"基本薪金加奖金制"与"基本薪金加佣金制"有点类似，两者的区别主要在于，佣金直接根据销售业绩提成，而奖金和销售业绩之间却是一种间接关系，且只有当销售业绩达到了设定的绩效目标或定额后才可能获得奖金。除了直接的销售业绩外，顾客满意度、顾客信息收集、货款回收速度等绩效指标的表现情况都可以影响奖金数额，奖金与员工的综合绩效表现挂钩。

（3）基本薪金加佣金加奖金制

这种薪酬制度的特点是把佣金和奖金捆绑在一起，同时利用佣金和奖金等两种手段来刺激销售人员的工作积极性。根据表10-10，销售人员除了有3万元/年的基本薪金和根据目标销售额实际完成情况取得佣金之外，还可以根据毛利率的情况取得相当于佣金一定百分比的奖金。显然，企业采用这种薪酬制，是既要鼓励销售人员达成更高的销售额，又要鼓励提高销售的毛利率。因为企业会根据完成的情况，在原来佣金的基础上再奖励其业绩。

表10-10 基本薪金加佣金加奖金制

薪金构成	佣金计算方式		奖金计算方式	
	目标销售额达成度	佣金比率	毛利率	奖金比例（相当于佣金的百分数）
目标薪酬：6万元/年，上不封顶	0～100%	6%	15%	0
基本薪金：3万元/年			20%	12%
目标佣金：3万元/年，每月根据实际销售业绩浮动计发	100%以上的部分	8%	25%	24%

佣金和奖金的发放依据是不同的，二者的激励目的也不同。一般来说，佣金是鼓励

销售人员实现更高的销售额，以便提高企业产品的市场占有率，而奖金则多与销售人员完成的销售额所能带来的利润或回款率挂钩，鼓励销售人员改善销售的利润率和购货款回收状况。因此，佣金侧重于销售带给企业好处的量，而奖金则更侧重于销售带给企业好处的质。

与基本薪金加佣金制相比，这种薪酬制度增加了奖金项，使得销售人员同企业的关系更加紧密，企业归属感增强。由于奖金多是年底发放，而且奖金的多少有很大差距，这势必影响销售人员工作周期的延长，限制销售人员过于频繁的离职。这种薪酬制度还能较好地避免销售人员单兵作战，因为若不注重团队合作，销售人员在年底考评同行相互打分方面会大受影响，可能拿不到较高的奖金数额。当然，这种薪酬制度也有一定的缺点，主要有：对销售人员的奖金考评方面有许多非量化指标，容易产生很大的人为性，其说服力会受到影响。实行这种薪酬制度需要较多有关记录报告，因此也提高了管理费用。

以上5种薪酬制度是企业为销售人员设计薪酬制度时普遍采用的模式，其优缺点比较如表10-11所示。

表10-11 5种销售人员薪酬制度的优缺点比较

薪酬制度	缺点	优点
纯薪金制	完全没有激励性	员工收入稳定，并有一定保证
基本薪金加奖金制	激励性不强	员工收入稳定，且一定激励
基本薪金加佣金制	有一定的激励性	员工收入稳定，且较强激励
基本薪金加佣金加奖金制	有一定的激励性	员工收入稳定，且有较强激励，且员工对企业有一定归属感
纯佣金制	员工收入无保证	激励性非常强

需要指出的是，这些销售人员薪酬制度本身无所谓好坏，关键在于是否合适。具体到某个特定的企业，究竟选择哪种薪酬制度取决于许多因素，包括企业所处的行业、产品生命周期、企业文化、方案的总成本、销售职能在企业的经营战略中所扮演的角色、销售工作和销售人员的特点等。即使是同一个企业，在不同的发展时期也可能甚至是必然采取不同的薪酬制度。比如，产品刚上市时，没有什么知名度或者知名度较低，销售风险很大，销售人员的努力很可能在短时间内得不到足够的市场回报，此时，适合采用纯薪金制或者高薪金制加低佣金制或低奖金制，以增强员工薪酬的保障性，稳定销售队伍；当产品得到市场认可后，销售风险降低，销售额处于增长期，这时可以适当降低基本薪金部分，而提高浮动部分，以激励销售人员积极增加销售额。

4. 特别奖励制

特别奖励就是规定报酬以外的奖励，即额外给予的奖励。特别奖励制可根据销售人员超出配额的程度、控制费用的效果或所获得新顾客的数量等来决定，一般有以下三种形式。

（1）全面特别奖金

全面特别奖金是指企业在特殊的时间里，如春节，不计盈利率发给所有销售人员的奖金。可以付给每名销售人员同样数额的奖金,也可以根据销售人员现在的基本薪金和在本企业工作时间的长短来支付奖金。这种奖励是单独支付的,与员工业绩无关。

(2) 业绩特别奖励

这是一种与业绩相关的奖励。按照奖励给个人还是集体,可以分为个人业绩特别奖和集体业绩特别奖两大类。集体业绩特别奖的发放是为了培养团队销售精神,一般按照销售区域来发放。奖金的发放不仅可以按销售额或销售数量来计算,还可以按毛利率或销售业绩评估、开发的新顾客数、企业或地区销售单位的收入或销售额以及某种产品的销售额来计算。

(3) 销售竞赛奖

销售竞赛是一种特别销售计划,它给销售人员提供奖励,促使他们实现短期销售目标。这些奖励包括证书、现金、物品或旅游等。有时销售竞赛时间会长达一年。这种奖励是正常报酬外额外给予的。管理部门可以指导销售人员去销售某些特殊产品(如滞销品)或从事某些有利于销售的非销售性活动,这都是在平时没有竞赛刺激的情况下他们所不愿做的事情。竞赛还可以促使销售人员为达到竞赛目标、赢得额外奖金而更加勤奋工作,工作时间更长。

特别奖励制度可以和前面任意一种基本报酬制度结合使用。特别奖励制度的优点是:鼓励作用更为广泛有效,常常可以促进滞销产品的销售。其缺点是:奖励标准或基础不易确定,有时会引起销售人员的不满以及管理方面的困扰。许多销售经理还认为,特别奖励能增进销售人员的团队精神及销售人员对工作的兴趣和满足感,降低缺勤率和人员变动率。

10.3.6 销售人员薪酬制度设计流程

一套优良的薪酬制度,在理论上能够顾及双方的各种利益,但在实务上很难完全顾及。由于行业、产品、区域、企业的差异性,世界上没有完全相同的销售人员薪酬制度,更没有可同时满足企业管理阶层和销售人员全部需求的薪酬制度。虽然如此,只要企业在设计销售人员薪酬制度时从实际出发,遵循一定的程序,还是可以建立一套令人满意的薪酬制度的。

一般而言,销售人员薪酬制度设计的流程如图 10-5 所示。

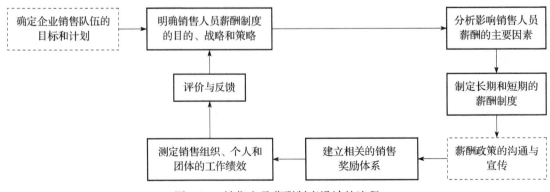

图 10-5　销售人员薪酬制度设计的流程

1)明确销售人员薪酬制度的目的、战略和策略。为此,首先要确定企业销售队伍的目标和计划,即根据企业的销售目标决定需要多少销售人员,设立什么样的销售组织,完成什么样的销售任务。接着要确定销售人员薪酬制度要达到什么目的,采取什么战略与策略。

2)分析影响销售人员薪酬的主要因素,即要分析薪酬水平、薪酬结构、销售人员的要求和管理程序等主要因素对销售人员薪酬制度的影响。

3)制定长期和短期的薪酬制度。长期薪酬包括工资和福利,如基本薪金、退休金、养老金和医疗保险等,短期薪酬包括红利和奖金。在薪酬制度制定后,要向销售人员进行薪酬政策的宣传与沟通。

4)建立相关的销售奖励体系,即工资的升降、相关的奖励政策等。

5)测定销售组织、个人和团体的工作绩效,即了解这样的薪酬制度是否有利于销售工作绩效的提高。

6)评价与反馈,即通过销售工作绩效来测定现行的薪酬制度是否有效,分析存在的问题与不足,提出改进意见。

复习测试

(1)为什么要对销售人员进行培训?
(2)简述销售人员培训的基本流程。
(3)销售人员培训有哪些方法?
(4)为什么要对销售人员进行激励?
(5)销售人员激励要素和激励组合类型有哪些?
(6)销售人员激励不足的共性问题及原因有哪些?
(7)如何针对销售人员不同阶段的期望进行激励?
(8)如何针对不同个性销售人员进行激励?
(9)销售人员薪酬的主要构成有哪些?
(10)销售人员薪酬的作用有哪些?
(11)影响和决定销售人员薪酬的因素有哪些?
(12)销售人员薪酬设计应遵循哪些原则?
(13)销售人员薪酬制度有哪些类型?各有什么优缺点?
(14)简述销售人员薪酬制度设计的流程。

实战案例 10-1

他做错了吗

安全系统公司(SCC)是一家在中西部三省交界地区的电视安全监视系统的分销商。他们向办公室、仓库与工厂销售一种先进的照相机/显示器监视系统。马琳是公司的总裁与CEO,而唐幸生刚被任命为销售副总裁。他负责培训和指导公司15个销售人员。

唐幸生来自一个更大的电视安全监视系统生产销售商。马琳一直在计划直到经济萧条危及销售时才扩张其业务。电子监视系统业务因两大原因受到重创：①在市场中有很多公司，因此SCC第一次遭遇到真正竞争。②经济情况迫使很多公司推迟了在电视监视系统上的大笔支出。换句话说，自从诞生后，这一产品就供不应求，很少有竞争，同时客户有很高的采购费用。

马琳意识到必须采取措施使销售回到5年前的水平。于是唐幸生被挑选实现这一目标，同时被赋予在销售培训及管理方面独立操作的职权以刺激销售。

在研究了当前情况，同时将现在的销售组织设置与前公司比较以后，唐幸生决定必须采取严厉的措施以提高销售业绩。这些措施包括区域调整、佣金计划调整以及销售培训流程调整。

唐幸生花了一天时间在SCC两个销售人员的工作区域中观察他们的行为，其中一个在公司工作了好几年，而另一个却只工作了9个月。以前的销售培训流程需要修改，同时更多有经验的销售人员需要被挽留。唐幸生确信马琳并没有真正意识到销售队伍中存在问题的严重性。毕竟，过去两年同样的销售队伍创造的销售业绩非常好。然而，她似乎并没有意识到虽然这样的销售队伍在经济繁荣与少有竞争的环境下已足够了，但他们却缺乏克服目前不利状况的某些素质。正是在这一基础上，唐幸生建议在明年3月召开一个销售会议。

唐幸生向马琳提出在会议上他会向销售人员陈述自己的看法，并列出即将发生的一些变化。这一会议也将成为这两位经理激励销售人员在今年业绩不如往年的情况下，更努力地去销售的一个讨论会。他们将不得不自己去发掘业务。

马琳批准了这次会议，因为她感觉这一会议将是公司转折中一个好的起点，所以她对此持乐观态度。就这样时间被确定了，有关要求销售人员两周内来公司总部的E-mail信息也发给了每一个人。

这一会议以马琳讨论公司未来而开始，她谈了希望扩张的意愿以及影响电视安全监视业务的市场环境。唐幸生归纳了在销售队伍中即将发生的一些变化。这些销售人员对此反应积极，这是因为他们也认为必须采取措施提高销售业绩。

唐幸生一直在等待下午的会议，这将给他向马琳演示真正问题的机会。他要求最有经验的销售人员安生以角色扮演的方式进行销售推荐。唐幸生扮演客户的角色，他也不刻意增加难度，只是表现出正常的兴趣和正常的抵触。正如唐幸生所怀疑的，安生对产品并不十分熟悉，而且运用销售技巧并不熟练。那么，在实际工作中，他是不会实现成功销售的。

在余下来的时间内，唐幸生允许每个销售人员进行销售推荐。没有人的表现是有实际效果的。唐幸生本来也怀疑有一些问题，但还是被他们的表现震惊了。当然，马琳也完全被震惊了。她几乎不相信这些销售人员，特别是一些老销售人员，居然不了解产品知识，不能进行产品推荐。她开始怀疑这是不是销售低迷的原因。

这一天结束时，唐幸生对所有销售人员的表现深感不满与失去信心。就这样，在这些销售人员结束销售推荐时，他在没有与马琳协商的前提下，告诉他们下周回来进行另一次销售推荐，同时他希望看到进步。

第二周，15名销售人员、马琳和唐幸生会聚在公司总部。同样，唐幸生让安生做第一个销售推荐。他明显在销售推荐上花了一些时间，因为他的产品知识与销售技巧明显进步了。

其他人也被要求去参加与唐幸生之间的销售人员–顾客的角色扮演。除安生之外，另有4个人的表现也值得称赞。然而，其他人进步不大，仍然缺乏足够的产品知识和有效的销售技巧。

同样，当销售人员没有较好地完成销售推荐时，唐幸生对其努力表示愤怒。他甚至将4个表现最差的人单独挑出来，当着整个团队的面表达了对他们的不满。

唐幸生感到这次会议根本没有其他收获，所以会议在唐幸生或马琳没有任何表态的前提下延期了。

在这些销售人员走后，唐幸生对销售人员缺乏产品知识、工作热情和销售技巧表示郁闷。两人都不知道接下来该怎么办。

更为糟糕的是，这四个被当众批评的销售人员第二天早晨就出现在办公室里。他们通知唐幸生他们集体辞职，当场生效。

讨论问题：

（1）唐幸生做错了吗？如果错了，那他错在哪里？

（2）针对现在的情况，你有什么办法帮助解决当前的问题？

实战案例10-2

销售明星为何"跳槽"

白秦铭在大学期间成绩不算突出，老师和同学都不认为他是很有自信和抱负的学生。他的专业是日语，毕业后被一家中日合资公司招为销售人员。他对岗位挺满意，不仅因为工资高，而且尤其令他喜欢的是这家公司给销售人员发的是固定工资，而不是佣金制。他担心自己没受到销售方面的训练，比不过别人，若拿佣金，比人少多了会丢脸。

刚上岗位的头两年，白秦铭虽然兢兢业业，但销售成绩只属一般。可是随着他对业务逐渐熟练起来，又与那些零售商建立了良好关系，他的销售额渐渐上升了。到第三年年底，他觉得总算进入了全公司几十名销售人员中前20名之列了。到了下一年，根据与同事的接触，他估计自己当属销售中的冠军了。不过这家公司的政策是不公布每人的销售额，也不鼓励互相比较，所以他还不能很有把握地认定自己一定是坐上了"第一把交椅"。

这一年，白秦铭干得特别出色。尽管定额比前年提高了25%，但到了9月初他就完成了销售定额。他对同事仍不露声色，不过他冷眼旁观，没发现什么迹象说明他们中有谁已接近完成了自己的定额。此外，10月中旬时，日方销售经理召他汇报工作。听完他用日语做的汇报后，那位日本经理对他格外客气，祝贺他已取得的成绩。在他要走时，那位经理对他说："公司要再有几个像你一样棒的销售明星就好了。"他只微微一笑，没说什么，不过他心中思忖，这不就意味着承认他在销售人员队伍中出类拔萃、独占鳌头了吗？今年，公司又把白秦铭的定额提高了25%。尽管一开始不如去年顺手，但他仍是一马当先，比预计的干得要好。

他根据经验估计，10月中旬前肯定能完成自己的定额，不过他觉得自己心情并不舒畅。最令他烦恼的，莫过于公司不告诉大家谁干得好谁干得坏，干好干坏都没有体现。

他听说本市另外两家中外合资的化妆品制造企业都搞销售竞赛和颁奖活动，其中一家是总经理亲自请最佳销售人员到大酒店吃一顿饭，而且还有内部发行的公司通信之类的内刊，让人人知道每个人的销售情况，表扬季度和年度最佳销售人员。想到自己公司这套做法，他就特别恼火。其实，在开头他干得不怎么样时，他并不太关心和在乎排名第几的问题，如今却觉得这对他越来越重要了。不仅如此，他开始觉得公司对销售人员实行固定工资制是不公平的，一家合资企业怎么也吃"大锅饭"？应该按劳付酬嘛！

一天，他主动去找了那位外国经理，谈了他的想法，建议改为佣金制，至少实行按成绩给奖金制。不料那位经理拒绝了他的建议，并且说这是本公司的既定政策，本公司一贯就是如此，这正是本公司的文化特色。第二天，令公司领导吃惊的是，白秦铭辞职而去，听说他被挖到另一家竞争对手那儿去了。白秦铭的离去说明了当前大多数企业的销售管理工作都面临的一个问题，即应该如何留住销售人才、用好销售人才，充分调动其工作积极性。

讨论问题：

（1）为什么白秦铭一开始对固定工资制感到满意，而后来又认为这种工资制度不合理呢？

（2）假如你是公司的经理，你应该采取何种措施留住优秀销售人员，并进一步调动他们的积极性？

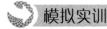 模拟实训

实训名称

销售主管对销售人员的激励情景案例设计及模拟

实训目标

（1）通过情景案例设计，培养学生运用管理激励理论的意识与能力。

（2）通过情景案例模拟和角色扮演，完成对学生的行为调整和心理训练。

背景描述

企业可以依据销售人员的个性表现采取相应的激励模式。针对三种典型的销售人员——问题型销售人员、明星型销售人员、老化型销售人员，分别设计一个销售主管激励销售人员的剧情，并进行课堂模拟展示。

实训组织与实施

（1）将班级同学每5个人分成一个小组，每个小组设计一个销售主管激励不同个性的销售人员的剧情。

（2）根据本章所学相关理论知识，提出解决问题的方案。

（3）课堂上，请各小组选派两位同学代表本小组完成剧情的表演，接受其他小组及授课教师的提问并回复。

（4）在此基础上，完成一份实训报告。

实训评估标准

评估对象	实训报告	知识运用	团队合作
评估要点	实训报告的条理性、清晰性、逻辑性程度，同时必须完成规定的全部任务，不得缺项	结合相关知识点的紧密程度	小组成员的团队合作意识以及参与程度
能力考查	书面表达能力	学习并运用知识的能力	团队协作能力
占比	30%	40%	30%

延伸阅读 10-1

七步法搭建杜邦高效销售培训体系

杜邦公司（DUPONT）是一家以科研为基础的全球性企业，于1802年成立，总部位于美国威明顿，截至2015年，在全球70个国家经营业务，共有员工79 000多人。公司业务范围涵盖食物与营养、保健、服装、家居及建筑、电子和交通等生活领域。2022年5月23日，杜邦公司位列2022年《财富》美国500强排行榜第213名。

在销售市场日益紧张的压力下，杜邦公司意识到销售人员能力的提升作为公司战略实现的关键之一，必须转变到以实战为目标的轨道上来。为此，杜邦公司通过七步法搭建了高效的销售培训体系。

第一步：销售培训总流程

提供培训阶梯/路径图（Training Roadmap，类似于学校为各年级学生准备的课程表）、制定培训时间表（Training Schedule）、制定培训预算、建立内部讲师体系或筛选外部培训公司、评估课程效果（Course Evaluation），这是多数企业培训部门或经理的工作重点。能把这些工作顺利完成，可以部分满足企业运作的基本要求。但这些工作只是重要的战略细节和局部，而不是战略的核心。从销售队伍的角度看，这一系列复杂的内部过程没有太多实际意义，除非这些工作能够带来可以感知的实在价值（Perceived Value）。

销售培训如果仅仅停留在操作层面，即便付出很多专业的努力，对销售队伍的价值也会非常有限。那么，怎样才能提升培训工作的价值呢？或许我们需要打破原有的思维模式——培训不只是执行式、协调型、以授课为核心的，而更应是主动的、顾问式、战略结合式，以改变销售行为为核心的绩效变革。

销售培训的起点是销售团队、销售部门、战略事业部/单位（SBU）的工作策略和重点，如果培训活动与此脱离，培训工作的价值就无从谈起。如何把战略要求转化成技能、胜任力，变成培训可直接作用的具体内容是评估步骤的重点。此外，培训是否能实际转化成销售行为，跟进及提供个性化的强化与调整是教练环节的重点。流程中的各个环节能否从计划变成现实，公司的文化、制度、管理层、利害相关人的承诺配合至关重要，因此协调是执行整个培训策略的纽带。

第二步：战略

实际操作中，培训经理通过常规问卷调查、面谈等方式了解各个部门的培训需要。这种方式本来无可厚非，但是多数情况下培训需求分析往往流于形式，效果不佳。相当一部分原因是销售一线的人员毕竟不是专业的培训人员，不了解培训课程的细节。另外，培训经理的关注点在于了解销售部门需要什么课程，如同医生在问患者需要什么药，而不是了解患者的症状，然后开方。因此，战略培训的第一步是从了解销售队伍的策略和核心开始的。

通常以业务部门集体讨论的形式是最富有成效的。一般利用业务会议的时间，由培训经理作为会议主持，辅导讨论流程。通常这样的讨论为达到效果大约需要两个小时。讨论依据以下线索：首先明确本年度的销售目标，其次明确实现年度销售目标的具体策略，然后针对每个具体策略讨论销售队伍所需要的重要技能/能力，最后应明确这些重要技能/能力具体体现的行为是什么。最后一步是非常重要的内容，否则对于能力的描述就会非常笼统。

例如，杜邦公司一项具体的销售策略是全线提升产品价格5%。销售队伍需要掌握什么技能呢？可能需要谈判技能、沟通技能等。但谈判技能非常笼统，什么样的具体行为是公司期望销售人员在销售中展现出来的呢？比如，优秀的销售人员在谈判中通常使用数据作为谈判的手段。这样的分析过程结束后，讨论小组对讨论结果进行排序。一般销售能力不要超过15项，每一项技能的具体行为要求以不超过5项为宜。

为方便其各子公司进行有效的销售队伍发展计划，杜邦公司制定了统一的11项销售成功关键能力。每一项下又具体描述了3项具体行为能力。每个业务部门据此结合各自的销售实际，进行微调或必要的增减。这样方便讨论，节省时间。

第三步：评估

在培训展开之前，需要培训部门和管理层了解队伍的现状，即目前的能力水平，并要了解为实现既定的销售目标，销售队伍应该达到怎样的水平。了解这些才能做到培训有的放矢，不然提供的很多培训是并不需要的，或可有可无的，从而出现培训工作与销售实际脱离。

评估的工作目的和意义是，要明白销售队伍的水平现状与期望水平间的距离差距。首先依照经验分析对初步的销售水平现状进行总体判断，但这是不是销售队伍的真实情况呢？每一位具体的销售人员的销售水平如何？与销售期望水平的具体差异在哪里？差距有多大？要了解这些信息就需要运用一定的评估工具进行分析。

通过销售成功要素的分析，一家企业可以比较容易地建立销售胜任力模型（Sales Competency Model）。比如，杜邦公司所在的工业品行业一般将市场/顾客细分、价值链定位、渠道策略、经销商、大客户管理、定价策略及执行、销售流程管理、价值销售等项目作为核心技能。尽管行业之间会存在一定的共性，但在具体的行为体现和要求上，每个企业会有很大不同。另外，每个企业或部门对每个项目设定的权重也会有很大不同。

销售胜任力模型建立后，杜邦公司会以统一的方法一次或多次对销售队伍进行销售水平/差距分析，尤其是对新进员工比较多的部门。一般来说，评估在时间节点上以年度为单位比较切实可行。评估的结果可用于：①整体了解销售队伍水平差距，确定培训重点。②比较各个销售团队之间的水平，确定关注方向。③方便销售经理了解每位销售人员的水平细节，量身定制教练方案。④以量化的方式了解销售水平的变化，评估培训的效果。

第四步：培训

通过销售胜任力的分析，培训部门、销售管理层就可以简便、准确地确定培训的重点，并以此确定培训科目与课程。培训模式不同，效果差异较大。很多培训的评估集中在老师的水平、场地、环境、内容是否有新意，甚至是实物等方面。其实，对于销售培训来说，评估的核心标准在于培训是否对销售实践有直接的指导价值。

根据培训的形式、讲师、定制程度，杜邦公司的销售培训通常可分成以下几类。

1）常规培训（Normal Training）：一般意义上的课堂培训，学员来自各个部门。课程是统一的，非定制的标准材料（来自内部或外部）。对于销售培训来讲，案例、讨论可能大部分与自己的销售实践不能产生最大化的关联，因此启发的作用大于实际操作的价值。

2）定制培训（Specific Training）：定制培训与常规培训的不同在于，培训的对象仅针对某一部门/产品线，培训的案例、讨论和练习需要在课前进行量身编写，而不能仅满足于"他山之石"的状态。定制培训需要销售经理的参与，以便使培训的内容更加接近实战。定制培训的内容有时非常具体明确，比如，下个月公司需要提升产品价格，销售人员如何面对可能的客户反应？培训部就需要定制"涨价与客户关系维护技巧"之类的培训。定制培训对培训部门能力的要求是质的跳跃，这既是一项挑战，也是培训部门从销售培训向销售顾问转变、提升部门价值的一项重要衡量要素。

3）温故培训（Refresher Training）：用较短的时间（一般是半天左右，往往利用部门会议的间隙进行）复习已经学过的内容。这种培训多以讨论、结合实际案例分享、角色扮演等方式进行，使培训过的技巧不被遗忘，同时学会举一反三。

在杜邦公司中，由于销售平台、产品线、销售模式在各个事业部差异较大，因此定制培训与温故培训的比例越来越大。由于这样的方式能针对实际所需，结合销售的客观情况，培训效果大幅提升，培训部门与销售事业部结成了紧密的合作伙伴关系。

第五步：转化

转化是指将培训从理论部分转化成销售工作/实际操作的一部分。比如，提问技巧如果仅仅停留在角色扮演的层面上，课程结束后销售人员在面对客户时依然使用原来的习惯方式，而技能转化就是要试图解决类似的问题。

培训效果转化有两种方式：一是培训技巧与内容的结合。将培训的主体内容与销售的实际情形相结合，协助销售队伍整理出具体的销售步骤、方式和工具等。比如，销售技巧中的如何发现客户需求，可以组织销售队伍通过集体讨论来编写具体的提问步骤，设计具体的问题。二是流程顾问。往往是针对非技巧类的流程性、方法性的内容，培训部协同部分项目专家为销售部门提供咨询，协助实现整个过程。比如，市场营销理论培训中的市场细分部分。如何在销售实战中正确地进行市场或客户细分呢？培训部需要配合销售部门成立专项小组（必要时可聘请顾问等),协助销售队伍将理论落实到实践中。培训转换对培训部门的能力要求是实现一种质的变化。培训在这一层面上更多地扮演着顾问的角色。尽管挑战巨大,但其带给业务部门的增值价值是任何其他培训形式所难以达到的。

第六步:销售辅导

销售辅导是强化培训效果的一个有力的武器,即由销售经理协同销售代表一道进行销售拜访。拜访中以销售代表为核心,经理更多地对销售代表的销售表现进行观察。拜访结束后销售经理与销售代表回顾整个销售表现,双方探讨成功与不足。在下次的拜访中销售代表要及时调整和改进自己的销售方式,必要时销售经理可以示范正确的方法来加深销售代表的印象。

在2004年年初一项杜邦集团内部的调查中发现了一个有趣的现象:销售管理层在被问及"是否有对自己的下属提供跟进的实地教练/辅导"时,90%的销售经理认为自己在做,有的认为不仅在做,而且非常频繁。但在对销售代表进行调查时,结果竟然完全相反。90%的销售代表反映他们从未或很少接受来自经理的任何辅导。在对上述反差了解的过程中发现,事实上多数经理对教练的定义并不明白。教练的方式、方法缺少针对性,没有计划和充分的沟通,经理基本上是随机地分享自己的经验,有时甚至将批评教育也算作教练。

因此,建立一套标准的销售辅导系统,定义教练的方式、方法、流程、工具、设计辅助的奖励机制和管理措施是确保销售辅导真正实现的关键。辅导系统一旦建立,销售培训的效果就在实战当中得到最大化巩固。销售辅导经理不仅可以一对一地提高具体的销售人员,也可以将某些带有共性的问题在团队会议中及时总结,使整个团队受益。很多时候实地辅导不仅有益于销售代表,其实对于销售经理本人来说,对个人能力的提升更加有益。

第七步:协调

协调是指建立辅助实施的文化、机制,包括各级领导层的支持参与和重视程度。另外,沟通的方式也很重要。如果没有销售队伍各层面参与协调沟通,销售人员将没有参与培训的动力。很多培训的构想不能真正实施,往往雷声大、雨点小,多数原因是销售部门没有在多个层面获得理解和支持。怎样使销售部门有更多的理解和支持呢?在众多的做法中,搭建核心委员会被证明是一种有效的方式。核心委员会由培训部、销售经理、高层经理组成。人员培训发展的各个阶段由委员会协商决定,同时就项目进展进行即时的沟通。此外,协调还包括一个方面,即销售管理人员在多大程度上参与到销售培训的过程中来将决定培训开展的效果。

延伸阅读10-2

三种销售人员薪酬激励政策

1. 直销模式下的薪酬激励政策

(1)企业介绍

A公司是一家经营地产信息的中介服务公司,该公司拥有10多年房屋租赁、买卖经验,全国销售团队近万人。公司销售网点遍布全国,销售模式为典型的直销模式,公司向销售人员提供丰富的房源信息，销售人员面对终端顾客进行一对多的跟踪服务。

（2）销售工作特点

工作时间自由，单独行动较多。工作业绩可实时进行监控，销售工作难度小，销售人员流动性强。

（3）销售人员特点

销售人员两极分化严重，接近20%的销售人员促成了80%的业务。销售人员平均年龄在22.8岁，教育层次集中在中专和大专学历，平均工作年限在3年以下。有近1/3的销售人员为应届毕业生，专业无集中性。

（4）销售人员需求分析

初级销售人员处于职业发展的探索期，刚开始从事销售工作，工作热情高，但缺乏销售技能和专业知识。他们通常期望生活具有基本的保障，同时希望通过自己的努力获得更多的激励。

高级销售人员处于职业发展的维持期，有3～5年的工作经验，工作热情达到顶峰，并能够相对保持，有时也会有所下降。他们的基本生活物质条件已经满足，他们中的一部分希望在职业发展的道路上获得晋升，从事管理工作，另一部分销售人员则希望获得更多的经济回报。

（5）薪酬激励方案

分析了A公司的业务特征和销售人员需求后，该公司制定的销售人员的薪酬激励方案如下：

销售人员薪酬 = 基本工资 +（当期销售额 - 销售定额）× 提成率

或

销售人员薪酬 = 基本工资 +（当期销售额 - 销售定额）× 毛利率 × 提成率

以租赁业务为例，刚入职的销售人员，公司要求按照薪酬激励方案一执行，初级以上销售人员可根据自身需要选择方案二或方案三（见表10-12）。

表10-12　A公司销售人员薪酬激励方案

方案	基本工资（元/月）	提成率
方案一	1 000	5%
方案二	800	8%
方案三	1 600	3%

注：文中涉及薪酬方面的数据均为举例，不代表真实数据，无参考性。

可见，A公司销售人员拥有薪酬激励方案的选择权。同时，公司对销售人员的业绩完成情况也进行了比较严格的约束。在正常经济环境下，销售人员的销售额连续3个月达不到销售目标的，将从销售人员岗位变成销售秘书岗位。

（6）辅助激励方案

公司为初级销售人员提供每周一次的销售业务培训，销售人员可以把平时销售工作中遇到的问题带到培训会议中，由资深销售人员给予工作上的帮助，使他们较快地具有独立工作的能力。

高级销售人员是公司的中坚力量。公司提供更多的晋升机会，提供高水平专业培训或管理培训，在保持原有薪酬福利水平下，适当考虑长期激励。

2. 渠道销售模式下的薪酬激励政策

（1）企业介绍

B公司是一家中日合资整车制造企业，致力于中方汽车品牌中高级商务用车及延伸商品事业的发展，同时是日资某汽车品牌在中国事业发展中的主要担当者。

（2）销售工作特点

B公司在全国各地开设销售办事处，主要销售管理人员由总部派出，销售人员基本本地化。销售人员的工作主要以办事处为中心，开拓及维护周边汽车经销商网络，培训、协助经销商销售人员达成销售任务。销售工作具有明显的团队性，公司下达销售任务均以办事处为单位。

（3）销售人员特点

超过7成的销售人员具有5年以上本公司汽车销售工作经验，司龄超过10年。多数销售人员来自公司制造一线的生产管理人员，他们对公司各型汽车的构造、性能、特点都能够做到如数家珍，汽车专业知识扎实。多数销售人员虽仅拥有中专或大专学历，但管理实践经验丰富，具有很强的沟通、协调能力。

（4）销售人员需求分析

办事处主任：他们是公司的元老，拥有丰富的工作经验，物质回报也达到了较好的程度，希望获得更多的退出回报。他们常年派驻到异地工作，很少与家人团聚，期望有更多假期或总部办公时间。

销售人员：他们具有5年左右的销售工作经验，能够较独立地完成渠道销售工作。他们对经济回报期望逐步升高，会与一线汽车品牌的渠道销售人员进行收入比较，有时会有很大的心理落差，他们渴望公司给予销售人员更多的激励倾斜。

（5）薪酬激励方案

$$销售人员薪酬 = 基本工资 + 业绩奖金 + 年底超额完成奖$$

办事处主任薪酬采用平衡计分卡的模式，将个人浮动薪酬中的主要部分与销售任务达成率（65%）、销售利润达成率（20%）、应收账款回收率（10%）、网点建设率（5%）等指标挂钩。

$$办事处主任薪酬 = 基本工资（制度薪酬的60\%）+ 季度业绩奖金（制度薪酬的30\%）+ 年度业绩奖金（制度薪酬的10\%）$$

销售人员浮动薪酬中的主要部分与销售任务达成和利润达成挂钩。

$$销售人员薪酬 = 基本工资（制度薪酬的50\%）+ 月度业绩奖金（制度薪酬的40\%）+ 年度业绩奖金（制度薪酬的10\%）$$

（6）薪酬激励方案的优点

1）改变以往办事处主任薪酬只与销量挂钩的现状，加入其他因素的考核，将办事处主任即销售管理人员的注意力从销售工作转移到管理工作上,每季度向总部述职,接受管理培训。

2)对于一线销售人员引入更具竞争性的考核机制,多销多得,当月多销当月多得。

3)引入利润指标(因素),引导销售人员对高利润产品的销售。

4)通过毛利系数的设定(如可将新产品毛利系数设定为较高值),引导销售人员销售公司着力推广的产品。

5)提高超额奖励门槛,并将最终超额奖励的发放与公司总体任务达成挂钩,既便于公司控制成本实现承诺,又使得销售人员能够在现实的基础上获得合理的回报。

3. 混合销售模式下的薪酬激励政策

(1)企业介绍

C公司是一家创立于日本的跨国企业,是在日本成立的第一家通信设备企业。120多年来,C公司已经从在日本最早生产电话机的公司,发展成为一家在全球范围内研究、生产和销售打印机与传真机、网络与通信、安全与识别认证、宽带与多媒体、半导体与电子元器件、ATM机等产品和解决方案的著名企业。目前,C公司在亚洲、欧洲、美洲、大洋洲的120多个国家和地区开展业务,为多个领域提供优质产品与解决方案。

(2)销售工作特点

C公司产品在市场上已进入行业三甲,每年的销售额增长速度平缓。销售模式以渠道销售为主,大客户直销方式为辅。凭借品牌影响力、优秀的产品性能及优质的售后服务,C公司在选择代理商方面,拥有较多的主动权。大客户主要集中在各省市税务部门、大型集团企业等。

(3)销售人员特点

C公司的销售人员要求教育背景为大学本科以上的市场营销、机电类或相关专业,掌握英语和日语两门外语,在IT外设产品行业具有3年以上的销售或销售管理经验。不到30人的销售队伍,完成年度170万台产品的销售。平均每人掌握近百家一、二级销售代理商,是典型的精英销售。

(4)销售人员需求分析

每个销售人员不仅是一位超强的销售人员,在某种意义上讲,他们为客户量身定制价值创造的模式,向客户传递一种成功理念。他们不以销售人员自居,追求一种更大业务范围的销售管理方面的提升。他们希望成为业界的"传道士",引领行业服务标准。

(5)薪酬激励方案

C公司全球品牌和产品质量赢得了终端客户的高度认可,这两个因素是达成销售的关键成功因素。C公司的销售团队整体素质较高,具有高度的销售能动性。因行业特性,销售中存在形式销售和实际销售的事实差距。这里讲的形式销售是指公司库存减少,但产品并未完成终端客户的销售。因此,核算实际销售的周期往往较长,以年度计算。

具体办法:根据销售人员上一年度个人销售任务达成(以财务到账为准)占全公司销售任

务达成的比例，划分销售等级。每年根据销售人员业绩达成情况，动态定级。

$$销售人员薪酬 = 固定工资 + 年度奖金$$

年度奖金发放办法见表 10-13。

表 10-13　年度奖金发放办法

销售人员级别	销售任务达成占比	固定月度工资（元）	年度奖金发放办法
六级	30% 以上	60 000	1. 确定奖金池：超额业绩达成部分按一定比例提取奖金 2. 销售部门按贡献值瓜分公司奖金 3. 销售人员按贡献值瓜分部门奖金
五级	20% 以上	50 000	
四级	10% 以上	40 000	
三级	8%	30 000	
二级	5%	20 000	
一级	2%	10 000	

综上所述，我们对 A、B、C 公司销售人员的薪酬激励政策进行分析比较（见表 10-14）。需要提醒管理者的是，虽然以上介绍的三种薪酬激励策略具有行业特性和销售模式的典型性，但通常来说，激励策略的制定还要根据企业发展的阶段、具体销售群体及企业文化的差异而不同，不可盲目效仿。

表 10-14　A、B、C 公司销售人员薪酬激励政策分析比较

项目	A 公司	B 公司	C 公司
行业属性	房地产中介	汽车制造	通信设备制造
行业地位	高	中	高
人员综合素质及能力	低	中	高
销售的客户	直销	渠道销售	渠道销售 + 大客户直销
激励模式	工资 + 提成	浮动定额制	纯薪金制
优点	兼顾保障与激励	减弱环境的剧烈变化对销售人员收入的影响	高保障
缺点	对销售额目标值及提成率的准确度要求较高，需要企业有一定历史数据积累或行业内可借鉴的数据	容易引起销售人员内部竞争	低激励

第 11 章
销售人员绩效评价

学习目标

- 了解销售人员绩效评价的作用和原则
- 掌握销售人员绩效评价的程序
- 掌握销售人员绩效评价的指标
- 掌握销售人员绩效评价的方法

引导案例

黑熊与棕熊对蜜蜂的绩效评价

黑熊和棕熊都喜欢吃蜂蜜，他们都养了一箱蜜蜂，数量也差不多。有一天，他俩决定比赛，看谁产的蜂蜜多。

黑熊认为产蜜的多少取决于蜜蜂的"访问量"（接触花的数量）。于是他花了很多钱买来了一个能准确测量每只蜜蜂每天工作量的绩效评价系统，每季度将结果公布，并给予访问量最多的蜜蜂重奖。

棕熊则认为产蜜的多少取决于每只蜜蜂每天采回的花蜜。于是他告诉蜜蜂看谁产的蜜多，他花了很少的钱买了个能测量每只蜜蜂每天采回花蜜的数量，以及每天所有蜜蜂采回花蜜总量的绩效评价系统，且每天将结果予以公布。同时，他还制定了奖励措施，给予每月采回花蜜最多的蜜蜂重奖，如果整个采回花蜜的数量比上月有所增长，每只蜜蜂也将受到奖励。

几个月过去了，黑熊的蜂蜜还不及棕熊的一半。黑熊纳闷了，他的蜜蜂访问量每月都增长1成，而蜂蜜每月则下降1成。他甚至怀疑有人偷吃了蜂蜜。

是什么造成了黑熊这么差的业绩呢？绩效评价系统。产蜜的多少取决于花蜜，而黑熊单纯评价"访问量"，蜜蜂不会将主要精力投入到花蜜上，因为花蜜采得越多，蜜蜂则飞得越慢，飞得越慢就意味着访问量越少。黑熊在奖励访问量多的蜜蜂时，很多蜜蜂心理不平衡。一些蜜蜂如果发现了一大片花丛，出于自身的利益，不会将这些信息告诉其他蜜蜂，于是不能信息共享，也不能做到整体作战。

反之，棕熊则真正把握住了决定产蜜多少的关键性因素——花蜜。围绕这一关键性因素，他配备了硬件系统，制定了奖励机制，承认并重视团队整体贡献。这种机制使得一些飞得快的蜜蜂可能首先去寻找目标，发现目标后将这一信息告诉体质强壮的蜜蜂，大家一起采集花蜜。剩下的体弱的蜜蜂则将采回的花蜜贮存起来，将它们酿成蜂蜜。

讨论问题：该案例可以为销售人员绩效评价带来哪些启示？

销售人员绩效评价是指企业依照预先确定的标准和一定的评价程序，运用科学的评价方法，按照评价的内容和标准对销售人员的工作能力、工作业绩进行定期和不定期的绩效评价，以便销售管理者能及时采取必要的行动，使销售管理更富有效率，保证销售目标的完成。

11.1 销售人员绩效评价的作用

1. 销售人员绩效评价是完成销售目标的有力保障

销售目标是销售管理过程的起点，对销售组织、销售区域设计以及销售定额的制定起着指导性作用。销售人员绩效评价能促使销售目标顺利完成。

2. 销售人员绩效评价是给予公平报酬的依据

有效的销售人员绩效评价方案通过对销售人员的业绩进行恰如其分的评价，并在评价的基础上给予销售人员相应的报酬和待遇，避免产生不公平的现象，激励销售人员继续努力。

3. 销售人员绩效评价是发现销售人才的有效手段

通过销售人员绩效评价能够准确判断销售人员的实际销售能力及其运用效果。如果企业发现他们缺乏某一方面的能力，可以对其进行培训，补充和加强这方面的能力，如果发现他们在某一方面的能力还没有得到充分发挥，可以给予更具有挑战性的任务，为他们提供施展才华的机会。

4. 销售人员绩效评价有利于加强对销售活动的管理

在销售管理过程中，销售经理一般每月对销售人员进行一次绩效评价。有了每月的评价，销售人员在各销售区域的业务活动量会自动增加。销售人员都希望自己能够获得较好的评价成绩，所以销售活动的效率也会相应提高。绩效评价能够让销售经理监控销售人员的行动计划，及时发现问题，从而有足够的时间做出调整。

5. 销售人员绩效评价是有效的激励手段

在销售人员绩效评价的过程中，销售人员可以看到成绩，坚定信心，也可以看到自己的缺点和不足，明确努力的方向，以便将来可以做得更好、更出众。

11.2 销售人员绩效评价的原则

为了使销售人员绩效评价的结果准确反映被评价者的实际情况，评价必须自始至终坚持以下原则。

（1）公平原则

对每个被评价者应一视同仁，不带任何主观倾向性。为此，必须做到：评价标准客观、统一，让每一位被评价者接受相同的评价；评价要素全面且相互独立，保证每一位被评价者都能受到全面的评价，避免以偏概全；评价时间与方式统一，保证评价实施过程公平。

（2）公正原则

评价结果应不受评价者的个人兴趣爱好、专业特长、价值取向及感情倾向的影响。为此，必须做到：综合运用多种评价方法，避免单一方法造成误差累积；由不同层次的评价者共同评价，保证评价结果具有充分的代表性；自我评价与他人评价相结合，根据不同评价内容的特点决定采用自我评价或他人评价或二者同时使用；评价要素与各要素量表分开，保证评价者只根据各评价要点做出评价，不受评价结果的影响；采用科学方法对评价结果进行整理、分析，剔除各种异常值，保证评价结果的准确性；评价活动与评价结果的使用分开，评价体系独立运作，保证评价活动只对被评价者按评价内容做出客观的评价。

（3）公开原则

评价活动应有足够的透明度，接受被评价者及职工的监督，保证评价过程严格遵循公平、公正原则。为此，必须做到：评价标准公开，让每一位被评价者知道用什么标准对其进行评价；评价方法公开，让每一位被评价者知道是被如何评价的；评价结果公开，并让被评价者鉴定认可；建立评价档案，并允许被评价者核查。

就销售人员的具体绩效评价来讲，需要遵循以下原则。

（1）综合绩效评价原则

营销主管在制定绩效评价项目时，如果只单纯评价销量或销售回款，可能会导致销售人员过分向企业申请政策、讨好经销商，诱使经销商"压货"，不考虑市场整体或将来发展，拼命开发经销商，导致产品积压在经销商那里，企业对经销商抱怨增多，企业产品市场崩溃。如果评价销售人员的项目太多，可能会分散销售人员的注意力，搞不清楚什么是重要工作，区域的销售目标是什么，主要精力如何投入等。为了确保销售人员开发市场与运作市场的数量与质量，营销主管或人力资源部门可以将硬指标和软指标相结合，以硬指标为主、软指标为辅的方式评价销售人员。

（2）差别化原则

对销售人员的评价实行差别化，才能实现能者多劳、多劳多得的分配原则，同时可以激励销售人员努力寻找新的市场增长点，开拓市场。

（3）全方位激励原则

激励应该注意正激励和负激励的结合，对一些市场运作突出的销售人员可以给予现金、旅游、学习、配送期权、通报突出贡献、晋级、提高待遇等从物质到精神富有强大吸引力和感染力的奖励政策。企业可以设置一些单项奖，如最佳市场增量奖、最佳新顾客开发奖、最佳新品推广奖、最佳顾客评价奖等。同时，对销售业绩排名落后的销售人员应该给予黄牌、红牌、解除合同关系等处罚政策。

11.3 销售人员绩效评价的程序

销售人员绩效评价的程序一般包括收集绩效评价的信息、建立绩效评价的指标、选择绩效评价的方法、实施绩效评价、反馈绩效评价的结果等5个阶段（见图11-1）。

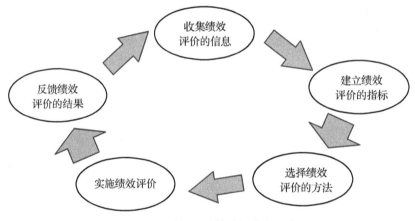

图 11-1 销售人员绩效评价的程序

1. 收集绩效评价的信息

在进行销售人员绩效评价时，对销售人员的信息收集一定要全面和充分。信息的来源主要有销售人员的销售报告、销售情况记录、顾客投诉和意见、企业内部人员意见等。其中，最重要的来源是销售人员的销售报告，这是销售人员绩效评价的主要依据。

（1）销售人员的销售报告

销售报告可分为销售活动计划报告和销售活动业绩报告两类。其中，销售活动计划报告包括地区年度市场销售计划和日常工作计划。

1）地区年度市场销售计划作为绩效评价的总体依据。许多企业要求销售人员制订销售区域的年度市场销售计划，销售经理会对计划进行研究，提出建议，并以此作为制定销售定额的依据。

2）日常工作计划由销售人员提前一周或一个月提交，包括计划进行的访问和巡回路线。日常工作计划可指导销售人员合理安排活动日程，为管理部门评估其制订和执行计划的能力提供依据。

销售活动业绩报告主要提供已完成的工作业绩，如销售情况报告、费用开支报告、新业务的报告、失去业务的报告、当地市场状况的报告等。

（2）销售情况记录

企业内的有关销售记录、顾客销售记录、区域的销售记录、销售费用的支出等，都是评估的宝贵资料。通过销售发票、顾客订单、会计记录等可以得到许多关于销售人员的销售数量、毛利、平均订单规模等方面的信息。顾客的销售记录则可以用来评估为顾客服务的销售人员的销售情况。利用这些资料可以计算出某一销售人员所接订单的毛利，或某一规模订单的毛利，对绩效评价有很大的帮助。

（3）顾客投诉和意见

评估销售人员应该听取顾客的投诉和意见。有些销售人员业绩虽然很好，但在顾客服务方面做得并不理想，特别是在商品供不应求的时候。一般来说，收集顾客意见的途径有：顾客的信件和投诉、定期进行顾客调查。

（4）企业内部人员意见

这些资料主要来自企业内部其他有关人员的意见，比如销售经理、其他销售人员或其他人员的意见。其可以提供一些有关销售人员的合作态度和人际关系技能方面的信息。

2. 建立绩效评价的指标

绩效评价指标是指对销售人员绩效进行评价的标准和尺度。销售人员绩效评价指标可分为定量评价指标和定性评价指标两类。其中，定量评价指标包括投入指标（顾客访问次数等）、产出指标（销售量等）和比率指标（销售目标完成率等），而定性评价指标包括销售技巧指标、工作知识指标、销售管理指标等。

3. 选择绩效评价的方法

在确定绩效评价目标、对象、标准以后，就要选择相应的绩效评价方法。销售人员绩效评价方法包括定量评价方法（如横向比较法、纵向比较法）和定性评价方法（如评分法、图标尺度法和行为锚定等级评定法）。需要注意的是，绩效评价的方法很多，每种方法都有自己的特点，在实际工作中应根据具体的评价要求有针对性地加以选择。

4. 实施绩效评价

实施绩效评价是绩效评价的具体实施环节，即对销售人员在某一绩效周期内的绩效与工作表现进行评价，将前面几个步骤中所涉及的标准、方法运用到评价工作中，比较他们实际绩效与评价指标所应达到的标准，得出销售人员绩效评价的结果。

大多数企业按照固定的时间进行绩效评价。这一阶段存在的最大问题是评价者难以避免的个人主观情感与偏见，比如评价者难免出现晕轮效应误差、近因误差、偏见误差、暗示效应误差、感情效应误差等问题，而这些误差也正是评价失真的常见原因。绩效评价毕竟是由人来执行和操作的，所以评价者的个人情感和主观偏见是无法完全避免的，只有对评价者不断进行规范化的专门培训，才能减少评价中因主观偏见所造成的误差。

5. 反馈绩效评价的结果

绩效评价反馈是指将评价的意见反馈给被评价者。绩效评价之后，对被评价者进行评价结果反馈是很重要的，因为进行绩效评价的一个主要目的就是改进绩效。

一般而言，绩效评价反馈主要有以下两种形式：

1）绩效评价意见认可，即评价者将书面的评价意见反馈给被评价者，由被评价者予以同意认可，并签名盖章。如果被评价者有不同意见，可以提出异议，并要求上级主管或人力资源部门予以裁定。

2）绩效评价面谈，是指在销售人员的绩效评价结束后，销售经理要对销售人员的绩效表现进行交流与评价，并分析绩效优秀或不佳的原因、寻求解决方案、制订绩效改进计划和下一个绩效周期的目标。

绩效评价反馈面谈应设法达到以下目的：①对被评价者的表现达成双方一致的看法；②使被评价者认识到自己的成就和优点；③指出被评价者有待改进的方面；④制订绩效改进计划；⑤协商下一个绩效管理周期的目标与绩效标准。

11.4 销售人员绩效评价的指标

一般而言，销售人员绩效评价指标可以分为定量评价指标和定性评价指标两类。定量评价衡量的是与销售人员主观意图相关的销售努力；而定性评价反映销售人员执行这些主观意图的好坏。定量评价指标能够最有效地用以评价销售人员的业绩，而定性评价指标则主要用于评价销售人员的工作能力。定性评价有利于解释定量评价的结果。常用的销售人员绩效评价指标如表 11-1 所示。

表 11-1　销售人员绩效评价指标

定量评价指标			定性评价指标
投入指标	产出指标	比率指标	
1. 销售访问 ● 访问次数 ● 日平均访问次数 2. 工作时间 ● 工作天数 ● 销售时间与非销售时间	1. 销售量 ● 销售额 ● 销售产品的数量 2. 销售量所占比率 ● 定额 ● 市场份额	1. 费用比率 ● 销售费用比率＝实际销售费用／实际销售额 ● 每次访问的平均费用＝实际销售费用／访问次数 2. 顾客开发与服务比率 ● 日均拜访顾客数＝拜访顾客总数／工作总天数 ● 顾客渗透率＝购货顾客数／所有潜在顾客 ● 新顾客转化率＝新顾客数／顾客总数 ● 流失顾客的比率＝未购货的老顾客／顾客总数 ● 顾客平均规模＝销售额／顾客总数	1. 销售技巧 ● 拜访准备 ● 产品展示 ● 倾听 ● 顾客异议处理 ● 达成交易 2. 工作知识 ● 产品知识 ● 企业和企业政策 ● 竞争者的产品信息 ● 顾客知识

(续)

定量评价指标			定性评价指标
投入指标	产出指标	比率指标	
3. 时间分配 4. 销售费用 5. 非销售活动 ● 广告展示 ● 写给潜在顾客的信件 ● 打给潜在顾客的电话 ● 与经销商、分销商会见的次数 ● 接受顾客抱怨的次数	3. 按产品和顾客划分的毛利 4. 订单 ● 订单数量 ● 评价订单规模 ● 撤销的订单数量 5. 顾客数量 ● 现有的顾客数量 ● 新开发的顾客数量 ● 流失的顾客数量 ● 预期不付款的顾客数量 ● 预期顾客数量	3. 订单比率 ● 订单平均规模 = 销售额 / 订单总数 ● 订单取消比率 = 被取消的订单数 / 订单总数 4. 访问比率 ● 每天访问次数 = 访问次数 / 工作天数 ● 顾客平均访问次数 = 访问次数 / 顾客总数 ● 击中率 = 订单总数 / 访问次数 5. 销售目标完成比率 ● 销售目标完成率 = 实际销售额 / 销售定额 6. 货款回收比率 ● 货款回收率 = 已收货款 / 实际销售额	3. 销售区域管理 4. 顾客关系 5. 个人素质 6. 个性和态度 ● 自信心 ● 责任感 ● 逻辑分析能力 ● 决策能力 ● 合作精神

11.4.1 定量评价指标

定量评价指标是销售组织对销售人员工作业绩量方面的期望与要求。一般来说，用预先制定的定量评价指标进行评价更加客观、直接。定量评价指标主要包括以下三种类型。

1. 投入指标

投入指标考察的是销售人员付出的努力，而不是这些努力所导致的结果，这些指标容易控制和改进。常用的投入指标有以下几种：

1）访问次数。访问次数在一定程度上与销售业绩成正比，也可以反映销售人员工作的勤奋程度。

2）工作时间和时间分配。这两个指标能够直接用来评价销售人员与顾客联系的程度。通过工作时间和时间分配考察，可以判断该销售人员的工作效率。

3）销售费用。销售费用指标反映的是销售人员进行销售工作时在财务上的耗费。这个指标可用于衡量每次访问的成本等。

4）非销售活动。从长期来看，决定销售人员工作业绩的因素不只是销售人员与顾客的直接接触，还应该包括一些非直接的努力。因此，企业有必要对销售人员的非销售活动加以评价。此类指标主要有拨打销售电话的次数、向企业提出的合理销售建议的次数等。一些宣传性工作也属于此类评价范围，比如举办促销或广告展示会的次数、召开经销商会议的次数等。

2. 产出指标

产出指标是评价销售人员绩效最为重要的指标。从销售统计资料即可获得此类数据。常用的产出指标有以下几种。

1）销售量。该指标是绩效评价的主要指标，是销售工作重要的产出指标。销售量评价依据销售定额。销售定额的制定应考虑不同地区、产品、顾客群的具体情况。

2）订单数量和规模。一般来说，订单数量的多少可以反映销售成功与否。订单规模的大小，通常更能反映销售人员的工作能力、销售技巧及效率。如果每份订单的规模都比较小，说明销售人员可能时间管理不合理，将大量时间用于访问小顾客上，而忽视了大顾客。

3）顾客数量。该指标可以用来反映销售人员驾驭自己的销售区域的能力。现有的顾客数量反映了销售人员已控制市场的大小；新开发的顾客数量反映了销售人员开发新市场的力度和成效；流失的顾客数量可以用来评价销售人员在保持顾客忠诚度方面所做的努力和产生的效果，该指标显示销售人员是否成功地满足了其区域内已有顾客不断变化的需求。

4）预期不付款的顾客数量。该指标显示销售人员是否按照企业规定考察顾客信用。

5）预期顾客数量。该指标显示销售人员判断潜在目标顾客的能力。

3. 比率指标

将各种投入与产出指标以特定方式相组合（通常是比率关系），可以得到其他一些有用的信息。常用的比率指标有以下几种：

1）销售目标完成率。销售目标完成率 = 实际销售额 / 销售定额。

2）销售费用比率。销售费用比率 = 实际销售费用 / 实际销售额。销售人员发生的费用一般包括出差费用、业务费用、薪酬等。

3）日均拜访顾客数。日均拜访顾客数 = 拜访顾客总数 / 工作总天数。日均拜访顾客数反映了销售人员工作的努力程度，通常与其工作业绩成正比。

4）货款回收率。货款回收率 = 已收货款 / 实际销售额。通过此指标的评估，可以督促销售人员尽早收回货款，减少应收账款和坏账的比率，增加企业的现金流。

11.4.2 定性评价指标

在建立定量评价指标时，也要建立定性评价指标，因为这类指标有时更反映销售人员工作的主动性、销售技巧以及个性特征等。定性评价指标评价的关键在于降低其主观性。

定性评价指标一般包括以下几种类型。

1）销售技巧，包括拜访准备、产品展示、倾听、顾客异议处理、达成交易等。

2）工作知识，包括销售人员对产品知识、企业和企业政策、竞争者的产品信息、顾客知识等掌握程度。

3）销售区域管理，包括销售访问计划、费用控制、销售记录、收集顾客信息等。

4）顾客关系，包括对与顾客、同事以及企业关系的处理。

5）个人素质，包括个人的形象、言谈举止、待人接物、个人知识修养、处理突发事件的能力等。

6）个性和态度，包括自信心、责任感、逻辑分析能力、决策能力和合作精神等。

以上定量评价指标和定性评价指标在不同的企业中会有不同的组合和应用，要视企业的具体情况而定。需要注意的是：如果绩效评价指标少，则不能有效引导销售人员的行动，如果绩效评价指标过多，同样不能产生好的效果，因为没有重点的过多指标可能使销售人员无所适从，扣分过多，就会失去绩效评价的激励作用。

11.5 销售人员绩效评价的方法

企业对销售人员进行绩效评价的方法也可以分为定量评价的方法和定性评价的方法。以下列举几种较为常用的销售人员绩效评价的方法。

11.5.1 定量评价的方法

1. 横向比较法

这是一种将各销售人员的销售绩效进行比较和排队的方法。不仅要对销售人员完成的销售额进行对比，而且应考虑销售人员的销售成本、销售利润、顾客的满意度等。

下面通过销售额、订单平均批量和每周平均访问次数三个因素分别对销售人员 A、B、C 进行绩效综合评价（见表 11-2）。

表 11-2 销售人员绩效评价表 I

评价因素		销售人员		
		A	B	C
销售额	1. 权数	5	5	5
	2. 目标（万元）	80	90	60
	3. 完成（万元）	72	72	54
	4. 达成率（%）	90	80	90
	5. 绩效水平（1×4）	4.5	4.0	4.5
订单平均批量	1. 权数	3	3	3
	2. 目标（元）	900	800	600
	3. 完成（元）	720	720	540
	4. 达成率（%）	80	90	90
	5. 绩效水平（1×4）	2.4	2.7	2.7
每周平均访问次数	1. 权数	2	2	2
	2. 目标（次）	25	20	30
	3. 完成（次）	20	17	24
	4. 达成率（%）	80	85	80
	5. 绩效水平（1×4）	1.6	1.7	1.6
绩效合计		8.5	8.4	8.8
综合效率（绩效合计除以总权数）		85%	84%	88%

在表 11-2 中，因为销售额是最主要的因素，所以把权数定为 5，订单平均批量和每周平均访问次数的权数分别定为 3 和 2。基于这三个因素分别建立目标，由于存在地区差异，因此每个因素下不同地区的销售人员建立的目标是不一样的。

例如，销售人员 B 的销售额核定为 90 万元，高于销售人员 A 的 80 万元和销售人员 C 的 60 万元，这是考虑到他所处的地区潜在顾客较多、竞争对手较弱。由于销售人员 A 所处的地区有大批量的顾客，因此其订单平均批量订得相对高一些。每个销售人员每项因素的达成率等于他所完成的工作量除以目标数，将达成率与权数相乘得出绩效水平，再把各项因素的绩效水平相加，除以总权数 10，即可得到各销售人员的综合效率。由表 11-2 可看出，销售人员 A、B、C 的综合效率分别为 85%、84% 和 88%，销售人员 C 的综合绩效最佳。

2. 纵向分析法

这是将同一销售人员现在和过去的工作实绩进行比较，包括对销售额、毛利、销售费用、新顾客数、流失顾客数、每个顾客平均购买额、每个顾客平均毛利等数量指标进行分析的方法。这种方法有利于衡量销售人员工作的改善状况。下面举例说明（见表 11-3）。

表 11-3　销售人员绩效评价表 II

销售人员：W　　　　　　　　　　　所辖区域：×市

评价因素	年份			
	2014	2015	2016	2017
1. 产品 A 的销售额（元）	376 000	378 000	410 000	395 000
2. 产品 B 的销售额（元）	635 000	660 000	802 000	825 000
3. 销售总额（元）	1 011 000	1 038 000	1 212 000	1 220 000
4. 产品 A 定额的达成率	96.0%	92.60%	88.7%	85.20%
5. 产品 B 定额的达成率	118.3%	121.4%	132.8%	130.1%
6. 产品 A 的毛利（元）	75 200	75 600	82 000	79 000
7. 产品 B 的毛利（元）	63 500	66 000	80 200	82 500
8. 毛利总额（元）	138 700	141 600	162 200	161 500
9. 销售费用（元）	16 378	18 476	18 665	21 716
10. 销售费用率	1.62%	1.78%	1.54%	1.78%
11. 销售访问次数	1 650	1 720	1 690	1 630
12. 每次访问成本（元）	9.93	10.74	11.04	13.32
13. 平均顾客数	161	165	169	176
14. 新顾客数	16	18	22	27
15. 流失顾客数	12	14	15	17
16. 每个顾客平均购买额（元）	6 280	6 291	7 172	6 932
17. 每个顾客平均毛利（元）	861	858	960	918

销售经理可以从表 11-3 中了解到有关销售人员 W 的许多情况。销售人员 W 的销售总额每年都在增长（第 3 行），但这并不一定表明他的工作很出色。对不同产品的分析表明，产品 B 的销售额大于产品 A 的销售额（第 1 行和第 2 行）。对照产品 A 和产品 B 的定额达成率（第 4 行和第 5 行），销售人员 W 在销售产品 B 上所取得的成绩很可能是以减

少产品 A 的销售额为代价的。根据毛利（第 6 行和第 7 行）可以看出，销售产品 A 的平均利润要高于产品 B，销售人员 W 可能以牺牲毛利率较高的 A 产品为代价，销售了销量较大、毛利率较低的产品 B。销售人员 W 虽然在 2017 年比 2016 年增加了 8 000 元的销售总额（第 3 行），但其销售总额所获得的毛利总额实际减少了 700 元（第 8 行）。

销售费用与销售总额之比基本得到控制（第 10 行），但销售费用是不断增长的（第 9 行）。销售费用上升的趋势似乎无法用访问次数增加予以说明，因为总访问次数有下降的趋势（第 11 行），这可能与取得新顾客有关（第 14 行）。但是，销售人员 W 在寻找新顾客时很可能忽略了现有顾客，这可从每年流失顾客数的上升趋势看出（第 15 行）。每个顾客平均购买额和每个顾客平均毛利要与整个企业的平均数进行对比才更有意义。如果销售人员 W 的这些数值低于企业的平均数，则说明他的顾客存在地区差异，或者他对每个顾客的访问不够。可将他的年访问次数与企业销售人员的平均访问次数进行比较。如果他的平均访问次数比较少，而他与顾客的距离同其他销售人员与顾客的平均距离并无多大差别，则说明他没有在工作日全力投入，或者他的访问路线计划不够合理。

11.5.2 定性评价的方法

定性评价一般涉及的是销售人员的行为评价。定性评价的常见方法有评分法和行为锚定等级评价法（BARS 法）。

1. 评分法

评分法就是评价人员对销售人员的销售行为进行评分，分值可以是百分制，也可以是十分制。表 11-4 所列为某企业对一位销售人员的评分。

表 11-4 某销售人员的评分情况

评价指标	分数（百分制）	实际评分
销售态度	90	
产品知识	89	
销售技巧	85	
外表与风度	82	
沟通技巧	81	
进取心	80	
计划能力	78	
时间管理	73	
竞争意识	72	
判断力	69	
创造力	61	
企业政策了解程度	59	
销售报告的准备与递交	59	
顾客购买意愿	50	
受到交易者和竞争者尊敬的程度	34	
好市民	23	

2. 行为锚定等级评价法

评分法和图表尺度法均受到评价人员主观因素的影响，而行为锚定等级评价法（Behaviorally Anchored Rating Scale，简称"BARS法"）可以比较好地解决这一问题。BARS法也称行为定位法，是以同一职务工作可能发生的各种典型行为作为评价尺度，建立一个锚定评分表，以此为依据，对员工工作中的实际行为进行测评的评价方法。该方法是由美国学者史密斯（Smith）和德尔（Kendall）于20世纪60年代提出的。

BARS法认为，各种影响销售人员绩效的因素的影响力是不同的，评价的关键就是找出主要影响因素。BARS法的使用步骤是：首先确定那些对销售成功起关键作用的行为（即评价项目）；然后，恰当地描述这些行为（即形成行为锚定等级评分量表），并对不同的行为按重要程度给予不同的权重；在此基础上再对销售人员的表现进行评价，核算出总的得分。

表11-5是一个用BARS法来衡量销售人员工作实绩、工作能力和工作态度的例子。

表 11-5 销售人员绩效评价表

销售人员：　　　　　　　　　　　　　　　　　　　　　　　　　　　　　　　　　总分：

项目	等级					合计	权重	得分
	甲 （90分以上）	乙 （80～89分）	丙 （70～79分）	丁 （60～69分）	戊 （59分以下）			
工作实绩	超额完成工作任务，贡献比别人多得多，工作出色	工作成绩超过一般人所能达到的水平	工作成果符合要求，基本能如期完成	工作成果大致符合要求，有时还需要别人帮助	一般不能完成所要求的工作任务，问题较多			
工作能力	具有高超的工作技能，开发新顾客能力强，经常有创新性点子	具有较强的工作技能，能主动开发新顾客，时常有建设性意见	具有完成分内工作的能力，开发新顾客会有一定的效果，偶尔有创见	工作技能一般，须多加指点，开发新顾客需要支援，很少有创见	工作技能不能应付日常业务，几乎不可能开发新顾客，谈不上有创造力			
工作态度	积极性很高，责任感强，能与同事同舟共济，协调能力强	态度积极，总能主动负起责任，能与同事和谐相处	日常工作绝不拖延，对交办的工作能欣然接受，不会与同事发生无意义的摩擦	对难度大的工作积极性不高，责任感一般，表面上能与同事相处	缺乏积极性，责任感不强，工作需要不断监督，协调能力差			

BARS法实质上是把评分法与图表尺度法结合起来，兼具两者之长。BARS法通过一张行为等级评价表可以发现，在同一个绩效维度中存在一系列的行为，每种行为分别表示这一维度中的一种特定绩效水平，将绩效水平按等级量化，可以使评价的结果更有效、更公平。

BARS法具有以下几个优点：①绩效指标之间的独立性较高。在设计过程中，设计人员将众多的工作行为归纳为5～8种绩效指标，使得各绩效指标之间的相对独立性较强。②对工作绩效的评价更加精准。从设计的过程上看，由于锚定物是由那些对工作及其要求最为熟悉的人编制的，因此能够更加准确地找出最适合的评分标准。③从评价尺度上看，评分量表上的典型行为锚定点有利于评价者在评分时能更加准确地把握各个绩效等级的含义，从而减少各类主观心理偏差的发生。④为被评价者的绩效改进建立了一个明确的行为标准。BARS法也存在不足之处，最严重的缺陷是：作为评价尺度的行为取决于工作的特殊性质，只有在评价从事相似工作的销售人员的业绩时才有效。另外，开发BARS系统的成本较高，如果带来的好处不能弥补成本，开发一个精确的BARS系统是不经济的。

BARS法的步骤包括：①进行岗位分析，获取关键事件，以便对一些代表优良绩效和劣等绩效的关键事件进行描述。②建立进行评价等级。一般分为5～9级，将关键事件归并为若干绩效指标，并给出确切定义。③对关键事件重新加以分配。由另一组管理人员对关键事件做出重新分配，把它们归入最合适的绩效要素指标中，确定关键事件的最终位置，并确定绩效考评指标体系。④对关键事件进行评定。审核绩效考评指标登记划分的正确性，由第二组人员将绩效指标中包含的重要事件由优到差、从高到低进行排列。⑤建立最终的工作绩效评价体系。

复习测试

（1）销售人员绩效评价有什么作用？
（2）销售人员绩效评价的原则是什么？
（3）销售人员绩效评价的程序包括哪些阶段？
（4）销售人员绩效评价的定量指标有哪些类型？
（5）销售人员绩效评价的定性指标有哪些类型？
（6）销售人员绩效定量评价方法有哪些？
（7）销售人员绩效定性评价方法有哪些？
（8）行为锚定等级评价法有哪些优点？其步骤有哪些？

实战案例 11-1

没有绩效考核指标的销售部

卓苑地产旗下的新新时光楼盘和丽达置业旗下的丽达·世家楼盘，地理位置仅一街之隔，楼盘定位与售价十分接近，开盘时间也只相差3个月，但销售情况却大相径庭：新新时光近半年的销售量不足三成，而丽达·世家却在目前市场遇冷的不利形势下，创下了销售量近60%的奇迹。这是什么原因？

1. 适得其反的绩效考核

新新时光在今年年初开盘，该楼盘位于当地刚刚正式运营的地铁附近，卓苑地产董事长雷鸣原本对楼盘的市场前景很有信心，然而偏偏赶上了"史上最严调控"。眼看时间一天天过去，但楼盘销售表上却仍是大片的空白。在这种形势下，雷鸣的心情自然是十分焦急。他召集公司其他高管，重新制定了公司员工特别是对销售部门的绩效考核办法。

在新的考核方案中，销售部员工每月的业绩指标被提高了20%，完不成当月指标的员工，月末的收入将会不同程度地受到影响，业绩惨淡的员工甚至底薪都没有保障，而如果超额完成指标，获得的奖金提成也会大幅提升。在新的业绩考核方案中，除了签约客户指标之外，还增加了接待潜在客户数这项新的指标。此外，公司还召开了全体员工动员大会，号召公司所有人员利用自己的社会关系销售新新时光楼盘，其他部门的人员介绍的客户成功签约后，相关员工都会获得额外的重奖。

新的考核办法实施之后，公司销售部从上至下都感到压力很大，很多员工终日愁眉不展。有些员工为了完成每月的接待客户指标，只好私下找自己的亲属、朋友帮忙，冒充"意向客户"来售楼处参观。这样的"虚假繁荣"自然对楼盘的销售业绩起不到任何正面作用。到了月末，多数员工都没有拿到公司承诺的高额奖金，反倒是收入普遍下滑。这样的局面令销售部员工怨声载道，人员离职现象时有发生，销售部经理也多次在公司高层会议上大倒苦水。

2."另类"模式开花结果

就在卓苑地产从上至下焦头烂额之际，与新新时光楼盘仅一条马路之隔的丽达·世家却不断传来佳音，成为该区域销售情况最好的楼盘。丽达·世家的销售风格一直显得颇为低调，他们如何在市场低迷的形势下打动购房者，成为雷鸣心中的一个谜团。

其实，雷鸣与丽达置业的董事长罗一达不仅是同行，也是关系不错的好友。两家公司在当地摸爬滚打多年，虽然互为竞争对手，但两人经常一起看地、考察，性格也颇为投缘，互相敬重，当初各自拿下新新时光和丽达·世家这两个相邻的地块，也是基于对其市场前景相似的判断。只不过，雷鸣平时喜欢约罗一达出来一起喝酒聊天，或是打高尔夫，却很少与之进行公司业务方面的探讨，这一方面是由于他一向颇为自信，另一方面也有暗自较劲的因素。

只是这一次，他再也无法选择克制。他约罗一达出来喝咖啡，将自己的疑惑向其和盘托出。

罗一达的答案大大出乎雷鸣的预料："在我们公司，销售部是没有绩效考核指标的。"

"你们不考核员工业绩？这怎么可能！那怎么能保证让每一个员工努力工作呢？"雷鸣问道。

"销售业绩只是结果，但没有好的过程就不可能有好的结果。何况这个结果的量如何制定呢？不可能有统一的标准，因为这跟其他部门之间的工作质量、市场环境等各种因素都有关系，不能把压力最后全落在销售部门的头上。我们最该做的，是想办法保证员工尽好自己的职责，更好地体现过程，那最终的业绩就是很自然的一个结果了。"罗一达微笑着说道。

"更好地体现过程？用什么方式体现？"雷鸣还是很难理解罗一达的思维方式。

"我们不考核业绩，不等于没有激励机制，没有考核指标。但我们考核的是员工是否在按我们当初培训的要求对待客户，在接待客户的过程中是否把客户当成自己的朋友，站在客户的立场分析问题等。比如发现客户的购房需求与我们销售的楼盘定位不相符时，我们甚至鼓励销售人员建议客户放弃我们的楼盘。对于具体的工作模式，我们对员工都有详细的考核标准。当然，最终销售业绩好的员工也会有额外的物质激励，但这并不会成为我们确定员工薪酬的重点。"

罗一达的一番解释令雷鸣陷入了沉思。也许罗一达的销售人员考核模式并非丽达·世家逆市热销的唯一原因，但想到丽达置业开发的楼盘多年来屡屡创下销售佳绩，这让颇为自负的雷鸣也不得不重新审视罗一达另辟蹊径的管理理念。

讨论问题：为什么没有员工业绩考核要求的丽达置业销售部表现优于卓苑地产销售部？

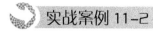

实战案例 11-2

销售人员绩效考核有哪些误区

对于销售人员绩效考核，本应是更有利于促进销售工作顺利开展，但事实上并非如此，出现了很多预期之外的恶性结果，诸如绩效考核成为个别主管领导公报私仇"整人"的工具；绩效考核考"坏"了销售部门与平行部门（如人力资源部）之间的关系，严重者导致销售体系的紊乱，甚至崩溃。追根溯源，这是由销售绩效考核体系不科学或者操作不当造成的。下面列举四个企业的案例，看一看这些案例中各企业的绩效考核在哪里出了问题。

1. 把绩效考核"看"走了"眼"

案例：A 公司是一家生产、销售乳制品的大型食品饮料企业，该公司产品主要销往市内各大商场、超市等零售网点。销售人员每天都要深入销区，除了新品谈判、贷款结算业务外，更重要的是网络维护、卖场销售情况反馈、终端促销员管理等工作。由于公司近几个月没有新产品推出，并且贷款结算大都为月结，规律性较强，公司陈老板便认为员工无所事事，甚至没有作为。于是他找到主管营销的副总经理，让其拿出一套绩效考核体系，以加强对销售人员管理，防止他们在市场上"浪费"时间，多做工作。营销副总经理接受任务后，绞尽脑汁设计出了一套表格，要求销售人员逐日填写每天访问客户、时间、接洽人、工作内容、接洽人电话等内容。刚开始，销售人员还如实填写，但后来销售人员便产生了抵触情绪，认为这是公司对员工的严重不信任，于是就开始在表格上信手"涂鸦"。虽然营销副总经理也曾通过打电话给客户以监督、检查表格内填写内容是否真实，可是执行起来并不容易，经常找不到人，并且客户也没有义务配合，而营销副总经理又不能到实地去核查，实际上这种考核"流产"了，根本反映不了销售人员的实际工作量。

2. 只重视定量指标而忽略定性指标

案例：B 公司是一家经营酒品的商贸公司，公司经营的白酒产品主要销往宾馆、餐饮、酒吧等场所。这类营销网络具有几个令供应商头痛的问题，诸如产品要进店费、开瓶费，并且产品加价率高、货款回收周期长等特点，导致呆死账现象时有发生。于是，公司主管营销的李副总便会同人力资源部、财务部共同制定了一套销售人员绩效考核体系，但这套所谓的绩效考核体系就是几个关键性的财务指标，如销售额、回款额、呆死账额度等。此外，采取月度考核的办法，完不成任务直接从工资中扣罚，并且呆死账要销售人员个人负责。如果连续三个月没有完成目标或者超过设定目标，销售人员就得"走人"。执行后，销售人员确实变得十分谨慎，害怕自己"赔了"。结果，更加意想不到的事情发生了，销售网点开发力度大大降低了。更为糟糕的是,有一位销售人员所负责的酒店在一夜之间倒闭了,尚欠公司2万元货款,这位销售人员无力承担,只好"潜逃"了,还带走了公司的一些未结算的财务票据。B企业害怕损失,结果蒙受了更大的损失,都是绩效考核惹的祸?

3. 把人力资源部作为"主考官"

案例:C公司是一家集碳酸、果汁饮品生产、销售于一体的中型企业,公司王老板最近很苦恼,原来公司销售部、市场部和公司人力资源部经理因为营销人员绩效考核问题较上了劲,并且还在部门经理例会上吵了起来,影响很不好。事情的起因是这样的,原来销售部所属的一名送货员由于早晨交通拥挤的原因导致送货迟了一些,进而导致商场断货,于是商场打来了投诉电话。人力资源部经理知道了这件事,坚持要从重处罚这名送货员,而销售部经理则认为这是客观原因造成的,不应处罚送货员。在C公司,这类事情已经发生过很多次,按照公司的考核标准,这会影响整个销售部的业绩,销售经理自然不服气。由于销售部和市场部作为营销系统的两大部门,两位经理的关系很好,并且市场部也不满于人力资源部制定的所谓绩效考核模式。于是,导致他们"联手"抵制人力资源部。更严重的是,销售部、市场部经理还找到了王老板,扬言如果人力资源部经理不"走人",那他们就走。面对这些曾经在商场上和自己"出生入死"的兄弟们,王老板没了辙。人力资源部倡导绩效考核,自然没错,不能打消他的积极性,可是销售部经理所言也有道理,市场更不能乱。如此"内耗"下去企业怎么办?王老板百思不得其解,陷入极度困惑之中。

4. 只注重个人考核而忽略团队考核

案例:D企业是一家刚刚成立的OTC(非处方药品)生产、销售企业,产品销往全国各地。为便于市场管理,该公司把全国市场划分为东北区、华北区、西北区、西南区、华中区等大区,并且每个大区都设有大区经理。同时,根据不同区域市场的特点和潜力,公司制定了不同区域的营销目标,目标考核期为一年,并与各大区经理签订了《目标责任书》,而企业认为任务与责任已经落实下去了,就未与销售部经理签订《目标责任书》。由于完成目标后的激励,各大区经理工作都非常努力,为快速把营销网络建起来并提升销售量,都想尽了办法。在完成产品市场战略布局和产品铺货后,D公司决定采取广告终端拉动的办法,改变现在仅采用销售人员从渠道上游向下游推动销售的市场状况,但是根据公司的能力,可用于广告促销的费用相当有限。这几个大区经理都纷纷向总部提出广告和促销支援,有限的广告费用该怎样分配?无奈之下,D公司来了个"大锅饭",把广告平均分摊到各大区。尽管如此,一些区域经理还是不满意,因为这些区域销售情况相对好些,这些区域经理认为自己的区域市场企业应重点投入,于是对公司产生了不满情绪。同时,这些区域经理还扬言如果完不成绩效指标,将不承担相应责任,甚至消极对抗公司总部的管理。这把公司销售部经理、营销副总搞得无可奈何,没有更好的解决办法,不知如何是好。

讨论问题:

(1)上述四个企业的绩效考核存在哪些问题?请分别进行诊断,并具体分析问题产生的原因。

（2）如果你是上述企业的销售人员绩效考核负责人，你将对各企业销售人员的绩效考核方案做出哪些调整？

模拟实训

实训名称

高校大学生"国家奖学金"评定的绩效考核方案设计

实训目标

（1）通过模拟绩效考核方案设计，掌握绩效考评指标体系选择。

（2）通过模拟绩效考核方案设计，掌握绩效考评方法选择。

背景描述

为激励普通本科高校学生勤奋学习、努力进取，在德、智、体、美、劳等方面得到全面发展，各高等院校都为其在校学生设置了不同类型的奖学金。其中，"国家奖学金"是中央政府出资设立，用于奖励表现优异的学生。在《普通本科高校、高等职业学校国家奖学金管理暂行办法》（财教〔2007〕90号）中，第四章第十条明文规定：高校要根据本办法的规定，制定具体评审办法，并报主管部门备案。

实训组织与实施

（1）将班级同学每5个人分成一个小组，每个小组收集所在高校现行"国家奖学金"评定的绩效考评体系、指标设置和方法，并提出现行考评方案有待改善之处。

（2）每个小组组内讨论设计完成一份"国家奖学金"绩效考评方案。

（3）课堂分小组陈述其设计的绩效考评方案（尤其是其改善之处的原因及方案），接受其他小组及授课教师的提问并回复。

（4）在此基础上，完成一份实训报告。

实训评估标准

评估对象	实训报告	知识运用	团队合作
评估要点	实训报告的条理性、清晰性、逻辑性程度，同时必须完成规定的全部任务，不得缺项	结合相关知识点的紧密程度	小组成员的团队合作意识以及参与程度
能力考查	书面表达能力	学习并运用知识的能力	团队协作能力
占比	30%	40%	30%

 延伸阅读 11-1

不同企业发展阶段的销售人员考核

处于不同发展阶段的企业面临着不同的发展目标。处于初创期的企业，在为如何能够占领市场份额、更好地"活下去"而头疼；处于快速成长期的企业，则在考虑如何让销售人员少捅娄子、让高速行驶的企业不翻车；而处于成熟期的企业，则在想如何让企业的销售策略落地、企业的销售列车跑得更远。

企业需要根据自身所处的不同发展阶段，实施不同的销售人员考核工作，实现"三步曲"。第一步，初创期，实施以结果为导向的考核；第二步，快速成长期，实施以结果为主、注重收益、强化行为的考核；第三步，成熟期，实施保证策略落地、实现能力提升的考核（见图11-2）。

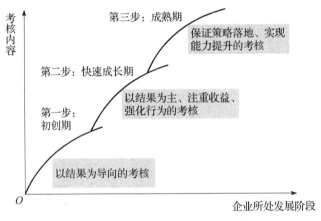

图 11-2　销售人员考核的"三步曲"

第一步：初创期——单纯以结果为导向的考核

初创期，企业的产品刚推出，尚未打开市场，或者虽然已经推出一段时间，却销路不畅。这一时期对销售人员考核的目的，就是要创造和保护销售人员的"激情""冲劲"和"野性"。目的决定行为，所以考核的内容要简单、明确，就是坚持结果导向。结果性指标在考核中应占到90%以上的绝对权重。

一方面，在结果性指标中，主要突出销售额指标，不宜采用销售毛利指标或将其权重保持在较低水平；另一方面，一般不设二级指标，如在销售额指标层级下，不再针对客户、区域或者产品进行细分。此外，指标标准的制定也无须精确，只要范围准确即可。

同时，应不进行或者尽可能少进行行为考核。在遵纪守法的前提下，尽可能减少对销售人员的行为约束。鼓励销售人员大胆出击，促使销售人员快速、灵活地把握市场机会，开拓、占领市场。可以暂时不对销售人员的能力进行考核，尤其是日用品等产品专业技术性要求不高的行业，可以暂时忽略销售人员的资格认证，尽可能降低用人门槛。

另外，在企业初创期，以结果为导向的考核体系是否能够充分发挥作用，在很大程度上取决于企业是否能够建立起与之相配套的"一低两高"薪酬体系，即低固定、高浮动、高提成比例的薪酬体系。"一低两高"的薪酬体系既保证了对高绩效销售人员的强激励效果，又能促使低销售业绩人员迅速退出。

第二步：快速成长期——实施以结果为主、注重收益、强化行为的考核

企业进入快速成长期后，产品的性能已经被足够多的消费者认可，产品的销路已经打开，

销售额快速增长。此时，企业初创期单纯以结果为导向的绩效考核已经不能够适应企业高速发展的需要。因此，这个时期的销售人员考核目的应转变为：在保证销售业绩高速增长的前提下，加强收益管理，实施管理控制，强化队伍的纪律性。

这一时期，考核内容应由结果转化为"以结果为主，强化行为"。行为考核指标的权重可以设置在20%到40%之间，结果考核指标的权重设置在60%到80%之间。结果指标和行为指标之间的比例关系，主要取决于销售队伍存在问题的严重性以及正规化管理的紧迫性。

对于结果性指标来说，应将重点由重"量"不重"利"，转移到既要重"量"又要重"利"上来。同时，企业通过对销售工作日记的跟踪，对客户拜访次数、销售成功率等方面进行考核，来关注销售效率和过程。

在快速成长期，销售人员的行为考核内容主要由五部分组成，如表11-6所示。

表11-6 快速成长期销售人员行为考核的五个组成部分

考核目标	考核内容
遵守销售业务流程和管理流程	是否按照企业既定的程序和步骤办事
严防窜货，随意调整价格的现象发生	是否遵循公司区域、价格等销售政策
遵守公司信息、财务等管理制度	是否按照管理制度的规定，及时、准确和全面上报各种要求的客户和财务信息，是否及时收集和反馈顾客的需求信息
遵守销售纪律	是否有侵害公司利益、破坏公司形象的行为
服从日常销售管理	是否按时参加企业的会议和培训，是否服从直线上级的领导

在对销售人员的行为进行考核时，应该以问题为导向，以当期管理重点为核心，将行为指标划分为两类：一类是当期考核指标，即关键行为指标（KBI），应重点关注；另一类为监控指标。这样才能突出重点，稳扎稳打。销售人员的行为考核结果将和绩效工资紧密挂钩，同时影响销售人员的职位晋升。

第三步：成熟期——实施保证策略落地、实现能力提升的考核

一般来说，处于成熟期的企业需要具备的特征如表11-7所示。

表11-7 企业成熟期应具备的典型特征

角度	典型特征
竞争地位和市场份额	在技术、价格等方面有一定的竞争优势，或在某一细分客户群中拥有明显竞争优势，有5%以上且较为稳定的市场份额
品牌和客户	较高的企业、品牌知名度和一定的美誉度，有相当数量忠实的客户群
制度化水平	制度完善，"依法管理，遵守制度"的企业文化已经初步形成
管理基础平台和职能管理体系	收集数据、信息传递等基础管理平台，预算体系、计划体系等职能管理系统已经构建起来，并能够有效发挥决策支持、监督控制等作用

处于成熟期的企业，销售人员考核的重点应该转移到：如何提升销售人员对销售战略和策略的执行能力？如何实现销售能力的持续提升？如何留住优秀的销售人员？这一时期，销售人员考核的内容，结果性指标所占权重需要降低，能力考核指标的权重则应增加。

对于结果性指标来说,应该体现销售战略和策略。初创期的结果性指标侧重于"量";快速成长期侧重于"利润";到了成熟期,结果性指标将重点突出"精细化"和"结构化"。初创期和快速成长期往往是通过一级结果性指标来引导销售人员做什么,以及做到什么程度。到了成熟期,就需要在区域、客户群(项目、行业等)和产品层级下设二级指标。不仅要引导销售人员做什么、做到什么程度,更重要的是要引导销售人员如何去做。

对能力的考核,一般来说有以下两种模式。

(1)基于职位管理体系的能力考核

基于职位管理体系的能力考核是在业绩考核中加入了能力考核的内容和指标。这项能力考核的内容可以包括两个部分:销售效率指标和能力重要事项指标。其中,能力重要事项指标一般运用关键事件或成功事件记录等方法,用销售过程中的事实来测量销售人员的实际能力水平。一般来说,能力重要事项指标偏向于定性评价,而销售结果的考核偏向于定量评价。根据考核中"定量优先"的原则,结果性指标在考核中的权重要高于能力考核指标的权重。

基于职位管理体系的能力考核的优点是:一方面,和销售结果联系紧密,更突出基于"结果"的能力,可以避免陷入"为能力而能力"的务虚陷阱;另一方面,开发成本低,使用简单、方便。表 11-8 所列为某知名企业销售人员能力考核指标体系。

表 11-8 某知名企业销售人员能力考核指标体系

能力考核	考核的指标和内容	附注
销售效率	销售人员销售成功率	可以根据难度、重要性等进行细分
	每百次访问平均得到的订单数	与每个工作日平均订单数结合起来考虑
	销售额与销售费用的比率	衡量每次访问的成本及直接销售费用与销售额的比率,如果销售价格偏低,而交际费、礼品费、交通费及其他销售杂项费用偏高,说明销售量的含金量不高
	每天销售访问的平均收入	
	一定时间内开发的新客户数	
	一定时期内失去的老客户数	
	客户满意度	
能力重要事项	实现销售的能力	信息收集能力、人际交往能力、影响客户的能力
	客户关系管理和维护的能力	客户服务能力和建立客户关系的能力
	项目管理能力	项目掌控能力、成本及收益的控制能力

(2)基于能力管理体系的能力考核

基于能力管理体系的能力考核一般需要先开发销售人员的任职资格等级,然后通过对销售人员销售能力水平的测评、销售知识掌握程度的认证以及销售业绩和经验的考评,来确定员工的任职资格等级,而任职资格等级同基于能力的薪酬体系直接挂钩。

基于能力管理体系的能力考核的优点是:一方面,基于能力的任职资格等级体系,为销售人员开发了独立的职业通道,有利于稳定优秀销售人员队伍,降低销售人员的流失率;另一方面,任职资格的能力重要事项是结构化的等级体系,有利于对销售人员实施有针对性的培训,以实现员工能力的自我提升。

延伸阅读 11-2

某企业销售人员绩效评价流程

1. 确定销售人员绩效评价指标

假定某企业对销售人员的绩效评价内容主要确定为以下五个方面，具体细分指标如表 11-9 所示。

表 11-9 销售人员绩效评价指标分解表

绩效评价指标	绩效评价要点
销售定额完成情况（A）	评价期间销售任务完成率（a_1）＝实际销售量/目标销售量 ×100%
	与上年同期相比销售量增长情况（a_2）＝本期实际销售量/上年同期实际销售量 ×100%
销售质量（B）	回款率（b_1）＝（销售总额－赊欠额）/销售总额 ×100%
	收回欠款率（b_2）＝收回欠款额/总欠款额 ×100%
工作态度（C）	按照有关规章制度，积极从事所分配的工作（c_1）
	能够积极接受难度大的新工作，并努力完成（c_2）
	积极进行业务联系和工作汇报（c_3）
	如实报销售费用，不欺骗公司（c_4）
	组织纪律性强，按时出勤（c_5）
工作能力（D）	能够想方设法开发新市场，提高销售量（d_1）
	正确掌握所分配的销售任务，采取有效的行动（d_2）
	能够从公司全局利益出发，与同事配合协调工作（d_3）
	以诚意对待用户，为提高公司的信誉做出贡献（d_4）
	能够解决用户在使用过程中出现的突发问题，及时为用户排忧解难（d_5）
素质能力（E）	能够及时处理事件（售后服务、接待用户、及时传递信息等）（e_1）
	提出合理化建议（e_2）

1）销售定额完成情况。在规定时间内是否完成了公司所分配的销售额，这是评价一个销售人员最为直接、最有说服力的内容之一。

2）销售质量。完成销售任务的质量包括两个方面：实际履行合同的数量与所签订合同数量的对比；产品销售以后的回款情况，回款率是否达到 100%。

3）工作态度。工作态度包括对工作的积极性、热情程度和责任感。销售人员在销售过程中是否积极主动地开展销售工作，对工作是否兢兢业业，能否积极配合公司开展销售工作，与其他销售人员的协调性，对公司的利益是否有强烈的责任感等。

4）工作能力。销售人员的工作能力包括基础能力、业务能力、素质能力。销售人员的基础能力是指其对所从事的工作要求专业知识掌握得如何，对本企业的产品知道多少，对竞争者的产品了解多少等；销售人员的业务能力包括对市场的保持和开发能力如何，发展了多少新用户，有没有开发新地区等；销售人员的素质能力包括整个人的形象、言谈、举止、待人接物、个人知识修养、处理突发事件的能力等。

5）素质能力。销售人员的素质能力是指能为销售部门提出合理化建议，以及处理销售过程中突发事件的能力。

2. 为销售人员绩效评价指标分配权数

销售部门结合本部门的实际,根据各项绩效评价指标的重要程度确定指标的权重。例如,将销售定额完成情况(A)、销售质量(B)、工作态度(C)、工作能力(D)和素质能力(E)这五项评价指标的权数分别设为 30%、20%、20%、20%、10%;然后将各项评价指标的权数分解到各评价要点,如将销售定额完成情况(A)的权数 30% 分配到评价期间销售任务完成率(a_1)和与上年同期相比销售量增长情况(a_2)这两项评价要素,分别为 15%。具体分解结果如表 11-10 中的第(1)栏、第(2)栏所示。

表 11-10 评价指标权数分配表

评价指标及权数(%)(1)	评价要点权数(%)(2)	销售人员甲的得分(3)
销售定额完成情况(A = 30%)	a_1 = 15	95
	a_2 = 15	80
销售质量(B = 20%)	b_1 = 10	90
	b_2 = 10	90
工作态度(C = 20%)	c_1 = 4	90
	c_2 = 4	85
	c_3 = 4	95
	c_4 = 4	90
	c_5 = 4	95
工作能力(D = 20%)	d_1 = 4	98
	d_2 = 4	95
	d_3 = 4	80
	d_4 = 4	90
	d_5 = 4	95
素质能力(E = 10%)	e_1 = 5	95
	e_2 = 5	95
综合评价成绩		90.27

3. 划分销售人员绩效评价等级

将各项销售人员绩效评价指标的评价要点分为五个等级:优秀、良好、中等、合格、不合格,各等级的分值范围如表 11-11 所示。

表 11-11 销售人员绩效评价等级

评价等级	分值范围(分)
优秀	90～100
良好	80～89
中等	70～79
合格	60～69
不合格	低于 60

4. 进行销售人员绩效评价

对各销售人员的绩效进行评价时按照各项评价指标的评价要点进行打分,将各位销售人员的对应得分填在表 11-10 中，如某企业销售人员甲各项指标评价要点的得分见表 11-10 第（3）栏。

5. 确定销售人员绩效评价结果

根据销售人员甲各评价要点的得分以及各要点权数计算其综合评价成绩：

$$\begin{aligned}
总成绩 &= (a_1 + \cdots + a_n) \times 30\%/n + (b_1 + \cdots + b_n) \times 20\%/n + (c_1 + \cdots + c_n) \times 20\%/n + \\
&\quad (d_1 + \cdots + d_n) \times 20\%/n + (e_1 + \cdots + e_n) \times 10\%/n \\
&= (95 + 80) \times 30\%/2 + (90 + 90) \times 20\%/2 + (90 + 85 + 95 + 90 + 95) \times 20\%/5 + \\
&\quad (98 + 95 + 80 + 90 + 95) \times 20\%/5 + (95 + 95) \times 10\%/2 \\
&= 26.25 + 18 + 18.2 + 18.32 + 9.5 \\
&= 90.27
\end{aligned}$$

销售人员甲的最终评价成绩为 90.27 分，按照上述的评分标准，销售人员甲的评价等级为"优秀"。

参考文献

［1］安贺新.销售管理实务［M］.3版.北京：清华大学出版社，2019.

［2］蔡春红，余远坤，冯强，等.推销技巧与实战［M］.2版.北京：清华大学出版社，2017.

［3］富特雷尔.销售ABC：第11版［M］.刘宝成，刘远，译.北京：中国人民大学出版社，2013.

［4］弗特勒尔.销售ABC：第6版［M］.殷戬弘，王锁川，译.北京：企业管理出版社，2005.

［5］陈涛.销售管理［M］.武汉：华中科技大学出版社，2008.

［6］成军.如何提高一线人员的销售效率［J］.销售与市场，2003（9）：46-48.

［7］陈志平.销售任务："灾年"如何激将加量［J］.销售与市场，2009（2）：66-68.

［8］程淑丽.销售人员岗位培训手册：销售人员应知应会的7大工作事项和77个工作小项［M］.北京：人民邮电出版社，2015.

［9］董春艳.战略性薪酬设计的实践应用：以某石油销售分公司为例［J］.中国人力资源开发，2005（11）：69-72；86.

［10］杜琳.销售管理实务［M］.北京：清华大学出版社，2019.

［11］科特勒,凯勒.营销管理 第15版［M］.何佳讯，于洪彦，牛永革，等译.上海：格致出版社，2017.

［12］KOTLER P. From sales obsession to marketing effectiveness［J］. Harvard business review, 1977, 55(11): 67-75.

［13］GOOD V, HUGHES D E, WANG H. More than money: establishing the importance of a sense of purpose for salespeople［J］. Journal of the academy of marketing science, 2022, 50(2): 272-295.

［14］龚荒.现代推销学：理论·技巧·实训［M］.北京：人民邮电出版社，2015.

［15］巩见刚.传统文化视野中的西方营销学研究：特点、问题以及改进路径［J］.中国文化与管理，2021（1）：119-130.

［16］顾金兰，肖萍，尚德萍.销售管理［M］.3版.大连：东北财经大学出版社，2019.

［17］郭国庆.如何理解营销和推销？［EB/OL］.（2020-05-07）［2023-05-16］.https://www.sohu.com/a/393624461_99927520.

［18］郝星光.自建渠道何以酿"苦果"［J］.市场营销案例，2005（4）：50-51.

［19］何晓群，刘文卿．应用回归分析［M］．5版．北京：中国人民大学出版社，2019．

［20］胡善珍．现代推销：理论、实务、案例、实训［M］．北京：高等教育出版社，2010．

［21］简明，胡玉立．市场预测与管理决策［M］．5版．北京：中国人民大学出版社，2014．

［22］黄丹．市场调研与预测［M］．北京：北京师范大学出版社，2007．

［23］黄德华，张大亮．销售队伍管理［M］．北京：清华大学出版社，2014．

［24］威尔纳，王杨．如何帮助销售人员处理道德陷阱［J］．商学院，2005（3）：99．

［25］景奉杰，曾伏娥．市场营销调研［M］．2版．北京：高等教育出版社，2010．

［26］孔雷．训练销售精英［M］．北京：企业管理出版社，2003．

［27］李德猛．如何把客户的抱怨转化为赢利？［J］．销售与市场（渠道版），2018（6）：80-81．

［28］李桂荣．现代推销学［M］．4版．北京：中国人民大学出版社，2008．

［29］李海琼．现代推销技术［M］．杭州：浙江大学出版社，2004．

［30］李睦．你的销售力有效率吗？［J］．商学院，2009（8）：93-94．

［31］李先国，杨亮．销售管理［M］．北京：中国人民大学出版社，2017．

［32］李先国．销售管理［M］．5版．北京：北京大学出版社，2019．

［33］梁娜．销售人员激励总动员［J］．销售与市场，2011（4）：46-48．

［34］刘永炬．销售部［M］．北京：机械工业出版社，2011．

［35］卢晶．推销理论与技巧［M］．北京：清华大学出版社，2015．

［36］卢英慧，于银萍．浅谈企业销售合同管理［J］．民营科技，2007（5）：52．

［37］陆和平．大客户销售的"舍得"法则［J］．销售与市场 2007（5）：42-44．

［38］海特，约翰斯顿．管理销售人员：一种关系管理方法［M］．张永伟，等译．北京：中信出版社，2003．

［39］MARTIN S. The 7 attributes of the most effective sales leaders［EB/OL］．（2015-9-11）［2023-05-16］．https://hbr.org/2015/09/the-7-attributes-of-the-most-effective-sales-leaders．

［40］阿亨，曼宁，里斯．当代推销学：创造顾客价值 第11版［M］．吴长顺，等译．北京：电子工业出版社，2010．

［41］潘飞，刘婧，童卫华．作业成本控制销售费用成本化的探索：来自许继电器的实践［J］．财会通讯，2004（21）：11-14．

［42］潘文富，黄静．如何控制销售回款的天灾人祸［J］．销售与市场，2008（15）：28-29．

［43］任广新．管理学理论与实务［M］．北京：北京大学出版社，2016．

［44］任广新．销售管理：技能与实务［M］．北京：北京大学出版社，2013．

［45］芮新国．三大要点，搞活销售培训［J］．经营管理者，2011（7）：32-33．

［46］S.J.个人英雄主义不再［J］．中欧商业评论，2013（6）：79-83．

［47］师顺宽．经销商如何制订年度销售计划？［EB/OL］．（2013-11-13）［2023-05-16］．http://www.emkt.com.cn/article/602/60217.html．

［48］孙伟，陈涛．以参与者为中心的哈佛管理案例教学法及其启示：基于哈佛商学院PCMPCL项目的述评［J］．武汉科技大学学报（社会科学版），2015，17（1）：97-103．

［49］孙伟，陈涛．营销渠道冲突管理理论研究述评［J］．武汉科技大学学报（社会科学版），2006（1）：27-31．

［50］孙伟，罗俊，陈涛．国内外高校工商管理案例教学法研究述评［J］．武汉冶金管理干部学院学报，2011，21（4）：47-50．

［51］孙伟，杨文．工商管理硕士研究生参与管理案例教学的影响因素研究［J］．武汉冶金管理干部学院学报，2017，27（3）：33-39．

［52］孙伟．《新媒体营销》的特点与创新：兼论移动互联时代高校市场营销专业人才培养模式改革［J］．武汉冶金管理干部学院学报，2020，30（4）：63-65．

［53］孙伟．高校销售管理课程体系构建及教学改革实践探索［J］．武汉冶金管理干部学院学报，2017，27（1）：74-76．

［54］谭一平．现代推销实务与案例分析［M］．北京：中国人民大学出版社，2008．

［55］童佳，刘小刚．销售漏斗原理的逆向思考［J］．中国市场，2012（40）：5-6；21．

［56］万晓，左莉，李卫．销售管理［M］．北京：清华大学出版社，2009．

［57］王建．用好你的兵：把握销售人员成长周期［J］．销售与管理，2009（3）：124-126．

［58］吴浴阳．各司其职的区域经理为何纷争不断？——康益公司组织结构变革案例纪实［J］．销售与市场（管理版），2005（13）：70-73．

［59］熊银解，福特雷尔．销售管理［M］．4版．北京：高等教育出版社，2017．

［60］徐国祥．统计预测和决策［M］．2版．上海：上海财经大学出版社，2005．

［61］杨鸿章．销售人员职业道德的评价及失范探源［J］．中国市场，2005（28）：128-130．

［62］杨小红，杨靖．汽车推销大王的销售方法［J］．市场营销案例，2010（1）：4-6．

［63］于洁．销售管理：理论与实训［M］．2版．上海：复旦大学出版社，2017．

［64］于文涛．杜邦高效销售培训的"七步诗"体系［J］．经营管理者，2015（7）：72-75．

［65］元媛，赵圣婴．中小企业如何激励销售人员［J］．企业活力，2001（8）：24-25．

［66］原卫平．考核销售人员要跳好"三步"［J］．人力资源，2007（3）：50-53．

［67］约翰·亚瑟，李靖，吴丹丹．亚瑟：突破销售人员时间管理困局［J］．中外管理，2012（10）：82-83．

［68］张晴．从销售明星到销售经理的转变［EB/OL］．（2014-6-17）[2023-05-16]．www.doc88.com/p-186434800345.html．

［69］张晓娟，李桂陵．销售管理［M］．上海：华东师范大学出版社，2013．

［70］陆和平．容易忽略的6个销售细节［J］．东方企业文化，2005（1）：44．

［71］浙江省电子商务促进会．电子商务直播营销人员管理规范：T/ZEA 007—2020［S/OL］．[2023-05-16]．http://www.ttbz.org.cn/Home/Show/15695/．

［72］郑锐洪，李玉峰．推销学［M］．2版．北京：中国人民大学出版社，2015．

［73］郑锐洪，李玉峰．推销原理与实务［M］．北京：中国人民大学出版社，2016．

［74］钟立群．现代推销技术［M］．北京：电子工业出版社，2005．

［75］朱晶裕．市场向左，销售向右？数字化时代下，不分左右［EB/OL］．（2020-11-19）[2023-05-16]．https://www.sohu.com/a/432873189_160576．

［76］庄贵军，李美．这支销售队伍怎么管［J］．商业评论，2014（12）：104-116；118．